# 진암집

이 책은 2019년도 정부(교육부)의 재원으로 한국고전번역원의 지원을 받아
수행된 '권역별거점연구소협동번역사업'의 결과물임.

This work was supported by Institute for the Translation of Korean Classics - Grant funded by the Korean Government.

한국고전번역원 한국문집번역총서/이화여자대학교 한국문화연구원

# 진암집 3

晉菴集

이천보 지음
李天輔

이은영 옮김
이주해
홍학희

## 일러두기

1. 이 책의 번역 대본은 한국고전번역원에서 간행한 한국문집총간 218집 소재《진암집(晉菴集)》으로 하였다. 번역 대본의 원문 텍스트와 원문 이미지는 한국고전종합DB(http://db.itkc.or.kr)에서 확인할 수 있다.
2. 내용이 간단한 역주는 간주(間註)로, 긴 역주는 각주(脚註)로 처리하였다.
3. 한자는 필요한 경우 이해를 돕기 위하여 넣었으며, 운문(韻文)은 원문을 병기하였다.
4. 맞춤법과 띄어쓰기는 한글 맞춤법과 표준어 규정을 따랐다.
5. 이 책에서 사용한 부호는 다음과 같다.
   - ( ) : 번역문과 음이 같은 한자를 묶는다.
   - 〔 〕: 번역문과 뜻은 같으나 음이 다른 한자를 묶는다.
   - " " : 대화 등의 인용문을 묶는다.
   - ' ' : " " 안의 재인용 또는 강조 문구를 묶는다.
   - 「 」: ' ' 안의 재인용을 묶는다.
   - 『 』: 「 」 안의 재인용을 묶는다.
   - 《 》: 책명 및 각주의 전거(典據)를 묶는다.
   - 〈 〉: 책의 편명 및 운문·산문의 제목을 묶는다.

차례



## 진암집 제6권

### 서書



### 서序

## 진암집 제7권

### 제발題跋

## 논論



## 제문祭文

## 애사 哀辭



# 진암집 제8권

## 묘갈 墓碣



## 묘지 墓誌



## 묘표 墓表

## 행장行狀



## 반교문頒教文



## 교명문教命文



## 책문冊文



## 전箋

## 진암집 발 晉菴集跋

# 진암집

## 제6권

기記 서序 書서

# 서書

## 김원경 현택[1] 에게 주는 편지

與金遠卿 玄澤

정월이라 아직 추운데, 부모님 모시는 와중에 만복이 깃들기를 바랍니다. 지난번에 〈김 효자 하필전(金孝子夏弼傳)〉을 보내주셨는데, 집사처럼 빼어난 문장이 아니라면 무엇으로 이처럼 크게 드러낼 수 있었겠습니까? 그러나 찬어(贊語)[2]를 살펴보건대 (효자의 행실이) 예의에 맞지 않음을 약간 나무라는 듯하였고, 또 세상의 명예 좋아하는 사람들이 다투어 흠모하며 그를 모방할까 두려워하셨던데, 저는 실로 집사의 뜻이 헤아리시는 바를 알지 못하겠습니다.

**1** 김원경 : 김현택(金玄澤, ? ~1726). 본관은 광산이고, 자는 원경(遠卿)이다. 그의 아버지는 호조판서를 지낸 김진귀이다. 조귀명(趙龜命)이 그를 위해 〈김원경 유사(金遠卿遺事)〉를 지었는데, 거기에서 "사계 문원공의 후손이고, 내 누이의 후손이라는 친족 관계가 있다.〔沙溪文元公之後, 於吾有彌甥之親〕"라고 하여 그가 김장생(金長生, 1548~1631)의 후손임을 알 수 있다.

**2** 찬어(贊語) : 인물의 전기를 짓고 나서 마지막 부분에 서술자가 다는 일종의 평어(評語)이다. 《좌전(左傳)》의 "군자왈(君子曰)", 《사기(史記)》의 "태사공왈(太史公曰)" 등에서 비롯되었다. 사찬(史贊)이라고도 부르고 사평(史評)이라고도 부른다.

선왕께서 천하에 상례를 제정하시어, 어진 자로 하여금 굽혀 나아가게 하고 불초한 자로 하여금 발돋움하여 따라오게 하면서[3] 말씀하시기를, "불초하여 미치지 못하는 것은 효가 아니며, 어질어 지나친 것 또한 효가 아니다."[4]라고 하셨습니다. 삼대(三代 하·은·주) 때에는 학교가 세워져 교화가 시행되었기에 천하에는 어진 자가 많고 불초한 자가 적었습니다. 이때 성인께서 근심하신 바는 대부분 어진 자가 혹시라도 지나칠까 하는 데 있었으니, 그들을 억누르고 탓한 뜻은 불초자와 다르지 않았습니다. 세상이 쇠락하고 도가 희미해지자 천하에 넘쳐나는 것은 전부 불초하여 미치지 못하는 자들뿐이었습니다. 이러한 때 다행히 효자 같은 사람이 나타났는데, 그가 행한 일에 비록 성인께서 말씀

3 어진……하면서 : 원문의 '俯而就之'와 '跂而及之'는 《논어》 〈양화(陽貨)〉의 "재아가 나가자 공자께서 '재여는 불인하구나. 자식이 태어나 3년이 지나야만 부모의 품을 떠날 수 있다. 그래서 3년상이란 천하의 공통된 상례인 것이니, 재여는 3년의 사랑을 부모에게 받았는가?'라고 말씀하셨다."라는 구절에 대해 범조우(范祖禹)가 단 해석에 나오는 말이다. "상은 비록 3년에 그치지만 어진 자의 정인즉 끝이 없다. 다만 성인께서 중정의 제도를 만드시어 감히 넘어서지 않도록 하셨으니, 반드시 굽혀 나아가야 한다는 것이지 3년상이면 부모에 대한 보답이 충분하다고 여긴 것은 아니다. '3년이 지나야만 부모의 품을 떠날 수 있다.'라고 한 것은, 재아의 은혜 모름을 꾸짖으시어 그로 하여금 발돋움하여 따라오게 하려 하셨을 따름이다."〔范氏曰: 喪雖止於三年, 然賢者之情則無窮也. 特以聖人爲之中制而不敢過, 故必俯而就之. 非以三年之喪, 爲足以報其親也. 所謂三年然後免於父母之懷, 特以責宰我之無恩, 欲其有以跂而及之爾.〕"

4 불초하여……아니다 : 《중용》 제4장에 "공자께서 말씀하셨다. 도가 행해지지 않는 이유를 나는 알고 있다. 지혜로운 이는 지나치고 어리석은 이는 미치지 못한다. 도가 밝지 않은 이유를 나는 알고 있다. 어진 이는 지나치고, 불초한 이는 미치지 못한다.〔子曰: 道之不行也, 我知之矣, 知者過之, 愚者不及也; 道之不明也, 我知之矣, 賢者過之, 不肖者不及也.〕"라는 구절이 나오는데 대략 이를 염두에 두고 언급한 것이다.

하신 '효'를 넘어서는 바가 있다 하더라도 군자라면 마땅히 칭찬하며 널리 드러냄으로써 말세(末世)의 풍속에 내보여야 하거늘, 집사께서는 도리어 예법에 맞지 않음을 나무라셨습니다. 집사의 뜻인즉 정말로 지금 사람들이 다투어 흠모하며 모방할까 염려하시는 것입니까?

지금 세상 사람 중에 혹 한 가지 행실이 남보다 뛰어난 자가 있으면 사람들은 반드시 뒤이어 그를 욕하며 말하기를, "명예를 좋아하는 자이다."라고 합니다. 고아한 행실을 갖춘 선비가 속으로 명예를 좋아하지 않을 것이라고는 반드시 보장할 수 없습니다. 그러나 이런 것을 가지고 천하의 선비를 논한다면 아마도 지나칠 것입니다. 선을 행하면서 명예를 구하지 않는 자가 제일 높고, 명예를 돌아보아 어쩔 수 없이 선을 행하는 자가 그 다음이며, 명예가 좋아할 만한 것임을 알지 못하여 선하지 못한 행동을 멋대로 자행하는 자가 제일 아래입니다. 하물며 충효라는 것은 한 가지 선한 행실과 나란히 할 수 없을진대, 어찌 명예를 좋아하느니 좋아하지 않느니 논할 수 있단 말입니까? 저 사람들로 하여금 너도나도 명예를 좋아하게 만들어 모두 충신 효자가 되게 할 수 있다면, 세도에 의지할 바가 생기는 것 아니겠습니까? 집사께서는 잠시라도 늦추지 마시고 속히 찬어를 고치십시오.

일일이 갖추지 않습니다.

# 족제 이상경 문보[5] 에게 답하는 글

答族弟尙絅 文輔

고마운 편지를 받고서 부모님을 모시는 와중에 두루 평안함을 잘 알았기에 한없는 위안을 받았습니다.

내 보잘것없는 글에 대한 논평에 칭찬의 말이 너무 지나쳤으니, 내가 어찌 감당할 수 있겠습니까? 그러나 이른바 '지나치게 규칙을 따른다.'는 말만은 그 큰 가르침의 뜻을 알지 못하겠습니다. 내가 거침없이 하지 못하는 것은 하지 못하는 것일 뿐 아니라 감히 하지 않는 것이기도 합니다. 문장이 비록 작은 기예에 불과하나 도(道) 안에 있는 한 가지 일입니다. 《시경》에서 이르기를, "물(物)이 있으면 법칙이 있다."[6]고 하였습니다. 문장이 물(物)이 아니라면 그만이지만, 만약 물이라면 문장에만 법칙이 없겠습니까? 글을 짓는 도에도 근본이 있으니, 족하께서 말씀하신 의(意)와 기(氣)가 그것입니다. 의로써 채우고 기로써 써 내려간다면, 글 짓는 도는 이것이면 다입니다. 그러나 글을 윤식할 만한 법(法)이 없다면 그 글은 멀리까지 전해질 수 없습니다.

나는 옛날 족하 등과 함께 처음 글짓기를 배우면서 고인의 법도 보기를 따를 만하지 못한 것으로 여겼습니다. 감흥이 일어 단숨에 써 내려

**5** 이상경 : 이문보(李文輔). 이천보의 사촌 아우이자 이영보(李英輔, 1687~1747)의 아우이다. 상경(尙絅)은 자이고, 호는 대관(大觀)이다. 진사시에 장원하고 시로써 이름을 얻었으나 일찍 죽었다.

**6** 물(物)이……있다 : 이 구절은 《시경》 〈증민(烝民)〉에 보인다.

갈 때는 이 기세를 제어할 수 없을 것만 같았습니다. 하지만 천천히 살펴보면 미친 듯 방탕하여, 거의 문리(文理)가 이루어지지 않았습니다. 이에 탄식하며 말했습니다.

"한유(韓愈)가 말하기를, '순일해진 연후에야 거침없이 적어 내려갔다.'[7]고 하였는데, 나는 미처 순일해지기도 전에 함부로 거침없이 적어 내려갔으니, 이래서야 되겠는가?"

이때부터 법도 보기를 마치 훌륭한 관리가 나라의 율령을 떠받들 듯하면서 조심조심 감히 넘어서지 못하였는데, 벌써 몇 년이나 되었건만 아직도 순일해지지 못한 부분이 있습니다. 한참 동안 기다린 연후에는 분명 거침없어질 수 있으리니, 족하께서는 조금만 기다려주시지요.

원경(遠卿)[8]의 글에 대한 논평은 실로 그 사람의 병폐를 정곡으로 찔렀다고 이를 만하였습니다. 그러나 제가 취하는 바는 바로 그 치우침에 있습니다. 천하의 일에 가운데〔中〕를 얻는 것보다 더 귀한 것은 없으나 이 가운데란 것은 쉬이 말할 수 있는 것이 아닙니다. 오늘날 이른바 가운데라고 말하는 자들은 모두가 향원(鄕原)[9]으로 흘러들어가

**7** 순일해진……내려갔다 : 이 말은 한유(韓愈)의 〈이익에게 답하는 편지〔答李翊書〕〉에 보인다. "나는 내가 쓴 글이 잡다할까 두려워서 문장에 직접 나아가 순일하지 못한 부분을 찾아내 제거하고, 고요한 마음으로 세심히 살펴서 그 말뜻이나 글귀가 모두 순일해진 후에야 손 가는 대로 맡겨 놓았습니다.〔吾又懼其雜也, 迎而距之, 平心而察之, 其皆醇也, 然後肆焉.〕"

**8** 원경(遠卿) : 김현택(金玄澤). 자세한 내용은 15쪽 주1 참조.

**9** 향원(鄕原) : 《논어》 〈양화(陽貨)〉에 "향원은 덕을 해치는 적이다.〔鄕原, 德之賊也.〕"라는 말이 나온다. 향원은 겉으로만 바른 척하는 사람, 혹은 마을 사람들로부터 신망을 얻기 위하여 여론에 영합하는 사람을 가리킨다.

버리고, 도(道)의 적이 되지 않은 자가 얼마 되지 않습니다. 그러므로 성인은 가운데를 얻지 못한 사람보다는 차라리 광자(狂者)와 견자(狷者)를 취하라[10]고 했으니, 이것이 과연 어째서이겠습니까? 원경의 글은 견자에 가깝고, 제가 그를 취하는 까닭은 바로 이 점 때문입니다.

하지만 문장과 사람이 어찌 두 가지 사물이겠습니까? 원경으로 하여금 치우친 데로 나아가 이를 고치게 할 도리 역시 반드시 문장에 있지만은 않을 것입니다. 원컨대 족하께서 그와 더불어 선으로써 다그치시면서 함께 성인의 영역에 들어가십시오. 그렇게 된다면 문장 또한 며칠 안 되어 함께 변화할 것입니다.

일일이 갖추지 않습니다.

**10** 가운데를……취하라 : 《논어》 〈자로(子路)〉에 "가운데를 얻을 수 없어 함께할 수 없다면 반드시 광자(狂者)와 견자(狷者)를 택해야 한다. 광자는 진취적이고, 견자는 하지 않는 바가 있다."라는 말이 나온다.

## 원화백 경하[11] 에게 주는 편지

與元華伯 景夏

천보가 화백 족하께 머리 조아리며 아룁니다. 은혜롭게도《죄회록(罪悔錄)》한 편(編)을 보여주신 덕에 선장(先丈)의 성대한 덕업과 족하의 고원한 효친(孝親)을 알 수 있었습니다. 저는 공경히 읽고 감탄하면서 어찌 표현해야 할지 알지 못하였습니다.

저와 족하는 사귄 것이 이미 늦은 데다, 근년 이래로 선장께서 물러나 고향 집에 계시는 터라, 단 하루도 자제로서의 예를 갖추지 못하였습니다. 이런 까닭에 선장의 드러나지 않은 덕에 대해 저는 그 한둘도 알지 못하는데, 이 책을 읽고 나서야 비로소 독실한 행실과 순박한 우의가 지금 세상을 훨씬 초월하는 것이었음을 알게 되었습니다.

오호라! 선장께서는 몸을 낮추어 낮은 자리에 계시었던 탓에 한 시대에 공업(功業)을 보태지 못하고, 세상에 성망(聲望)을 드러내지도 못하였으나, 담담히 스스로를 지키시며 오직 사람들 사이에 이름이 날까 두려워하셨습니다. 그래서 선장과 삼 대(代) 동안이나 오랜 우의를 이어온 사이이고 게다가 아들의 친구이기도 한 저마저도 이런 사실

**11** 원화백 : 원경하(元景夏, 1698~1761). 본관은 원주(原州). 자는 화백(華伯), 호는 창하(蒼霞)·비와(肥窩)이다. 영조의 뜻을 받들어 탕평책을 진언하였다. 임정(任珽)·정우량(鄭羽良)·오광운(吳光運)·윤유(尹游) 등과 함께 조정에서 노론·소론만의 탕평인 소탕평(小蕩平)을 반대하고, 동서·남북을 다 포함한 대탕평(大蕩平)을 창도하자 조정에서는 이를 탐탁하게 여기지 않았다. 또한 옛 동료로 사감에 있던 이천보와 절교를 선언하니 이로부터 두 사람은 원수 같은 사이가 되었다.

을 깊이 알지 못하였던 것이니, 하물며 백 대 후에 태어나 이 기록을 읽지 않은 자라면 무엇을 통해 알 수 있겠습니까?

군자가 선을 행하는 것이 남이 알아주기를 바라서는 아닙니다. 선을 행하면서 남이 알아주기를 바란다면 이는 곧 위함이 있어서 선을 행한 것이니, 위함이 있어서 선을 행한다는 것은 곧 이익을 위함이지 의리를 위함이 아닌지라 군자들은 이를 부끄러워합니다. 그러나 그 자손 된 입장에서 볼 때 부모에게 선한 행실이 있는데도 그대로 사라져버리고 전해지지 않는다면, 그 가슴에 남을 통한이 과연 어떠하겠습니까? 그러니 족하께서 이 책을 지으신 것은 후인들이 반드시 이를 알아주기를 바라서였던 것입니다. 그렇기는 하지만 저는 일찍이 구양공(歐陽公)의 〈농강표(瀧岡表)〉[12]를 읽고서 탄식하며 말한 적이 있습니다.

"구양공이 묘표를 세운 날짜와 장례 날짜는 무릇 60년이나 차이가 난다. 구양공이 불행히 그 전에 죽었다면 묘표는 끝내 세워질 수 없었을 것이다."

구양공의 문장은 당대에 명망이 매우 높아서, 당시 사대부 중 후세에 전할 문장[13]을 구하고자 하던 자들은 모두 구양공을 찾아왔으며, 공 또한 마다한 적이 없었습니다. 그런데 막상 친부의 묘지에 있어서만은 '나는 기다리는 바가 있다'[14]고 하였으니, 이것이 어찌 인지상정이겠습

12 〈농강표(瀧岡表)〉: 〈농강천표(瀧岡阡表)〉를 가리킨다. 이 글은 구양수(歐陽修)가 부친의 묘(墓)를 세운 후에 지은 묘표(墓表)이다.

13 후세에……문장 : 여기서 가리키는 것은 부모 사후에 생전의 업적을 적어 후손에 전하고자 하는 글, 즉 묘지명이나 행장 등을 지칭한다.

14 친부의……있다 : 〈농강천표(瀧岡阡表)〉의 시작 부분에 다음과 같은 내용이 나오는 이 구절을 염두에 두고 쓴 말인 듯하다. "오호라. 나의 선친이신 숭국공을 용강에

니까? 그러나 자식이 부모의 일대기를 지을 경우, 만일 그 말이 사람들에게 반드시 믿음을 얻지 못할 것이라면 써서는 안 됩니다. 그렇기 때문에 구양공도 감히 자신할 수가 없어서 학문이 더욱 완성되고 문장이 더욱 노련해질 때까지 기다렸던 것입니다. 만약 불행히 그 전에 죽었다면 그 또한 운명일지니, 운명이라면 군자가 미리부터 근심할 필요는 없습니다.

지금 족하께서는 선장의 묘지를 직접 지으시면서 혹시라도 때를 놓칠세라 급급해하셨는데, 기술의 상세함이나 문사의 아름다움으로 보아 족히 사람들에게 믿음을 얻으실 것입니다. 그러나 족하는 아직 젊으시며, 문장은 부단히 발전 중에 있습니다. 잠시만 더 기다린다면, 제가 알기로 문장이 우뚝 설 때까지 멀어봐야 10여 년을 넘기지 않을 것입니다.

묘지에는 두 가지 본(本)이 있던데, 정제되고 법도 있기로는 하편이 낫습니다. 문장의 도라는 것은 오래 생각할수록 더욱 정교해지는 법이니, 족하께서 천천히 다시 생각해보신다면, 이보다 더 나은 글이 나오지 않을지 또 어찌 알겠습니까?

기왕에 저에게까지 글을 보여주시었기에 한 마디 아니할 수 없어 감히 우러러 답을 올렸는데, 족하께서는 어찌 생각하시는지요? 이만 줄입니다.

묻은 지 60년 만에 그 아들 수가 이제야 그 언덕에 묘표를 쓰게 되었다. 이는 감히 시일을 끈 것이 아니라 대개 기다리는 바가 있었기 때문이다.〔嗚呼! 惟我皇考崇公, 卜吉于瀧岡之六十年. 其子修始克表于其阡. 非敢緩也, 蓋有待也.〕"

## 이중오[15]에게 주는 편지

與李仲五

근래 들어 기체[16] 만강하신지요? 우러러 염려하는 마음, 놓지 못합니다.

지지당(知止堂)의 기문(記文)을 간곡히 부탁해오시다니, 감격스럽긴 하오나 '지(止)'의 뜻은 처음 《대역(大易)》에서 나왔으되 이 아우는 《역》을 익히지 못한 자이니, 어찌 능히 그 안에 담겨있는 성대한 뜻을 널리 드러낼 수 있겠습니까? 그러나 당(堂)의 이름을 놓고 봄에 실로 존형의 병세를 점치는 바가 있으니, 대개 장차 근심하다가 뒤이어 기뻐할 일이 있을 듯합니다.

생각건대 존형께서 당의 이름을 ('지지'라고) 정한 뜻인즉 필시 '군자는 때를 얻으면 나아가고 때를 얻지 못하면 물러날 따름'이라는 도리를 말하고자 했을 뿐, 본디 병 치료와는 관계없을 터, 아우가 어찌 그 사이에서 함부로 근심하다 기뻐하다 할 수 있겠습니까? 그러나 존형과 같은 병을 앓고 있는 처지로서 아우의 병세를 가지고 존형의 병세를

15 이중오 : 이수득(李秀得, 1697~1775). 그의 자가 중오(仲五)이다. 어려서 생원시에 합격하여 1736년에 제릉 참봉이 되었다. 청주 목사를 할 때 의옥(疑獄)을 잘 다스려 충청도 관찰사가 54주(州)의 옥을 모두 그에게 맡겼다. 1753년 정시 문과에 을과로 급제하였고, 충청 감사·대사간 등을 거쳐 1773년 대사헌을 역임하였다. 그 뒤 공조 참의에 제수되었으나 병으로 사직하고 공주에 내려가 여생을 마쳤다.

16 기체 : 원문의 '조후(調候)'는 서간문에서 병을 앓고 있는 사람의 안부를 물을 때 그의 건강 상태를 이르는 말로 쓰인다.

논하는 것이야 괜찮지 않겠습니까?

아우가 담화(痰火)[17]를 앓아온 것은 실로 어려서부터였습니다. 밖으로는 사지에 기운이 없고 안으로는 기혈(氣血)이 허한 것이 그 증상이 존형과 대략 비슷합니다. 가장 해로운 것이 마음을 수고롭히는 것인지라, 작게 수고롭히면 작게 발병하고, 크게 수고롭히면 크게 발병합니다. 세상에서 마음을 수고롭게 하는 것 중 나아가고 취하는 것〔進取〕보다 더한 것이 없으므로 저는 마침내 두문불출하였습니다. 나아감에 용감한 자들은 집에 거하면 학업에 힘쓰고 밖에 나가면 직장에서 힘쓰며, 뜨거운 햇볕을 받고 폭설을 무릅쓰는데도 병나지 않는 것을 보고, 저는 속으로 이상하게 여겼습니다.

몇 년 지나자 나이도 많아지고 부담도 무거워져 억지로 이러한 일에 종사했는데, 처음 학업에 종사할 때 조마조마 두려워했던 것은 오직 병이었지 학업이 아니었습니다. 그런데 얼마 지나자 두근두근 심장이 뛰는 것은 학업 때문이었지 병 때문이 아니었습니다. 처음 일터에 부임했을 때 가슴 졸이며 근심했던 것은 오직 병이었지 직장이 아니었습니다. 그런데 얼마 지나자 가슴이 활활 타오르는 것은 직장 때문이었지 병 때문이 아니었습니다. 처음에는 그래도 혹한과 혹서를 경계하며 감히 몸을 수고롭히지 않았는데, 점차 지나자 뜨거운 햇볕 아래 있어도 더운 줄을 모르고, 폭설을 무릅써도 추운 줄을 몰랐습니다. 그래서 자축하며 말하길, "내 병이 과연 나았구나! 그렇지 않다면 나는 거의 죽었을 것이다."라고 하였습니다.

누차 나아갔다가 누차 내침을 당하게 되자 저의 재주가 뜻에 부합하

**17** 담화(痰火) : 가래 때문에 나는 열을 말한다.

지 못함을 스스로 깨닫고서, 마침에 뜻을 접고 멈출 것을 생각하여 부임하지 않은 것이 이미 서너 군데였는데, 형상이 갑자기 날로 야위어 가고 마음이 갑자기 날로 피로해졌습니다. 얼핏 살펴보기에는 새로운 병을 얻은 것 같았으나, 천천히 따져보니 하나같이 예전에 있던 증세들이었습니다. 이에 혼잣말을 하였습니다.

"이제 알았다. 천하 만물에 사람의 마음이 몰입하는 바가 생기면 반드시 잊는 것도 생긴다. 나아가는 것에 몰입하여 당대를 누비고 다니는 자들은 종종 위태로운 기관을 건드리고 재앙의 그물에 걸려 들고도 스스로 깨닫지 못한다. 이것이 바로 '잊고 있다'는 것으로 병보다 더 심각하다. 나의 병은 일찍이 덜해진 적이 없는데, 그저 나아감으로 인해 잊었을 뿐이다. 지금도 더해진 적 없는데 그저 멈춤으로 인해 깨달았을 뿐이다."

돌아보건대 존형께서 '지(止)' 자로 당의 이름을 삼은 것이 본디 병을 치유하는 것과 아무 상관없다고는 하지만, 아우가 자신의 병 걱정을 존형의 병 걱정으로 옮겨간 것은 스스로 어쩔 수 없는 바가 있어서입니다. 이에 모든 의문이 풀려 기뻐하며 말했습니다.

"이른바 나아가고 물러남은 두 가지 술(術)이 아니다. 옛날의 군자는 기필코 드러남을 버리고서 어두움을 취하고 움직임을 등지고서 고요함에 거하였으나, 어두움이 극에 달했을 때 또한 드러냈고, 고요함이 지극할 때 또한 움직였다. 대저 이와 같다면, 존형께서 멈춘 것은 마침 나아가는 것이다. 존형께서 이러한 도리로써 홀연 자벌레처럼 굽혔다가 홀연 범처럼 도약하심에 어디를 가건 성공하지 못할 일이 없을 터, 이것으로 병을 치유하는 것에 또한 무슨 어려움이 있겠는가?"

아우의 그릇된 학문과 편협한 식견이라면, 제 병을 치유하기도 부족할 판인데, 어찌 뻔뻔하게 존형의 당(堂)에 글을 지을 수 있겠습니까? 앞으로 일이 좀 정리되면 머리말에 놓인 한 부(部)의 《주역》을 연구해 보려 합니다. 만약 마음에 터득한 바가 있으면 형님을 위해 이야기를 다 펼쳐보려 하니, 그때도 늦지는 않을 것입니다.

이만 줄입니다.

# 오백옥[18]에게 주는 편지

與吳伯玉

어제 시종에게 들으니 동정(東亭)[19]으로 가셨다고 하던데, 밤새 기거는 어떠하신지요? 생각건대 교외살이가 고요하여, 문 닫고 책을 읽음에 필시 날마다 얻는 바가 있을 것입니다. 간절한 그리움을 말로 형용할 길이 없군요.

지난번에 드린 시평(詩評)이 족하의 수긍을 얻지 못하였기로, 지금까지도 송구하기 그지없습니다. 제가 족하의 시를 두고 향산(香山)[20]과 닮았다고 한 것은 족하가 향산을 배우면서 반드시 닮기를 구했다는 뜻이 아니라, 족하의 시는 실로 여유있고 담박, 질탕하여 옛사람 중에서 찾아보려 함에 오직 향산만이 자못 근접하다는 뜻이었습니다. 족하께서는 그렇지 않다고 여기시며, 끝까지 향산을 능가하여 그 위에 오르

**18** 오백옥 : 오원(吳瑗, 1700~1740)을 가리킨다. 본관은 해주(海州)이며 호는 월곡(月谷) 자는 백옥(伯玉)이다. 김창협(金昌協)의 외손자이며, 이재(李縡)의 처조카로 그의 문하에서 수학하였다. 부제학·승지·공조 참판 등을 역임하였다. 영조에게 양세법(兩稅法)의 여섯 가지 폐단을 강의하고, 성학(聖學)의 긴요한 임무를 조목을 들어 밝힌 바 있다. 시호는 문목(文穆)이다.

**19** 동정(東亭) : 서울 종암동에 있던 오원의 별장이다.

**20** 향산(香山) : 백거이(白居易). 772~ 846. 현존하는 문집이 71권, 작품이 총 3,800여 수로 당나라 시인 가운데 최고 분량을 자랑할 뿐 아니라 시의 내용도 다양하다. 젊은 나이에 신악부운동(新樂府運動)을 전개하여 사회, 정치의 실상을 비판하는 이른바 풍유시(諷喩詩)와 한적한 삶을 노래한 한적시(閑寂詩)를 주로 지었다. 그의 시는 누구든지 쉽게 읽을 수 있다는 특징이 있다.

고자 하시었는데, 향산이 어찌 쉬이 미칠 수 있는 상대이겠습니까?

세상에 시 짓는 사람들은 반드시 이백(李白)과 두보(杜甫)를 언급하면서 서로 추켜세우기를 "이 사람은 두보가 될 수 있다. 이 사람은 이백이 될 수 있다."고 떠들지만, 이백이 이백이 된 까닭과 두보가 두보가 된 까닭을 알지 못합니다. 이와 같은 자들이라면 기실 향산의 노예가 되고자 해도 아마 되지 못할 것인데, 하물며 이백과 두보이겠습니까?

그러나 저는 후세에 시를 배우는 사람이라면 이백이나 두보를 배우느니 차라리 향산을 배우는 게 낫다고 생각합니다. 음식에 비유하자면, 이백과 두보를 배우는 것은 거지가 맛난 고기를 논하는 것과 마찬가지인지라 허기를 달래는 데 아무 도움이 되지 않지만, 향산을 배우는 것은 채소국과 조밥이 그래도 한번 배를 부르게 해줄 수 있는 것과 같습니다.

삼가 족하의 시를 보았더니 그것은 그저 족하의 시였을 뿐입니다. 마음에서 (시구를) 얻어 손으로 써 내려갈 때, 비록 향산에게 나아간 것이 있다 할지라도 모방하여 닮기를 구함으로써 나의 진정한 기운을 상하게 하려 하지 않았으니, 또 어찌 향산을 논한단 말입니까? 그러나 지금 사람의 미목(眉目)이 혹은 맑고 헌칠하기도 하며, 혹은 고요하고 차분하기도 하여서 (서쪽) 진(秦)나라 사람과 (남쪽) 월(越)나라 사람이 매우 흡사한 경우도 종종 있습니다. 만일 그렇지 않다면, 비록 의관을 흉내 내고 찡그리며 웃는 모습을 따라한다 하더라도 겉모습을 본뜬 것에 불과할 따름입니다. 족하는 향산을 배우지 않았으나, 그렇게 되기를 기대하지 않았어도 그렇게 되었을 것입니다.

무릇 문장의 묘미는 그렇게 되기를 기대하지 않았는데 그렇게 되어,

작가조차 스스로 알지 못하는 데 있습니다. 그러나 제가 또한 어찌 "향산은 바로 시의 지극한 자[至者]이다."라고 하겠습니까? (향산의 시는) 대개 진의(眞意)는 남아도는 데 반해 고운(古韻)은 부족합니다. 이것은 비단 향산의 병통일 뿐만 아니라 족하의 병통이기도 합니다. 족하께서 스스로 헤아려보십시오.

성에 들어오시거든 만나서 이야기합시다. 이만 줄입니다.

# 백옥[21]에게 주는 편지

與伯玉

찬 서리 내리는데, 백옥 족하께서는 기거(起居)가 두루 편안하신지요?

삼가 생각해보건대, 근자에 우리 무리들이 대각(臺閣)[22]에 올라 있지만, 한 세상의 기망을 받기로 족하만 한 자가 어디 있겠습니까? 기망이 두터우면 만족시키기 어렵고 책임이 크면 부합하기 어렵다고 했는데, 족하께서 장차 어떻게 처신하실지 모르겠습니다.

천보는 일찍이 구양공(歐陽公 歐陽修)의 〈범 사간(范司諫)에게 드리는 편지〉[23]를 읽고 크게 탄식하며 말했습니다.

"어렵구나. 군자가 선(善)으로써 책하는 도라는 것이!"

범공이 간관(諫官)이 되었을 때는 인종(仁宗)이 바야흐로 엄숙히[24] 정치를 행하고 있던 때라 천하에 큰일이라고는 없었으며, 비록 한두

**21** 백옥 : 오원(吳瑗)이다. 자세한 사항은 28쪽 주18 참조.

**22** 대각(臺閣) : 대간(臺諫), 즉 사간원을 가리킨다.

**23** 〈범……편지〉 : 구양수의 〈범 사건에게 올리는 편지〔上范司諫書〕〉를 말한다. 여기 나오는 범 사간은 범중엄(范仲淹, 989~1052)이다. 그는 자가 희문(希文), 시호가 문정(文正)이며, 사대부의 모범적 인물로 꼽히는 북송 때의 대표적인 정치가, 문학가, 교육가이다. 이 글은 명도(明道) 2년(1033)에 쓴 것이다. 구양수는 이때 낙양(洛陽)에서 서경유수(西京留守) 추관(推官)을 맡고 있었다. 이해에 장헌태후(章獻太后)가 죽고 인종(仁宗)이 비로소 친정하면서 범중엄을 불러 우사간(右司諫)에 임명하였다.

**24** 엄숙히 : 원문의 '단공(端拱)'은 원래 몸을 바로 하고 두손을 모으고서 엄숙히 서 있는 모습을 가리키는데, 더 나아가 제왕이 엄숙히 조정에 임해 맑고 간결하게 정사를 봄을 이르는 말로 쓰인다.

가지 말할 만한 일이 있어도 범 공이 일단 언급하지 않고 있던 중이었는데도 구양공은 편지를 보내 그 책임을 다그쳤습니다. 가령 범공의 시대에 말할 만한 것 중에 국가 대계에 관련된 일이라면 아침에 관직에 임명되었으면 저녁에 상소했어야 할 터인데, 어찌 구양공의 말을 기다렸겠습니까? 그렇다면 구양공이 책임을 다그친 것은 범공을 깊이 알지 못해서일까요? 구양공이 어찌 범공을 깊이 모르겠습니까? 군자가 선을 행하도록 책하는 도리로 부득불 그렇게 하지 않을 수 없었기 때문입니다.

지금 족하가 맡은 직책은 곧 범공의 직책입니다. 지금 나라의 형편을 돌아보건대, 족하께서 불행히 이런 시대에 태어났지만, 만약 범공이 지금 세상을 보았다면 간관이 아니었다 하더라도 통곡하며 눈물을 흘리면서 세상을 구제할 방도를 다급히 찾았을 것인데, 하물며 간관 된 자야 어떠하겠습니까? 근래에 한 무리의 사류(士類)들을 보니 우리 임금에게 진언하는 자가 없지 않으나, 낯빛을 바로 하고 직언을 하여 생사화복에 흔들리거나 빼앗기지 않는 자라면, 오직 족하에게만 깊은 희망을 걸 수 있을 따름입니다.

족하께서는 글을 읽고 옛것을 흠모하셨으며, 본래부터 스스로 기대하던 바 또한 어떠했습니까? 그런데 일단 간관이 되고 나서 위로는 우리 임금의 은혜로운 간택의 뜻을 저버리시고 아래로는 벗들의 기대하는 마음을 잃어버린다면 되겠습니까? 족하는 옛날에 말하던 국가의 친신(親臣)[25]입니다. 제가 듣자니 족하께서 막 과거에 급제했을 때 주

**25** 국가의 친신(親臣) : 오원의 생부는 오진주(吳晋周)이지만, 숙부인 해창위(海昌尉) 오태주(吳泰周)와 현종의 딸인 명안공주(明安公主)에게 입양되었기에 '친신'이라

상의 은혜가 간곡하여 친히 쓰신 글까지 하사하심에, 중외 사대부들이 이를 외어 전하면서 모두 족하를 위해 영광으로 여겼다고 하였습니다. 족하께서 일개 신진(新進)으로서 우리 임금에게 어찌 이런 대우를 받을 수 있었겠습니까? 우리 임금께서 족하를 대하심이 이미 뭇 신하를 대하심과 달랐거늘, 족하께서 우리 임금에게 보답함에 뭇 신하로서 자신을 대할 수 있겠습니까?

간관으로서 해야 할 말을 다하지 않는다면 그 누구인들 공론의 비난을 면하겠습니까? 다른 사람이라면 그래도 심히 질책하기에 부족하다지만, 족하께서 그렇게 하신다면 아마도 남들에게 스스로 해명할 길이 없을 것입니다. 스스로 해명하건 하지 못하건, 이것은 족하의 일인지라 깊이 근심할 만하지 않습니다. 근심스러운 바는 족하께서 말하지 않는다면, 우리 임금의 신하 된 자들 중 그 누가 감히 족하도 감히 하지 않은 말을 하려 하겠습니까? 세속의 논자들은 간혹 "간관이 비록 말을 다한다 해도 주상께서 반드시 따르리라 보장할 수 있는가? 말했으나 채납되지 않는 것과 애초에 말하지 않는 것이 나라에 보탬 되지 않음은 한가지이다."라고 말합니다.

오호라! 옛날 직언하는 신하가 조정에 있을 때도 임금이 그 말을 다 채납했던 것은 아니나 그래도 조정의 무게를 더할 수는 있었습니다. 급암(汲黯)의 충언과 곧은 언론이 비록 무제를 깨닫게 하지는 못했지만 그래도 회남왕(淮南王)의 역모는 진압할 수 있었습니다.[26] 그런즉

고 표현한 것이다.

**26** 급암(汲黯)의……있었습니다 : 회남왕(淮南王) 유안(劉安)이 오피(伍被)를 꾀어 모반하였는데, 직언을 잘하는 급암을 꺼리며, "한나라 조정에서 급암만이 직간을 좋아

신하의 책임이라면 말을 다하지 못할까 근심하는 데 있을 따름입니다. 더구나 우리 임금께서는 성군이시거늘, 반드시 채납하지 않으리라 또 어찌 알겠습니까? 비록 채납되지 않는다 하더라도 족하의 곧은 명성을 듣고서 조금이나마 음모가 저지되지 않을 줄 또 어찌 알겠습니까? 혹 불행히도 채납되지 않을 뿐 아니라 축출되어버린 후에야 그친다 하더라도, 내 마음에 부끄러움이 없을 수만 있으면 그만입니다.

천보가 족하와 사귄 지 벌써 몇 년, 족하께서는 천보가 당세의 일을 망령되이 논하는 것을 들어보신 적 있으신지요? 옛날 군자들의 선을 행하도록 책하는 도리를 들은 바 있는데, 지금 족하의 처지가 옛날의 족하가 아닌지라 주절주절 말이 많았습니다. 비록 그러하나 족하께서 어찌 천보의 많은 말을 기다리시겠습니까? 이만 줄입니다.

하고 절개를 지켜 의에 죽는 인물이어서 그른 행동으로 속이기 어렵다. 승상 공손홍(公孫弘)쯤은 아주 간단하다."라고 말했다. 결국 모반이 탄로나 회남왕은 자살하였다.《漢書 권50 汲黯傳》

## 황대경[27]에게 주는 답장

答黃大卿

천보가 대경 족하께 아룁니다. 긴 편지를 받아보니, 제가 소씨(蘇氏 소동파)를 배워 병폐를 얻었다고 책망하셨습니다. 오늘날 제 글을 일컫는 자들은 반드시 소씨를 배웠다고들 말하지만 저는 한 번도 수긍한 적이 없으니, 어째서이겠습니까? 저는 소씨를 일찍이 좋아한 적은 있지만 배워본 적은 없습니다. 서한(西漢)의 문장이 소씨보다 못하지는 않지만, 황명(皇明) 제자들이 거기에 얽매어 추종하는 것을[28] 저는 심히 비루하게 여겼는데, 하물며 소씨를 배웠겠습니까?

소씨의 문장은 이치가 반드시 바르다 할 수 없고 식견이 반드시 높다 할 수 없으니, 이는 과연 족하께서 하교하신 바 그대로입니다. 하지만 그의 문장은 호방하여 법(法)으로 속박할 수 없으며, 오로지 하고 싶은 말만 합니다. 당송(唐宋) 제가(諸家)의 문장은 법으로써 뛰어나지만 소씨만은 법이 없음으로써 뛰어납니다. 법이 있는 문장이라면 그 법에

**27** 황대경 : 황경원(黃景源, 1709~1787). 본관은 장수(長水)이며 자는 대경(大卿), 호는 강한(江漢)이다. 이재(李縡)의 문인으로, 대사성·대사간·대사헌·대제학과 형조·예조·공조의 판서 등 청화요직을 두루 역임하였다. 오원·이천보·남유용와 함께 영조조 사가로 불리기도 하며, 예학에 정통하고 고문(古文)에 밝았다. 시호는 문경(文景)이다.

**28** 황명(皇明)……것을 : 여기서는 이른바 복고파라고 일컬어지는 명나라 전후칠자(前後七子)가 "문장은 반드시 진한 시대 것이어야 하고, 시는 반드시 성당 때 것이어야 한다.〔文必秦漢, 詩必盛唐〕"라고 주장하면서 옛글을 억지로 모방, 학습하던 의고주의(擬古主義) 문풍을 비판한 것이다.

의거해 배울 수 있겠지만 법이 없는 문장이라면 장차 무엇을 통해 배우겠습니까? 족하께서 저더러 소씨를 배웠다 하심은 과연 무얼 말씀하시는 것입니까?

남덕재(南德哉)[29]가 황명 제자를 싫어함은 저보다 더 심한데, 세간에서 덕재의 문장을 논하는 자들이 간혹 "왕세정(王世貞)[30]과 이반룡(李攀龍)[31]을 배웠다."라고 말하기에 제가 변론한 바 있으나 사람들은 믿지 않았습니다. 대개 왕세정과 이반룡은 서한을 학습했으나 한갓 그 법식만 훔친 자들입니다. 덕재는 서한의 글짓기를 좋아하므로 그의 문장에 간혹 왕세정이나 이반룡과 비슷한 면이 있긴 하나, 이는 그가 왕세정과 이반룡을 배워서가 아니라 그들과 배운 바가 같기 때문입니다. 그러나 덕재가 서한을 배웠다고 해서 일찍이 왕세정이나 이반룡 등처럼 일일이 모방만 한 적 있었습니까?

저는 아이 적에 《전국책(戰國策)》 읽기를 좋아했는데, 소씨의 문장

**29** 남덕재(南德哉) : 남유용(南有容, 1698~1773). 본관은 의령(宜寧)이며 자는 덕재(德哉), 호는 뇌연(雷淵) 또는 소화(小華)이다. 이재(李縡)의 문인이다. 대사성・양관(兩館) 대제학 등을 역임하였으며, 원손보양관(元孫輔養官)으로 훗날 정조가 된 세손에게 글을 가르치기도 하였다. 시호는 문청(文淸)이다.

**30** 왕세정(王世貞) : 1526~1590. 명나라 문인으로, 후칠자(後七子)의 중심인물이다. 자는 원미(元美). 호는 엄주산인(弇州山人). 고문 복고운동의 중심인물로 격조를 소중히 여기는 의고주의를 주장하였다. 저서에 《예원치언(藝苑巵言)》, 희곡 〈명봉기(鳴鳳記)〉가 있다.

**31** 이반룡(李攀龍) : 1514~1570. 자는 우린(于鱗). 호는 창명(滄溟). 칠언근체시에 가장 능하였다. 왕세정과 함께 후칠자의 대표 인물로 일컬어지며, 고문사(古文辭)를 중시하고, 문(文)은 진한(秦漢), 시(詩)는 성당(盛唐)을 주장하였다. 《당시선(唐詩選)》을 엮었다고 한다. 저서에 《고금시산》, 《이창명집》 등이 있다

중에 《전국책》에서 나온 것이 많기에 지은 문장이 소씨와 부합하기를 약속하지 않았으나 부합했던 것입니다. 족하께서는 제가 지난날 지은 글을 보시고 그 근원을 궁구하지도 않은 채 소씨를 배웠다고 여기신 것입니까? 기실 저는 소씨를 배우지도 않았으며 또한 지난날의 일입니다. 지금은 《전국책》조차 이미 염증이 난 터이거늘 하물며 소씨이겠습니까? 족하께서는 염려치 마십시오. 이만 줄입니다.

## 이사고 사중[32] 에게 주는 편지

與李士固 思重

근심스런 잡다한 일로 열흘 넘게 소식을 드리지 못했는데,[33] 기거에 두루 평안하신지 모르겠습니다. 간절한 그리움을 그칠 길이 없습니다.

일전에 족하께서는 아우가 대경(大卿 황경원)의 문장을 칭찬한 것이 너무 과하지 않나 의심하셨습니다. 족하께서 대경을 사랑함이 지극하다고 말할 수 있지만 아우가 더 심하다는 것은 모르고 계십니다. 대경의 문장은 지금 사람의 문장이 아니라 고인의 문장입니다. 대경 같은 사람이라면, 명성이 나지 않는 것이 걱정이 아니라 명성이 너무 일찍 나는 것이 걱정일 뿐입니다. 문장이 비록 작은 기예이기는 하나 명성이 사람에게 누를끼침은 실로 큽니다. 명성이라는 것은 하늘이 아끼는 바요, 사람들이 시기하는 바입니다. 대경은 아직 젊고 문장은 쉬지 않고 더욱 발전하고 있는데, 하루아침에 떨치고 일어나 사람들의 시기심을 건드리고 하늘이 아끼는 것을 얻게 된다면, 그 우환이 과연 어떠하겠습니까?

아우는 문장을 일찍이 좋아하였으나 병들고 게을러진 탓에 문장에 힘을 쏟지 못합니다. 다만 세상에서 아우를 사랑해주는 사람들이 다른

**32** 이사고 : 이사중(李思重, 1698~1733). 본관은 한산(韓山), 자는 사고(士固)이다. 의릉 재랑(懿陵齋郎)을 지냈으나 세상에 쓰일 기미가 없자 이후 벼슬길에 나아가지 않았다.

**33** 소식을……못했는데 : 원문의 '貽阻'는 오랫동안 소식이 끊겨 있던 것을 가리키는 편지 용어이다.

장점을 알지 못하여 자신들이 좋아하는 것에 나아가 명성을 덧씌웠을 뿐인지라, 속으로 늘 부끄럽고 두려웠습니다. 그 명성〔名〕을 감히 감당할 수 없을 뿐만 아니라, (글을 잘 쓴다는) 실질〔實〕 또한 얻고 싶지 않았기에, 더욱 방치한 채 짓지 않았습니다. 이러한 사정은 족하 등도 마땅히 헤아려 살피고 계실 것입니다. 그런데 어떻게 내가 하고 싶지 않은 일을 대경에게 시킬 수 있겠습니까? 이런 까닭에 아우는 한 번도 남들 앞에서 대경의 문장을 칭찬한 적 없으며, 누군가가 물어오면 대충 얼버무리며 응답하기를, "그의 문장은 고인을 배웠으며, 바야흐로 부단히 발전 중에 있다."라고만 하였습니다.

근자에 들으니, 이정섭(李廷燮)[34] 군이 대경의 문장을 보고 돌아가서 "300년 동안 이런 작품은 없었다."라고 평하자 사람들이 분분히 읊으며 전하였고, 이에 대경의 명성이 세간에 자자해졌다고 합니다. 그러나 세상에는 대경을 비방하는 자들 또한 많습니다. 아우가 일찍이 대경에게 말했습니다.

"자네가 비방을 얻은 것은 다 이군(李君 이정섭) 탓일세. 세상에 칭찬만 듣고 비방을 듣지 않는 자가 있던가? 조심해야 하네."

이군이 어떤 사람인지 아우는 알지 못하지만, 결코 함부로 남을 칭찬하는 사람은 아니로되 다만 대경을 사랑함이 우리들에 미치지 못했을 뿐입니다.

옛글에서 말하길, "명예가 알려지지 않는 것은 벗의 허물이다."[35]라

**34** 이정섭(李廷燮) : 조선 후기의 문인. 자는 계화(季和). 호는 저촌(樗村). 벼슬은 정랑에 이르렀으며 《해동가요》에 시조 2수가 전한다.

**35** 명예가……허물이다 : 《곡량전(穀梁傳) · 소공(昭公) 19년》에 "마음과 뜻이 이미

고 하였는데, 지금 대경의 벗들은 오로지 그의 명예가 혹시라도 알려질까 두려워하고 있습니다. 선비는 한 가지 도리만 가지고 논할 수 없습니다. 비록 그렇기는 하나 대경에게는 실로 문장보다 더 나은 것이 있으니, 세상에서 알아주는 것이 오직 그의 문장이라고 해서 이런 것이 어찌 대경을 위해 걱정할 만한 일이겠습니까? 족하도 근심하지 마십시오.

통했는데도 이름과 영예가 알려지지 않는다면 이것은 벗의 허물이요, 이름과 영예가 알려졌는데도 유사가 천거하지 않는다면 이는 유사의 죄요, 유사가 천거했는데도 왕이 등용하지 않으면 왕의 허물이다."라는 구절이 있다.

# 조석여 귀명[36] 에게 주는 편지

與趙錫汝 龜命

가을 하늘이 더욱 높아졌는데, 고요히 거하시는 중에[37] 두루 평안하신지요? 구구히 그리워하는 마음, 그칠 길이 없습니다.

훌륭하신 원고를 받들어 볼 수 있게 해주시며, 천보에게 한 마디 말을 요구하셨으나, 천보는 스스로 돌아보아도 노둔하여 작가의 주지를 꿰뚫어 보지 못하는데 어떻게 간곡한 부탁에 부응할 수 있겠습니까?

그러나 천보는 집사의 글을 읽고서 더욱 그 사람 됨됨이를 알게 되었습니다. 집사께서는 도(道)에 조예가 깊은 분이며, 도에 조예가 깊은 사람은 반드시 이름을 남깁니다. 집사의 사람 됨됨이는 그윽하면서 깊고, 맑으면서 고요하여 만물 위에 홀로 서서 조물주와 더불어 노닙니다. 이런 것이 글로 드러났으니, 명성을 바라지 않아도 명성은 이미 절로 얻어졌을 것입니다. 명성이란 집사에게 있어 병이 되기에 딱 좋을 뿐인데, 천보가 다시 뒤이어 어지러이 집사의 글을 칭송하며 남들 앞에

**36** 조석여 : 조귀명(趙龜命, 1693~1737). 본관은 풍양(豐壤)이며 자는 석여(錫汝), 호는 동계(東谿)·건천자(乾川子)이다. 소론의 벌열가문인 풍양 조씨에서 태어났으나 벼슬에는 뜻을 두지 않고 오로지 문장으로 자처하였다. 특히 산문을 잘 지어 당시 팔문장(八文章)으로 평가되기도 하였다. 그의 문학론은 전통적 의론에 바탕하여 작가의 진솔한 식견을 중시하여 18세기 혁신하는 조선 후기 문학론의 선두에 섰다. 저서로는 《동계집(東谿集)》과 《건천고(乾川藁)》가 있다.

**37** 고요히……중에 : 원문의 '靜履'는 사람들과 어울리지 않고 조용히 지내는 상태를 가리키는 말이다.

자랑한다면, 이는 집사의 병을 가중시키는 것밖엔 되지 않을 터, 결코 마땅한 처사가 아닐 것입니다. 집사께서 만약 "지금 세상에서 나의 글을 가장 잘 아는 사람은 자네뿐이니, 자네가 한 마디 해주지 않을 수는 없네."라고 말씀하신다면, 문장이란 작은 기예이며 선비가 인정받기를 바라는 것 중에는 문장보다 더 큰 것이 있습니다. 만약 그 큰 것을 얻었다면 그 나머지 것은 해서 무엇 하겠습니까?

망우(亡友) 김원경(金遠卿)[38]은 그 문장이 심히 특출나, 유자후(柳子厚 유종원)를 배웠으되 그 정수(精髓)만을 얻은 자였습니다. 집사께서는 원경과 10여 년간 교제했으나 한 번도 그의 글을 구한 적 없으며, 원경 역시 자신의 글로써 집사에게 인정받기를 구한 적 없습니다. 이것이 어찌 인지상정이겠습니까? 집사께서 원경을 알아준 것은 문자 이외의 것이었습니다. 천보 역시 집사에 대해 감히 문장만 안다고 말할 수 없습니다. 천보가 집사의 문장에 대해 아는 바가 있다 하더라도 집사께 누 끼치고 싶지 않은데, 하물며 모르는 것을 억지로 안다고 할 수 있겠습니까?

집사께서 만일 허락지 않으신다면, 천보가 붓을 적셔 책에 쓰기를, "이는 건천 조석여의 글이다. 그의 글은 지금 사람의 글도 아니고 고인의 글도 아니며, 오직 그의 사람 됨됨이와 같을 뿐이다."라고 하면 되겠습니까? 집사께서는 어찌 생각하시는지요?

보내주신 원고를 오래 붙잡고 있을 수 없어 그대로 보냅니다. 집사께서 다른 일 있으시거든 가르침을 주십시오. 이만 줄입니다.

**38** 김원경(金遠卿) : 김현택. 자세한 내용은 15쪽 주1 참조.

# 서 序

## 《위숙자[39] 문초》[40] 서문
魏叔子文抄序

나는 《명사(明史)》를 읽다가 갑신년(1644 명이 멸망한 해)에 죽음으로써 절개를 지킨 사람들의 일에 이를 때면 언제나 눈물 흘리고 크게 탄식하며 말했다.

"불행히도 당시에 태어난 선비들에겐 오로지 죽음만이 그 몸을 더럽히지 않을 방책이었구나."

**39** 위숙자 : 위희(魏禧, 1624~1680). 자는 빙숙(冰叔), 응숙(凝叔)이고 호는 유재(裕齋), 작정선생(勺庭先生)이다. 강서(江西) 영도(寧都) 사람. 명말청초의 저명한 문장가로, 후조종(侯朝宗)·왕완(汪琬)과 더불어 명말청초 산문3대가로 일컬어진다. 그의 문장은 경세치용을 위주로 하며, 책(策)이나 논(論) 등에 뛰어나 천하의 일을 도모하는 문장을 잘 썼는데, 특히 고인의 업적이나 시비곡직, 성패득실을 논평하는 글을 많이 남겼다.

**40** 《위숙자 문초》 : 위희 형제의 문집이 조선에 들어와 읽혔는데, 특히 《위숙자문집(魏叔子文集)》이 문장가들 사이에서 많이 읽혔다. 선집(選集)으로 《위숙자문초(魏叔子文抄)》도 들어와 읽혔는데, 조영석(趙榮祏)과 이하곤(李夏坤), 이천보(李天輔) 등이 이 책을 읽은 자취를 남겼다. 그러나 이 글의 내용으로 보아 기존에 있던 《문초》 이외에 이천보가 달리 선집을 엮은 듯하다.

그러다 근세에 전하는 위숙자의 문장을 읽고는 책을 덮고 슬퍼하며 말했다.

> "당시의 선비로서 비분강개하여 자결한 사람뿐만 아니라 위숙자처럼 몸을 깨끗이 하여 깊이 숨어버린 자 또한 그 얼마나 애달픈가. 숙자가 죽지 않은 뜻이 어찌 단지 몸을 깨끗이 하여 깊이 숨고자 했을 뿐이었겠는가?"

숙자의 글에는 힘을 다해 견지하는 바가 있고,[41] 하는 말마다 반드시 이치에 들어맞았다. 그의 학문은 병가(兵家)에 뛰어났는데, 고금의 치란성패(治亂成敗)를 획책하고 도모함에 있어서는 마치 당시 현장을 직접 걸어 다니는 듯하였고, 이따금 전대 사람들이 미처 발견하지 못한 것을 발견하기도 하였으니, 숙자 같은 이라면 가히 일세의 빼어난 선비라 일컬을 만하다. 숙자가 좋은 시대를 만나 떨치고 일어났다면, 그가 모책을 내어 사공(事功)으로 실천에 옮긴 일들 모두가 분명 공언(空言)은 아니었을 텐데, 안타깝도다! 궁핍한 채 죽고 말아 세상에 쓰임을 얻지 못하였구나. 숙자는 사방을 주유하며 몰래 천하의 선비를 많이 모았다. 숙자와 같은 사람이 과연 몇 명이었던가? 그들을 다 알지 못함이 한스럽구나.

숙자는 만년에 산중에 은거하면서 학도를 모아 강학하는 것을 자신의 책임으로 여겼다. 지금도 바위 계곡 사이에 흩어져있는 학도들이

**41** 힘을……있고 : 원문의 '정한확고(精悍確苦)'는 힘을 다해 견지하는 것을 뜻한다. 소식(蘇軾)은 〈부역선생시집서(鳧繹先生詩集叙)〉에서 안태초(顏太初)의 시문을 칭찬하며 말하길, "선생의 시문은 모두 뜻하는 바가 있어 지었다. 힘을 다해 뜻을 견지하면서, 말을 했다 하면 당세의 문제점을 반드시 찔렀다.〔先生之詩文, 皆有爲而作, 精悍確苦, 言必中當世之過.〕"라고 하였다.

분명 남아있을 것이로되, 숙자의 학문을 능히 전할 수 있는 자가 아직까지 남아있는지 알 수 없다. 옛날 왕중엄(王仲淹)[42]이 수(隋)나라에 있었음에 위 정공(魏鄭公)[43] 같은 학도들이 나와 당나라를 보좌했고, 오연영(吳淵穎)[44]이 원나라에 있었음에 송 문헌(宋文憲)[45] 같은 학도들이 나와 명나라를 보좌했다. 이 두 사람은 비록 자신은 불우했으나 그 후세에 전한 것은 원대하였다.

**42** 왕중엄(王仲淹) : 왕통(王通, 584~617). 자는 중엄(仲淹)이고 호는 문중자(文中子)이다. 하동군(河東郡) 용문현(龍門縣) 사람이다. 수나라를 대표하는 유학자이자 사상가이다. 20세 때 경세의 뜻을 가지고 수도인 장안으로 가서 수나라 문제(文帝)를 알현했다. 이때 12조의 태평책을 올렸으나, 공경들의 반대로 받아들여지지 않았다. 이 때문에 고향인 용문현으로 돌아가 저술에 전념하면서 제자를 가르쳤다. 그의 제자는 1,000명이 넘으며 그중에는 당나라의 문무대관이 된 사람도 적지 않았는데, 당시에 이들을 '하분문하(河汾門下)'라고 불렀다. 그는 유불도 삼교의 합일을 주장했으며, 기본 바탕은 유학에 두었다. 저작으로는 《중설(中說)》(일명 문중자(文仲子))이 있다.

**43** 위 정공(魏鄭公) : 위징(魏徵, 580~643). 자는 현성(玄成)이다. 직간(直諫)으로 유명하며, 당 태종의 정관지치(貞觀之治)의 대업을 보좌하여 일대명상(一代名相)으로 칭송받아왔다. 후에 정국공(鄭國公)에 봉해졌고, 시호는 문정(文貞)이다.

**44** 오연영(吳淵穎) : 오래(吳萊). 1297~1340. 자는 입부(立夫)이고 문인들이 지은 사시(私謚)가 연영선생(淵穎先生)이다. 포양(浦陽 지금의 절강성 浦江) 사람. 사환(仕宦) 길이 여의치 않아 은퇴해 고향 송산(松山)에 은거한 뒤, 경사(經史)를 깊이 연구했는데, 이때 송렴(宋濂)이 그에게서 수학했다.

**45** 송 문헌(宋文憲) : 송렴(宋濂). 1310~1381. 자는 경렴(景濂)이고 호는 잠계(潛溪), 별호는 용문자(龍門子), 현진둔수(玄眞遁叟) 등이다. 지금의 절강성 금화(金華) 사람. 명말청초를 대표하는 정치가이자 사상가로, 고계(高啓), 유기(劉基)와 더불어 '명초 시문삼대가'로 꼽혔다. 명태조는 그를 '개국문신지수(開國文臣之首)'라고 추켜세웠다. 홍무(洪武) 2년(1369)에는 명을 받들어 《원사(元史)》 편찬을 주도했다. 무종 때 '문헌(文憲)'이라는 시호를 받아 송문헌으로 일컬어진다.

무언가를 기다리고 있는 선비라면 반드시 때가 되면 얻을 수 있고, 얻은 바가 있는 사람이라면 반드시 때가 되면 시행할 수 있다. 하물며 천하에 백 년을 가는 (오랑캐의) 운이란 없다[46]고 했으니, 훗날 중국에 성인이 나타날 시, 당나라 위 정공이나 명나라 송 문헌처럼 우뚝 일어나 왕조를 일으키는 보좌가 될 영웅호걸이 있다면 그가 분명 숙자의 학도일 것임을 나는 알고 있다. 이에 마침내 숙자의 문장을 직접 가려 뽑고, 권 머리에 서문을 적어놓고 기다린다. 숙자는 이름이 희(禧)이고, 숙자는 그의 자이다.

**46** 백……없다 : 수나라 때 양소(楊素)가 〈출새(出塞)〉라는 시를 지어 이렇게 노래했다. "만 리 밖을 횡행해도, 오랑캐의 운은 백 년이면 끝난다네.〔橫行萬里外, 胡運百年窮.〕" 송렴은 주원장(朱元璋)을 위해 초고를 잡은 〈논중원격(論中原檄)〉이라는 글에서 "고인이 말하길, 오랑캐의 운은 백 년을 가지 않는다고 하였다.〔古人云, 胡虜無百年之運.〕"라고 하였다.

## 남길재[47]의 영암 적소로 부친 서문

寄南吉哉靈巖謫所序

작년 겨울 나는 남길재 군과 함께 과거 공부를 하였는데, 길재가 내게 이런 말을 한 적이 있다.

"내 일찍이 바다에 떠 있는 꿈을 꾼 적이 있는데, 중간에 바람을 만나 배가 하마터면 위태로워질 뻔한 것이 여러 차례였으나, 잠시 후 바람이 잠잠해져 건널 수 있었네. 만약 내가 불행히도 한번 급제하게 된다면 분명 지금 세상에서 (화를) 면하지 못할 것이네."

내가 말했다.

"종국에는 순조롭게 건너지 않았습니까?"

올봄에 길재는 처음 관직에 올랐는데, 실록랑(實錄郎)으로서 직분을 저버린 일로 인하여 옥에 갇혔고, 당시 정승으로 총재관을 맡고 있던 자를 지목하여 내쳤다가 호남 영암(靈巖)으로 유배되었다.[48]

아아! 길재의 꿈이 지금 과연 징험되었구나. 지금 세상 길의 험난함

**47** 남길재 : 남유상(南有常, 1696~1728). 자는 길재(吉哉)이고 호는 태화(泰華)이다. 남유용의 형이다. 춘추관기사관으로 《숙종실록》의 편찬에 참여하고, 실록랑(實錄郎)을 이어 수찬, 이조정랑을 지냈다. 1728년 소론(少論)의 영수인 이광좌(李光佐)를 배척하다가 당론을 일으켰다 하여 동료 신만(申晩) 등과 함께 영암에 유배되었다. 그뒤 곧 풀려나와, 그해 병으로 죽었다. 재주가 높아 시문과 글씨에도 능하였다. 뒤에 홍문관 부수찬에 추증되었다. 저서로는 《태화자고(泰華子稿)》가 있다.

**48** 올봄에……유배되었다 : 《영조실록》 3년(1727) 9월 2일 기사인 〈실록랑 남유상·신만이 이광좌에게 대항하자 이들을 먼 곳으로 귀양 보내다〉에 자세한 내용이 보인다. 여기서 총재관이라 칭한 자는 이광좌이다.

을 돌아보건대 바다보다 더 심하여 나 같은 방관자조차도 혹여 그 여파가 미칠세라 두렵거늘, 길재는 이미 지극히 험난한 배에 올라 지극히 위험한 곳을 다니느라 그 몸이 위태롭게 물에 빠지지 않은 적이 얼마 되지 않으니, 그 상황이 중도에 바람을 만난 것과 무엇이 다르단 말인가? 이때 길재는 옛날 꿈을 다시 떠올리면서, 분명 망연자실하고 퍼뜩 깨달은 바가 있었을 것이다.

그러나 군자의 굴신화복(屈伸禍福)은 형적(形迹)이고, 굴신화복에 대처하는 것은 마음[心]이니, 길재의 꿈은 형적에만 드러났을 뿐 아니라 마음으로도 드러났을 것이다. 길재가 바야흐로 이 꿈을 꾸고 있을 적에, 배 안에 꼿꼿이 앉아 자신의 몸을 바라보기를 바람 속에 떠도는 먼지처럼 여기며, 홀연 하늘 밖을 날아다니건 홀연 물 밑에 가라앉건 모두 바람에 맡겨버릴 수 있었을까? 아니면 우왕좌왕 비명을 지르며 잠깐의 목숨이나마 살려달라고 애걸했을까? 길재의 사람 됨됨이를 보면 마음이 안정되고 온화하며 기운이 충만하고 느긋하니, 꿈에 나타난 모습도 험난함을 만났다 하여 두려워 떨거나, 위험에 임했다 하여 뜻을 잃거나 하지 않았을 것이다. 그런즉 길재의 꿈이 드러낸 바가 어찌 다만 형적뿐이겠는가? 그 마음도 같이 드러났던 것이다.

이에 나는 바람이 멈추고 파도가 잠잠해지고 나면 길재의 배가 하루도 안 걸려 순조롭게 건너게 될 것임을 안다.

## 유태중[49] 시권에 쓴 서문

俞泰仲詩卷序

나의 벗인 기계(杞溪)[50] 유태중은 약관의 나이부터 시문에 뛰어나 과거장에서 이름을 드날렸다. 그러나 난리를 겪으면서 거자업(擧子業 과거 공부)을 폐하고 출세에 대한 뜻을 버렸다. 세상에서 태중과 교유하던 자들은 모두 힘껏 그를 권면했으나, 태중은 못 들은 체했다. 여럿이 모여 상의한 끝에 "이의숙(李宜叔 이천보)이 아니면 그의 뜻을 꺾을 수 없다."고 하고는 나에게 시켜 그에게 억지로 권해보라고 하였다. 그러나 나는 끝내 그에게 억지로 권하지 않았으니, 그의 뜻을 이루어 주고 싶어서였다. 이때부터 태중은 시골 오두막에 은거하면서 가끔 시를 읊어 그 뜻을 드러내곤 하였다.

그의 시는 깊은 물이 흘러가듯 그 끝이 어딘지 알 수 없지만, 감개와 분노를 터뜨린 시는 종종 당세에 대한 풍자의 뜻을 기탁하기도 하였다. 심지어 사람들이 꺼리는 말을 범하기도 하였는데, 그것이 한번 세상에 전해지자 당시 사람들이 그 시를 듣고 모두 분노하였다. 누군가가 태중을 위해 해명하며 말했다.

"이 사람은 분명 미치광이 병에 걸린 자이니, 화내기에도 부족합니

**49** 유태중 : 유언길(俞彦吉, 1695~1743). 자는 태중이고 호는 매호(梅湖)이다. 본관은 기계(杞溪)이다. 숙종 43년(1717) 정유(丁酉) 식년시(式年試) 진사 2등 5위로 급제했다. 이인상(李麟祥)의 《능호집(凌壺集)》에 〈매호 유처사 제문〔祭梅湖俞處士文〕〉이 실려 있다.

**50** 기계(杞溪) : 경상북도 포항의 옛 지명이다. 유태중의 본관이 기계이다.

다. 차라리 일소에 부치시지요."

오호라! 태중은 분명 미치광이이다. 태중이 미치광이가 아니라면 그 누가 미치광이이겠는가? 세상의 이른바 미치지 않은 자들을 나는 알고 있으니, 기어코 이목(耳目)을 팔아먹고, 심지(心志)를 가두며, 한 가지 일도 스스로 주인 노릇 하지 못하면서 오직 시세에 부합하지 못할까만 두려워한다. 위로는 임금을 속이고 아래로는 그 마음을 속이는 자, 온 세상이 다 그러한 자들뿐이니, 그들과 태중의 광망함을 비교해볼 때 과연 어떠한가?

태중의 사람됨은 부모에게 효도하고 벗에게 돈독하며, 강개하여 고인의 뛰어난 정절을 흠모한다. 지금 비록 책을 끌어안은 채 멀리 떠나버렸지만, 마음으로는 여전히 놓지 못하고 있는 바가 있어서, 자기 몸의 궁함도 근심할 겨를이 없음에도 이 세상의 근심을 가져다 자신의 근심으로 삼고, 이를 밖으로 드러내어 시로 짓기까지 한 것이다. 후세에 태중의 시를 읽는 자는 반드시 고개 들었다 숙였다 크게 탄식하며, 그의 뜻을 슬퍼하고 그의 궁함을 측은해할 것이다. 또 그가 살았던 세상을 고찰하여 논할 것이다.

태중은 일이 없으면 성안에 들어오지 않는다. 그러나 성에 들어오면 반드시 나를 찾아와 두 밤을 묵고 가는데, 일찍이 내게 이런 말을 한 적이 있다.

"스스로 생각할 때 난 이미 미치광이일세. 이 세상에 나를 알아주는 건 오직 자네뿐이니, 자네 또한 미치광이를 면하기 어렵겠구먼."

우리는 서로 쳐다보며 크게 웃었다. 태중은 시를 지으면 반드시 내게 부쳐왔는데, 상자를 뒤져 수십 편을 찾아내었기에 서문을 지어 태중에게 보내면서 권 앞에 써넣으라고 하였다.

## 간성으로 부임하는 이 어르신 병성[51]을 전송하며 드리는 서문

送李丈 秉成 赴杆城序

지난 을사년(1725) 가을에 나는 호서(湖西)를 유람하며 진산(珍山 충청남도 금산의 옛 이름)의 서대산(西臺山)에서 글을 읽었는데, 산에 놀러 온 군민들이 모두 태수인 한산(韓山) 이공의 어짊을 칭송하며 말하길, "태수께서 청렴하시고 현명하시니, 우리 군이 장차 그 덕을 입겠습니다."라고 하였고, 선비들은 그의 시를 외우며 말하길, "태수께서 책상에 기대어 시를 흥얼거리실 때, 관아를 찾아간 백성들은 청아하게 앉아 있는 한적한 모습을 보고 종종 송사를 잊기도 합니다."라고 하였다.

공은 곧 나의 부친의 친구인데, 시를 잘 짓는 것으로 세상에 명성이 나서 세상 사람들은 공이 시인인 줄만 알지 지금 세상의 순리(循吏)임은 알지 못한다. 그로부터 6년 뒤인 신해년(1731)에 공이 다시 영동(嶺東)의 간성군 태수로 나가게 되었는데, 북산 아래에서 공과 전별(餞別)할 때 한 객이 공에게 여쭈었다.

"공께서는 장차 무엇으로써 정치하시려는지요?"

공이 웃으며 말했다.

**51** 이 어르신 : 이병성(李秉成, 1675~1735). 본관은 한산(韓山), 자는 자평(子平), 호는 순암(順庵). 대과에 급제하지 못하여 청요직(淸要職)을 역임하지 못하였다. 군수·공조정랑 등을 역임하고 부사에 이르렀다. 시문에 능하고 글씨를 잘 썼다고 한다. 저서로는 《순암집(順庵集)》이 있다.

"나는 졸렬한 자라 관리의 일이라곤 알지 못하니, 그저 날마다 방안에 드러누워 시나 지으면 되지 않겠는가."

내가 옆으로 가서 말씀 올렸다.

"저는 이에 공께서 정치를 잘하실 것임을 알 수 있습니다. 졸렬함이란 덕의 순한 것입니다. 천하의 우환은 교묘함〔巧者〕이 참〔眞〕을 어지럽히는 데 있습니다. 제가 삼가 공의 시를 보았더니 질박을 조탁하여 화려하게 만들지 않고, 겉모습을 과장하여 명성으로 삼지 않으며, 능히 담담한 자세로 천기(天機)를 잃지 않았으니, 그 도는 또한 '졸렬'에 불과할 따름이었습니다. 이제 이 졸렬함을 공께서 시에서 터득하시어 관리의 도로 가져가시는 것 아니겠습니까? 세상이 다스려지지 않는 것은 억지로 다스려지게 하려는 데서 비롯됩니다. 옛날 군자들은 일이 닥친 연후에 움직이고, 물(物)이 찾아온 이후에 반응하였기에, 내게 있는 것은 언제나 편안함 뿐이지만 미쳐가는 효과는 원대했으니, 이 모두가 졸렬함의 쓰임이었습니다. 그런즉 지난번 공께서 진산 태수가 되셨을 때 칭송을 들을 수 있었던 것은 대개 아마 이 도 덕분이었을 것입니다. 공은 떠나가십시오. 공의 졸렬함은 쓰이고도 남음이 있을 것입니다."

공께서 웃으며 말씀하셨다.

"자네는 더불어 시를 논할 만한 자로군."

나는 마침내 이 이야기를 기록하여 떠나시는 공께 이별의 선물로 드린다.

## 삼척으로 부임하는 이사천[52]을 전송하며 드리는 서문
送李槎川赴三陟序

나는 약관의 나이일 때 삼연(三淵) 김공(金公)[53]을 좇아 시도(詩道)를 배웠는데, 당세의 시를 논할 때면 늘 사천(槎川) 이공(李公)을 언급하시며, “그의 시는 지금 사람의 시어가 아니다.”라고 말씀하셨다. 당시 공은 시로써 세상에 날로 이름을 떨치고 있었는데, 그 시작인즉 삼연

**52** 이사천 : 이병연(李秉淵, 1671~1751). 본관은 한산(韓山). 자는 일원(一源). 호는 사천(槎川), 또는 백악하(白嶽下). 부모를 비롯한 그의 출신 배경은 알 수 없다. 백산(白山)이라는 곳에 살았다. 김창흡(金昌翕)의 문인이며, 벼슬은 음보로 부사(府使)에 이르렀다. 시에 뛰어나 영조 시대 최고의 시인으로 일컬어졌다. 문인 김익겸(金益謙)이 그의 시초(詩抄) 한 권을 가지고 중국에 갔을 때 강남의 문사들이 “명나라 이후의 시는 이 시에 비교가 안 된다.”라고 그의 시를 극찬하였다고 한다. 일생 동안 무려 10,300여 수에 달하는 많은 시를 썼다고 하나, 현재 시집에 전하는 것은 500여 수뿐이다. 그의 시는 대부분 산수·영물시로, 대개 서정이 두드러지고 깊은 감회를 불러일으킨다. 특히 매화를 소재로 55수나 되는 시를 지었는데, 이는 대개 은일적인 기분을 표현한 것으로, 생(生)에 대한 깊은 애정을 은연중에 표현하고 있다. 80세가 넘도록 시작 생활을 계속하였다. 저서로는《사천시초(槎川詩抄)》2책(冊)이 전한다.

**53** 삼연(三淵) 김공(金公) : 김창흡(金昌翕, 1653~1722). 자는 자익(子益). 호는 삼연(三淵). 백악산 기슭에 낙송루(洛誦樓)를 짓고 동지들과 글을 읽으며 산수를 즐겼다. 1681년(숙종 7) 김석주(金錫胄)의 천거로 장악원주부(掌樂院主簿)에 임명되었으나 나가지 않았다. 1689년 기사환국으로 아버지가 진도에서 사사되자, 영평(永平 지금의 경기도 포천시)에 은거하였다. 1696년 서연관(書筵官)에 초선(抄選)되고, 1721년(경종 1) 집의에 제수되었으며, 이듬해 영조가 세제로 책봉되자 세제시강원에 임명되었으나, 모두 사임하고 나가지 않았다. 신임사화로 절도에 유배된 형 창집이 사사되자 지병이 악화되어 죽었다.

공의 이 말씀 덕분이 아니었다고는 말할 수 없다. 삼연공이 세상을 뜬 후에도 공은 나이가 많아질수록 시가 더욱 정교해져, 세상에서 시를 구하는 자들은 모두 공을 찾아갔다. 공은 낭서(郎署)[54] 사이에 부침하면서 시에 심취해 있었다.

"시는 곤궁해진 연후에 정교해진다."[55]라는 말이 있다. 정교해지려면 반드시 곤궁해야 하고, 곤궁하면 반드시 정교해지나니, 반드시 서로 연관되어야 이루어진다. 그러나 선비의 궁하고 궁하지 않음에 어찌 일정함이 있겠는가? 오직 그 사람이 만난 상황을 각각 논해야 할 따름이다.

자고로 문인재자(文人才子)들은 자기를 알아줄 일에 급급하여 그

**54** 낭서(郎署) : 조선 시대, 각 관아의 당하관을 통틀어 이르는 말로 대개 낮은 관직을 가리키는 말이다.

**55** 시는……정교해진다 : 이 말은 송나라 구양수(歐陽修)가 제기한 일종의 문학 주장으로, 벗인 매요신(梅堯臣)의 불우를 위로하기 위해 그 시의 훌륭함이 바로 불우에서 나왔다고 역설한 내용이다. 출전은 〈매성유 시집서(梅聖兪詩集序)〉이다. "내 들으니 시인 중에는 출세한 사람은 적고 곤궁한 자는 많았다고 하니, 어찌하여 그렇게 된 것인가? 대개 세상에 전해지는 시는 대부분이 옛날 곤궁했던 사람들의 문장에서 나왔다. 무릇 선비가 자신이 가진 것을 온축했다가도 세상에 그것을 펼치지 못하면 산자락이나 물가 밖으로 자신을 내던지기를 좋아하여, 벌레나 물고기, 풀과 나무, 구름과 바람, 새와 짐승의 무리들을 보기도 하고, 때로 그 기괴함을 찾아다니기도 한다. 마음속에 쌓인 시름과 울분이 원만과 풍자로 나타나, 쫓겨난 신하나 외로운 과부의 탄식을 말하고 인정상 말하기 어려운 바를 터뜨리기도 한다. 시인이 곤궁할수록 작품은 더욱 정교해지니, 그런즉 시가 사람을 곤궁하게 만드는 것이 아니라 아마도 곤궁해진 다음에야 시가 공교로워지는 것이다.〔予聞世謂詩人少達而多窮, 夫豈然哉? 盖世所傳詩者, 多出于古窮人之辭也. 凡士之蘊其所有, 而不得施于世者, 多喜自放於山巓水涯之外, 見蟲魚草木風雲, 鳥獸之狀類, 往往探其奇怪, 內有憂思感憤之鬱積, 其興于怨刺, 以道羈臣寡婦之所嘆, 而寫人情之難言, 蓋愈窮則愈工, 然則非詩之能窮人, 殆窮者而後工也.〕"

세상에서 알아줌을 입지 못할까 두려워하였는데, 불행히도 자기를 알아줄 사람을 만나지 못한 자야 어찌 이루 다 말할 수 있겠는가. 삼연공은 세상에서 일컫는 한 시대의 종사(宗師)로서, 그 한 마디 말이 족히 천하 선비들의 경중을 좌지우지했다. 공의 시가 삼연공 같은 이로부터 인정을 얻었으니, 그 만남이 어쩌면 이리도 기이한가! 그런즉 공은 세상에서 자기를 알아주는 사람을 만나지 못했다고 말할 수 없다. 그러나 인정을 받은 바가 여기(시)에 있지 저기(출세)에 있지 않았으니, 그 득실의 구분은 반드시 정해져 있을 것이다.

임자년(1732) 여름에 공이 태복시(太僕寺)[56]의 낭관(郎官)으로서 영동(嶺東) 삼척부(三陟府)의 수령이 되어 나가게 되었는데, 나는 공이 떠나감에 마음에 느껴지는 바가 있다. 삼연공은 영동의 산수 구경 다니시기를 좋아하셨는데, 금강산 같은 곳은 공이 일찍이 삼연공과 함께 유람했던 곳이다. 공이 정사를 살핀 여가에 바다를 따라 동으로 가, 비로봉 높은 곳에 올라 삼연공의 유적을 더듬어보고, 바람에 일렁이는 파도와 삼켰다 토했다 하는 일월을 굽어 내려다보면서 낭랑히 목청껏 노래한다 해도, 세상에는 이미 그 소리를 감상할 수 있는 사람이 없다. 이에 공은 필시 방황하고 크게 탄식하면서 이 세상에서 인정받았던 일을 돌이켜 생각하게 되리니, 아까 말했던 '곤궁'이란 결코 곤궁이 아니며, 곤궁은 이제야 시작인 것이다.

공이 장차 떠나려 할 때 한 마디 이별의 말을 해달라고 하기에, 내 그 느낀 바를 적어 드린다.

**56** 태복시(太僕寺) : 궁중의 승여(乘輿), 마필, 목장 등에 관한 일을 맡아보던 관아였다.

## 《유촌은[57] 정문시》 서문
劉村隱旌門詩序

옛 전적에서 이르기를, "효(孝)는 부모를 섬김에서 시작되고, 임금을 섬김에서 끝난다."[58]라고 하였다. 선비들의 수행(修行)이란 안에서부터 밖에 이르고, 가까운 데서 멀리에 이르므로 부모에게 효도하면서 임금에게 불충한 자란 있지 않다. 나는 여항(閭巷)의 선비들이 예법을 지키고 몸을 수양하여 종종 효로써 이름을 날리기도 하지만, 부모 섬긴 도를 임금 섬기는 데로 옮겨가지 못하여 그 효가 가정에서 행해지는 것에만 그치는 것을 몰래 슬퍼하였는데, 촌은(村隱) 유군(劉君) 같은 자가 바로 그러한 경우이다.

그러나 유군은 광해군 때 적신(賊臣) 이이첨(李爾瞻)이 폐모론을 주장하면서 위복(威福)[59]을 손에 쥐고 한 시대의 사대부들을 통제할

57 유촌은 : 유희경(劉希慶). 1545~1636). 천인 신분으로 시에 능했던 백대붕(白大鵬)과 함께 풍월향도(風月香徒)라는 모임을 만들어 시작 활동을 하였던 시인이다. 허균(許筠)의 《성수시화(惺叟詩話)》에서 천인으로 한시(漢詩)에 능통한 사람이라 칭하였다. 어려서부터 효자로 이름났으며, 임진왜란이 일어나자 의병을 일으켰고 정유재란 때에는 위장소 서원(衛將所書員)으로 왕비를 호위하여 황해도 수안(遂安)에 머물렀다. 이러한 공으로 선조(宣祖)로부터 포상과 교지를 받았다. 광해군 때에 인목 대비 폐출 의론이 일어나자 이이첨(李爾瞻)이 폐출의 소(疏)를 올리도록 청하였으나 거절하며 따르지 않았다. 인조가 즉위하자 절의를 칭송하여 가선대부(嘉善大夫)로 품계를 올렸으며, 80세에 가의대부(嘉義大夫)에 승계되었다.

58 효(孝)는……끝난다 : 《효경》에 나오는 구절이다.

59 위복(威福) : 위력으로 벌을 내리기도 하고 복록을 베풀어 상을 내리기도 하는

적에, 능히 홀로 우뚝 서서 임금의 녹을 먹는 사람들보다 훨씬 훌륭한 모습을 보여주었으니, 그때 유군이 관모(官帽)를 쓰고 조정에 나아갔다면 필시 바른말을 피하지 않으며 이백사(李白沙)[60] 등 여러 공들과 우열을 다투었을 터, 그의 성취가 어찌 그저 이 정도에 그쳤을 뿐이겠는가? 적신이 끝내 불측한 행동을 모후에게 가하지 않았던 것이야 본디 여러 공들의 힘이겠지만, 그의 마음에 약간이나마 부끄러움이 들게 한 데에는 유군의 공도 함께 있지 않았을지 또 어찌 알겠는가?

무릇 명절(名節 명예와 절조)이란 나라의 원기이니, 원기가 고갈되지 않으면 나라가 비록 어지럽다 해도 망하지는 않는다. 백사를 비롯한 제공들은 나라의 원기가 되어 응집되고 방대한 기운이 족히 천지를 지탱할 만하였는데, 군이 또 나와 (원기의) 나머지 기운이 되었으니, 세도에 마침내 의지할 바가 있었던 것도 당연하구나.

군은 어려서 아버지를 여의었는데 거상 중에 예를 다하였고, 병든 모친을 모심에 지극 정성을 다하였다. 성상 재위 7년째인 신해년(1731)에 연신(筵臣)[61]이 군의 지극한 효성에 대해 아뢰자 그 마을에

것을 가리키는 말이다.

**60** 이백사(李白沙) : 이항복(李恒福, 1556~1618). 자는 자상(子常), 호는 필운(弼雲)·백사(白沙)·동강(東岡). 시호는 문충(文忠). 1575년 진사 초시에 오르고 1580년(선조 13) 알성 문과에 병과로 급제해 승문원부정자가 되었다. 그 뒤 옥당의 정자·저작·박사, 예문관봉교·성균관 전적과 사간원의 정언 겸 지제교·수찬·이조좌랑 등을 역임하였다. 1589년 예조정랑 때 발생한 역모사건에 문사낭청(問事郎廳)으로 친국에 참여해 선조의 두터운 신임을 받았다. 신료 사이에 비난이나 분쟁이 있을 때 삼사에 출입해 이를 중재하고 시비를 공평히 판단, 무마해 덕을 입은 사람도 많았다. 그 뒤 정여립(鄭汝立)의 모반사건을 처리한 공로로 평난공신(平難功臣) 3등에 녹훈되었다.

**61** 연신(筵臣) : 예전에 임금에게 경전을 강의하는 벼슬아치를 이르던 말이다.

'효자지문(孝子之門)'을 세우라는 특명이 내려왔다. 때는 군이 세상을 뜬 지 이미 백 년이 지난 후였다.

안타깝구나! 군은 가난한 여항에서 늙어 죽어, 부모 섬기는 도로써 임금을 섬기지 못하였다. 그러나 군이 당시 세상에 보여준 바가 이처럼 드높았으니, 비록 임금을 섬긴 적이 없었다 하더라도 나는 기어이 임금을 섬기지 않은 적이 없다고 말하겠다.

세교(世敎)가 쇠하면서 오늘날 군자들은 명절 따위 돌아보지 않으며, 그저 높은 자리를 잃을까 벌벌 떠는 자들만 세상에 허다하니, 군과 견주어 누가 더 임금을 잘 섬기는지 알지 못하겠다. 논객[62]들이 분명 나서서 판단해 줄 것이다. 성상께서 그의 효를 칭송하고 드날린 것은 자식 된 자들을 권면하기 위함일 뿐만 아니라 신하가 되어 명절을 모르는 자들을 권면하여 나라의 원기를 배양하기 위함이기도 하다.

군의 4대손인 덕창(德昌)은 세상에서 시에 뛰어난 사람들을 두루 찾아다니며 이 성대한 의식을 가송(歌頌)하였고, 나는 또 군의 효가 가정에서 행해지는 것에만 그치지 않았음을 서술하여 시권(詩卷)에 붙일 서문을 지었다.

군은 이름이 희경(希慶)이며, 호는 촌은(村隱)이다.

**62** 논객 : 원문의 '상론자(尙論者)'는 고인(古人)의 언행이나 인격을 논하는 사람을 가리킨다.

## 〈이유안 병태[63] 전〉 후서
李幼安 秉泰 傳後叙

군자가 선(善)을 행하면서 명성을 구해서는 안 되겠지만, 또한 명성을 피해서도 안 된다. 선을 행하면서 명성을 피하는 자라면 혹 장자(長者 인품이 훌륭한 어른)라 말할 수 있겠으나, 명성을 구하는 자는 그의 선이 진실되지 않을 수 있고, 명성을 피하는 자는 그의 선이 전일(專一)하지 못할 수 있다. 전일하지 못한 것과 진실되지 못한 것, 이 둘 모두 선을 다하기에 부족한 것은 마찬가지이다. 나는 나의 선을 행할 뿐, 이른바 명성이라는 것 사이에 어찌 호오(好惡)를 두겠는가? 이 때문에 옛날의 군자들은 우뚝 서서 홀로 행하며 세상을 놀라게 하는 행실이나 대중(大衆)과 다르게 한 일이 있어 한 시대의 사람들로 하여금 탄식하며 놀라 쳐다보게 하면서도 담담히 그 명성을 피하지 않았던 것이다. 이와 같은 사람이라면, 만약 그 뜻이 독실하고 그것을 지킴이 확고하지 않고서야 어찌 이렇게 할 수 있었겠는가?

**63** 이유안 : 이병태(李秉泰, 1688~1733). 1727년(영조 3) 예조 참의로 있을 때 할아버지가 임진왜란으로 죽었기에, 의당 참의로서 하여야 할 왜서회답(倭書回答)의 예를 회피하기 위하여 사직하였다. 그 뒤 다시 호조 참의가 되어, 노론계열로 탕평론을 배척한 사건으로 파직되었다. 1730년 경상도 관찰사에 보직되었으나 거절하고 부임하지 않았고, 이듬해 또 우부승지에 임명되었으나 역시 거절하며, 탕평책을 반대하는 뜻이라고 하여 왕의 노여움을 사서 합천군수로 좌천되었다. 합천군수 재직 시에 한발로 식량난에 허덕이는 많은 기민을 구제하기도 하였다. 그러나 수토병(水土病)에 걸려 임지에서 죽었다. 청백리에 녹선(錄選)되고 이조판서에 추증되었다. 시호는 문청(文淸)이다.

근세에 청렴한 선비를 논하는 자들은 반드시 이유안(李幼安)을 일컫는데, 그를 비방하는 자들은 유안의 청렴함이 명성을 좋아하는 마음에서 나왔으니 귀하다 할 게 없다고 말한다. 또 다른 사람은 유안이 명성에 가까운[64] 면도 있긴 하지만, 세도가 쇠한 이래로 명성을 좋아하는 사람조차도 얻을 수 없게 되었으니, 유안을 어찌 비난할 수 있느냐고 말한다. 나는 이 두 가지 주장 모두 유안을 논하기에 부족하다고 생각한다.

나는 세상에 명성 좋아하는 자들을 보아왔다. 그들이 바야흐로 선을 행할 때, 만약 그것으로 명성을 얻을 수만 있다면 종종 남들이 하지 못하는 일을 하기도 하지만, 밖에서 사물이 유혹하여 뜻이 가운데서 떠나게 되면 본디 행실을 바꾸지 않는 자가 없었다. 유안은 집안 사정이 본디 빈곤한 데다가 위로 노모까지 모시고 있었다. 그가 조정에 출사하게 되어 지위가 하대부(下大夫)[65]에 이르렀을 때도, 가난은 더욱 심해져 모친을 넉넉히 봉양할 방도가 없었다. 그러나 티끌 하나라도 의(義)가 아니면 취하지 않았고, 죽을 때까지 지키는 바를 고치지 않았다. 유안의 행실이 만약에 명성을 좋아하는 마음에서 나왔다면 이 정도에 이르도록 그 덕을 시종일관 견지할 수 있었겠는가?

내가 이르노니, 유안은 옛날 홀로 선을 행하던 자들과 같은 부류이다. 간혹 중용을 넘어서는 면이 있기는 하나, 타고난 본성이 그러했을

**64** 명성에 가까운 : 원문의 '근명(近名)'은 명예를 추구하거나 명예에 접근하려 함을 뜻한다. 《장자(莊子)》 〈양생주(養生主)〉에 "선을 하되 명성이 드러나지 않게 해야 한다.(爲善無近名)"이라는 말이 나온다.

**65** 하대부(下大夫) : 조선 시대, 정삼품의 통훈대부부터 조봉대부에 이르는 당하관대부를 이르는 말이다.

뿐이다. 세상 사람들의 눈으로 바라보면 그가 한 일이 너무도 멀게 느껴져 인지상정 바깥에서 나온 듯하겠지만, 유안인즉 이렇게 하지 않으면 나의 마음에 부끄러움이 있다고 여겼기에 감히 명성에 가깝다는 이유로 피하지 못했던 것이다.

오호라! 저 유안을 비방하는 자들의 말이 세상에 나돌게 된다면 세상에 우뚝 서서 선을 행하는 선비는 없어지고, 기필코 스스로를 더럽혀 세상과 영합하려 할 것이다. 그런 연후라야 비로소 명성을 좋아하지 않는다고 할 수 있단 말인가? 이를 분별해 줄 사람이 세상에 분명 있을 것이다.

유안이 죽은 후에 광산 김순택(金純澤)[66]이 그의 전(傳)을 지어 사대부들에게 보여주었다. 이에 내가 느낀 바를 서술하여 전의 끄트머리에 이와 같이 적었다.

**66** 김순택(金純澤) : 1714~1787. 본관은 광산, 자(字)는 유문(孺文)이고, 호는 설창(雪窓)·옥계(玉溪)·지소(志素)이다. 영조 20년(1744) 갑자(甲子) 식년시(式年試)에서 진사 1등으로 급제하였다. 《뇌연집(雷淵集)》 권1에 〈옥계사(玉溪辭) 김유문 은택에게 보내다.〔簡金孺文殷澤〕〉라는 제목의 시가 실려 있는데, 제목에 "은택이다. 유문은 후에 이름은 순택으로 고쳤다.〔孺文後改名純澤〕"라는 원주가 달려 있다. 따라서 김순택의 원래 이름은 김은택이었음을 알 수 있다.

## 《태화집》 서문[67]

太華集序

내 나이 열두세 살 적에 제멋대로 행동하면서 학업에 힘쓰지 않았는데, 가군(家君)께서 나를 훈계하시며 이렇게 말씀하셨다.

"내가 듣자니, 남씨네 아들은 너보다 두 살 위인데, 시에 능하다는 명성을 얻고 있다고 한다. 너는 남씨네 아들과 옆 마을에 살면서도 그가 누구인지조차 모르니, 이는 남씨네 아들이 너와 더불어 노닐지 않기 때문이다."

나는 그때부터 자못 부끄러운 줄을 알고 고집을 꺾고 배움에 나아갔다.

자라서 길재(吉哉)[68]와 노닐게 되었는데, 길재가 바로 가군께서 말씀하시던 남씨네 아들이었다. 그의 아우 덕재(德哉)[69]는 나와 동갑이다. 두 사람 모두 문장 짓기를 좋아하여 내 그들 형제 사이에서 노닐면서 둘 모두에게서 자못 얻은 바가 있다.

길재의 사람 됨됨이인즉 효성스럽고 우애로우며 선량하고 온순해서, 평상시 거할 때는 규방에 있는 정숙한 아가씨처럼 고분고분했다. 그러나 술이 거나해져 시를 읊조릴 때면 풍류가 퍼져 나와, 그를 바라

67 《태화집》 서문 : 《태화집》은 남유상의 문집인데, 이천보의 이 서문 이외에도 황경원(黃景源)과 오원(吳瑗)도 서문을 각각 지었다.

68 길재(吉哉) : 남유상. 자세한 사항은 47쪽 주47 참조.

69 덕재(德哉) : 남유용(南有容). 자세한 사항은 36쪽 주29 참조.

보던 자들까지 마음이 융화되어 왕도(王導)나 사안(謝安)[70]의 무리가 되곤 하였다. 약관 때부터 명성이 자자하여, 이미 과거에 급제한 선진들조차도 그의 문아함을 추켜세우며 한 시대의 선망의 대상으로 여겼다. 그러나 길재는 문을 닫아걸고 손님을 받지 않으면서 덕재와 함께 시 짓기를 즐겼다. 길재는 시에 뛰어나고 덕재는 문장에 뛰어났는데, 내가 덕재에게 시에 좀 더 힘을 써보라고 권면하였더니 덕재가 겸손하게 말했다.

"시라면 내 형님이 계시니 형님을 따라 매일같이 훌륭한 시구를 듣고 낭송하면 되지 않는가?"

서로 탄복하고 추켜세움이 이와 같았다. 길재가 지은 시는 근원이 청아하면서 기운이 온화하고, 색이 수려하면서 음조가 부드럽다. 특히 율시(律詩)에 능했는데, 시상을 운용함이 초연(超然)하여 그 묘미가 종종 성률(聲律) 밖에 있곤 하였다.

길재는 사국랑(史局郎)[71]이 되어 《숙종실록(肅宗實錄)》을 편수하다가 당시 재상의 뜻을 거스른 바람에 낭주(朗州 전라남도 영암)로 좌천되었다.[72] 다시 돌아와 이 세상에 대한 뜻을 끊더니, 나와 약속하기를

**70** 왕도(王導)나 사안(謝安) : 중국 진(晉)나라 때의 명문귀족이었던 낭야(琅琊) 왕씨 집안과 진군(陳郡) 사씨(謝氏) 집안의 대표적 인물이다. 이 둘을 위시하여 이 두 가문은 조야를 좌지우지하며 풍류와 문채로 이름을 날렸으며, 또한 혁혁한 공업을 남겼다.

**71** 사국랑(史局郎) : 사국(史局)은 조선 시대 역사나 일기 따위의 기록을 작성하던 실록청(實錄廳), 일기청(日記廳) 등을 통틀어 이르던 말이다. 남유상이 춘추관기사관이 되어 《숙종실록》을 편찬하던 때를 가리킨다.

**72** 길재는……좌천되었다 : 자세한 내용은 47쪽 주47 참조.

가릉(嘉陵)[73]에 밭을 사 곤궁히 살면서 글이나 읽겠다고 하였다. 내 일찍이 밤중에 길재를 찾아가 유배 중에 지은 시를 보여달라고 한 적이 있는데, 길재는 개연히 탄식하며 말했다.

"도(道)가 장차 숨으려는데, 시문으로 세상의 명예 따위나 얻어 무엇 하겠나?"

내가 한사코 강요한 후에야 비로소 꺼내 보여주니, 대개 장차 꽃을 떨어뜨리고 열매를 거두어[74] 도에 나아가려 하는 시점이었다.

죽었을 때 그의 나이 서른셋이었다. 세상에서 길재를 슬퍼하는 자들은 모두 "나라가 관각(館閣)[75]의 인재를 잃었다."고 말했지만, 이것이 어찌 족히 길재를 아는 말이겠는가? 길재가 만약 그 뜻을 이루었다면, 어찌 문장으로만 세상에 이름을 남겼을 뿐이겠는가?

길재 사후에 덕재가 그의 유고를 모아 4편(編)으로 정리한 후 장차 간행에 부치려다가 내게 서문을 부탁해왔다. 나는 후에 이 시집을 읽는 자가 시를 가지고 길재를 논할까 두려워 마침내 길재에 대해 깊이 아는 바를 적음으로써 그 사람을 애도한다.

**73** 가릉(嘉陵) : 경기도 가평의 옛 이름이다.

**74** 장차……거두어 : 이 구절은 중의법적인 의미로 해석할 수 있다. 즉 열매를 맺기 위해서는 먼저 꽃이 떨어져야 하므로 그 과정을 설명한 것이 표면적인 뜻이고, 꽃〔華〕을 부화(浮華)함으로 해석하여 부화함을 떨쳐버리고 내실〔實〕을 거두기 시작하였다는 뜻이 속에 담긴 뜻이다. 따라서 길재의 시가 화려한 겉모습을 버리고 내실을 갖추어 막 도(道)에 다가가려 하던 참이었음을 뜻한다고 볼 수 있다.

**75** 관각(館閣) : 홍문관과 예문관을 아울러 이르던 말이다.

## 《현포집》 서문

玄圃集序

해평(海平) 윤여정(尹汝精)[76]은 시에 능하다는 명성이 있었는데, 내 누군가를 통해 그의 시를 얻어 읽어보긴 하였으나 그 사람은 미처 만나보지 못하였다. 지난 임인년(1722) 봄, 나는 남호(南湖)[77]를 유람하다가 여정의 집이 강기슭에 있다는 말을 듣고 바로 방문하였다. 여정은 내가 찾아왔다는 말을 듣고 (나를) 한참을 뚫어지게 바라보더니 웃으며 말했다.

"이상하군. 나는 자네의 얼굴을 모르는데, 자네와 함께 시를 논하는 꿈을 꾸었네. 지금 보니, 자네가 과연 그 사람일세."

이에 우리는 교유하기로 하였고, 내가 정자를 사게 되자 여정과 이웃이 되었다. 서로 친애함은 갈수록 더욱 각별해져서, 내가 시를 지으면 반드시 먼저 여정에게 질정을 구했고, 여정의 눈을 거치지 않은 것은 남에게 보여주지 않았다.

**76** 윤여정(尹汝精) : 윤치(尹治, ?~?). 본관은 해평(海平)이며, 자는 여정(汝精), 자호는 묵와(默窩)·현포(玄圃) 등이다. 거문고를 잘 탔으며, 시를 짓고 논하기를 잘하여 이천보와 시사(詩社)를 결성하여 함께 시를 지었다고 한다. 이덕무(李德懋)의 《청장관전서(靑莊館全書)》 권33에 〈현포〉라는 글이 실려 있는데, 거기서 말하기를 "윤치(尹治)의 자는 자정(子精), 호는 현포인데, 그의 시는 매우 맑고 날카로워서 속티를 벗어났다."라고 하였다. 《묵와시권(默窩詩卷)》, 《계남시집(桂南詩集)》, 《현포집(玄圃集)》 등이 전한다.

**77** 남호(南湖) : 용산 부근의 한강을 일컫는 용산강의 별칭이다.

여정은 거문고 연주에 빼어났다. 내가 일찍이 〈청금시(聽琴詩)〉를 지은 적이 있었는데, 강가에 살던 사람들이 창랑정(滄浪亭) 아래 배를 띄우고 여정을 초청해 거문고를 연주하게 하자 여정은 거문고를 연주하며 목청껏 노래를 불렀고, 노래를 마치더니 내가 지은 〈청금시〉를 낭송하였다. 좌중에서 누군가가 나의 시를 헐뜯자 마침 몹시 술에 취해 있던 여정이 버럭 욕하며 말했다.

"이 시는 속세의 인간이 왈가왈부할 수 있는 게 아니네."

그러더니 거문고를 집어 들고 그를 내려치려고 했다. 그가 나를 돈독히 믿음이 대개 이와 같았다.

여정이 시를 지을 때면 법식을 취함에 있어 반드시 고아한 것을 취했고, 주제를 정함에 있어 반드시 심묘(深妙)한 것을 탐색했다. 바야흐로 구상할 적에는 마치 깊은 못이라도 뚫는 듯 근원을 찾아내지 못하면 그치지 않았는데, 찾아낸 후에는 잠자던 샘에 누가 돌이라도 던진 듯 거침없이 쏟아져 나와 제어할 길이 없었다.

여정은 집이 몹시 가난하여 하루 한 끼밖에 먹지 못하였으나, 오로지 문 닫아걸고 시만 읊을 뿐이었다. 처자가 간혹 집안일로 물어오면 손을 휘저어 막으면서, "좋은 시구가 떠올랐으니, 너희들은 좀 조용히 있거라."라고 하였다. 대개 그의 천성이 담박했던 것이지, 시 짓는 일에 몰두하여 그런 것은 아니었다.

여정은 그다지 문장을 업(業) 삼는 편은 아니었는데, 나의 문장만은 혹심히 좋아했다. 그가 내게 한자(韓子 한유(韓愈))의 글을 읽을 것을 권하며, "자네의 재주라면 족히 한자를 배울 수 있을 것이네."라고 말했을 때, 내가 농을 치며 대답했다.

"옛날 매성유(梅聖俞)가 구양공(歐陽公)이 스스로를 한자에 견주려고 마침내 자신을 맹교(孟郊)로 만들었다며 웃었다더니,[78] 지금 자네야말로 스스로를 맹교에 견주려고 억지로 나를 한자로 허여하는군."

둘은 서로 바라보며 웃고 말았다.

여정이 평생 지은 시를 내게 주며 산정(刪正 간추리고 교정함)해달라고 부탁하기에 내가 300편을 골라내 그에게 돌려주었다. 여정은 자식 없이 죽었는데, 나는 그의 아우인 윤심(尹沈)으로부터 만년에 지은 시 100여 편을 더 얻을 수 있었기에 서문을 지어 윤심에게 건네주며 말했다.

"여정의 시는 전해질 만하네. 자네가 잘 간직하면서 기다리게."

현포는 여정의 자호이다.

**78** 옛날……웃었다더니 : "구양영숙이 스스로 한퇴지가 되려고 나를 맹교에 비교하는구려.(歐陽永叔他自要做韓退之, 却將我來比孟郊)." 이 말은 《주자어류(朱子語類)》 권137에 기록되어 있다. 즉 북송의 구양수가 중당(中唐) 때 문단의 영수였던 한유처럼 되고자, 자신의 시우(詩友)인 매요신(梅堯臣)을 한유와 가까이 지내면서 시명(詩名)을 얻고 있던 맹교(孟郊)에게 비유했다는 말이다.

# 백부 칠십세 수서
伯父七十歲壽序

금상 15년 기미년(1739)에 나의 백부이신 십탄 선생(十灘先生)[79]께서 일흔 살이 되셨다. 이 해에 나라에서는 향로(饗老)의 예를 베풀고 선생께 잔치 비용을 하사하셨다. 5월 20일이 바로 선생의 생신일인데, 종형인 승지군(承旨君)[80]이 일가족을 모두 거느리고 술잔을 올리며 장수를 빌었으니, 대개 임금의 은혜를 널리 알리고 사적인 정을 펼치기 위함이었다.

잔이 세 순배 돌고 난 후 소자가 재배 올리며 축하하였다.

"선생께서는 젊어서 공보(公輔)[81]가 되리라는 기대를 한 몸에 받았건만, 한때 선생과 함께 노닐던 사람들은 대부분 조정에 등용되어 성대한 명성과 지위로 세상을 놀라게 하는데 선생께서만은 과거[82]에 뜻을

79 십탄 선생(十灘先生) : 이우신(李雨臣, 1670~1744). 자는 백열(伯說)이고, 호는 십탄(十灘)이다. 의성 현감, 부평 부사 등을 역임했다. 이인좌(李麟座)의 난 뒤에 벼슬을 버리고 가평으로 내려갔다. 1731년 사복시 첨정으로 《마의방(馬醫方)》을 간행하였다. 1733년 원성 현감이 되었으며, 순찰사의 보고로 통정대부에 올랐다. 1735년 첨지중추부사, 오위장, 돈녕부 도정을 지내고, 이듬해 판결사, 동지중추부사, 동지돈녕부사, 한성부 우윤, 도총부 부총관을 두루 역임하였다. 이어 호조 참판에 임명되었으나 나아가지 않았으며, 1743년 부사직에 임명되었다. 문장으로 유명하였으며 특히 변려문(騈儷文)에 능하였다.

80 승지군(承旨君) : 이정보(李鼎輔) 1693~1766. 자는 사수(士受)이고, 호는 삼주(三洲) 또는 보객정(報客亭)이다. 승지·부제학·대사성·병조참의 등을 역임하였다.

81 공보(公輔) : 삼공과 사보를 아울러 이르던 말로, 재상을 상징하는 말로 사용된다.

이루지 못하시어 군읍(郡邑)에서 부침하였기에, 세상 사람들이 선생을 위해 안타까워했습니다. 그러나 신임세화(辛壬世禍)[83] 이후 일전의 사대부들은 씨 하나 남지 않고 모조리 죽임을 당했고 요행히 죽임을 면한 자들도 시의에 구차히 영합하기 일쑤였으니, 명절(名節 명예와 절조)을 능히 지켜낸 자가 또 몇이나 되었겠습니까? 그러나 선생께서는 몸을 굽혀 낮은 자리에 계셨기에 세상에서 말하는 화복(禍福)이라는 것이 선생께 미칠 길이 없었습니다. 노년에는 관직을 마다하고 문 닫아건 채 고요히 거하셨으므로 하늘을 우러러 땅을 굽어 마음에 부끄러움이 없었습니다. 이에 세상에서 선생의 불우를

**82** 과거 : 원문은 '공거(公車)'인데, 관청의 수레라는 뜻이다. 한나라 때 과거 시험에 응시하는 자를 공거에 태워 도성으로 보낸 고사가 있다. 따라서 여기서는 과거를 대신 받는 말로 사용되었다.

**83** 신임세화(辛壬世禍) : 1721년부터 1722년에 걸쳐 왕위 계승 문제를 둘러싸고 노론과 소론 사이에 일어났던 신임사화(辛壬士禍)를 말한다. 1720년에 숙종이 죽고 소론의 지지를 받아 즉위한 경종은 후사가 없고 병이 많았다. 그러자 노론 사대신 영의정 김창집(金昌集), 좌의정 이건명(李健命), 영중추부사(領中樞府事) 이이명(李頤命), 판중추부사 조태채(趙泰采) 등은 경종의 동생인 연잉군을 왕세제로 책봉하자고 주장했고, 1721년 8월 대비 김씨의 동의를 얻어 이를 실현시켰다. 이에 소론에 대한 경종의 비호가 표면화되자 1721년 12월에 소론의 과격파인 사직(司直) 김일경(金一鏡)을 우두머리로 한 7인이 세제 대리청정을 요구한 조성복과 청정명령을 받들어 행하고자 한 노론 사대신을 들어 '왕권교체를 기도한 역모'라고 공격하는 소를 올렸다. 이 상소로 인해 병신처분 이래 구축된 노론의 권력 기반은 무너지고, 대신 소론 정권으로 교체되는 환국(換局)이 단행되었다. 1722년 3월에 목호룡(睦虎龍)은 노론 측에서 경종을 시해하고자 모의했다는 소위 삼급수설(三急手說: 大急手, 칼로써 살해 · 小急手, 약으로 살해 · 平地手, 모해해 폐출)을 들어 고변하였다. 이 고변에 의해 국청(鞫廳)이 설치되고 역모에 관련된 자들이 잡혀서 처단되는 대옥사가 일어났다. 이 옥사에서 노론 사대신은 연루되어 사사되었다.

안타까워하던 사람들은 그제야 선생께 축하를 올렸습니다.

선생께서는 자제들을 앞에 놓고 수십 년 이래 세도의 소장(消長 쇠미해짐과 성대해짐)과 인사의 변천을 논하실 때마다 개연히 탄식하셨고, 윤상이나 의리에 관계된 국론이라 한 시대 사람들이 기피하며 말하지 않는 것에 있어서도 통렬히 변론하고 의론을 다 펼치며 언사와 안색이 격앙되었기에, 후생들 중에 선생의 말씀을 들은 덕에 길을 잃지 않은 자가 많았습니다. 이와 같다면 선생이 세상에서 뜻을 이루지 못한 것이 혹 하늘이 일부러 온전히 보호하여 이 세상에 우뚝 홀로 남겨둠으로써 후세에 태어난 자제들로 하여금 의지하여 그 나아갈 방향을 알게 하려 하심이 아니었는지 또 어찌 알겠습니까?

게다가 종형(從兄)께서 조정에 등용되어 하대부 반열에 오르자 선생께서는 자식의 귀한 신분 덕에 아경(亞卿)[84]의 지위에 올랐으며, 올봄에는 종제(從弟) 익보(益輔)[85]까지 과거에 합격하여 우리 문호(門戶)가 비로소 떨치고 일어나게 되었으니, 선생 자신은 뜻을 얻지 못하였으되 두 자식은 뜻을 이룬 셈입니다.

뜻을 얻고 얻지 못하고는 선생께서 기뻐하고 슬퍼하는 바가 아니겠지만, 여러 자제들에게 바라는 바는 있을 것입니다. 우리 형제들은 명행(名行 명예와 행실)에 힘쓰면서, (조정에) 나아가고 (향리에) 머무는 사이, 또 말하고 의론하는 가운데에도 이해(利害)에 유혹되지 않고,

**84** 아경(亞卿) : 정경(正卿) 다음 벼슬. 즉 육조의 참판(參判), 한성부 좌우판윤(左右判尹) 등을 이르는 말이다.

**85** 익보(益輔) : 이익보(李益輔, 1708～1767). 자는 사겸(士謙)이다. 예조 참판 및 경사도 관찰사 등을 역임하였다. 여기서 "종제 익보까지 과거에 합격하여"라는 것은 1739년에 알성문과에 급제한 것을 두고 한 말이다.

평이하고 험난함에 뜻을 바꾸지 않으며, 오로지 선생의 가르침만을 받들어 행동하니, 이에 선생의 지업(志業)은 아마도 세상에 밝히 드러날 수 있을 것입니다. 또한 선생의 정신은 날로 강건해지고, 명덕(名德)은 날로 밝아져서, 베개 높이 베고 편히 쉬면서 국가의 큰 경사를 누리실 날도 아마 무궁할 것입니다."

선생께서 듣고 기뻐하시더니, 술 한 잔 더 따르라고 명하시며 말씀하셨다.

"이것이 나의 뜻이다. 너도 형제들과 더불어 힘쓰도록 해라."

예를 마친 후 이 말을 서문으로 적어 선생께 축수(祝壽)한다.

## 삼산 이 상서[86]께서 벼슬에서 물러나는 것을 축하한 서문
賀三山李尙書致仕序

금상 재위 21년째인 을축년(1745)에, 삼산(三山) 이공(李公)께서 일흔 살이 되셨다. 당시 공은 강화도 임소(任所)에 계셨는데, 연초부터 주장(奏章)을 올려 나이가 많다는 이유로 관직에서 물러나게 해달라고 간청하자 네 번 만에 주상께서 특별히 이를 허여하시었다. 어명이 내려오던 날, 식견 있는 선비들은 모두 망연자실 어찌할 바를 몰라하면서, 크게 탄식하며 말하였다.

"연로하여 벼슬에서 물러나는 것은 예법이다. 그러나 옛날 군자들은 만약 그 몸이 한 시대의 중임을 떠맡을 수 있을 경우, 위에 있는 분께서 떠나겠다는 뜻을 반드시 허락하지는 않으셨다. 더구나 공이 비록 연로하기는 하나 정력 아직 강건하기가 소싯적과 마찬가지이거늘, 주상께서 이를 허여하신 것이 너무 급작스럽지 않은가?"

오호라! 하늘이 인재를 내심은 본디 적으며, 인재를 냈다 하더라도 제 때를 만나는 자는 특히 적다. 공은 고결한 행실과 강직한 지조에 청아한 문장과 전아한 식견까지 더하셨으며, 하늘이 공을 세상에 태어

**86** 삼산 이 상서 : 이병상(李秉尙, 1676~1748)이다. 본관은 한산(韓山). 자는 여오(汝五), 호는 삼산(三山)이다. 영조 때 정미환국으로 파직되었다가 이듬해 한성부판윤으로 기용되었다. 이 해에 대사헌을 역임하고, 황해감사가 내려졌으나, 탕평책 반대의 소를 올려 파직되었다. 1729년 대사헌이 되고 이어 형조판서・광주(光州) 목사를 역임하였으며, 1742년 공조판서・판돈녕부사에 이르러 기로소에 들어가 치사하고 봉조하(奉朝賀)를 받았다.

나게 하신 때는 마침 숙고(肅考 숙종) 태평성세였다. 우리 숙고께서 인재를 길러주심을 깊이 생각해보건대, 재위하시던 47년 동안 조정의 보좌가 된 명신(名臣)들은 혹 풍모와 절개로써 세상에 우뚝 선 바가 있기도 하고, 혹 문장과 학문으로써 후세에 드러나기도 하여, 찬란하게 한 시대의 선발의 극치를 이루었다. 당시 성인께서 위에 계시었기에 시비(是非)와 여탈(與奪)은 모두 공론을 따랐으며, 사대부 중 몸을 정결히 하고 스스로 노력하면서 배운 바를 펼쳐내지 못한 자가 없었다. 이에 공께서는 맑은 명성과 높은 명망으로 후진들 중 으뜸이 되셨으니, 공 같은 분이라면 재주와 시대를 겸하였다고 이를 만하다.

그러나 숙고께서는 공을 다 쓰지 않으시고 그 재주를 비축하여 길러 두었다가 우리 성상께 남겨주셨다. 공은 중간에 난리를 만나 영해(嶺海 유배지)를 떠돌게 되었는데, 온갖 시련과 고생을 다해가며 홀로 우뚝 살아남았으며, 시의에 구차히 영합하지 않고 시골에 거하셨다. 그 몸이 더욱 곤궁해질수록 뜻은 더욱 올곧아져, 사방의 선비들은 공의 나아가고 물러남을 치란(治亂)의 징후로 삼았다. 공은 마지못해 조정에 있으면서도 하루도 물러날 것을 잊는 적이 없더니, 마침내 연로하다는 이유로 물러나게 되시었다.

숙고께서 장수하며 길러낸 인재들이[87] 성대하지 않은 것은 아니나, 공과 동시대를 살았던 사람들은 당화(黨禍)에 의해 처형되지 않으면 시론(時論)에 의해 침몰하고 말아, 살아남은 자가 몇 되지 않는다.

**87** 장수하며……인재들이 : 《시경(詩經)》 〈문왕지십(文王之什)〉에 "문왕(文王)이 장수를 누리셨으니 어찌 인재를 육성하지 않으리오.〔文王壽考 遐不作人〕"라는 말이 보인다.

공은 시종일관 한결같은 지조로써 세상을 좇아 변하지 않고서, 숙고를 모시던 지조로 우리 성상을 섬겼으되, 성상께서 공을 쓰신 것은 공의 뜻에 따라 한 시대의 온전한 사람〔完人〕[88]으로 만들어준 것에 그쳤을 뿐이다. 후세에 공을 논하는 자들 중에 세도의 소장(消長 꺼지고 자라남. 흥망)과 시세의 성쇠를 보면서 한탄하며 슬퍼하지 않을 수 있는 자가 있겠는가?

비록 그렇기는 하나 오늘날 나아갈 줄만 알고 물러날 줄은 모르며, 나라를 병들게 하고 세속을 그르치는 자들이 공의 떠나심을 보게 된다면, 그 마음에 부끄러움이 조금이나마 있으리니, 성상께서 공을 등용하시고 공께서 성상께 보답하시어 치란(治亂)에 보탬이 된 바가 어쩌면 여기 있는지도 모를 일이다. 또 공께서 만년의 절개를 온전히 하여 숙고께서 인재로 길러주신 성대한 뜻을 저버리지 않은 것에 대해서도 어찌 축하가 없을 수 있겠는가? 나는 공께 축하를 올리고 난 뒤 물러나 삼가 느낀 바가 있기에, 마침내 이 이야기를 공께서 관직에서 물러난 것을 축하하는 서문으로 삼는다.

**88** 온전한 사람〔完人〕: 관직에 있다가 스스로의 뜻에 의해 물러나 온전한 이력, 지조를 지켜낸 사람을 가리키는 듯하다.

## 《죽헌집》 서문

竹軒集序

오늘날 문장에 대해 담론하는 사람들은 반드시 북헌(北軒) 김공(金公)[89]을 칭송하며 근세의 대가로 여긴다. 공께서는 포의(布衣)의 신분으로 오래도록 곤궁하게 지내셨고, 영해(嶺海)로의 유배 아니면 옥에 갇히셨으며, 원한을 품은 원수가 세상에 거의 절반이었으나 문장에 관해서라면 외며 전하지 않는 사람이 없다. 공의 넷째 아우인 죽헌공(竹軒公)[90]은 소싯적부터 옛 문장 짓기를 좋아하여 북헌공을 스승으로 삼았다. 죽헌공이 과거에 급제하던 날, 사람들은 모두 "김씨 가문에

**89** 북헌(北軒) 김공(金公) : 김춘택(金春澤, 1670~1717). 자는 백우(伯雨)이고 호는 북헌(北軒)이다. 어려서부터 재질이 특이하여 김수항(金壽恒)의 탄복을 받기도 하였다. 서인·노론의 중심가문에 속하였으므로 항상 정쟁의 와중에 있었으며, 특히 1689년의 기사환국 이후로 남인이 정권을 담당하였을 때에는 여러 차례 투옥, 유배되었다. 1694년 재물로 궁중에 내통하여 폐비 민씨를 복위하게 하고, 정국을 뒤엎으려 한 혐의로 체포되고 심문받았으나, 갑술환국으로 남인이 축출되면서 풀려났다. 그 뒤 노론에 의해서는 환국의 공로자로 칭송받았으나, 남구만(南九萬) 등의 소론으로부터는 음모를 이용한 파행적 정치 활동을 행하였다고 공격받았다. 1701년 소론의 탄핵을 받아 부안(扶安)에 유배되었으며, 희빈 장씨(禧嬪張氏)의 소생인 세자를 모해하였다는 혐의를 입어 서울로 잡혀가 심문을 받고, 1706년 제주로 옮겨졌다. 이조판서를 추증받았으며, 시호는 충문(忠文)이다. 저서로 《북헌집(北軒集)》 20권 7책과 《만필(漫筆)》 1책이 있다.

**90** 죽헌공(竹軒公) : 김민택(金民澤, 1678~ 1722). 자는 치중(致中)이고, 호는 죽헌(竹軒)이다. 숙종 조에 문과에 급제하고, 교리(校理)로서 신임사화 때 무고로 연루되어 선천에 유배되었다가 옥사했다. 김제겸(金濟謙)·조성복(趙聖復)과 함께 신임사화 때 죽은 삼학사(三學士)로 일컬어진다.

또 하나의 관각(館閣)[91]의 인재가 나타났다."고 말하였다.

공은 시문에 있어 조탁하여 정교하게 만들지 않고, 모방하여 예스럽게 만들지 않았다. 탁월한 논변이 바람처럼 세차게 일어나 비록 장편 거작이라 하여도 붓을 휘둘러 거침없이 써 내려가면서 작가의 규범을 잃지 않았으니, 아마도 공이 문충공(文忠公)[92]의 가문에서 태어나 눈과 귀에 배어들었기 때문일 것이다. 형제들과 강습하며 연마한 모든 것이 충의에 근본을 두고 있었기에, 성정에서 우러나 의론으로 드러난 문장부터 기뻐 웃고 노하여 욕하는 문장에 이르기까지, 어디를 가건 이 도(道)가 아닌 것이 없었다. 윤상과 명의(名義), 국가와 세도(世道)의 성쇠 등에 있어서는 분에 겨워 격앙되곤 하셨는데, 그 거침없고 매서운 기개는 바라봄에 가릴 수 없는 빛의 기운이 있었고, 다가감에 건드릴 수 없는 칼날의 번쩍임이 있었다.

나는 〈박휴문 애사(朴休文哀辭)〉[93]를 읽어보았는데, 그 뜻이 비분강개하여 사람들로 하여금 숙연히 경건함을 일게 하였고, 북헌공의 제

91 관각(館閣) : 조선 시대 때 홍문관과 예문관을 아울러 이르던 말이다.

92 문충공(文忠公) : 김만기(金萬基, 1633~1687). 자는 영숙(永淑)이고 호는 서석(瑞石)·정관재(靜觀齋)이다. 숙종의 국구(國舅)로, 김만중(金萬重)의 형이며 송시열(宋時烈)의 문인이다. 영돈령부사, 대제학을 지냈으며, 광성 부원군(光城府院君)에 봉하여졌다. 김춘택의 조부이자 이천보의 외조부가 된다.

93 〈박휴문 애사(朴休文哀辭)〉 : 이 글은 1707년에 지어졌다. 생전에 매우 절친하게 지냈던 박규서(朴奎瑞)의 죽음을 슬퍼하며 지은 애사(哀辭) 및 병서(幷序)이다. 성균관 학생 신분으로 상소하여, 희빈 장씨를 구하려고 세 번이나 상소한 최석정(崔錫鼎) 등의 죄를 홀로 성토한 끝에 전라도 장흥(長興)으로 귀양 갔으나, 2년 후에 돌아와 대성(臺省)에 임명되어 숙종이 더욱 그의 말을 경청하였는데, 갑작스럽게 병들어 죽고 말았다며 안타까운 심정을 토로하고 있는 글이다.

문[94] 및 중부(仲父)이신 죽천공의 제문[95]은 시대를 아파하고[96] 운명을 슬퍼하면서 눈물로써 다짐하고 있었다. 오로지 집안에 내려오는 유훈(遺訓)을 떨어트린 채 뜻도 기상도 없는 사람들과 한 부류가 되어버릴까 두려워하면서, 속내를 다 드러내 귀신에게 질정(質正)하기를 그치지 않고 있었다. 신임사화(辛壬士禍)에 이르러 건책(建策) 제공[97]과 함께 목숨을 내놓고 의(義)를 취하여 일촉즉발의 위기에 처한 종사를 지켜냈으니, 공은 이에 자신의 마음을 저버리지 않을 수 있었다.

공은 남긴 저술이 매우 적은데, 맏아들인 신계군(新溪君)이 두 권으로 합쳐 내게 권 머리에 붙일 말을 지어달라고 부탁했다. 아아! 공의 시문이 많아 무엇 하겠는가? 한 글자 한 구절이 모두 충의의 나머지 것들이니, 후에 이를 보는 자라면서 공이 화를 입은 당시 사건을 고찰

**94** 북헌공의 제문 : 제목은 〈제백씨문(祭伯氏文)〉이다. 1717에 지어졌으며, 김민택의 큰형인 북헌 김춘택에 대한 제문이다.

**95** 중부(仲父)이신……제문 : 제목은 〈제중부죽천선생문(祭仲父竹泉先生文)〉이다. 1716에 지어졌으며, 김민택의 중부인 죽천 김진규(金鎭圭)에 대한 제문이다.

**96** 시대를 아파하고 : 원문의 '무시(撫時)'는 시사(時事)를 느끼고 생각하며 과거의 일을 가슴 아파하는 것을 말한다.

**97** 건책(建策) 제공 : 영조를 세제(世弟)에 책봉할 것을 건의한 이른바 건저(建儲) 대신들을 가리킨다. 《영조실록》 127권, 영조대왕 묘지문〔誌文〕에 "처음에 경종 대왕(景宗大王)께서 병으로 눕고 후사(後嗣)가 없으시므로 온 국민이 근심하였는데, 신축년003) 에 정언(正言) 이정소(李廷熽)가 상소하여 저위(儲位)를 세우기를 청하고 대신(大臣) 김창집(金昌集)·이이명(李頤命)·이건명(李健命)·조태채(趙泰采)가 여러 신하를 거느리고 입대(入對)하여 대책(大策)을 정하기를 청하니, 경종께서 왕대비(王大妃)께 여쭈어 명을 받아 대신들에게 일러 왕을 세제(世弟)로 책봉하셨다."라는 기록이 보인다. 따라서 여기서 말하는 건책한 제공이라 함은 김창집, 이이명, 이건명, 조태채 등을 가리킨다.

해보지 않고도 공이 공인 까닭을 아마도 알 수 있으리라. 그러다 다시 책을 덮고서 슬퍼하며 말했다.

'문충공에게 후손이 있어 그 문장이 능히 북헌공을 제대로 배울 수 있었을 따름이니, 이것이라면 후세에 전할 수 있으리로다.'

공은 나의 내종형이지만[98] 나이에 개의치 않고 나와 더불어 글을 짓고 글씨 쓰는 것을 지도하며 어울려 주셨는데, 지금은 머리 허연 늙은이가 되어 공의 묘지명을 짓고 다시 서문을 짓는다. 구천에서라도 지각이 있다면, 이것이 공의 뜻에 흡족할 수 있을까?

**98** 공은……내종형이지만 : 내종(內從)이라 함은 외사촌을 지칭한다. 이천보는 김만기의 외손자이고, 김춘택·김민택 형제는 김만기의 손자이다.

## 《완암고》 서문

浣巖稿序

무릇 시(詩)란 천기(天機)이다. 천기가 사람에게 깃들 때에는 그 지체를 가리지 않으나, 외물로 인한 구속에 담담한 자들만이 능히 그것을 얻을 수 있다. 위항(委巷 閭巷)의 선비는 곤궁하고 천하기 때문에 세상에서 말하는 공명(功名)과 영리(榮利)가 바깥에서 뒤흔들고 안에서 골몰하게 하지 않으므로 천성〔天〕을 온전히 하기 쉽고, 업(業) 삼는 바에 대해서도 좋아하며 전념할 수 있다. 이는 형세상 그럴 수밖에 없는 것이다.

근세의 시인 창랑(滄浪) 홍도장(洪道長)[99]이 바로 그런 사람인데,

**99** 홍도장(洪道長) : 홍세태(洪世泰, 1653~1725). 본관은 남양(南陽). 자는 도장(道長)이고, 호는 창랑(滄浪)・유하(柳下)였다. 홍세태는 뛰어난 글재주를 타고났으나 신분이 중인층이라 제약이 많았다. 1675년(숙종 1) 을묘식년시에 잡과인 역과(譯科)에 응시하여 한학관(漢學官)으로 뽑혀 이문학관(吏文學官)에 제수되었다. 둔전장(屯田長), 통례원 인의(通禮院引義), 서부주부 겸 찬수랑(西部主簿兼纂修郎), 제술관, 의영고 주부(義盈庫主簿) 등을 역임했다. 뒤에 그가 재능과 맞지 않게 궁핍하게 사는 것을 애석하게 여긴 이광좌(李光佐)의 도움으로 1719년에 울산 감목관(蔚山監牧官)이 되었다가 남양 감목관이 되었다. 문장의 재능을 인정받았기 때문에 제술관을 특히 많이 역임하였다. 홍세태는 평생 가난하게 살았다. 8남 2녀의 자녀가 모두 앞서 죽어 불행한 생애를 보냈다. 이러한 궁핍과 불행은 그의 시풍에도 영향을 끼쳐 암울한 분위기의 시를 많이 남기고 있다. 중인 신분으로서의 좌절과 사회부조리에 대한 갈등이 시 속에 우수와 감분(感憤)을 담게 하였다. 한시에 대한 재능을 널리 인정을 받았다. 비절(悲切)하고 그윽한 서정의 세계를 표현하는 데에 특히 능하였다. 위항문학(委巷文學)의 발달에도 중요한 구실을 하였다. 중인층의 문학을 옹호하는 천기론(天機論)을 전개하

도장의 뒤를 이은 자 중에 완암(浣巖) 정윤경(鄭潤卿)이라는 사람이 있으니, 그의 이름은 내교(來僑)[100]이다. 당시 학사 대부들은 그와 가까이 어울리면서 이름을 부르지 않고 자(字)로 불렀으며, 간혹 그를 집으로 데려와 자제들을 가르치게 하기도 하였다.

그의 모습은 야윈 학처럼 청고하고 가늘었으며, 미우(眉宇 눈썹과 이마 사이)만 바라보아도 그가 시인임을 이내 알 수 있었다. 그러나 몹시 가난하여 집에 있는 것이라곤 다만 사방의 벽뿐이었다. 시사(詩社)의 제군들은 좋은 술이 생길 때마다 반드시 그를 불렀는데, 윤경은 양껏 통쾌히 마시고 술이 거나하게 취한 연후에야 비로소 운자(韻字)를 내어 다리 쭉 뻗고 앉아서 먼저 시를 불렀다.

그의 시는 호탕하고 요동쳐서 자못 시인의 자태를 얻었는데, 종종 성률과 음조가 비분강개하여 마치 연(燕)나라 조(趙)나라에서 축(筑)을 치던 선비[101]와 오르거니 내리거니 서로 각축하는 것 같았다. 아마

였다. 위항인의 시를 모아 《해동유주 海東遺珠》라는 위항시선집을 간행하였다. 죽기 전에 스스로 자신의 시문집을 엮어 자서(自序)를 써서 부인에게 맡겼다. 죽은 지 6년 만인 1731년(영조 7)에 사위 조창회(趙昌會)와 그의 문인에 의하여 《유하집》 14권이 간행되었다.

**100** 내교(來僑) : 정내교(鄭來僑, 1681~1757). 본관은 하동(河東). 자는 윤경(潤卿)이고 호는 완암(浣巖)이다. 출신은 비록 한미한 사인(士人)이었으나 시문에 특히 뛰어나 당대 사대부들의 추중(推重)을 받았다. 숙종 31년(1705)에 역관으로 통신사의 일원이 되어 일본에 갔을 때 독특한 시문의 재능을 드러내 더욱 명성을 얻었다. 그의 시문은 홍세태(洪世泰)의 계통을 이은 것으로서 시와 문장이 하나같이 천기(天機)에서 나온 것과 같은 품격을 지녔다는 평을 들었다. 저서로 《완암집(浣巖集)》 2책 4권이 전한다.

**101** 마치……선비 : 연나라와 조나라는 옛날부터 강개(慷慨)하며 격앙(激昂)하는 인

도 그의 연원이 도장으로부터 흘러나왔고 천기를 얻은 것이 많아서이기도 하겠지만, 그의 흉중이 만약 외물에 유혹됨이 있어 (시를) 좋아하지도 않고 전념하지도 않았다면 그의 성취가 능히 이와 같을 수 있었겠는가?

윤경은 시에만 뛰어난 것이 아니어서, 그의 문장 또한 높이고 내리고 꺾고 돌리는[102] 데 능한 것이 자못 작가의 풍취가 있었기에 논자들 중 간혹 그의 문장이 시보다 낫다고 하는 자들도 있었다. 그러나 내가 생각하기로, 윤경의 시와 문장은 모두 천기에서 나왔을 뿐, 그 장단을 논할 필요가 있겠는가?

윤경은 옆으로 거문고 곡〔琴操〕에도 정통하였고, 또 장가(長歌)[103] 짓기도 좋아했는데, 모두 그 신묘함을 다하였다. 술이 절반쯤 취하면 직접 거문고를 타면서 노래를 불렀는데, 아득히 드넓어서 누가 거문고를 타는지, 누가 노래를 부르는지 모두 잊을 지경이었다. 만약 듣고 있던 사람이 이를 평하면서, "하나는 뛰어나고 하나는 졸렬하다."라고 말한다면 필시 윤경에게 비웃음을 샀을 터이니, 세상에서 윤경의 시와 문장을 논하는 것 또한 이와 마찬가지이다.

내가 윤경과 사귄 것은 저 옛날 약관 시절부터이다. 내가 승문원 부제조가 되었을 때[104] 윤경은 제술관(製述官)으로 녹을 먹고 있었는

물들이 많이 배출되었기에 '연조풍(燕趙風)'이라는 말까지 나왔다. 여기서 말하는 축을 치는 선비는 연나라 사람 고점리(高漸離)를 가리킨다.

**102** 꺾고 돌리는 : 원문의 '절선(折旋)'은 '곡절주선(曲折周旋)'의 줄임말로, 둥글게 꺾어 도는 것을 말한다.

**103** 장가(長歌) : 일반적으로 짧은 형식의 노래인 단가(短歌)의 개념에 대립되는 긴 형식의 노래를 가리키는데, 조선 시대에는 주로 가사(歌辭)를 지칭하는 용어로 쓰였다.

데, 눈병 때문에 사직하겠다고 하자 내가 그에게 말했다.

"윤경 그대는 오늘날의 장적(張籍)[105]으로 마음만은 눈멀지 않았으니, 눈 감고 입으로 소리만 내도 원내의 문장 사무는 다 처리할 수 있을 것이네."

그리고는 그의 청을 허락하지 않았다. 간혹 공무로 나를 찾아오면 나는 동복에게 명해 부축해 당으로 모셔 올라오게 하고는 혹 지은 시가 있는지 물어보았다는데, 그때마다 윤경은 목청 뽑아 낭송하였고, 득의한 곳에 이르면 자신도 모르게 모자를 벗고 미친 듯 소리치곤 하였다. 이에 나는 윤경이 비록 늙고 병들었으나 그 기운만은 아직 쇠하지 않았음을 알았다.

윤경이 죽고 난 뒤에 학사 홍자순(洪子順)[106]이 그의 시문을 가려 뽑고, 상서 홍익여(洪翼汝)[107]가 비용을 대서 장차 간행해 세상에 내놓으려 한다. 나도 한 마디 말을 안 할 수 없어 마침내 그를 위해 서문을 짓는다.

**104** 내가……때 : 이천보는 영조 21년(1745)에 승문원(承文院) 부제조(副提調)에 임명되었다.

**105** 장적(張籍) : 중당(中唐) 때의 문인으로 자는 문창(文昌)이다. 한유(韓愈)의 제자로 악부시에 뛰어났으나, 눈병으로 거의 실명에 이르렀다고 한다.

**106** 홍자순(洪子順) : 홍낙명(洪樂命, 1722~1784). 본관은 풍산(豊山). 자는 자순(子順), 호는 신재(新齋). 홍문관 부제학, 형조 판서, 병조 판서 등을 역임했다. 저서로는 《신재문집(新齋文集)》 6권과 《소학초록(小學抄錄)》·《경술편(敬述篇)》·《기락편(旣樂編)》·《유은록(儒隱錄)》 등이 있다. 시호는 문청(文淸)이다.

**107** 홍익여((洪翼汝) : 홍봉한(洪鳳漢, 1713~1778). 본관은 풍산(豊山), 자는 익여(翼汝), 호는 익익재(翼翼齋). 우의정, 좌의정을 거쳐 판돈녕부사를 지낸 뒤 영의정에 올랐다. 사도세자의 장인이며, 세손(정조)의 외할아버지이다.

# 기記

## 소화석기
小華石記

돌에는 봉우리가 세 개 있는데, 가운데 봉우리가 우뚝 튀어 올라 솟아 있고, 좌우로 봉우리 하나씩을 거느리고 있다. 돌은 색깔이 푸르고 쇠처럼 단단하며, 가운데에 구멍이 뻥 뚫려 있어 화분 안에 그것을 놓으면 이슬이 맺히는 모양처럼 수증기가 올라온다. 가운데 봉우리 아래에 소나무 한 그루가 심어져 있는데, 뿌리가 한 조각 흙에 달라붙지 않았는데도 좀처럼 마르지 않은 채 곧게 서 있다.

이 돌은 옛날 영의정을 지낸 김류(金瑬)[108] 공이 소장하던 것이었는데, 영의정 사후 몇백 년 동안 주인이 거듭 바뀌다가 지금은 나의 벗

**108** 김류(金瑬) : 1571~1648. 본관은 순천(順天). 자는 관옥(冠玉), 호는 북저(北渚). 이귀 · 신경진(申景禛) · 이괄(李适) 등과 인조반정을 일으켰다. 이 반정의 공로로 병조참판에 제수되고 곧 병조판서로 승진되어 대제학을 겸하는 동시에 승평부원군(昇平府院君)에 봉해졌다. 그 후 좌의정, 우의정을 역임하였다. 병자호란 때, 강화도마저 함락되자 주화파의 뜻에 좇아 삼전도에서 맹약을 맺는 데 주도적 구실을 하였다. 1644년 심기원(沈器遠)의 모역을 신속하게 평정한 공으로 다시 영의정이 되어 영국공신(寧國功臣) 1등에 녹훈되고 순천부원군(順天府院君)에 책봉되었다.

김원경(金遠卿)[109] 손에 들어왔다. 원경은 이 돌을 몹시 사랑하여, 안석 사이에 두고 이름을 '소화석'이라 지었으니, 대개 봉우리가 세 개인 것이 화악(華嶽)[110]을 닮았기 때문이다.

어떤 사람이 말했다.

"이 돌이 영의정의 집에 있을 때는 분명 아름다운 나무로 짝지어주고 네모난 못으로 에워싸서, 한 시대의 기이한 장관이 되었을 것이다. 그런데 지금 김원경은 하찮은 일개 선비로서 곤궁하게 누추한 골목에 살고 있다. 별다른 완상품이라고는 하나도 없이 오로지 이 돌만 도자기 분 안에 앉혀 놓고 있다가, 책 읽는 틈틈이 조용히 이 돌과 마주하고 있을 따름이다. 돌이 사람을 만나는 데에도 성쇠(盛衰)가 있으니, 각각 주인을 따라 변하는가 보다."

내가 말했다.

"그렇지 않다. 영의정은 중흥(中興)에 기여한 지체 높은 신하였으니, 바야흐로 공을 이루고 뜻을 성취하였을 무렵 희첩(姬妾)이 앞에 가득하고 빈객이 문전을 메웠을 것이다. 그의 귀와 눈을 즐겁게 하고 마음을 온통 빼앗는 것들이 가히 부귀의 즐거움을 다했다 이를 만했을 터, 저 한 조각 돌은 그저 지대(池臺)[111]의 경관 중 하나에 불과할

**109** 김원경(金遠卿) : 김현택. 자세한 내용은 15쪽 주1 참조.

**110** 화악(華嶽) : 북한산을 가리킨다. 고려시대 성종(成宗) 이후부터 1900년대까지 약 천 년 동안, 주봉(主峯)인 백운대를 중심으로 인수봉, 만경대 이 세 봉우리가 삼각형으로 놓여 있다고 해서 삼각산(三角山)으로 불려지기도 하였다. 화산(華山) 혹은 화악(華嶽)이라 부르기도 했다.

**111** 지대(池臺) : 보통 아름답게 꾸민 정원을 가리키는 말로 사용되는데, 구체적으로 나누어 보자면 못〔池〕과 동산〔苑〕, 누각(樓)과 대(臺) 등을 가리킨다.

따름인지라 영의정이 이 돌의 기묘함을 반드시 알았다고는 할 수 없으며, 설령 알았다 하더라도 마음 깊이 사랑했다고는 할 수 없다. 김원경은 천성이 기이한 것을 좋아하여, 세상 사람들이 좋아하는 것은 그의 마음에 하나도 들지 않고, 유독 세상 사람들이 버린 물건 취하는 것을 즐거움으로 삼는다. 그러니 그가 이 돌을 사랑함이 이처럼 대단한 것도 참으로 당연하다. 이로써 보건대, 돌이 사람을 만난 것을 두고서 옛날에는 제대로 만났으나 지금은 만나지 못하였다고 말할 수는 없다. 물건도 필부(匹夫)의 알아줌을 영화로 여기고 제후의 총애를 욕되게 생각하기도 하나니, 하물며 영의정임에랴. 각각 지우 입은 바를 논해야 할 따름이다."

아! 이와 같은 것이 어찌 비단 돌 뿐이겠는가! 마침내 이를 적어 소화석의 기문으로 삼는다.

## 대관암기
### 大觀菴記

올봄에 나는 상경(尙絅)[112]과 함께 화산(華山 북한산)에 올라 서쪽으로 창해를 바라보았다. 당시 사방에서 약한 구름이 일어나 멀리 바라볼 수 없더니, 정상에 오르자 강풍이 불어 닥치는 바람에 너무 추워서 오래 서 있지 못했다. 그때 상경이 하늘을 향해 노래를 불렀는데, 그 노랫소리가 숲을 뒤흔들었다. 이윽고 바람도 잦아들고 구름도 걷힌 후 아래를 내려다보니, 바다와 하늘이 하나로 이어져 있었는데, 너무도 아득하여 한 가지 사물도 보이지 않았다. 상경이 나를 보고 탄식하며 말했다.

"안타깝습니다. 제 눈이 볼 수 있는 것에 한계가 있어 천하의 장관을 다 보지 못하는 것이요."

그리고는 마침내 함께 산에서 내려왔다.

하루는 내가 상경의 집을 방문하였는데, 글 읽는 방에 '대관(大觀)'이라는 편액을 달아놓은 것을 보고 하도 의아하여 이렇게 말했다.

"그대 집은 몹시도 좁고 누추하여 초가지붕 처마가 해를 다 가리네. 오직 보이는 것이라곤 담장으로 들어오는 낙산(駱山) 봉우리 몇 개 뿐이며, 당 앞에 빈 땅도 겨우 수십 무(武)[113]에 지나지 않는 데다

**112** 상경(尙絅) : 이문보(李文輔). 이천보의 사촌 아우이자 이영보(李英輔)의 아우이다. 자는 상경(尙絅), 호는 대관(大觀)이며 이양신(李陽臣)에게 입양되었다. 진사시에 장원하고 시로써 이름을 얻었으나 일찍 죽었다.

잡초가 무성하네. 상경 그대는 천성이 또한 게을러서 정리 한번 한 적이 없고, 날마다 문 닫아걸고 청고하게 앉아 있을 뿐이니, 나는 그대가 과연 큰 것을 볼 수 있을런지 잘 모르겠네.

화산은 세상에서 말하는 장관인데, 이전에 그대는 산 정상에 오르고도 미처 다 보지 못하는 것을 한스러워했네. 그런데 지금의 경관인 즉 한 묘의 궁[114]에 처해 있으면서 크게 볼 수 있다〔大觀〕고 말한다면 그 누가 믿겠는가?

비록 그렇기는 하나, 경지(境地)에는 대소(大小)가 있으되 내가 보는 것에는 변화랄 게 없네. 옛날의 군자들은 밖을 좇지 아니하고 오로지 안에서 구하였기에 화복(禍福)을 나란히 여기고 생사를 하나로 보았네. 궁핍하다 하여 슬퍼하는 것을 보지 못하였고, 영달했다고 하여 교만한 모습을 보지 못하였네. 그 마음이 크고 드넓어서, 천지를 크다 여기지 않았고 심장(尋丈 8~10자)을 작다 여기지 않았으니, 대개 내게 있는 것이 늘 넉넉해서 외물이 족히 뜻을 움직이지 못했기 때문일 것이네. 상경 그대는 독서를 좋아하여 육경(六經)과 제자백가의 학설을 깊이 터득해 그 정수를 얻었으며, 유불(儒佛)의 구분에 가장 조예가 깊네. 학문에 젖어 들은 것이 충만하여 흘러넘치기에, 더불어 이야기하다 보면 앞으로 나아갈수록 더욱 막힘이 없

**113** 무(武) : 1무(武)는 1무(畝)와 같은 것으로 100×100보(步)의 정사각형 면적을 가리키는 척도이다.

**114** 한……궁 : 《예기》 〈유행(儒行)〉에, "유자에게는 1묘의 집과 담장만 두른 작은 방, 쑥대로 만든 방문과 깨진 항아리로 만든 창문이 있다.〔儒有一畝之宮, 環堵之室, 篳門圭窬, 蓬戶甕牖.〕"는 말이 나오는데, 후에 '일무궁(一畝宮)'은 가난한 선비의 초라한 거처를 가리키는 말로 사용되었다.

네. 그런즉 상경 그대가 보는 것은 본디 안에 있는 것이지 밖에 있는 것이 아닐 터, 어디를 가건 크게 봄〔大觀〕을 얻지 못하겠는가? 만약 이 도(道)를 말미암지 않고서 오로지 바깥의 것을 붙좇느라 힘쓴다면, 상경 그대는 아마도 장차 병이 나고 말 것이네."

상경이 말했다.

"그렇습니다. 그대라면 내가 보는 것이 무엇인지를 아는 자라 이를 만합니다."

마침내 이를 적어 그의 대관암의 기문으로 삼는다.

# 이씨 초당기
李氏草堂記

옥천군(沃川郡)[115] 치소(治所)에서 북쪽으로 1리 되는 곳에 한천동(寒泉洞)이라 불리는 곳이 있다. 관부에서 비록 멀리 떨어져 있지는 않으나 산세가 굽이지고 계곡이 꼬불꼬불하며 숲이 울창해서 바라보면 마치 은거하는 사람이 있을 것만 같은데, 그곳에 이씨(李氏)의 정사(精舍)가 있다. 이씨는 이름이 단서(端序)이고, 진잠현(鎭岑縣)[116]에 살고 있다. 집안 대대로 유술(儒術)로 명성을 얻었고 군(君)은 의술에도 정통하였다.

가대인(家大人 남 앞에서 자기 아버지를 이르는 말)께서 옥천 군수로 나간 이듬해에 병에 걸렸는데, 여러 의원들을 거쳤으나 효험을 보지 못하다가 군의 명성을 듣고 모셔와 약을 복용했더니 그 즉시 나았다. 군이 고을의 산수를 좋아하여 마침내 터를 잡고 살려고 하자 고을 사람들 모두 군을 위해 공사 일을 기꺼이 도왔다. 이에 기둥 세 칸짜리 초당을 짓고 그곳에 살게 됨에, 내게 기문(記文)을 지어달라고 부탁해왔다.

나는 군에게 있어 마음으로 취한 바가 있으니, 비단 의술로써만 사귄 것은 아니다. 군은 천성이 의로우며, 특히 남의 어려움에 다급히 나선다. 한번은 과거 응시 차 청주(淸州)를 지나고 있었는데, 열부(烈婦) 장씨(張氏)가 누군가에게 모함을 받아 군수가 장차 죽이려 한다는 소

**115** 옥천군(沃川郡) : 충청북도 옥천이다.

**116** 진잠현(鎭岑縣) : 대전시 유성구 일대에 있던 옛 고을이다.

문을 들게 되었다. 군이 다 헤진 옷을 입고 걸어서 관부를 찾아가 군수를 배알하겠다고 청하자 문지기가 막았다. 이에 군이 소리치며 말했다.

"나는 진잠에 사는 이 아무개이다. 네가 어떤 자이기에 나를 위해 통성명도 해주지 않는단 말인가!"

그러면서 문지기를 때리려 하니, 그 소리가 안에까지 들렸다. 군수는 깜짝 놀라 군을 상좌로 맞이하였는데, 군은 마치 아무도 없는 양옆을 흘겨보며 천천히 앞으로 곧장 나아가서는 장씨의 억울한 상황을 낱낱이 설명했다. 군수는 잘못을 인정하며 사죄하였고, 군을 며칠간 머물게 하였다가 떠날 때 선물까지 주었다. 그러나 군은 사양하며 받지 않았다. 후에 장씨는 과연 면죄되었고, 이때부터 군의 의로움에 대한 명성은 호중(湖中 충청도)에 자자해졌다.

옥천으로 이사해 살고 있을 때 고을의 권세가 중에 이상한 병에 걸린 자가 있어 후한 예물을 들고 찾아와 약방을 써달라고 부탁하였는데, 군은 그 선물을 땅에 내던지면서 욕하기를, "내 일찍이 듣자니 네가 이웃의 밭을 빼앗는 바람에 그 집 부부가 모두 굶어 죽었다고 하더라. 그런데 너만 벌 받지 않을 수 있겠느냐? 만약 내가 너의 병을 고쳐준다면 나는 너만도 못한 인간이다."라고 하였다. 그 사람은 부끄럽고도 분해 떠나갔다가 얼마 지나지 않아 죽었다.

군이 의로움을 좋아하고 기(氣)를 숭상한 일들이 대부분 이와 같은 것이었다. 나는 다만 한두 가지 일만을 적어 고을 사람들에게 보이고 이것을 초당의 기문으로 삼는다.

# 남 충장공[117] 화악제명기[118]

## 忠壯南公華嶽題名記

화악(華嶽 북한산)의 서쪽에 문수(文殊)라는 암자가 있고, 암자 뒤로 백여 걸음 가면 석벽(石壁)이 검(劍)처럼 가파르게 솟아 있는데, 그 높이가 수십 길〔仞〕은 될 듯하다. 거기에 고(故) 남 충장공의 제명(題名 바위에 이름을 새겨놓은 것)이 있다.

공이 이 산을 유람한 것은 대략 경종 3년 계묘년(1723)인데, 그로부터 6년 후인 무신년(1728)에[119] 공이 청주 영장(營將)으로 있을 때 적이 영호(嶺湖)에서 일어났다.[120] 적장 인좌(麟佐) 등은 밤을 틈타 청주

**117** 남 충장공 : 남연년(南延年, 1653~1728)을 말한다. 본관은 의령(宜寧)이고 자는 수백(壽伯)이다. 1676년(숙종 2)에 무과에 급제, 선전관을 거쳐 1727에 청주영장(淸州營將)이 되어 토포사를 겸하였다. 이듬해 이인좌(李麟佐)의 난이 일어나자 난을 진압하던 중, 청주성이 함락되면서 절도사 이봉상(李鳳祥)과 함께 붙잡혔으나, 반도들에게 굴하지 않고 꾸짖다가 죽었다. 조정에서는 충절을 가상히 여겨 아들 남덕하(南德夏)를 등용하였고, 부인이 죽자 장례물품을 지급하여 치상하였다. 1728년에 좌찬성에 추증되고, 이듬해에 숭선군(崇善君)에 추봉되었으며, 청주의 표충사에 제향되었다. 저서로는 《남충장공시고(南忠壯公詩稿)》가 있다. 시호는 충장(忠壯)이다.

**118** 남……화악제명기 : 조선 후기 승려 성능이 북한산성에 관하여 1745년에 편찬한 지방지인 《북한지(北漢誌)》에 다음과 같은 설명이 실려 있다. "문수봉은 보현봉 서쪽 봉우리에 있다. 봉우리 아래에 문수굴이 있고, 굴 안에 감천과 돌을 깎아 만든 문수보살상과 오백 나한상이 있다. 본조의 충장공 남연년이 굴 안에 이름을 적어놓았는데, 갑신년에 순국한 후에 승 보심이 이를 새겼고, 지금 대사성 이천보가 기를 지었다."

**119** 그로부터……무신년(1728)에 : 정확히 말하면 6년 후가 아니라 5년 후이다.

**120** 적이……일어났다 : 이인좌는 정변의 기본전략을 외방(外方)에서 먼저 일으키

를 습격했는데, 공을 포박하고서 항복하라 위협했음에도 공은 적들을 꾸짖으며 굽히지 않다가 죽고 말았다. 적이 평정된 뒤에 조정에서 특별히 시호를 하사하고, 사당을 지어 병사(兵使) 이봉상(李鳳祥)[121] 및 비장(裨將) 홍림(洪霖)[122]과 합향하여 그 이름을 삼충사(三忠祠)[123]라고 하였다. 암자의 승려 보심(普心)이 슬피 탄식하며, "어찌 충신의

면 경중(京中)에서 이에 내응하는 외기내응(外起內應)으로 확정했다. 이에 영남기병을 정희량(鄭希亮)과 김홍수에게 맡기고, 호남기병은 태인 현감 박필현(朴弼顯)에 맡겼으며, 자신은 정세윤과 경기 기병을 추진하여 중도에서 영남병·호남병과 합세하기로 했다.

**121** 이봉상(李鳳祥) : 1676~1728. 본관은 덕수(德水). 자는 의숙(儀叔). 이순신(李舜臣)의 5대손이다. 1725년(영조 1) 형조참판으로서 훈련금위대장을 겸임하였다. 이때 이광좌(李光佐)·조태억(趙泰億) 등의 죄상을 논박하였다가, 정미환국으로 그들이 다시 정권을 잡자 어영대장에서 좌천되어 충청도 병마절도사로 나갔다. 1728년(영조 4) 이인좌(李麟佐)가 반란을 일으켜 청주를 함락하였을 때 작은아버지 이홍무(李弘茂)와 함께 반란군에게 붙잡혀 죽었다. 충청감영에 들어온 이인좌가 항복할 것을 권하였지만 충무가(忠武家)의 충의(忠義)를 내세워 끝내 굽히지 않았다 한다. 어사 이도겸(李道謙)이 청주로부터 돌아와 그 순절을 전하자, 영조는 정려를 세우고 좌찬성에 추증하였으며, 뒤에 헌종이 청주에 표충사(表忠祠)를 세워 제향하게 하였다. 시호는 충민(忠愍)이다.

**122** 홍림(洪霖) : 1685~172. 본관은 남양(南陽). 초명은 진(震). 자는 춘경(春卿). 1727년(영조 3) 충청도병마절도사 이봉상(李鳳祥)에 의하여 청백함이 인정되어 막료가 되었다. 1728년 이인좌(李麟佐)의 난으로 청주성이 함락되고 이봉상이 잡힌 다음 죽음을 당하자 그는 자신이 절도사라 하며 반란군을 꾸짖었다. 반란군은 그를 충신이라 칭찬하고 후일 자손들을 녹용(錄用)하겠다고 하자, "나는 아들도 없거니와 있다 하여도 너희 같은 역적놈의 부하로 쓰이게 할 수는 없다." 하고 죽었다.

**123** 삼충사(三忠祠) : 1728년(영조 4) 이인좌의 난 때 순절한 충청 병사(忠淸兵使) 이봉상(李鳳祥), 영장(營將) 남연년(南延年), 비장(裨將) 홍림(洪霖)의 세 명의 충신을 제향하는 사당으로 충청북도 청주시 수동에 있다. 1731년(영조 7)에 세워졌다.

이름을 민멸된 채 전해지지 않게 할 수 있겠는가?"라고 말하고는 마침내 돌에 (그 이름을) 새겼다. 공은 군대에서 늙어갔기에 세상에 공을 아는 자가 없다. 그러나 그 성취가 이처럼 위대하여 공의 성명을 사관(史官)이 장차 사책(史冊)에 기록함으로써 이 산과 더불어 썩어지지 않게 할 터이거늘, 돌에 이름은 새겨 무엇 한단 말인가?

그러나 화악은 예부터 명승지로 일컬어졌으며, 한양을 등에 업고 우뚝 높이 솟아 진산(鎭山)을 이루고 있다. 성안의 사대부들도 이 산을 즐겨 노니는데, 나라가 산성을 쌓아 불의를 대비한 이후로 유람객들은 한결같이 산과 계곡의 험난함에 탄복하면서, 보장지(保障地)로서 최적의 땅을 얻었다고들 여겨왔다. 하지만 일국이 망하지 않는 것이 어찌 성 하나 못 하나에 달려 있을 따름이겠는가?

이른바 명절(名節 명예와 절개)이란 나라가 의지해 존속하게 하는 것이다. 옛날 청주에 난이 일어났을 때, 공의 한번 죽음이 아니었다면 무엇으로 적의 간담을 쳐부수고 병사들의 사기를 올려 이 나라에 오늘이 있게 할 수 있었겠는가? 그러니 이 산을 유람온 세상 사람들이 공의 이름을 우러러보고 쭈뼛 경외심을 일으킨다면, 모두 이른바 명절이라는 것이 있음을 알게 될 터, 훗날 다급할 때의 쓰임은 여기에 있지 저기에 있지 않을 것임을 나는 잘 알고 있다. 보심 선사의 뜻도 여기에 있었던 것인가?

보심 선사가 또 말하기를, 공이 이곳을 유람하실 때 이미 일흔이 넘은 나이었는데도 걸어서 정상까지 올랐다고 하였다. 나는 이것도 아울러 기록하여 산중 고사로 갖추어놓는다.

공은 이름이 연년(延年)이고 의령(宜寧) 사람이다.

# 박용운 화첩기
朴龍雲畵帖記

박용운(朴龍雲) 군은 호남(湖南) 전주(全州) 사람인데, 그림 솜씨를 가지고 도성에서 노닐었다. 군은 스스로 말하기를 글을 읽어본 적이 없다 하였으나, 천성이 술을 좋아하여 취할 때마다 하는 말이 종종 도(道)를 가진 자와 비슷하였으며, 남의 잘못을 보면 반드시 은미한 말로써 풍자했다. 그러나 할 말을 다하지는 않았기에, 상대방도 처음에는 노여워하다가 끝내는 그를 포용하곤 하였다.

어떤 부자가 군을 집으로 불러와 매우 후하게 대접하고는 병풍 하나를 그려달라고 부탁한 적이 있는데, 군은 그림이 완성되자마자 인사도 없이 떠나버렸다. 누군가 그 이유를 묻자 군은 단지 "부잣집 좋은 음식이 제 입에 맞지 않아서 오래 지나면 딱 나의 장을 병들게 하기 족할 뿐입니다."라고만 대답했다.

내가 일찍이 군에게 서호도(西湖圖)를 그려달라 한 적이 있는데, 군이 붓을 쥐고 그림을 구상하던 차에 현달한 관리 하나가 나를 찾아왔다. 군은 옆에서 그 사람을 몇 차례 흘겨보더니, 그 사람이 떠나가자 붓을 던지고 드러누우며 "어디서 속인(俗人)이 찾아와 그림의 흥취를 망쳐버렸단 말인가!" 하고는 이내 쓰러져 깊은 잠에 빠졌다. 내가 그를 걷어차며 일으키자 군이 웃으며 말했다.

"그림이란 억지로 할 수 있는 것이 아닙니다. 저는 저의 흥이 일어나기를 기다릴 뿐입니다."

그가 꼿꼿이 외물(外物)을 붙좇지 않음이 대개 이와 같았다. 내가 그를 놀리며 "그대는 화가가 아니라 도를 가진 사람 같군. 내 마땅히 그대를 위해 전(傳)을 지어주겠네."라고 말하자 군이 감사하며 말했다.

"공께서는 식언하지 마십시오. 그러나 공의 문장과 나의 그림 중 과연 어느 것이 더 나을까요? 지금 세상에는 나의 그림을 아는 자가 없으나, 저는 사대부들 사이에서 공이 문장에 능하다는 소리를 들었으니, 공의 문장이 제 그림만 못한 셈입니다."

군이 그린 푸른 바위와 고목은 필세(筆勢)가 자못 기이하고 웅건하다. 그가 내게 그림에 기문을 지어달라 부탁하였는데, 나는 그림은 모르고 군의 사람 됨됨이만을 아는지라, 아는 것에 나아가 두루마리 끄트머리에 적음으로써 군의 소전(小傳)으로 삼는다.

# 자지암기
自知菴記

사람의 우환은 남을 알지 못하는 데 있지 않고 자신을 알지 못하는 데 있다. 자신을 알지 못하기 때문에 남이 칭찬하면 기뻐하고 남이 비방하면 근심한다. 천하의 색을 나는 내 눈으로 보지 남의 눈을 빌리지 않는다. 천하의 소리를 나는 내 귀로 듣지 남의 귀를 빌리지 않는다. 그런데 지금 나의 눈을 가리고서 남이 본 것을 구하고, 나의 귀를 막고서 남이 들은 것을 구한다면 이게 무슨 도리란 말인가! 소리와 색은 바깥으로부터 이른 것이지만 내가 그것을 보고 듣는 것의 권한은 내게 있지 남에게 있지 않다. 하물며 내가 나를 알지 못하여 번거롭게 남의 평가를 바라고만 있다면, 병들지 않을 수 있겠는가? 그래서 옛날 군자들은 홀로 서서 굽히지 않으면서, 남에게 어지러이 취택된다 해도 더 이득 될 것 없고, 사람에게 몽땅 버려진다 해도 손해될 것 없다 여겼던 것이니, 그 스스로를 앎이 몹시도 밝았도다. 내가 나인 것은 한 가지이다.

나의 벗 기계(杞溪) 유태중(兪泰仲)[124]은 젊어서 남다른 뜻을 품고 지금 사람들과 서로 어울리는 것을 수치로 여기더니 어느 날인가 과거

**124** 유태중(兪泰仲) : 유언길(兪彦吉, 1695~1743). 본관은 기계(杞溪), 자는 태중(泰仲), 호는 매호(梅湖)이다. 숙종 43년(1717) 정유(丁酉) 식년시(式年試) 진사 2등 5위로 급제했다. 이인상(李麟祥)의 《능호집(凌壺集)》에 〈매호 유처사 제문〔祭梅湖兪處士文〕〉이 실려 있다.

를 접고 바닷가에 은거하였는데, 그 이유를 묻는 자가 있으면 웃으며 대답하지 않았다.

태중은 그의 방에 '자지(自知)'라는 이름을 붙였다. 아아! 태중 같은 자라면 자신에 대한 믿음이 있어 남에게서 구하지 않는 자라 일컬을 만하다. 무릇 하늘로부터 얻은 자는 사람에게서 잃고, 옛날에 부합하는 자는 지금 세상과 어그러진다. 그러나 태중은 오로지 그 자신만을 알 뿐, 남이 자신을 알아주지 못하는 것을 탓하지 않는다.

혹자가 말했다.

"태중은 저서를 좋아하여 지은 책이 수만 마디나 되네. 후세 중에 그의 책을 읽고서 그 사람을 알아주는 사람이 어찌 없겠는가?"

내가 말했다.

"양자운(揚子雲 揚雄)은 《태현(太玄)》을 짓고서 후세의 자운을 기다렸네.[125] 나는 늘 말하길, '《태현》을 명산(名山)에 묻고 학관(學官)에 진열해놓는다 하여도 《태현》에게 있어 영화로움이 되기에 부족하고, 불태우고 훼손한다 해도 《태현》에게 있어 욕되기에 부족하다. 또한 자운은 자운일 뿐, 후세의 자운과 무슨 상관있단 말인가?'라고

**125** 양자운(揚子雲)은……기다렸네 : 양자운은 한(漢)나라 때 학자 양웅(揚雄)을 말한다. 당나라 사람 한유(韓愈)가 지은 〈풍숙에게 주며 문장을 논한 편지(與馮宿論文書)〉에 다음과 같은 구절이 보인다. "고문이 지금 세상에 무슨 소용이 있는지 모르겠으나, 알아주는 사람이 알아주기를 기다릴 뿐이다. 옛날 양자운이 《태현》을 지었을 때 사람들이 모두 비웃자 자운이 말했다. '세상에서 나를 알아주지 않는다 해도 해 될 것이 없다. 후세에 다시 양자운이 태어나면 반드시 이를 좋아해 줄 것이므로.'〔不知古文直何用於今世也, 然以俟知者知耳. 昔揚子雲著《太玄》, 人皆笑之, 子雲之言曰: 世不我知, 無害也. 後世復有揚子雲, 必好之矣.〕"

하였네. 그런즉 태중이 기왕에 스스로를 알았다면, 그 책이 전해지고 전해지지 않고를 꼭 태중을 위해 말할 필요가 있겠는가?"

이 내용으로써 그의 암자의 기문으로 삼는다.

# 죽천 김공[126] 화상기

竹泉金公畵像記

나의 외삼촌이신 죽천(竹泉) 김공은 숙묘(肅廟 숙종) 병신년(1716)에 돌아가셨다. 공께서 공의 화상의 원본을 직접 꺼내 중당에 걸어놓으시고 관복을 갖추어 입고 그 옆에 앉아 여러 자제들을 돌아보시며 "닮았느냐?"고 물으시니, 모두들 닮았다고 대답했다. 나는 당시 약관의 나이였는데, 공을 모시고 앉아 있다가 감히 말씀 올렸다.

"미간을 찌푸리신 것이 항상 근심스러운 기색이 있습니다. 닮지 않는 곳은 그것뿐입니다."

공께서는 "네가 맞추었구나."라고 말씀하시더니 마침내 국공(國工)[127] 진재해(秦再奚)[128]를 불러와 윤색하게 하였으니, 지금 공의 사당

**126** 죽천 김공 : 김진규(金鎭圭, 1658~1716)를 가리킨다. 본관은 광산(光山). 자는 달보(達甫), 호는 죽천(竹泉). 누이동생이 숙종의 비인 인경 왕후(仁敬王后)이다. 이조 좌랑 등을 역임하던 중 1689년 기사환국으로 남인이 집권하자 거제도로 유배되었다. 1694년 갑술환국으로 서인이 재집권하자 지평으로 기용되었다. 노론과 소론의 대립이 깊어지자, 1695년 소론인 남구만(南九萬)에 의해 척신(戚臣)으로 월권 행위가 많다는 탄핵을 받고 삭직되었다. 1701년 대사성을 거쳐 부제학(副提學)·대제학·예조 판서 등을 역임하고, 1713년 강화 유수에 임명되었다. 병조 참판으로 재직 중일 때 소론에 의해 유배당했다가 2년 후 풀려나왔다. 거제의 반곡서원(盤谷書院)에 제향되었으며, 시호는 문청(文淸)이다. 영조가 1766년 치제(致祭)했으며, 1773년 문집 간행에 재물을 하사하고 서문을 몸소 지었다. 문집으로 《죽천집(竹泉集)》, 편서로 《여문집성(儷文集成)》이 전한다.

**127** 국공(國工) : 나라에서 가장 훌륭한 장인(匠人). 여기서는 화가를 가리킨다.

에 모셔진 것이 바로 윤색한 본이다.

공께서는 곧은 도리로써 숙묘를 섬겼으나 중간에 참언을 당해 관직에 오래 있지 못하다가 만년에야 비로소 관각(館閣)의 지위에 올라 한 시대의 종장(宗匠)이 되셨다. 당시에는 성인께서 위에 계시고 나라에 큰일이 없었는데도 공은 개연히 세도를 자신의 근심거리로 삼으시면서 밥 한술 뜨는 동안에도 근심을 푸신 적이 없다. 세상에서 공을 아는 자도 적었지만 공의 근심을 아는 자는 더욱 적었고, 안다고 스스로 말하는 자라 할지라도 근심이 너무 과하다며 오히려 비웃었다. 내 일찍이 공의 〈유표(遺表)〉를 읽어본 적이 있는데, 바른 도리를 지키고 사설을 억누르려 하는 마음이 저 태양처럼 밝았다. 오호라! 이것이 본디 공께서 취하여 자신의 근심으로 삼으면서 죽을 때까지도 감히 잊지 못하던 것이었다.

공께서 돌아가신 지 10여 년에 세운(世運)이 날로 사라지고 있으니, 이에 공의 근심은 전혀 지나친 것이 아니었으며, 살아계실 적에 직접 목도하지 않은 것은 그저 행운이었을 뿐이다. 만약 공께서 지금 살아계신다면 그 근심이 또한 어떠했을까? 필시 오늘날의 군자들처럼 잠자코 구차히 용납하면서 오로지 시속에 영합하지 못할까 두려워하지 않았을 것이고, 저들 또한 무리 지어 일어나 공격하면서 지난날처럼 너무 과하다고 비웃는 데 그치지 않았을 것이다. 후에 공의 화상에 참배하는 자라면 마치 띠를 두르고 홀을 바로잡고서 조당에 서 있는 모습을 보는

**128** 진재해(秦再奚) : 1691～1769. 조선 시대의 화가. 자는 정백(井伯). 호는 벽은(僻隱)이다. 1713년에 숙종의 전신(全身)을 그려 상을 받았다. 작품에 〈월하취적도(月下吹笛圖)〉가 있다.

것만 같아, 공이 근심하던 바가 무슨 일이었는지 알고자 할 것이니, 그리하면 그 당시 세상을 고찰하고 논할 수 있게 되어 숨죽이고 크게 탄식할 것이다.

신해년(1731) 3월에, 나는 공의 사당을 찾아가 남겨진 화상에 참배하고, 물러나 나의 느낀 바를 기술하여 공의 윤자(胤子 대를 이을 아들)인 김양택(金陽澤)[129]에게 준다.

**129** 김양택(金陽澤) : 1712~1777. 본관은 광산(光山). 자는 사서(士舒), 호는 건암(健庵). 원손사부(元孫師傅)·대사성·우빈객(右賓客)·대제학을 역임하고 1776년에 영의정에 올랐다. 할아버지와 아버지에 이어 3대가 대제학을 역임해 당대에 이름을 떨쳤다. 저서로는 《건암집(健庵集)》이 있다. 시호는 문간(文簡)이다.

# 효감천기
孝感泉記

홍덕(興德)[130]은 호남(湖南) 바닷가에 있는 읍이다. 읍에서 남쪽으로 15리 되는 곳에 취령산(鷲嶺山)이 있고, 산 아래로 샘물이 흐르는데, 그 이름이 효감천이다. 샘에 이런 이름이 붙은 것은 옛날 효자 오공(吳公) 때부터이다.

공은 이름이 준(浚)[131]으로 성묘(成廟 성종) 때 사람이다. 지극한 행실로 부모를 섬겼으며, 부모가 세상을 뜨자 묘소 가까이 여막(廬幕)에서 살았다. (근처의) 샘물들이 모두 더럽고 탁했기에, 5리 바깥에 있는

130 홍덕(興德) : 전라북도 고창지역의 옛 지명이다.

131 준(浚) : 오준(吳浚)을 가리킨다. 본관은 동복(同福), 호는 감천(感泉). 한림원 승지를 역임한 오자귀(吳自貴)의 증손으로, 아버지는 동지중추부사를 역임한 오팽년(吳彭年)이다. 어린 시절부터 학문을 깊이 연구하고 예절을 숭상하며 효성이 지극하였다. 28세 때인 성종 2년(1471) 어머니가 병환으로 위독해지자 손가락을 베어 그 피를 마시게 하여 3~4일을 연명케 하였다. 그 후 부친이 등창으로 위급한 지경에 이르자, 입으로 며칠 동안 종기의 농혈을 빨아서 병이 나았다. 그러나 얼마 후 합병 증세로 아버지의 목숨이 위태롭자 대변을 맛보아 증세를 예단하고는, 자신의 허벅지살을 도려내어 먹이는 등 정성을 다했으나 그 해 4월 1일 죽고 말았다. 이에 오준은 취령산 아래 양지 바른 명당 터에 부모님을 장사 지내고 묘 아래 여막(廬幕)을 짓고 시묘(侍墓)를 하였는데, 이 글에서는 시묘살이 하던 당시의 이야기를 기록하고 있다. 영조 때에도 그의 효행의 행적이 나라 안에 널리 알려져 이천보(李天輔)와 김재로(金在魯), 정유양(鄭有良), 조명현(趙命顯) 등이 효감천의 명문을 지어 탄미(歎美)하였다. 또한 대제학 남유용(南有容)이 묘비명을 짓고, 호남 실학의 거두 황윤석(黃胤錫), 호남 석학 기정진(奇正鎭) 등이 《효감천실기(孝感泉實記)》의 서문을 지었다.

맑은 샘물까지 직접 호리병을 지고 가 물을 길어다가는 조석으로 바칠 제수를 정결히 씻었다. 비록 춥고 더운 날이라 할지라도 남에게 대신시키지 않았다. 그러던 어느 날, 하늘에서 크게 천둥 벼락이 치더니 여막 옆의 땅이 갈라지고 샘물이 솟아났는데, 몹시도 맑고 차가웠다. 읍의 원이 그 소문을 듣고 기이하게 여겨 즉시 말을 몰고 가서 보고는 (샘물의) 이름을 '효감(孝感)'이라 지었다. 한 이웃 사람이 그 샘물에 가서 다 해진 속옷을 빨았다가 얼마 뒤 벼락에 맞아 죽은 일이 있다. 도신(道臣)[132]이 공의 효행에 대해 주상에게 아뢰자 정려(旌閭)가 내려왔다. 또 특별히 관직에도 제수하였으나 나아가지 않고 있다가 죽으니, 온 마을 사람들이 향현사(鄕賢祠)를 지어주었다.

금상 17년(1741)에 조정 신하들의 건의로 인해 여러 도(道)의 사원 중 조정의 명령에 의거하지 않고 세워진 것들을 허물어버리라는 명령이 내려왔는데,[133] 공의 사당도 그중 하나였다. 나 아무개는 당시 관직

**132** 도신(道臣) : 조선 시대, 각 도의 으뜸 벼슬이었던 '관찰사'를 달리 이르는 말이다.

**133** 금상……내려왔는데 : 《영조실록》 17년(1741) 4월 20일 기사 〈차사원을 내보내어 서원의 훼철을 감독하고 향현사와 영당을 금하게 하다〉에 다음과 같은 기록이 보인다. "여러 도(道)로 하여금 차사원(差使員)을 내보내어 서원의 훼철(毁撤)을 감독하게 하고, 아울러 향현사(鄕賢祠)와 영당(影堂)을 금지하도록 하였으니, 우의정 조현명(趙顯命)의 청을 따른 것이었다. 이보다 앞서 갑오년(1714) 이후에 설립한 서원을 훼철하라는 명이 있었는데 여러 도(道)에서 아직도 죄다 훼철하지 않자, 이때에 이르러 조현명이 아뢰기를, '사륜(絲綸)은 한번 내려지면 반드시 시행되어야 하는 것이니, 그런 후에야 법이 백성들에게 신임받을 수 있습니다. 그런데 도신과 수령들이 용납하고 보호하고 숨기고 방치하는 폐단이 없지 않으니, 청컨대 여러 도로 하여금 별도로 차사원(差使員)을 정하여 직접 가서 훼철하게 해서 기필코 실질적인 성과가 있도록 하소서.' 하니, 임금이 옳게 여기고 이어서 하교하기를, '만일 숨기거나 방치하는 자가 있으면 본율(本律)에 의거하여 감단(勘斷)하겠다.' 하였다.……이때 주자의 서원과 사당(祠堂)으로

(館職)[134]을 맡고 있던 처지로서 주장(奏章)을 올려 사전(祀典 제사 지내는 예의에 관한 법도)에 적합한 곳을 구별해 달라 청하였으나 채납되지 않았다.

아아! 공과 같은 사람이라면 "옛날에 이른바 향선생(鄕先生)으로 죽으면 사(社)에서 제사 지낸다고 하였다."[135]라는 말에 해당하는 분이시거늘, 일괄 허물어버리다니, 오늘날 나라를 위해 도모하는 자들도 참으로 지나치도다. 그러나 군자는 안으로 스스로를 수양하여 그 지극한 정성이 감동시키는 바가 천지와 통하고 귀신을 움직이기에 족하지만, 바깥으로부터 이르는 것, 즉 굽히고 펴고 영화롭고 욕되고〔屈伸榮辱〕 따위는 그 마음에 들어있지 않다.

공께서 세상을 떠난 지 이미 수백 년이 지났지만 온 마을이 받들어 모시며 아직까지도 제향(祭享)을 그치지 않고 있으니, (여기서) 공이 세상에 남기신 가르침을 가히 볼 수 있다. 그러나 살아서의 작록(爵祿)도 죽어서의 조두(俎豆)[136]도, 모두 외물(外物)이기는 마찬가지이다.

각 고을에 있는 것이 모두 여섯 곳이었는데, 처음 세운 것이 갑오년 이후에 있었기 때문에 모두 훼철하게 하였으며, 그 외의 사원(祠院)으로 훼철된 것이 모두 1백 70여 곳이었다."

**134** 관직(館職) : 예전에 홍문관과 성균관 등의 전임 관원을 통틀어 이르는 말이다. 당시 이천보는 홍문관(弘文館)의 교리로 있었다. 조선 시대, 홍문관의 정오품 벼슬에 해당한다.

**135** 옛날에……하였다 : 《예기집설》〈월령(月令)〉에 "생전에 백성에게 공덕을 세운 사람을 사후에 신주로 제사지낸다.(生而有功德於民者, 歿而祀之以主.)"라는 말이 나오고, 한유(韓愈)의 〈소윤 양거원을 전송하는 글〔送楊巨源少尹序〕〉에, "옛날에 이른바 향선생(鄕先生)으로 죽으면 사(社)에서 제사 지낸다고 하였다.〔古之所謂鄕先生沒而可祭於社〕"는 말이 나온다.

공의 지극한 행실이 남이 알아주기를 바라서 억지로 하는 데서 나온 것이라면 그 효행이 불순하지 않겠는가? 그러므로 공의 사당이 허물어지건 허물어지지 않건, 공의 무게를 좌지우지할 수는 없다. 그리고 하늘이 공에게 보답한 것 중 한 웅덩이의 샘물이 아직까지 남아있어 시대와 더불어 흥하고 쇠하지 않으며, 사람을 좇아 드러나고 감춰지지 않는다. 길 가던 사람들은 그곳을 가리키면서 효감천이라고들 말하니, 공이 하늘로부터 얻고 사람에게서 얻지 못한 것을 가지고 어찌 가슴 아파하겠는가?

혹자가 말했다.

"공의 사당이 허물어졌어도 공에게는 아무 손해될 게 없습니다. 하지만 마을 인사들은 장차 무엇으로 덕을 고찰하여 일어난단 말입니까?"

내가 말했다.

"샘의 이름을 듣고도 숙연히 일어나야 할 바를 알지 못한다면, 날마다 공의 당(堂)에 오르고 공의 말씀을 듣는다 하여도 그 마음을 일어나게 할 방도가 없을 터이거늘, 하물며 공의 사당이겠는가?"

공의 6대손 시정(時挺)이 도성에 들어와 진신(搢紳)들 사이에서 노닐면서 시문(詩文)을 구하여 공의 유사(遺事)를 서술하였다. 이에 나는 그 샘물에 대한 기문(記文)을 지어 그의 청에 응답하고 마을의 인사들을 면려한다.

136 조두(俎豆) : 제사 때, 음식을 담는 그릇의 일종이다.

# 소양정 중수기
昭陽亭重修記

수춘(壽春)[137]은 영서(嶺西)에 있는 큰 고을이다. 땅은 서울과 가깝고, 풍속이 순박하여 송사가 드물며, 강산과 누각의 승경이 있어 사대부로서 외직을 구하려는 사람들은 모두 이 고을 얻는 것을 행운으로 여긴다.

금상 재위 17년째인 신유년(1741)에 나의 벗 한산(韓山) 자이(子彝) 이덕중(李德重)[138]이 이 고을 군수로 나가게 되었다. 자이는 청렴한 명성과 높은 인망으로 일찍이 높은 벼슬에 올라서[139] 세상의 이름난 대부가 되었다. 논자들은 자이가 하루라도 조정을 떠나서는 안 되

**137** 수춘(壽春) : 강원도 춘천을 이르던 말이다.

**138** 이덕중(李德重) : 1702~1748. 자는 자이(子彝), 호는 결재(潔齋)이며, 이정룡(李廷龍)의 증손으로, 할아버지는 이택(李澤)이고 아버지는 이병겸(李秉謙)이다. 1730년(영조 6) 경술정시에 병과로 급제하여, 예문관 검열을 거쳐 승지·홍문관 부제학·대사간·이조 참의 등의 요직을 두루 역임하였다. 경종 1년(1721) 이천기(李天紀) 등과 함께 혈당(血黨)을 이루어 재물을 물 쓰듯한다는 혐의로 양사로부터 탄핵을 받았으나 무사하였다. 1734년 회천(回薦) 때에 조명경(曺命敬)의 피천과정에서 하자가 있었던 사건에 연루되어 검열직이 삭제되었다. 그 뒤 관직이 삭탈되어 있던 중 1735년 소를 올려, 영조가 사초(史草)를 열람하고 불사르게 한 것에 대하여 그 잘못되었음을 지적하고 추록(追錄)할 것을 청하는 등의 강직함을 보였다. 또, 1739년 정언 홍계희(洪啓禧)의 소가 못마땅하다 하여 해남에 유배시키려 하자, 그 부당함을 간하다가 노여움을 사서 진도에 유배될 뻔하였다. 승지 구택규(具宅奎)의 도움으로 중추(重推)로 감형되었다가 1740년 응교로 복직되었다.

**139** 높은……올라서 : 원문의 '膴仕'는 후한 봉록으로 벼슬하는 것을 가리킨다.

니, 갑자기 외직으로 나가는 것은 자이를 대하는 도리가 아니라고들 말했다.

자이가 수춘으로 부임하던 해에 큰 기근을 만났는데, 부지런히 진휼한 결과 경내에 잘 다스린다는 명성이 자자했다. 자이가 나에게 글을 보내와 말했다.

"고을의 강가에 정자가 하나 있는데, 이름이 '소양(昭陽)'입니다. 일찍이 고을의 승경이었지만, 근래에 자못 기울고 허물어져 유람하는 자들 모두 이를 안타깝게 여기고 있습니다. 그리하여 제가 수리하여 공사를 마쳤는데, 때는 실로 임술년(1742) 가을이었습니다. 그대가 나를 위해 중수기(重修記)를 지어주시지요."

나는 답장을 보내놓고 탄식하며 말했다.

"벼슬이란 안팎 가릴 것 없이 오로지 그 책임을 다할 뿐이로구나."

세상이 쇠미해진 이래 조정을 살펴보아도 과연 능히 그 뜻을 행하고 그 직무를 수행할 수 있는 자가 있었던가. 못할 뿐만 아니라, 영욕(榮辱)이 밖에서 유혹하고 이해(利害)가 그 중심을 빼앗아버려, 몸과 명예를 스스로 없애버리는 자들이 종종 있었다. 그러나 이것이 어찌 모두 그 사람 잘못뿐이겠는가. 시대와 형세가 그렇게 만든 것이다. 외직의 경우, 백 리 안에서 한번 명령만 내려도 실행될 수 있고, 한번 은택만 내려도 모두에게 미칠 수 있다. 시행하고 계획함에 있어 일찍이 내 마음으로부터 말미암지 않은 것이 없기 때문에 시대와 형세가 그것을 막을 수 없다.

자이가 수춘 고을을 다스린 지 겨우 일 년이지만 피폐해진 것을 보완하고 허물어진 것을 수리하는 일에 있어 빠트린 것이 없으며, 비용을 절약하고 재력을 비축하여서 정자의 승경을 옛 모습대로 복원하였다.

자이가 업무를 보고 난 여가에 술잔 들고 이 정자에 올라, 모래톱이 휘감아 도는 모습이며, 구름과 안개가 출몰하는 모습이며, 돛단배와 물새가 오르락내리락 오가는 모습을 굽어본다면 아마 흡족한 마음에 돌아갈 생각조차 잊을 것이다. 그러다 이내 다시 조정에 있는 여러 군자를 떠올릴 것이다. 그 직분의 중차대함이란 한 고을을 다스리는 것보다 백배나 되는데, 그러한 책임을 저버리지 않을 수 있는 사람이 몇이나 되겠는가. 그러니 나는 자이의 즐거움 뒤에 반드시 근심이 뒤따를 것임을 안다.

더구나 나는 홍문관에서 대죄하는 처지임에도[140] 한 마디 말을 꺼내 한 가지 일을 논의함으로써 맡은 바 책무를 다하지 못하고 있다. 좌우의 눈초리를 살펴야 하는 상황에 처해 있으면서도 결연히 영영 떠나버리지도 못하고 있으니, 산골짜기 고을 하나를 구걸하여 자이가 한 일에 스스로 힘쓰고 싶어도 또 그렇게 할 수도 없다. 이에 지금 억지로 누정의 기문을 짓는 것이니, 자이가 나의 글을 읽는다면 나의 감정을 알 수 있으리라.

**140** 더구나……처지임에도 : 이천보는 1740년에 홍문관 정자(弘文館正字)가 되었고, 그 후 교리・헌납・장령 등 언관직을 역임하였다. 대죄(待罪)는 옛날 관리가 자기 직책을 수행하는 것을 겸손하게 이르는 말로 쓰였다.

# 안류정기
## 安流亭記

한강 가의 정자들 중에는 사대부들의 별장이 많은데, 지세나 풍경이 뛰어난 곳을 골라 누각이나 정자를 세워 놔서, 날아갈 듯한 처마며 아름답게 색칠한 마룻대가 강 모래톱에 서로 줄지어 서 있다. 낮은 곳에 있는 정자는 먼 곳을 조망하여 호수와 산의 형세를 만끽할 수 없는 반면, 장사하러 온 배나 장사꾼들이 이문을 남기려고 시끄럽게 호객하는 소리를 날마다 눈과 귀로 접해야만 한다. 높은 곳에 있는 정자는 비록 높은 데서 내려다보이는 승경을 얻을 수는 있지만, 비바람이 들이닥치기 쉽기 때문에 너무 추워 편안한 거처가 되지 못한다.

오직 서호(西湖)[141]에 있는 이평일(李平一)[142]의 정자만은 높지만 위험한 지경에 이르지 않고 낮지만 비루한 지경에 이르지 않는다. 강과 불과 수십 보(步)밖엔 떨어져 있지 않은 데다가 모래톱이 야트막하고 강 언덕이 굽이져 있어 편안하면서도 맑게 탁 트였다. 문 닫아걸고 머물러 있노라면 정자 밖에 강이 있다는 사실도 알지 못한다. 난간에 기대어 한 번 바라다보면 안개 낀 물결이 넘실거리고 돛단배와 물새가 안석 사이를 왔다 갔다 한다. 평일은 마침내 이 정자에 '안류(安流)'라는 이름을 붙이고, 내게 기문(記文)을 지어달라고 부탁했다.

**141** 서호(西湖) : 한강의 줄기 가운데 서강에서 마포에 이르는 유역을 가리킨다.

**142** 이평일(李平一) : 이형만(李衡萬, 1711~?). 본관은 경주, 자는 평일(平一)이다. 병조참판·지평(持平), 정언 등을 역임했다.

세상의 위험함 중에 물보다 더한 것이 없다. 장강(長江)과 한수(漢水)의 물은 밤낮으로 출렁이며 창해에 이르지만, 협곡이 조이면 여울이 되고 돌이 부딪히면 소용돌이가 된다. 들끓어 오르고 노하여 포효할 때면 배를 뒤집고 노를 부러뜨려 범람하기도 하고, 종종 회오리바람을 일으키고 세찬 비를 뿌려 파도가 크게 출렁거릴 때면 산악도 꺾어놓고 천둥, 우레와도 싸울 수 있을 것 같다. 심하구나, 그 험난함이여!

하지만 이는 물이 험난한 것이 아니라 물이 닿은 곳이 험난할 뿐이다. 물은 그저 험난한 곳을 피하지 않았을 따름이니, 험난함이 어찌 물이 원하는 것이겠는가? 물에 부딪히는 사물이 있기에 물의 기이한 변화가 모두 나타난 것이다. 만약 그렇지 아니할 경우, 멈춰있을 때 고요히 깊고, 흘러갈 때 드넓으며, 바람 고요하고 풍랑도 잠잠하여 끝도 없이 푸르게 펼쳐진 것, 이것이 바로 물의 변(變)이 아닌 물의 정(正)이다.

선비가 이 세상에 태어난 이상 때를 만나고 만나지 못하고가 없을 수 없는데, 평탄함과 험난함은 바로 여기에 달려 있다. 옛날 군자들은 비록 지극히 험난한 일을 겪는다 하더라도 운명을 편히 여기었기에 두려워하지 않았고, 의로움을 지켰기에 뜻이 꺾이지 않았다. 도(道)를 믿고 행함에 거침이 없어 그 무엇도 능히 막을 수 없는 것이 마치 물이 험난함을 피하지 않는 것과 같았으니, 선비의 명절(名節 명예와 지조)이란 여기에 근본하지 않은 적이 없다.

평일은 젊어서 벼슬길에 올라 당세에 큰일을 하고자 하는 높은 뜻을 품고 있었다. 그러나 일찍이 직언을 했다가 아득히 남쪽 바다 끝으로 귀양 가[143] 교룡과 악어가 출몰하고 파도가 어두컴컴해지는 광경을 보았다. 아마도 몸소 험난함을 겪으면서 필시 물을 관찰하는 방법에서 터득한 바가 있었기에 편안히 흐르는 한 줄기 강물로써 물의 요행을 축하하고, 또 그의 정자에 '안류'라는 이름을 붙인 것이리라.

**143** 아득히……가 : 이형만이 1744년에 정언의 직책을 수행하다가 경상남도 기장현(機張縣)으로 귀양 간 일을 말한다.

# 소헐정기
少歇亭記

마음과 몸이 다 편한 것을 일러 '크게 편안하다〔大佚〕'라고 하고, 마음과 몸이 다 피로한 것을 일러 '크게 피로하다〔大勞〕'라고 한다. 혹 마음은 편안한데 몸이 피로하거나, 혹 몸은 편안한데 마음이 피곤하여 피로함과 편안함이 번갈아 나타난다면, 이를 일러 '조금 피로하다〔少勞〕'라고 해도 괜찮을 것이요 '조금 편안하다〔少佚〕'라고 해도 또한 괜찮을 것이로다.

지금 은퇴하신 봉조하(奉朝賀) 삼산(三山) 이공(李公)[144]은 세 임금을 두루 섬기면서 우뚝 사류(士流)의 모범이 되셨다. 중년 이후로 물러나 시골에 살면서 마치 담담히 종신토록 그곳에서 지내실 것만 같았다. 주상께서 간곡히 부르시기를 그치지 않는 바람에 공은 억지로 일어나 조정에 나아갔으나, 권요직(權要職)은 힘껏 사양하였다. 거처하는 집 북쪽에 정자를 지어놓고 편히 쉬는 곳으로 삼고 '소헐(少歇)'이

**144** 삼산(三山) 이공(李公) : 이병상(李秉尙, 1676~1748)이다. 이조 좌랑·교리·대사간·대사성·이조참의를 지냈다. 경종 1년(1721) 부제학·대사헌·이조 참판 등을 지내며, 노론으로 소론에 맞서다가 신임사화 때 파직되기도 하였다. 영조 1년(1725) 대제학을 역임하고, 1727년 지의금부사로 있을 적에 정미환국으로 파직되었다가 이듬해 한성부 판윤으로 기용되었다. 이 해에 대사헌을 역임하고, 황해감사가 내려졌으나, 탕평책 반대의 소를 올려 파직되었다. 1729년 대사헌이 되고 이어 형조 판서·광주목사(光州牧使)를 역임하였으며, 1742년 공조 판서·판돈녕부사에 이르러 기로소에 들어가 치사하고 봉조하(奉朝賀)를 받았다.

라는 편액을 달았으니, 대개 사상채(謝上蔡)[145]의 말에서 취해온 것이었다.[146]

올 을축년(1745)에 공께서는 일흔 살이 되셨다. 공이 《예기(禮記)》를 인용하면서 관직에서 물러나게 해달라고 청하자[147] 주상께서 이를 윤허하시었다. 대저 상채의 말은 선비가 명리(名利 명예와 이익)의 길을 다닐 적에 명리로 인해 마음에 누를 끼쳐서는 안 된다는 것을 논했을 뿐이다. 세도가 쇠락한 이래로 오늘날의 사대부들은 얻을 걱정, 잃을 걱정에 평생 바삐 내달리면서 밖으로는 형신(形身)을 피로케 하고 안

**145** 사상채(謝上蔡) : 사양좌(謝良佐, 1050~1103). 중국 북송의 학자이다. 채주(蔡州) 상채(上蔡) 출신이어서 '상채'라고 불리기도 하였다. 자는 현도(顯道)고, 시호는 문숙(文肅)이다. 이정(二程)의 문하에서 배웠다. 유초(游酢), 여대림(呂大臨), 양시(楊時)와 함께 '정문 사선생(程門四先生)'으로 일컬어졌다. 상채학파(上蔡學派)의 비조이며 상채 선생(上蔡先生)으로 불렸다. 신종(神宗) 원풍(元豊) 8년(1085) 진사(進士)가 되고, 응성 현령(應城縣令) 등을 지냈다. 휘종(徽宗) 때 서경(西京) 죽림장(竹林場)을 감독하다 말에 연좌되어 투옥된 뒤 평민으로 떨어졌다. 해박하여 옛 역사를 인용할 때는 글자 한 자 틀리지 않았다. 인(仁)을 각(覺), 생의(生意)로, 성(誠)을 실리(實理)로, 경(敬)을 상성성(常惺惺)으로, 궁리(窮理)를 구시(求是)라고 주장했다. 그의 사상은 다분히 선불교(禪佛敎)의 내용을 포함하고 있어 주자로부터 비판을 받았다. 저서에 《상채어록(上蔡語錄)》과 《논어설(論語說)》이 있다.

**146** 대개……것이었다 : 송나라 나대경(羅大經)이 편한 《학림옥로(鶴林玉露)》 갑편(甲編) 권2에 나오는 사양좌의 말을 인용한 것이 나온다. "상채선생이 말하기를, 명리(名利)의 관문을 통과해야만 비로소 조금 쉴 수 있는 곳이니, 오늘날의 사대부들이야 어찌 말할 것이 있겠는가. 말만 잘하는 것이 참으로 앵무새와 같다고 하였다.〔上蔡先生云, 透得名利關, 方是小歇處, 今之士大夫, 何足道? 能言, 眞如鸚鵡也.〕"

**147** 《예기(禮記)》를……청하자 : 《예기》〈곡례(曲禮)〉 상편에 "대부는 일흔 살이 되면 관직에서 물러난다. 만약 물러나지 못하게 하려면 반드시 궤장을 하사해야 한다.〔大夫七十而致事. 若不得謝 則必賜之几杖〕"라는 말이 나온다.

으로는 마음을 초조하게 하나니, 온 세상 사람이 다 그렇다. 그러나 공께서는 관직에 있을 때도 화복(禍福)으로 인해 지조를 바꾸지 않으셨고, 영욕(榮辱)으로 인해 참됨〔眞〕을 빠트리지 않으셨으며, 관을 쓰고 옥을 차고 조정 제일 높은 곳에 서 계실 때도 마음만은 늘 언덕과 산골짜기에 두셨다. 공과 같은 분이라면 비록 낭묘(廊廟 조정)에 나아가 큰일에 임하고 큰 논의를 담당했을 때라 하여도 온화하고 여유롭게 처리하면서 조금도 그 마음을 어지럽게 함이 없었는데, 하물며 나아가고 물러나는 사이에 거하시며 조용하고 소박함을 기르고 있는 지금이야 어떠하겠는가. 또한 공은 몸을 받들고 은퇴하였으니,[148] 세상에서 말하는 명리라는 것은 공의 마음에 누를 끼치기에 부족하려니와 공의 형체를 부릴 방도도 없다. 지난번에 '작은 휴식〔少歇〕'이라고 했던 것이 지금은 장차 '큰 휴식〔大歇〕'이 될 것이다. 그렇다면 정자의 이름이 그 실제와 다른 것 아닌가?

비록 그렇다고는 하나 옛날의 군자들은 멀리 강호 가에 물러나 초연히 살더라도 임금을 잊지 않았다. 공은 한 시대의 중망(重望)을 한 몸에 떠맡았고, 높고 현달한 지위에까지 이르셨음에도 꼿꼿이 홀로 서서 세상과 구차히 영합하지 않았기에, 성상께서도 공의 어짊을 아시고서 그 쓰임을 다하지 않으셨다. 그러나 나라의 근심이라면 몸이 물러났다고 해서 감히 마음으로도 잊지 않았다. 오늘날 자리를 차지하고

**148** 몸을……은퇴하였으니 : 원문의 '奉身'은 '봉신이퇴(奉身而退)'의 준말이다. 《춘추좌씨전》〈양공(襄公) 26년〉 기사에 "신하의 녹봉은 임금이 실로 소유하는 것이니, 의로운 일에는 나아가 녹을 받고, 그렇지 않을 경우에는 몸을 받들고 물러나야 한다.(臣之祿, 君實有之, 義則進, 否則奉身而退.)"라고 하였다.

우리 임금의 좌우 양옆에 서서, 오로지 총애를 공고히 하고 자리를 지키는 데만 마음 쓰며 근심해야 할 것을 근심하지 않는 자들과 비교해 봄에 과연 어떠한가? 그런즉 공의 몸은 비록 물러났으나 공의 마음은 아직 다 쉬고 있는 것이 아니다. 지난날에 나아갔다 해도 그 마음은 물러나지 않은 적이 없었으며, 지금 물러난다 해도 그 마음은 나아가지 않은 적이 없다. 그러니 이제 정자를 '소헐'이라 부른다고 해서 안 될 것은 없다.

지금부터 성상께서 흔쾌히 분발하시어 공이 근심하는 바를 근심하시고, 성덕이 더욱 닦여지고 세운이 더욱 융성해져 공으로 하여금 이 정자에서 베게 높이 베고서 근심할 바를 모르게 한다면, 이에 공은 마음도 몸도 모두 쉴 수 있게 되어 '큰 휴식'을 이루게 될 것이니, 어찌 아름답지 않겠는가! 못난 내가 이 글로써 공의 정자에 기문(記文)을 짓고 그때를 기다린다.

## 반환대기
盤桓臺記

당성(唐城)[149] 홍순보(洪純甫)[150]가 전주의 구호(龜湖)[151]에 집터를 잡았는데, 마당에 오랜 소나무가 구불구불 높다랗게 자라 있는 것이 마치 규룡이 사람을 낚아채려는 형상과 흡사했다. 순보는 이를 바라보며 즐거워하다가 그 터에 돌을 쌓아 대(臺)를 만들어놓고는, 날마다 그곳에서 한가로이 노닐면서 푸른 나무 그늘에 들어가 맑은 바람을 쐬며 도연명(陶淵明)의 글 〈귀거래사(歸去來辭)〉를 읊조렸다. 그리고는 글 안에 나오는 글귀를 취해다가 대의 이름을 '반환(盤桓)'이라고 지었다.[152]

'반환'의 뜻은 《주역》 〈둔괘(屯卦)〉의 초구(初九) 효사(爻辭)에 처

**149** 당성(唐城) : 남양은 경기도 화성 지역의 옛 지명으로 당성군(唐城郡), 당은군(唐恩郡이라고도 하였다. 홍계희가 남양 홍씨이기 때문에 이렇게 호칭한 것이다.

**150** 홍순보(洪純甫) : 홍계희(洪啓禧). 1703~1771. 본관은 남양(南陽). 자는 순보(純甫), 호는 담와(澹窩). 형조·병조·호조의 판서 및 예문관 대제학을 역임하였다. 경기도 관찰사로 있으면서 사도세자의 잘못을 고변하여 결국 세자가 죽게 되는 계기를 마련하였다. 판중추부사로서 봉조하(奉朝賀)가 되었다.

**151** 전주의 구호(龜湖) : 전주 봉동 구미리에 구호 서원이 있는 것으로 보아 이 일대를 말하는 듯하다. 홍계희의 고향이 전주이기 때문에 그곳에 머무를 곳을 마련하였다.

**152** 도연명(陶淵明)의……지었다 : 도연명의 〈귀거래사(歸去來辭)〉 가운데 "이윽고 햇볕도 어둠 속으로 들어가고 나면, 한 그루 소나무를 어루만지며 그 주위를 맴돈다.(景翳翳以將入, 撫孤松而盤桓)"라는 구절이 있는데, 여기서 '맴돈다〔盤桓〕' 두 글자를 취한 것이다.

음 나온다.[153] 〈둔〉이라는 괘는 "굳셈과 유순함이 처음 사귀어서 어려움이 생겨나는"[154] 것이며, 또 그 〈상(象)〉은 구름과 우레이다. 그래서 군자가 둔난(屯難 화란)을 당하여 배회하면서 나아가지 못하는 것이니, 대개 그 경륜(經綸)을 시험해보려는 것이다.[155]

선비가 이 세상에 태어나 (때를) 만남〔遇〕과 만나지 못함〔不遇〕이 없을 수 없으니, 때를 만나면 나아가고 만나지 못하면 물러나는 것, 이 두 갈래 길에서 벗어나지 않는다. 나아가도 되는 때인데 나아가지 않는 것을 일러 오만〔傲〕하다고 하고, 물러나도 되는 때인데 물러나지 않는 것을 일러 조급〔躁〕하다고 한다. 조급함과 오만함은 모두 나아가고 물러남에 있어 정도(正道)가 아니다. 나아갔으면 큰일을 하면서 작록(爵祿)을 영화로 여기지 않아야 하고, 물러났으면 지조를 지키며 산림(에 은거함)을 고고하다 여기지 않아야 하나니, 각각 만난 때를 논해야 할 따름이다.

그러나 둔(屯)의 뜻인즉 이것과 차이가 있다. 나아가고자 하여도 감(坎)의 험난함이 위에 있어서 나아갈 수 없고, 물러나고자 하여도 진(震)의 움직임이 아래에 있어서 물러날 수 없어[156] 나감과 머무름

**153** '반환'의……나온다 : 《주역》 〈수뢰둔괘(水雷屯卦)〉의 초구효사(初九爻辭)는 "자리에 머무는 형편이니, 곧은 도리에 거하는 것이 이로우며 제후를 세우는 것이 이롭다.〔.盤桓利居貞. 利建侯〕"이다.

**154** 굳셈과……생겨나는 : 〈둔괘〉의 〈단사(彖辭)〉에서 이르기를, "둔은 굳셈과 유순함이 처음 사귀어서 어려움이 생겨나고, 험한 가운데 움직이는 것이니, 곧아야 크게 통한다.〔彖曰, 屯, 剛柔始交而難生, 動乎險中, 大亨貞〕"라고 하였다.

**155** 대개……것이다 : 〈둔괘〉의 〈상사(象辭)〉에서 이르기를, "구름과 우레가 둔이니, 군자는 이로써 경륜한다.〔雲雷屯, 君子以經綸〕"라고 하였다.

사이에서 배회하고 있으니, 그 만난 때가 지극히 어렵다고 하겠다. 군자가 편안히 거하며 천명을 기다리면서[157] 감히 갑작스럽게 나아가지 못하는 것에서도 또한 그 뜻을 볼 수 있다.

도연명은 산택(山澤)의 고사(高士)[158]였다. 진(晉)나라 황실이 장차 망해가는 것을 보고는 세상을 버리고 영영 떠나버린 후, 한 그루 소나무를 어루만지며 그저 오만한 마음을 기탁하였다.[159] 내가 그의 시를 읽어보니 담박하고 맑은 것이, 마치 당시 세상에 아무 뜻도 없는 듯 보였으나, 가끔 천운(天運)을 가슴 아파하고 사람의 궁박함을 슬퍼하면서 갑작스레 서글픔을 풀지 못하기도 하였다. 그런즉 도연명이 배회했던 까닭이 반드시 둔(屯)의 시의(時義)에서 나온 것은 아닐지라도, 또한 어찌 과연 세상을 다 잊고자 한 것이었겠는가? 그저 시대 때문에 그렇게 하였을 뿐이다.

순보로 말하자면 글을 읽어 옛것을 좋아하고, 경제(經濟)의 학문을

**156** 나아가고자……없어 : 〈둔괘〉의 구성을 보면 외괘는 물을 뜻하는 감괘(坎卦 ☵)이고, 내괘는 우레를 뜻하는 진괘(震卦 ☳)로 되어 있다. 〈감괘〉는 함정에 빠지는 험난함을 뜻하며, 〈진괘〉는 우레를 상징하므로 만물이 싹트고 움직임을 뜻한다.

**157** 군자가……기다리면서 : 《중용(中庸)》 제14장에 "군자는 편안히 거하며 천명을 기다리고, 소인은 험함을 행하면서 요행을 구한다."라는 내용이 보인다.

**158** 고사(高士) : 고결한 인격을 지닌 선비. 주로 벼슬을 버리고 자연에 은거하던 사람들을 가리키는 용어로 사용된다.

**159** 오만한……기탁하였다 : 도연명의 〈귀거래사〉에 "남창에 기대어 오연(傲然)히 즐거워하니, 무릎이나 들어갈 작은 집이 편안하기 쉬움을 알겠노라.〔倚南窓以寄傲 審容膝之易安〕"라는 구절이 있다. 따라서 여기의 '오만함'이란 부정적인 의미의 오만함이 아니라 세상과 등지고 속세를 우습게 여기는 고고한 기질 내지는 기상을 뜻한다고 보아야 한다.

깊이 연구한 사람이다. 장원급제로 발탁되어 일찌감치 높은 관직에 올랐고, 장차 나아가 처할 세상이 도연명의 시대와는 그 만난 것 자체가 달랐다. 하지만 시론(時論)에 구차히 영합하려 하지 않아 험난한 지경에 빠졌기에, 스스로 시골에 칩거하면서 그 학문을 더욱 강구함으로써 때를 기다리고 있다.

내가 오늘날 사대부들을 몰래 보았더니, 밤낮으로 뛰어다니면서 그치지 않고 나아가기를 구한다. 옳음과 그릇됨〔是非〕 사이에서 배회하지만 시비는 어지러워지고, 어짊과 삿됨〔賢邪〕 사이에서 배회하지만 현사는 더욱 뒤섞인다. 화복(禍福)의 문에서 관망하고, 이해(利害)의 길에서 응대하며, 세도를 탓하고 신명(身名 몸과 명예를 아울러 이르는 말)을 잃어버리는 자들에게 있어 그 어디를 가건 배회하는 땅이 아닌 곳이 없으리니, 그들의 배회는 순보의 배회와 다르다. 순보가 곧음에 거하겠다는 뜻을 품고서도 여전히 이 세상을 잊지 못하여 도연명의 〈귀거래사〉에서 글자를 따와 짐짓 대(臺)의 이름으로 붙인 것을 보니, 그가 간직한 바가 심원하구나! 성명하신 주상께서 위에 계시기에, 나는 순보가 나아가 이 세상에서 크게 형통할 날이 곧 올 것임을 잘 안다.

나의 벗 홍양지(洪養之)[160]가 이미 대에 명문(銘文)을 지었는데, 순보가 이에 관련된 글을 내게 부탁해오기에 그 뜻을 미루어 기문(記文)으로 삼는다.

**160** 홍양지(洪養之) : 홍재(洪梓, 1707~1781). 본관은 남양(南陽). 자는 양지(養之). 대사간, 승지를 역임하고, 1769년 동지부사(冬至副使)로 청나라에 다녀왔다. 1775년 한성부좌윤이 되고 이듬해 대사헌을 지냈다. 문필에 능하여 북청의 〈이지란신도비(李之蘭神道碑)〉와 경주의 〈삼강묘비(三綱廟碑)〉를 지었다.

# 영소당 중수기
靈昭堂重修記

기린역(麒麟驛)[161]에 당(堂)이 있는데, 그 이름이 '영소(靈昭)'이다. 옛날 우리 효묘(孝廟 효종)께서 서쪽으로 행차하셨을 때, 일찍이 이곳에서 하룻밤 묵은 적이 있었다. 역이 나라의 서쪽 변두리에 있어 도성과 수백 리나 떨어져 있는데도 성조(聖祖 효종)의 수레가 이곳을 지나갔으니, 시대의 불행이 도리어 이 당에는 행운이 되었구나!

이 역의 호칭이 무엇을 의미하는지는 알 수 없으나 당의 이름으로 취해온 글자는 한자(韓子 韓愈)의 〈획린해(獲麟解)〉로부터이다.[162] 기린은 왕자(王者)의 상서로운 조짐이다.[163] 공자께서 지위를 얻지 못하

**161** 기린역(麒麟驛) : 황해도 평산에 있던 역의 이름이다. 청나라에 인질로 끌려가던 효종(당시에는 鳳林大君)이 심양(瀋陽)으로 갈 때 머물렀던 곳이다.

**162** 한자(韓子)의 〈획린해(獲麟解)〉로부터이다 : 당나라 문인 한유(韓愈)가 지은 〈획린해((獲麟解)〉라는 문장은 "기린이 영물인 것은 분명하다.〔麟之爲靈昭昭〕"라는 말로 시작된다. '영소당(靈昭堂)'의 '영소' 두 글자를 바로 이 구절에서 따왔음을 말한 것이다.

**163** 기린은……조짐이다 : 기린은 중국 고대의 상상의 동물로 용·거북·봉황과 함께 사령(四靈)으로 불린다. 《설문해자(說文解字)》에서는 "기린은 인수(仁獸)이다."라고 하였으며, 《춘추》 〈애공(哀公) 14년 조(條)〉에 나오는 "서쪽 들로 사냥을 나가서…… 기린을 잡았다."라는 기사에 대해 《춘추공양전》에서는 "기린은 인수이다. 왕자(王者)가 있으면 나타나고 왕자가 없으면 나타나지 않는다."라고 설명하고 있다. 한유의 〈획린해〉에서는 왕자를 성인과 연결지어 설명했다. "기린이 나타날 때에는 반드시 성인이 제위에 있으니, 기린은 성인을 위해 나타나는 것이다. 성인이라면 반드시 기린을 알아보나니, 기린이란 과연 상서롭지 못한 동물이 아니다. 또 말하건대 기린이 기린인 까닭

였는데도 그때 기린이 나타난 것은 《춘추(春秋)》가 한 왕의 다스림을 대신하였기 때문이다.

성조(聖祖)께서 큰 뜻을 분발하시어 밤낮으로 강구해 밝힌 것은 오로지 한 부(部)의 《춘추》뿐이다. 부자께서 공언(空言)으로 펼치신 바를 실제 사업에 가져다 놓았으므로[164] 비록 하늘이 순조로움을 돕지 않아 성대한 업적을 이루지 못했다 하더라도 족히 하늘과 땅을 세우고 해와 달을 밝힐 수 있었으니, 기린이 정말로 영험한 동물이라면 반드시 그때 나타났어야 했는데 그런 소리를 들어보지 못하였다. 기린이 혹 영험하지 못한 것인가?

그러나 역의 이름을 기어이 이 '기린'으로 삼은 것이 혹 성조의 세상에 기대하는 것이 있어서가 아닐지 또 어찌 알겠는가? 세상의 임금들은 밖으로 태평성세를 윤식함에 사방의 진귀한 새들과 기이한 짐승들이 줄지어 진상되는데, 이런 것들이 상서로움이 되지 않고 재앙이 되는 경우가 더 많았다. 그것을 이 당에 아름다운 이름을 걸어서 성조의 상서로 삼은 것에 비교해본다면 과연 어느 것이 더 나은가?

은 덕이 있어서이지 생김새 때문이 아니다. 만약 기린이 나옴에 있어서 성인을 기다리지 않는다면 그것을 상서롭지 못하다고 해도 또한 마땅하지 않겠는가!〔麟之出, 必有聖人, 在乎位, 麟爲聖人出也. 聖人者, 必知麟, 麟之果不爲不祥也. 又曰: 麟之所以爲麟者, 以德, 不以形. 若麟之出, 不待聖人, 則謂之不祥也, 亦宜哉.〕"

**164** 부자께서……놓았으므로 : 《사기(史記)》 권130, 〈태사공자서(太史公自序)〉에 다음과 같은 말이 나온다. "공자께서도 말씀하셨다. '내가 실제적이지 않은 말로 기록하려고 했으나, 차라리 행해진 사실을 깊고 간절하게 살펴 밝게 드러내 보이는 것만 못하다.〔子曰: '我欲載之空言, 不如見之于行事之深切著明也.'〕" 따라서 공자가 《춘추》를 지은 것은 단지 공언(空言)에 펼친 것이 아니라 분명히 드러나는 실제 사건들을 통해 대의를 드러냈다고 보아야 한다.

도가 더럽혀진 이래로 세상에는 《춘추》를 읽는 사람이 없어진 지 오래이나 오직 이 당만은 여전히 남아서 옛날 이름을 전하고 있다. 후세의 군자가 이 당에 올라 아래를 내려다보고 성조의 유적을 더듬어 본다면, 고개를 들었다 숙였다 하며 크게 탄식하지 않을 수 있겠는가!

나는 외람되이 서도(西道 황해도) 관찰사 직을 맡게 되었다. 독우(督郵)[165]인 이익원(李翼元) 군이 직무 때문에 나를 찾아왔다가 이 당에 이야기가 미치자 이렇게 말했다.

"당이 오래되어 허물어졌기에 지금 막 새로 고치려고 시도하는 중에 있으나, 아직 완성하지 못하였습니다."

얼마 후 이군은 체직되어 돌아갔고, 지금 독우인 이현조(李顯祚) 군이 당을 완성하였다. 관우(舘宇 건물)를 수리하는 것은 본디 그의 직분이지만, 이번 역사(役事)를 두 사람이 각별히 중요시했음을 나는 잘 알고 있다. 이 군이 내게 기문(記文)을 부탁해 오기에, 이를 위해 기꺼이 기문을 짓는다.

**165** 독우(督郵) : 태수의 속관. 해당 군에 소속된 현(縣)을 감독 시찰하고 관리의 업적을 심사하며 지방의 간교한 권세가들을 관리 또는 제어하는 책임을 졌다.

## 공해대기
控海臺記

해주(海州)라는 고을은 수륙(水陸)이 교차하는 곳에 위치해 있다. 해안에 있어서는 최고의 요충지여서, 순풍을 만나면 서쪽에 있는 등래(登萊)[166]에서부터 며칠 밤 만에 배로 도착할 수 있고, 동쪽으로 심도(沁都 강화도의 옛 이름)에 닿는 것도 순식간이다. 어느 날 사건이 생겼을 시 이 고을이 지켜내지 못하면 열군(列郡)도 따라서 붕괴되고 도성 방어막도 사라진다. 그러니 관찰사(觀察使)가 해주에 진영을 설치하여[167] 한 지방을 통어하는 것이 어찌 괜한 일이겠는가?

해주성 북쪽에 곡성(曲城)이 있는데, 양쪽에 기다란 성이 있고 곡성이 그 가운데를 차지하고 있으되 높이는 더 높다.[168] 여기에 올라 도읍을 내려다보면 한 면이 모두 바다이다. 고로(故老)들은 간혹 (곡성을) 장대(將臺)라고 부르기도 하니, 아마도 조망하기에 편리하기 때문일

**166** 등래(登萊) : 등주(登州)와 내주(萊州)의 합칭으로, 중국 산동성(山東省) 일대를 말한다.

**167** 관찰사(觀察使)가……설치하여 : 해주에는 황해도 관찰사(黃海道觀察使)가 파견되어 있었으며, 황해도 병마절도사(兵馬節度使) 및 해주목사(海州牧使) 등을 겸하고 있었다.

**168** 해주성……높다 : 해주 읍성은 황해도의 최고 정치중심지에 걸맞게 둘레 10,197척(尺 약 3,059m)에 달하는 대형의 석축(石築) 성곽이었다. 《해서지도》를 찾아보면 성곽이 마치 직사각형의 모양으로 그려져 있지만, 실제로는 그렇지 않았다. 성곽 위쪽의 가운데 부분에 곡성(曲城)이라고 표시된 부분이 보이는데, 성곽이 주로 곡선의 형태를 띠고 있어서이다. 나머지 부분은 주로 직선이 교차되는 형태를 취하고 있다.

것이다. 그러나 대가 너무 오래되어 허물어졌고, 쓸모없이 길고 좁기만 하여서 군대를 배열하거나 호령을 내릴 방도가 없다. 나는 이곳 관찰사로 온 이듬해에 해주성을 개축하고, 다시 곡성도 수리하여 확장시켜 너비를 넓혔는데, 길이를 백 이십 보(步), 넓이를 열다섯 보, 높이를 삼십 척(尺)으로 하였다. 그 위에 대를 짓고 이름을 '공해(控海)'라고 지었다.

성이 완성되고 난 뒤 나는 빈객들과 함께 대에 올라 주위를 둘러보았다. 한 객이 말했다.

"아름답군요. 성이 견고하고도 높은 것이. 바다 서쪽에서 만일 경보(警報)가 울린다 해도 우뚝 의지할 만하겠습니다. 그러나 성이 있으되 지키지 않는다면 성이 없는 것이나 마찬가지일 테지요. 공께서 능히 성을 쌓기는 하셨으나 반드시 지켜낼 수 있다고 또 능히 보장할 수 있겠습니까?"

내가 말했다.

"지키고도 남음이 있습니다. 한 도(道)의 병갑(兵甲 병사와 무기)은 절도사에 의해 총괄되므로, 관찰사인즉 빈 자리입니다. 그러나 거느리고 있는 군오(軍伍)로 성 하나를 지키기에는 충분합니다. 게다가 수성(守城)을 논하려면 반드시 인화(人和)를 우선시해야 합니다.[169]

**169** 수성(守城)을…… 합니다 : 《맹자》 〈공손추하(公孫丑下)〉에 보이는 내용이다. "하늘이 준 때는 지리상의 이로움만 못하고, 지리상의 이로움은 사람의 화합만 못하다. 3리 되는 성(城)과 7리의 곽(郭)을 에워싸고 공격하나 이기지 못할 때가 있다. 에워싸고 공격할 때는 분명 천시를 얻었겠지만, 그런데도 이기지 못하는 것은 천시가 지리의 이로움만 못해서이다. 성이 높지 않은 것도 아니고 못이 깊지 않은 것도 아니며, 병기와 갑옷이 굳고 날카롭지 않은 것도 아니고 식량이 많지 않은 것도 아닌데도 내버리고 떠나게 되는 것은 지리의 이로움이 인화만 못해서이다."

이 성을 쌓을 적에 주현(州縣)의 백성들은 명령이 떨어지면 곧장 달려왔고, 수고로이 일하면서도 감히 원망하지 않았습니다. 그러나 이런 자들은 (역사(役事)를 위해) 수고롭게 만들 수 있어도 목숨을 내놓게 만들 수는 없습니다. 성안의 수천 호(戶)로 말하자면 그들의 노역은 갑절이었는데, 추위와 더위를 무릅쓰고 또 비바람도 맞아가며 해를 넘기도록 뛰어다녔으나 감히 원망하지 않았을 뿐만 아니라, 그 수고로움조차 거의 잊었습니다. 다 같은 백성인데 그 마음이 다른 것은 무엇 때문이겠습니까? 성안 사람들은 그들의 부모와 처자식이 다 성안에 살고 있으니, 성이란 곧 그 부모를 지키고 처자식을 보호하는 방패인 셈, 그 누구인들 힘을 다해가며 기꺼이 일하지 않겠습니까? 이러한 마음으로 성을 지킨다면, 모두가 죽기를 각오하고 나선 용감한 군사일 터, 지키지 못할까 걱정할 일이 어디 있겠습니까?

그러나 옛사람들이 능히 백성으로 하여금 (평소에) 윗사람을 친애하고, 위난(危難)한 때를 당했을 적에 어른을 위해 죽으며 떠나지 않게 하였던 것에는[170] 분명히 방도가 있었을 터, 한갓 백성만 믿어서는 안 될 것입니다. 하지만 이는 위에 있는 사람에게 달려 있을 것이니, 내가 어찌 반드시 그렇게 되리라고 보증할 수 있겠습니까? 훗날 나의 뒤를 이어 이 대에 임할 사람이 스스로 면려해야 할 바가 무엇인지 아마도 알 수 있겠지요."

객에게 답을 해준 후 그 이야기를 모아 대의 기문(記文)으로 삼는다.

**170** 백성으로……것에는 : 원문의 '친상사장(親上死長)'이란 말은 《맹자》 〈양혜왕하(梁惠王下)〉에 보인다. "임금께서 어진 정치를 행하기만 한다면 이 백성들이 그 윗사람을 친근하게 여겨 어른을 위해서 자신의 목숨을 기꺼이 바칠 것이다.(君行仁政, 斯民親其上, 死其長矣.)"

# 노기루기

老寄樓記

동호(東湖)[171]의 승경 중에서도 가장 으뜸으로 일컬어지는 곳은 광진(廣津)이다. 사대부들 중 호사가들 대부분이 정자를 지어 놓아서, 강기슭을 따라 바라보면 날개 같은 처마가 서로 이어져 있다. 동쪽으로 꺾어 몇 개 언덕을 넘어가면 달리 골짜기 하나가 나오는데, 거기에 이른바 강천정(江泉亭)이라는 정자가 있으니, 광주 유수(廣州留守) 홍순보(洪純甫)[172] 씨의 별장으로 강호(江湖)와 천석(泉石 샘물과 돌이 어우러진 자연의 경치)의 승경을 겸하고 있다 하여 그런 이름이 붙었다. 샘물의 근원은 아차산에서부터 흘러나오는데, 다섯 계곡물이 합쳐져 이 골짜기를 경유하여 수백 보 더 흘러간 다음 한강으로 들어간다. 그러나 밖에서 바라보면 강안(江岸)이 숲을 끌어안고 합쳐져 있어서 거기 샘물이 있는지 알 수 없고, 이 골짜기로 들어서야만 비로소 만날 수 있다.

공은 작은 누각을 지어놓고 그 위에 올라 회옹(晦翁 朱熹)의 시(詩)에 나오는 글귀를 따다가 '노기(老寄)'라는 편액을 달았다.[173] 그리고는

**171** 동호(東湖) : 한강 가운데 뚝섬에서 옥수동에 이르는 곳을 일컫는데, 두뭇개라고도 하였다. 서울 지역 한강의 동쪽에 위치하여 한강과 중랑천이 만나 수역이 넓고 잔잔한 데서 붙여진 이름이다.

**172** 홍순보(洪純甫) : 홍계희(洪啓禧, 1703~1771). 116쪽 주150 참조.

**173** 회옹(晦翁)의……달았다 : 주희(朱熹)가 지은 〈인유서암 시에 화답하다〔和人游西巖〕〉 시에 "평생 품은 장한 뜻 드넓어 끝이 없더니, 난세를 만난 늘그막에 한천에

나에게 기문(記文)을 지어달라 부탁해왔다.

공이 이 골짜기에 터를 잡았을 때, 이곳을 탓하는 자가 말했다.

"물기슭이 기울어져 있고 계곡이 좁으며, 돌이 어지럽고 물길이 막혀 있습니다. 터서 길을 뚫는다고 하여도 괜히 수고스럽기만 할 뿐이니, 공께서는 그만두시지요."

공은 웃으며 대답하지 않았다.

처음 건축하기 시작하고 한 해가 채 되지도 않아서 험한 곳을 평평히 베어내고 막힌 곳에 물길을 내주니, 접때 기울어졌을 곳이 바르게 되고, 가려졌던 곳이 탁 트였다. 샘물도 잔잔히 굽이져 돌면서 (높은 곳에) 걸리면 폭포가 되고, 막히어 괴면 소〔潭〕가 되어 각각 자태를 선사하였다. 울퉁불퉁한 돌들은 모습이 더욱 기이하고 빛깔이 더욱 정갈했다. 골짜기의 승경이 환히 남다른 모습으로 탈바꿈하자 유람객들이 펄 듯이 놀라워하고 유유자적 즐거워하면서, 모두가 공이 혹자의 말에도 능히 뜻을 꺾지 않은 것에 탄복하였으며, 또 골짜기가 제대로 된 주인을 만난 것을 축하해주었다.

이로 인해 나는 몰래 공에게 기대하는 바가 생겼다. 공은 젊었을 적부터 학업에 힘쓰고 옛것을 널리 배우면서 개연히 당세에 뜻을 펼치고자 하는 포부를 지녔다. 늘 말하기를, "일에 하지 못할 것이란 없다. 그저 하지 않아 걱정일 뿐이다."라고 하였다. 나아가 조정에 쓰이게 되었을 때는 폐단을 개혁하고 백성을 구제하는 것을 자신의 책임으로

기탁해있네. 한가로워지면 가슴 풀어헤치고 맑은 물을 희롱하고, 고요해지면 눈을 감고 영롱한 소리 듣는다.〔平生壯志浩無窮, 老寄寒泉亂世中. 閑去披襟弄淸泚, 靜來合眼聽玲瓏〕"라는 구절이 있다. 바로 두 번째 구의 첫 두 글자가 '노기'임을 알 수 있다.

여겼다. 공을 비방하는 자들이 사방에서 일어나 하마터면 조정에 용납되지 못할 뻔하였는데도 공은 여전히 평온한 채 동요되지 않았다. 내가 매번 공과 더불어 일에 관해 논의할 때마다 간혹 구차히 영합할 수 없는 부분도 있었지만, 부딪히지도 않고 꺾이지도 않으면서 반드시 그 배운 바를 행하는 모습에 대해서는 탄복하지 않은 적이 없다.

그러나 일이란 큰일 작은 일 할 것 없이 오직 그 끝을 보아야 할 따름이다. 저 보잘것없는 언덕 하나 골짜기 하나라도 그것을 경영할 때는 속된 선비와 더불어 그 시작을 도모할 수 없나니, 하물며 천하의 일이야 어떠하겠는가? 저들이 시끄럽게 떠드는 것도 이상하지 않다. 만약 공이 사물에게 공리(功利)를 베푼 것이 오래될수록 더욱 드러나, 과연 이 골짜기처럼 성공리에 끝맺음을 할 수 있게 된다면, 나는 장차 나라를 위해 축하할 것이다. 비단 나만 축하하는 것이 아니라 세상에서 공을 비방했던 사람들까지도 모두 공을 숭배할 것이다. 그러한 연후에 공이 은퇴하여 이 누각에 깃들어 살면서, 각건(角巾)[174]에 명아주 지팡이를 짚고 노년을 즐긴다면, 이 골짜기는 이에 정말로 공을 제대로 만난 게 되는 셈이다. 일단 이를 기문(記文)으로 지어 놓았다가 그때를 기다릴 따름이다.

**174** 각건(角巾) : 각이 진 두건. 은자(隱者)나 포의(布衣)가 쓰는 두건이다. 《후한서(後漢書)》 권68, 〈곽태열전(郭泰列傳)〉에 보면, 후한(後漢) 때 고사(高士)인 곽태(郭泰)의 모자가 비에 흠씬 젖어서 한쪽 차양이 꺾였는데, 사람들이 그 모습을 멋지게 생각하여 일부러 한쪽 차양을 꺾어서 쓴 뒤, 곽태의 자(字)를 붙여 '임종건(林宗巾)'이라고 불렀다는 고사가 있다.

# 강서향교 이건비기
江西鄕校移建碑記

나라의 문치(文治)의 교화(敎化)는 호령(湖嶺 충청도와 경상도)이 가장 성대해서, 세상 사람들은 그곳을 추로지향(鄒魯之鄕)[175]이라고 부르며, 중세의 사대부들 중 문학(文學)으로 세상에 쓰인 자가 줄지어 배출되었다. 반면 관서(關西)[176]는 땅이 요동 변새와 인접해있어서 그곳 풍속인즉 굳센 활을 잡아당기고 성난 말을 질주하는 것을 좋아하며, 무예와 강건함으로 자부한다. 하지만 나라가 태평성세에 접어든 이래로 백여 년이 흐르면서 조금씩 유학(儒學)으로 나아가고 문사(文詞)를 닦아 도성에서 이름을 날린 자가 이루 말로 다 할 수 없이 많아졌다.

만물의 이치는 막힘이 있으면 통함도 있는 법, 서쪽 땅에서의 인재 육성은 지금 예전과 비해 판연히 달라졌다. 공자께서 말씀하시기를, "노(魯)나라가 한번 변하면 도에 이를 수 있고, 제(齊)나라가 한번 변하면 노나라에 이를 수 있다."[177]고 하였다. 제나라는 환공(桓公) 때부터 백성들의 풍속이 날로 공리(功利)를 추구하는 데로 나아갔는데,

**175** 추로지향(鄒魯之鄕) : 추(鄒)는 맹자의 고향이고, 노(魯)는 공자의 고향이다. 즉 유향(儒鄕)을 상징한다.

**176** 관서(關西) : 마천령 서쪽 지방인 평안남북도와 황해도 북부 지역을 이르는 말이다.

**177** 노(魯)나라가……있다 : 《논어》〈옹야(雍也)〉에 나오는 말인데, 《논어》 원문에는 "제나라가 한번 변하면 노나라에 이를 수 있고, 노나라가 한번 변하면 선왕의 도에 이를 수 있다.〔齊一變, 至於魯, 魯一變, 至於道〕"로 여기와 순서가 바뀌어 있다.

공자께서 정치를 하심에 풍속이 변하여 선왕의 도에 이르렀으니, 노나라와 비교해 그저 느리고 빠르고의 차이만 있었을 뿐이었다.[178] 그런즉 관서를 호령에 비교해보면 곧 제나라와 노나라 사이와 같을 터, 오직 가르치고 이끄는 것을 어떻게 하느냐에 달려 있을 따름이다.

강서현(江西縣)은 관서의 도회지 사이에 있는데, 현의 향교(鄕校)는 (부지로) 적합하지 않은 곳에 터를 잡고 있어서, 산이 가파르고 시냇물이 잠식해 들어와 건물이 기울고 부패했다. 옛날 숙묘(肅廟 숙종) 때에 현령 조정신(趙正紳)[179]이 처음으로 옮겨 세울 것을 건의한 바 있는데, 천보의 종숙(從叔)이신 이숭신(李崇臣)[180]이 이곳 현령으로 왔을 때 도신(道臣)[181]에게 아뢰어 조정에 청을 넣었더니 이에 명령이

178 제나라는……뿐이었다 : 《논어》 〈옹야〉의 이 구절에 대해 정이천(程伊川)이 말하길, "공자 당시에 제(齊)나라는 강하고, 노(魯)나라는 약했으니, 누군들 제(齊)나라가 노(魯)나라보다 낫다고 생각하지 않겠는가? 그러나 노나라는 아직도 주공(周公)의 법제(法制)가 남아 있었고, 제나라는 환공(桓公)의 패도(霸道)로 말미암아 간략함을 따르고 공(功)을 숭상하는 정치를 하여 태공(太公)의 유법(遺法)이 모두 변해버렸다. 그러므로 크게 한 번 변하여야 노(魯)나라에 이를 수 있고, 노나라는 폐지되고 실추된 것만 거행하면 되니, 한 번 변하면 선왕의 도에 이를 수 있는 것이다."라고 했다.

179 조정신(趙正紳, 1660-?) : 본관은 임천(林川)이고 자는 수지(垂之)이다. 아버지는 조창기(趙昌期)이다. 졸수재(拙修齋) 조성기(趙聖期)의 조카이기도 하다. 일찍이 강서 현령을 지낸 바 있다.

180 이숭신(李崇臣) : 괴산 군수(槐山郡守)를 지낸 바 있는 인물이다. 이천보의 증조부인 〈이일상 신도비(李一相神道碑)〉(박세채(朴世采) 지음)를 보면, "성조는 4남 3녀를 두었은데, 아들은 우신(雨臣), 주신(舟臣), 여신(礪臣), 매신(梅臣)이다. 해조는 2남 1녀를 두었는데, 아들은 징신(徵臣), 숭신(崇臣)이다."라는 내용이 보인다. 따라서 이 숭신은 작은할아버지의 아들, 즉 숙부임을 알 수 있다.

181 도신(道臣) : 조선 시대 때 각 도의 으뜸 벼슬이었던 '관찰사'를 달리 이르는 말이다.

내려왔다. 후에 현령 김치일(金致一)[182]이 이어 부임해왔는데, 부임한 이튿날 향교에 참배하고, 물러나 제생(諸生)들과 더불어 모의하면서 "이것은 나의 책임이다."라고 말하고는 치소(治所)의 북쪽에 있는 왕등원(王登原)에 터를 잡았다. 나 천보가 일찍이 《현지(縣誌)》를 살펴본 적이 있는데, 임진왜란 당시에 선묘(宣廟 선조)께서 이 현에 머물면서 이 언덕[原]에 올라 주변 산천을 돌려보셨다고 하였다. 언덕의 이름은 대개 이로 인해 지어졌을 것이다.

제생들이 함께 분주히 일에 참여하였는데, 금상 재위 16년 경신년(1740) 2월에 공사를 시작하여 다섯 달 만에 완성을 고하였다. 전우(殿宇)가 높고 장엄하며, 문이 넓고 탁 트였다. 규모며 위치며 무엇 하나 갖추어지지 않은 것이 없었다. 현령이 경건하게 기도를 올린 후 선성(先聖)과 선현(先賢)의 위판(位版)을 옮겨 받들고, 제생들을 인솔하여 제사를 올렸다.

공손히 생각해보건대 우리 성조(聖祖)께서 크게 펼치신 유화(儒化)가 아득히 멀리까지 이르지 않은 곳이 없으니, 한 때 천보(天步 임금의 걸음)가 임했던 것이 혹 오늘을 기다렸던 것인가? 또 제생들이 거문고 타고 시를 외는[183] 장소로 삼으니, 한 경내의 문운(文運)의 시작이 여기서 그 조짐을 보이는 것인가?

**182** 김치일(金致一) : 남행으로 관직에 나아갔다. 청주목사 재임시에 보역청(補役廳)과 해원청(解寃廳)을 신설하여 군민(軍民)·승도(僧徒)의 폐를 제거하였다. 현재 충청북도 청원군 남이면 구암리 가재울에 영세불망비가 있다.

**183** 거문고……외는 : 원문의 '絃誦'은 금슬(琴瑟)을 탄주(彈奏)하면서 낭송하는 것으로 학업의 일종이다. 《예기(禮記)》 〈문왕세자(文王世子)〉에 "봄에는 시를 외고 여름에는 거문고를 탄다."는 구절이 보인다.

아아! 관서는 무(武)를 쓰던 땅이어서 나라에서 의지하며 중요하게 생각하던 것은 오로지 성곽과 못의 견고함과 칼날의 날카로움 뿐이었다. 그러니 학교 짓는 공사는 급선무가 아니지 않았겠는가? 하지만 학교란 왕정(王政)의 근본이다. 부드럽게 권면하여 풍속을 교화하고, 가르치고 깨우쳐 인재를 양성함으로써 이 백성들로 하여금 자신의 몸을 닦고 집안에서 펼치게 함은 물론, 더 나아가 조정에 서서 배운 바를 행하게 한다면, 불행히 일이 생겼을 시에도 나라를 위해 절조와 의리를 떨칠 것이니, 왕의 나라를 지키고 적을 막아냄에 있어 그 공(功)이 구구한 무비(武備)에 비해 누가 더 많은가? 만약 근본을 알지 못하고서 묘우(廟宇) 짓는 것을 급선무로 삼는다면, 이는 그저 말단일 뿐이다. 그러나 일에는 본디 말단으로 나아가 근본을 구해야 하는 것도 있는 법, 현령이 학교가 허물어진 것을 보고도 물러선 채 수리하지 않으면서 "나는 근본에만 뜻을 둘 뿐이다."라고 말해서야 되겠는가?

현의 유생인 이민하(李敏夏)는 처음부터 끝까지 이 공사를 도왔는데, 돌을 가지고 와서는 천보에게 글을 지어 이번 공사를 기록해달라고 청했다. 현령은 정치를 함에 있어 능히 그 선후를 알았으며 일을 성사시키기 위해 부지런히 뛰어다녔다. 이번 역사를 위해 스스로 10여만 전(錢)을 준비해 민력(民力)을 낭비하지 않았다. 천보는 이 또한 아울러 기록함으로써 현령 뒤를 이어 이 땅을 지키게 될 사람을 면려한다.

# 해주성 개축비[184]기

海州城改築碑記

성상 재위 21년 병인년(1745)에 천보는 외람되이 해서 관찰사(海西觀察使)로 나가게 되었다. 감영(監營)에 도착하고 며칠 동안 해주 옛 성을 두루 살펴보았는데, 형체의 윤곽만 남아있었다. 이에 《주지(州誌)》를 고찰해보았더니 성을 처음 쌓은 것은 고려 공양왕(恭讓王) 3년(1391)의 일이었고, 가정(嘉靖) 34년(1555)인 명종대왕(明宗大王) 10년 을묘년에 중수하고, 만력(萬曆) 19년(1591)인 선조대왕(宣祖大王) 24년 신묘년에 다시 중수하였다. 공양왕으로부터 지금에 이르기까지 채 400년이 되지 않는데, 중수된 것이 두 차례였음에도 성가퀴며 성루 남은 것이라곤 하나도 없다. 논자들이 모두 돌이 너무 작아 튼튼하게 쌓지 못하였다고 탓하기에 막비(幕裨)[185]와 영교(營校 군영의 장교)들을 불러 모아 개축에 대해 상의했다. 혹자가 말했다.

"주의 동쪽과 서쪽에 장수성(長壽城)과 수양성(首陽城)을 두어 불시의 우환을 대비하고 있는데, 주성(州城)은 해서 무엇 합니까?"

혹자가 말했다.

"해주는 바다와 육지가 만나는 곳에 위치해 있고 관찰사(觀察使)가

184 해주성 개축비 : 이 비석은 1748년(영조 24년)에 세워진 것으로서 관찰사 이천보가 글을 짓고 곡산 도호부사(谷山都護府使) 임정(任珽)이 글씨를 썼다.

185 막비(幕裨) : 조선 시대, 감사, 유수, 병사, 수사, 견외 사신을 따라다니며 일을 돕던 무관이다.

다스리고 있어 일로(一路 일도(一道)와 같은 개념)의 근본되는 곳입니다. 근본을 버리고 산성(山城)에만 의지한다면 좋은 계책이 아닙니다. 그러니 성을 쌓지 않을 수 없습니다."

마침내 후자의 말을 따르기로 하고, 조정에 장계를 올리고서 정묘년(1746) 2월 18일 무인일에 공사를 시작했다. 오래된 돌은 버리고 새 돌을 깎아 썼다. 그리고 그해 12월에 완성을 고했다.

성은 주위가 2,600여 보(步)이고, 높이는 지형에 따랐으니, 어떤 곳은 27, 28척이고, 또 어떤 곳은 25, 26척이었다. 여첩(女堞)[186]이 1128보이고, 치성(雉城)[187]이 14개였다. 네 개의 문을 두었으니, 동문이 영양(迎陽), 남문이 순명(順明), 서문이 선위(宣威), 북문이 공극(拱極)이었다. 곡성(曲城)을 쌓아 성의 북쪽과 연결한 후 잘라서 층첩(層堞)을 만들어 성의 안팎을 굽어볼 수 있게 하고, 그 위에다 장대(將臺)를 건립하고 공해대(控海臺)라고 이름하였다.

판관(判官) 서인수(徐仁修), 중군(中軍) 김양정(金養正), 비장(裨將) 이익신(李翼臣) 정승래(鄭承萊)가 일을 나누어 맡았으며 군교(軍校)들은 대부분이 성안에 사는 사람들이라 성 쌓는 일을 마치 자기 집의 담장을 쌓는 것과 같이 여겨 분주히 움직여서 해를 넘기지 않고 일을 끝마쳤다. 천보는 앉아서 일꾼들이 부지런한지 태만한지를 살폈다.

이 성이 또 몇백 년이나 지탱할 수 있을지 알 수 없지만, 후대 사람들

**186** 여첩(女堞) : 몸을 숨겨 적을 공격할 수 있도록 성 위에 낮게 덧쌓은 담을 말한다.

**187** 치성(雉城) : 일정한 거리마다 성곽에서 바깥으로 튀어나오도록 한 구조물로서 성벽 가까이 접근하는 적군을 공격하기 위한 시설물이다.

이 두 산성이 있다 하며 방심하지 않고 성이 훼손되자마자 금방 개수한다면 서로(西路)가 위급할 때 믿을 수 있는 것이 어쩌면 이 성에 달려 있을지도 모르는 일이다. 군교들이 돌을 떠서 기적(記蹟)을 써 줄 것을 청하므로 써서 준다.

# 진암집

## 제7권

제발 題跋
애사 哀辭
논 論
제문 祭文

# 제발 題跋

## 《묵와시권》[1]의 뒤에 제하다

題默窩詩卷後

본관이 해평(海平)인 윤여정(尹汝精)[2]은 세상 사람들이 말로써 낭패에 처하는 것을 병폐로 여겨 스스로 호를 '묵와(默窩)'라고 지었다. 혹자가 나에게 묻기를,

"시(詩)라는 것은 성정(性情)이 발하여 말이 되는 것입니다. 여정이 시 짓는 것을 좋아하여 거의 만사를 폐하고 짓다시피 하니, 무릇 먹고 마시고 잠자고 꿈을 꿀 때 등 어디에서도 시 아님이 없습니다. 어디에서도 시 아님이 없다는 것은 곧 어디에서도 말 아님이 없다는 것입니다. 그러한즉 천하의 말 많은 이가 여정보다 더한 이가 없는데, 이제 '묵(默)'이라 자탁(自托)하니 누가 믿겠습니까."

1 《묵와시권(默窩詩卷)》: 윤치(尹治)의 시를 엮은 시집이다.

2 윤여정(尹汝精): 윤치(尹治, ?~?)를 가리킨다. 조선 후기의 시인으로, 본관은 해평(海平)이며, 자는 여정(汝精), 자호(自號)는 묵와(默窩)·현포(玄圃) 등이다. 거문고를 잘 탔으며, 시를 짓고 논하기를 잘하여 이천보(李天輔)와 시사(詩社)를 결성하여 함께 시를 지었다고 한다. 《현포집》, 《묵와시권》을 저술하였다. 《晉菴集 卷6 玄圃集序》《晉菴集 卷7 題默窩詩卷後》

하였다. 내가 말하기를,

"그대는 깊은 골짜기에 소리가 있다는 말을 듣지 못하였는지요. 그 소리는 스스로 소리를 내지 않고 반드시 사물을 기다려 소리를 냅니다. 그러므로 '소리가 골짜기에서 난다.'라고 말하는 것도 틀리고 '소리가 골짜기에서 나지 않는다.'라고 말하는 것도 또 틀리니, 소리를 내는 데 뜻을 두지 않았는데 소리가 저절로 들리는 것입니다.

옛날의 지인(至人)[3]이 어찌 일찍이 말이 없었겠습니까. 말을 하였으나 말을 하는 데 뜻을 두지 않았습니다. 그렇기 때문에 그 말이 마치 하늘에 오르는 것처럼 높으나 사람들이 감히 그 높음을 의심하지 않았고 마치 땅속에 들어가는 것처럼 깊으나 사람들이 감히 그 깊음을 의심하지 않았으니, 이것이 모두 '묵(默)'의 도(道)로서 여정이 배우고자 하는 바입니다. 여정이 시를 짓는 것을 가만히 보면 경(境)으로 말미암아 정(情)이 생기고 정으로 말미암아 말이 이루어지니, 또한 '시 짓는 데 뜻을 두지 않는다.'라고 말할 따름입니다.

대저 말하는 데 뜻을 두지 않았는데 말이 나오는 것이 천하의 진언(眞言 참된 말)이며, 시 짓는 데 뜻을 두지 않았는데 시가 지어지는 것이 천하의 진시(眞詩 참된 시)입니다. 여정의 말이 이미 '묵'에 해될 것이 없는데 하물며 그의 시는 말해 무엇하겠습니까."

하였다.

여정이 일찍이 나에게 와기(窩記)[4]를 부탁하였는데 아직 지을 겨를

**3** 지인(至人) : 도덕이 지극한 경지에 이른 성인(聖人)을 의미한다.

**4** 와기(窩記) : 윤치(尹治)의 호이자 거처 이름이 '묵와(默窩)'였던 것으로 보이며, 그 집에 부치는 기(記)를 가리키는 것으로 보인다.

이 없었다. 이제 그의 시를 읽고 끝내 침묵할 수가 없어 마침내 그의 시권(詩卷)에 이렇게 쓴다.

# 벼루에 대한 명
硯銘

내 나이 열서너 살 때에 둘째 외삼촌 죽천공(竹泉公)[5]에게 나아가 수학하였다. 공에게는 왜국(倭國)에서 만든 벼루가 있었는데, 아마 오래된 물건이었던 것 같다. 돌의 품질이 지극히 아름다워 내가 자주 손으로 쓰다듬으니 공께서 웃으며 말씀하시기를,

"이것이 욕심나느냐. 내 너의 학문이 진보하기를 기다렸다가 이것으로 상을 주어야겠다."

하셨다. 몇 년 후에 내가 이윤(伊尹)[6]에 대한 찬(贊)을 지으면서 공에게 나아가 질정(質正)하였는데 공께서 기뻐하며 말씀하시기를,

"너의 학문이 진보하였구나."

하고 마침내 벼루를 주셨다. 내가 감히 예사로이 쓸 수가 없어 매번 과거(科擧)에 응시할 때마다 반드시 이것을 가지고 시험장에 들어갔다.

병오년(1726, 영조2)에 주상께서 태학(太學 성균관)에 거둥하여 알

**5** 죽천공(竹泉公) : 김진규(金鎭圭, 1658~1716)를 가리킨다. 조선 후기의 문신으로, 본관은 광산(光山)이며 자는 달보(達甫), 죽천은 그의 호이다. 인경왕후(仁敬王后)의 오빠이며, 송시열(宋時烈)의 문인이다. 1686년(숙종12) 문과에 급제한 후 동부승지·대사성·대제학·공조 판서·좌참찬 등을 역임하였다. 노론으로서 남인 및 소론과 대립하다가 수차에 걸쳐 탄핵 및 유배에 처하여졌다. 1766년(영조42) 영조가 치제(致祭)하였으며, 1773년 문집을 간행할 때 재물을 하사하고 서문을 몸소 지었다. 저서로 《죽천집》이 남아있으며, 시호는 문청(文淸)이다.

**6** 이윤(伊尹) : 중국 은(殷)나라의 대신으로, '이(伊)'는 이름이고 '윤(尹)'은 관직명이다. 탕왕(湯王)에게 등용되어 은나라가 천하를 평정하는 데 공헌하였다.

성(謁聖)하고 선비들에게 시험을 보이셨는데 그때 날씨가 매우 추웠다. 먹물이 얼어 글씨를 쓸 수가 없어 종자(從者)가 벼루를 숯불 위에 올려서 따뜻하게 데웠는데, 나가서 시험 볼 때가 되자 먹물이 이미 칙칙한 것이 윤기가 전혀 없었다. 내가 먹이 좋지 않아서 그러한가 의심하여 다른 먹으로 바꾸어보았으나 역시 그러하였다. 이에 내가 벼루를 쓰다듬으며 슬퍼하면서 "내가 참으로 공을 저버렸구나."라고 하였다.

천하의 물건이 돌보다 견고한 것이 없는데, 그 사용을 제대로 하지 못하였기 때문에 그 본성을 보전할 수 없게 하였다. 하물며 견고하기가 돌보다 못한 것은 어떠하겠는가. 대저 선비에게 있어 득실(得失)이 그 마음을 공격하고 영욕(榮辱)이 그 외면을 유혹하는 정도가 이글이글 타오르는 것이 다만 숯불과 같을 뿐만이 아닌즉, 내가 이 벼루와 같게 되지 않을지 어떻게 보장하겠는가. 그러한즉 내가 공을 저버린 것이 또 크다. 어찌 내 몸에 돌이켜 찾지 않겠는가. 마침내 벼루에 대한 명(銘)을 지어서 나의 감회를 기록한다. 명은 다음과 같다.

줄 만한 사람이 아닌 이에게 주었으니 공은 사리에 밝은 사람을 미처 알지 못하였나. 물성(物性)을 어겨 대우하였으니 그대는 친구를 잘못 택한다는 말을 듣지 못하였나. 내 장차 그대와 함께 물러나 자취를 감추어 길이 나의 태현(太玄)을 지키리니[7] 이에 나의 허물을 보완하기

**7** 나의 태현(太玄)을 지키리니 : 중국 전한(前漢) 말기의 학자이자 문인인 양웅(揚雄)의 〈해조(解嘲)〉에 나오는 말이다. 양웅이 세상에 나아갈 뜻을 접고 조용히 들어앉아 《태현경(太玄經)》을 저술하고 있었는데, 혹자가 그에게 도가 아직 깊지 못해서 곤궁

를 바라노라.

한 게 아니냐고 조롱하였다. 이에 양웅이 이 글을 지어 해명하면서, "오직 적막함만이 덕을 지키는 집이다.……나는 묵묵히 홀로 나의 태현을 지킬 뿐이다.〔惟寂惟寞, 守德之宅.……默然獨守吾太玄.〕"라고 하였다.《漢書 卷87 揚雄傳》'현(玄)'은 우주의 오묘한 본체요, '태(太)'는 그 공덕(功德)이 큼을 형용한 말이다. 여기서는 양웅의 고사를 차용하여, 양웅처럼 세상에 나아갈 뜻을 끊고 적막함을 편안히 여기면서 학문에 힘쓰며 자신의 현묘한 도를 지키겠다고 말한 것이다.

# 정원백 선 의 화첩에 쓰다
書鄭元伯 敾 畵帖

오늘날 그림을 좋아하는 이 가운데 원백(元伯)[8]의 그림을 비축하고 있지 않은 자가 없는데, 나만 홀로 가지고 있지 않다. 그러나 나는 어떤 사람이 원백의 그림을 가지고 있다는 말을 들으면 반드시 빌려다 본다. 이에 원백의 그림이 날마다 나의 앞으로 몰려드니, 나는 일찍이 원백의 그림을 구한 적이 없으나 원백은 나를 위하여 그림을 그리지 않은 적이 없다.

근래에 이런 말을 들었다. 어떤 귀유가(貴游家)의 자제가 원백의 그림을 구하자 원백이 그를 위하여 1첩(帖)의 그림을 그려주었는데, 그 사람이 또 병풍 하나를 요구하였다. 원백이 그때 마침 술에 매우 취하여 있다가 비단을 땅에 던지며 말하기를,

"나의 그림을 어찌 두 번 얻을 수가 있는가."

하니 그 사람이 몹시 놀라서 감히 청하지 못하였다고 한다. 그러한즉 내가 원백의 그림을 얻은 것이 어찌 다만 두 번일 따름이겠는가. 원백

**8** 원백(元伯) : 정선(鄭敾, 1676~1759)의 자이다. 조선 후기의 화가로, 본관은 광주이며 호는 겸재(謙齋) · 난곡(蘭谷)이다. 한미한 양반 가문에서 태어났으며, 어려서부터 그림을 잘 그렸다고 한다. 김창집(金昌集)의 도움으로 관직에 올랐으며, 1756년(영조32) 화가로서는 파격적으로 가선대부 지중추부사에 제수되었다. 처음에는 중국 남화(南畵)에서 출발하였으나 30세를 전후하여 조선 산수의 독자적 특징을 살린 진경화(眞景畵)로 전환하였다. 저서에 《도설경해(圖說經解)》가 있으며, 〈인왕제색도(仁王霽色圖)〉 · 〈통천문암도(通川門巖圖)〉 · 〈금강전도(金剛全圖)〉 등의 그림이 유명하다.

은 어쩌면 그리도 나에게만은 후하였는가.

이제 여정(汝精)[9]이 소장하고 있는 화첩(畵帖)을 보니, 참으로 원백의 득의(得意)한 필치(筆致)였다. 마침내 이 글을 써서 원백에게 사례한다.

9 여정(汝精) : 조선 후기의 시인 윤치(尹治, ?~?)의 자이다.

## 윤경유가 지은 시의 뒤에 제하다
題尹景孺詩後

경유(景孺)[10]의 시는 청신(淸新)하고 민묘(敏妙 영민하고 아름다움)한 것이 그 사람됨과 같은데 왕왕 기교 때문에 손상되는 점이 있다고 백옥(伯玉)[11]이 평하였으니, 그 말이 옳다. 경유로 하여금 그 기교를 제거하여 한결같이 담박(澹泊)함에서 나오게 한다면 괜찮을 것이다.

세상에서 백옥의 시를 논하는 이들이 "담박하여 아무런 맛이 없다."라고 하는데 나만은 홀로 그의 시를 좋아하여 "사람 중에는 물 마시기를 좋아하는 사람이 있는데 물에 무슨 맛이 있는가. 그 사람은 스스로 그 맛을 아는 것이다."라고 하니 듣는 사람들이 모두 크게 웃었다.

그러나 나의 말 또한 감정이 격하여져 그리 말하였을 뿐이다. 백옥

**10** 경유(景孺) : 윤급(尹汲, 1697~1770)의 자이다. 조선 후기의 문신으로, 본관은 해평(海平)이며 호는 근암(近庵)이다. 영의정 윤두수(斗壽)의 5대손이며, 이재(李縡)의 문인이다. 1725년(영조1) 문과에 급제한 후 대사간·대사성·부제학·대사헌 등을 역임하였다. 영조의 탕평책을 반대하다 여러 번 파직 또는 좌천되었으나 계속 재기용되어 이후에도 이조 판서·한성 판윤·좌참찬 등을 지내고 기로소에 들어갔다. 시호는 문정(文貞)이며, 저서에 《근암집》 등이 있다.

**11** 백옥(伯玉) : 오원(吳瑗, 1700~1740)의 자이다. 조선 후기의 문신으로, 본관은 해주이며 호는 월곡(月谷)이다. 김창협(金昌協)의 외손자이며, 이재(李縡)의 처조카로 그의 문하에서 수학하였다. 1728년(영조4) 문과에 장원으로 급제한 후 정언으로 있으면서 탕평책을 적극 반대하다 한때 삭직되었다. 1732년에 동지사 서장관으로 청나라에 다녀왔고, 이후 승지·공조 참판·대사성·대제학 등을 역임하였다. 사후 이조 판서·좌찬성에 추증되었다. 저서로 《월곡집》이 남아있으며, 시호는 문목(文穆)이다.

시의 담박함은 참으로 좋으나, 담박하여 아무런 맛이 없는 데 이른다면 곧 백옥 시의 병통이 되지 않으리라고 기필할 수 없다. 물이 담박한 것은 타고난 성(性)으로 천하의 물이 모두 같으나 이문요(李文饒)[12]는 재상이 되어 장안(長安)에 살면서 반드시 혜산(惠山)의 샘물을 길어오게 하여 수천 리에 걸친 수체(水遞)[13]를 두기까지 하였으니, 대개 그 맛을 취(取)한 것이다.

경유는 다만 백옥의 담박한 경지에 이를 뿐 아니라 반드시 혜산의 샘물이 담박하면서 또 맛이 있는 것과 같게 한 연후에야 내가 움켜쥐고 마심으로써 먼지 낀 뱃속을 씻어낼 수 있을 것이다. 경유는 이것으로 자면(自勉)하고 또 백옥을 권면하는 것이 어떠하겠는가.

**12** 이문요(李文饒) : 이덕유(李德裕, 787~850)를 가리킨다. 중국 당(唐)나라의 재상으로, 문요는 그의 자이다. 헌종(憲宗) 때의 재상 이길보(李吉甫)의 아들로, 음사(蔭仕)로 출사하여 한림학사・절서 관찰사(浙西觀察使)・예부 상서・병부 시랑・회남 절도사(淮南節度使) 등을 역임하였다.

**13** 수체(水遞) : 산골의 물을 역마(驛馬)를 통해서 실어 나르는 것, 혹은 그 역참(驛站)을 가리킨다.

# 정원백 화첩의 발문
鄭元伯畵帖跋

세상에서 그림을 논하는 이들은 반드시 원백(元伯)[14]의 그림을 삼연(三淵)[15]의 시와 짝한다.

대개 우리나라의 그림은 원백에 이르러 비로소 그 변화가 극에 달하였다. 그러나 원백의 그림이 나오자 세상에서 원백을 배우는 자들이 원백의 필력(筆力)은 없으면서 다만 그 방법만 훔치니, 그림의 쇠퇴가 원백으로부터 시작되지 않았다고 기필할 수 없다.

내가 일찍이 말하기를, 오늘날 시를 짓는 자들이 삼연을 좇지 않으면 사람들이 다투어 괴이하다 하는데 삼연의 학식은 없고 다만 그 기이함만 배우므로 그 병폐를 물려받기에 딱 알맞으니 시의 쇠퇴는 삼연이 또 그 책임을 피할 수 없다고 말한 적이 있다. 내가 삼연을 따르지 않는 것은 아니나 세상 사람들이 무리지어 삼연이 되려는 것을 미워한 것인데, 이 말을 들은 사람들이 모두 미친 소리라고 여겼다.

**14** 원백(元伯) : 조선 후기의 화가 정선(鄭敾, 1676~1759)의 자이다.

**15** 삼연(三淵) : 김창흡(金昌翕, 1653~1722)의 호이다. 조선 후기의 학자로, 본관은 안동이며 자는 자익(子益)이다. 이단상(李端相)에게 수학하였으며, 1673년(현종 14) 진사에 합격하였다. 기사환국 때 영의정이었던 아버지 김수항(金壽恒)이 진도(珍島)의 배소에서 사사되자 형 김창집(金昌集)·김창협(金昌協)과 함께 영평(永平)에 은거하였다. 이후 일체 관직에 나아가지 않고 학문과 시도(詩道)에 힘썼으며, 신임사화로 유배된 김창집이 사사되자 지병이 악화되어 죽었다. 김창협과 함께 성리학과 문장으로 널리 이름을 떨쳤다. 사후 이조 판서에 추증되었고, 숙종의 묘정에 배향되었다. 저서에 《삼연집》·《심양일기(瀋陽日記)》 등이 있으며, 시호는 문강(文康)이다.

이제 원백의 그림을 보고 애오라지 이렇게 써서 원백의 그림을 배우려는 자들을 경계하는 바이다.

# 김사서가 지은 시의 뒤에 쓰다

書金士舒詩後

내가 일찍이 둘째 외삼촌인 죽천공(竹泉公)[16]에게 수학하였는데 공께서 시도(詩道)를 두루 논하시다가 콧잔등을 찌푸리며 말씀하시기를,

"오늘날의 시는 언어는 공교(工巧)하지 않은 것이 아니나 그 소리가 애달프고 그 가락이 촉급(促急)하니, 그를 통하여 세상을 볼 수가 있다. 너는 기억해두어라. 훗날 반드시 나의 말이 생각날 것이다."

하셨다.

공의 막내아들인 사서(士舒)[17]가 겨우 약관(弱冠)의 나이에 나를 따라 시를 배우면서 고율시(古律詩) 수백 편을 지었는데, 담아(澹雅 담박하면서 맑음)하면서 온수(溫粹 온화하면서 순수함)하여 왕왕 치세(治世)의 정음(正音)이 있었다. 내가 읽고 감탄하며 말하기를,

"공께서 돌아가신 지 이미 10여 년이 되었는데, 후생(後生)으로서 시를 짓는 이들이 점점 날로 쇠퇴하는 것이 마치 벌레가 가을에 울고

**16** 죽천공(竹泉公) : 조선 후기의 문신 김진규(金鎭圭, 1658~1716)를 가리키는 것으로, 죽천은 그의 호이다.

**17** 사서(士舒) : 김양택(金陽澤, 1712~1777)의 자이다. 조선 후기의 문신으로, 본관은 광산(光山)이며 호는 건암(健庵)이다. 김장생(金長生)의 5세손이자 숙종의 장인 김만기(金萬基)의 손자로, 이천보의 외사촌 아우이다. 1743년(영조19) 문과에 급제한 후 헌납·원손 사부(元孫師傅)·대사성·대제학·우의정·영의정 등 요직을 두루 역임하였으며, 할아버지와 아버지 김진규(金鎭圭)에 이어 3대가 대제학을 지내 당대에 이름을 떨쳤다. 저서로 《건암집》이 남아있으며, 시호는 문간(文簡)이다.

귀신이 빗속에 구슬피 우는 것과 같아 옛사람들의 시가 온화하고 화락(和樂)한 것이 마치 거문고와 비파가 조화를 이루는 것과 같음을 보면 곧 대수롭지 않게 여겨 그것이 기뻐할 만한 것임을 알지 못한다. 그런데 사서는 그 사이에서 나왔는데도 능히 세상과 함께 변하지 않으니, 이것이 어찌 다만 시도(詩道)가 사서에게 도움을 준 것이겠는가."

하였다.

우리 외가는 대대로 충정(忠貞 충성스럽고 절개가 곧음)이 돈독한 집안이라 국가와 더불어 운명을 함께 하였다. 여러 종형(從兄)이 신임사화에 걸려들어 김씨(金氏) 일문에 남은 이들이 거의 없는데, 사서는 유약한 일개 고아라 홀로 화를 면하였다. 독서와 작문에 능하여 우뚝하게 두각을 나타내니, 사람들이 모두 죽천공에게 후손이 있다고 말하였다.

옛날에 시를 잘 보는 자는 그 소리를 듣고 풍속을 살폈으니, 비록 구가(衢歌)나 항요(巷謠)라 할지라도 오히려 족히 세상을 볼 수 있었다. 하물며 사서의 시는 어떠하겠는가. 그러한즉 음양(陰陽)이 소멸하고 자라나는 기미가 가기만 하고 돌아오지 않는 것은 없다. 사서의 시는 국가의 서물(瑞物 상서(祥瑞)의 조짐이 되는 물건)이니, 하늘이 장차 태평(泰平)의 운수를 크게 열려고 하면서 참으로 그의 시를 두어 앞세운 것이 아니겠는가. 그렇지 않고, 가령 사서가 고음(苦吟)에 힘을 쏟으면서 지금의 이른바 공교(工巧)한 시와 곱고 추함을 다툰다면 또 어찌 말할 거리가 되겠는가. 내가 공(公 죽천공(竹泉公))에게서 들은 것을 외웠다가 우선 여기에다 쓰고서 기다린다.

# 윤노팽 지술 이 지은 시의 뒤에 쓰다
書尹老彭 志述 詩後

아! 이 시는 나의 친구 윤노팽(尹老彭)[18]이 부안(扶安)에 귀양 가 있을 때 나에게 보내준 시이다. 시는 취헌(翠軒) 박공(朴公)[19]의 운(韻)을 썼는데, 노팽이 평소 취헌을 흠모하여 일찍이 호중(湖中 충청도) 지방에 나그네 살러 가면서 도중에 양지현(陽智縣)[20]을 지나게 되었

**18** 윤노팽(尹老彭) : 윤지술(尹志述, 1697~1721)을 가리킨다. 조선 후기의 유생으로, 본관은 칠원(漆原)이며 자는 노팽, 호는 북정(北汀)이다. 1715년(숙종41) 유계(兪棨)의 저서 《가례원류》에 서문을 쓴 일로 노론의 권상하(權尙夏)가 소론의 상소로 삭직되자, 성균관 유생으로서 《가례원류》 시비의 전말을 논하며 권상하의 신구(伸救)를 상소하였다. 1720년(경종 즉위년) 이이명(李頤命)이 편찬한 숙종의 지문(誌文)이 편파적으로 기록되었음을 상소하고, 성균관 장의(掌議)로서 유생들을 선동하여 권당(捲堂)하였다. 이듬해 신임사화 때 소론의 탄핵으로 사형당하였는데, 그때 그의 나이 25세였다. 임창(任敞) · 이의연(李義淵)과 함께 '신임 삼포의(辛壬三布衣)'라고 불렸다. 1725년(영조1) 노론이 집권하자 신원되고, 1841년(헌종7) 이조 판서에 추증되었다. 시호는 정민(正愍)이다.

**19** 취헌(翠軒) 박공(朴公) : 박은(朴誾, 1479~1504)을 가리킨다. 조선 중기의 학자이자 시인으로, 본관은 고령이며 자는 중열(仲說), 호는 읍취헌(挹翠軒)이다. 1496년(연산군2) 문과에 급제하여 사가독서한 후 홍문관 정자가 되고 수찬으로 있으면서 경연관을 지냈다. 1498년에 유자광(柳子光)과 성준(成俊)을 탄핵하는 상소를 올렸다가 결국 파직되어 옥에 갇혔으며, 이후 자연에 묻혀 술과 시로 세월을 보냈다. 1504년 갑자사화 때 동래로 유배되었다가 다시 의금부에 투옥되어 사형을 당하였는데, 그의 나이 26세였다. 중종반정 후에 신원되고 도승지로 추증되었다. 해동강서파(海東江西派)의 대표적 시인이며, 《읍취헌유고》가 남아있다.

**20** 양지현(陽智縣) : 경기도 용인(龍仁) 동부 지역의 옛 이름이다.

는데 공의 무덤이 그곳에 있다는 말을 듣고 구불구불 수십 리를 돌아가서 무덤에 술을 붓고 눈물을 흘리다가 떠났다. 화를 입게 되었을 때 공과 함께 나이가 모두 스물일곱이었으니, 아! 어쩌면 그리도 똑같단 말인가. 선비가 세대를 뛰어넘어 서로 감응하는 것이 우연이 아닐 따름이다.

나는 모르겠다. 훗날 노팽의 무덤을 지나는 이 가운데 노팽과 같이 감회를 일으킬 수 있는 이가 있을까. 또 그런 사람이 없다고 어찌 알겠는가. 노팽이 시를 지을 때마다 번번이 취헌의 운을 사용하였는데, 이것이 어찌 다만 그의 시를 독실하게 좋아하여서 그러한 것뿐이었겠나.

## 《종암수창록》의 뒤에 제하다

題鐘巖酬唱錄後

정사년(1737, 영조13) 여름에 내가 남덕재(南德哉)[21], 오백옥(吳伯玉)[22]과 하나의 운(韻)을 사용하여 칠언율시 각각 20편씩을 얻었다.[23] 내가 세상에서 시문(詩文)을 창수(唱酬)하는 자들을 보았는데, 잘 하는 자는 훌쩍 능가하고 잘 못하는 자는 발돋움을 하며 흠모하니 이에 이기려는 마음이 생기면서 천기(天機)는 다 없어져 버린다.

두 사람은 시를 지음에 위로는 옛사람에게서 시 짓는 법을 취하지 않고 아래로는 지금 사람들에게 맞추려고 하지 않으며 오직 각자 자신이 하고 싶은 대로 하였는데, 유유(悠悠)하기가 마치 물 위에 뜬 갈매

**21** 남덕재(南德哉) : 남유용(南有容, 1698~1773)을 가리킨다. 조선 후기의 문신으로, 본관은 의령(宜寧)이며 자는 덕재, 호는 뇌연(雷淵)·소화(小華)이다. 증조할아버지는 대제학 남용익(南龍翼), 할아버지는 대사헌 남정중(南正重), 아버지는 동지돈녕부사 남한기(南漢紀)이며, 이재(李縡)의 문인이다. 1740년(영조16) 문과에 급제한 후 정언·대사성·양관(兩館) 대제학 등을 역임하였으며, 원손보양관(元孫輔養官)으로 훗날 정조가 된 세손에게 글을 가르치기도 하였다. 《뇌연집》·《명사정강(明史正綱)》 등의 저술이 남아있으며, 시호는 문청(文淸)이다.

**22** 오백옥(吳伯玉) : 조선 후기의 문신 오원(吳瑗, 1700~1740)을 가리키는 것으로, 백옥은 그의 자이다.

**23** 정사년……얻었다 : 이때 지은 시가 각각 이천보(李天輔)의 《진암집(晉菴集)》 권1에 실린 〈종암문회에서 덕재·백옥과 함께 읊다〔鐘巖文會與德哉伯玉共賦〕〉, 남유용의 《뇌연집(雷淵集)》 권3에 실린 〈또 '청'자를 얻어 함께 읊다〔又得靑字同賦〕〉, 오원의 《월곡집(月谷集)》 권4에 실린 〈또 운자를 명하여 함께 읊다〔又命韻同賦〕〉이다.

기들이 만나 서로 친하게 지내기도 하고 서로 잊어버리기도 하는 것과 같았다. 이러한 까닭에 비록 가장 졸렬한 나의 실력으로도 왕왕 스스로 그 졸렬함을 잊었고, 두 사람 또한 나를 능가하지 않았다. 만약 그렇지 않았다면 마치 저잣거리의 아이들이 물건을 걸고 갈고리를 쏘는 것처럼 반드시 한 번 이기려고 하였을 것이니, 시를 짓는 뜻이 어디에 있겠는가.

이 책을 보는 사람들은 오직 이기려는 마음이 없음을 찾는 것이 좋을 것이다. 만약 분분하게 시의 공교함과 졸렬함을 논한다면 우리가 지은 시는 거의 숨어버릴 것이다. 7월 초하룻날에 의숙(宜叔)이 쓰다.

## 조중례[24] 명리 가 지은 경자 시의 뒤에 제하다
題趙仲禮 明履 扃字詩後

내가 남덕재(南德哉 남유용(南有容))·오백옥(吳伯玉 오원(吳瑗))과 함께 '경(扃)' 자 운(韻)으로 각각 20편씩 시를 지어 모두 60편이 되었는데,[25] 뜻이 궁하여 그만두었다. 이제 중례(仲禮)가 지은 20편의 시를 읽어보니 말이 나올수록 더욱 참신하여, 하늘과 땅 사이에 가득 차있는 것이 모두 시(詩)라는 것을 비로소 알게 되었다. 한 글자를 쓰는데 있어서 기(奇)와 정(正)이 수백 가지로 변화하니, 비록 종신토록 쓴다 하더라도 그 끝을 다 볼 수 없을 듯하였다. 지난번에 우리가 20편을 가지고 스스로 많다고 생각하였던 것은 아마도 시를 알지 못하였던 것 같다.

지금 이후로 세상에 중례만큼 시를 좋아하는 이가 뒤를 이어 시를 지어서 천 편, 백 편에 이르러도 그만두지 않을 이가 없을 거라고 또 어찌 알겠는가. 내가 장차 기다릴 것이다.

**24** 조중례(趙仲禮) : 조명리(趙明履, 1697~1756)를 가리킨다. 조선 후기의 문신으로, 본관은 임천(林川)이며 자는 중례, 호는 노강(蘆江)·도천(道川)이다. 1731년(영조7) 문과에 급제한 후 의주 부윤·대사성·동의금부사·도승지·대사헌·한성 판윤 등 요직을 두루 역임하였다. 소론 이광좌(李光佐)의 당으로 지목되어 2년간 유배된 바 있으며, 1755년 왕명에 의하여 《천의소감(闡義昭鑑)》 편찬에 찬집당상으로 참여하였다. 저서로 《도천집》이 있으며, 시호는 문헌(文憲)이다.

**25** 내가……되었는데 : 이때 지은 시가 각각 이천보(李天輔)의 《진암집(晉菴集)》, 남유용(南有容)의 《뇌연집(雷淵集)》, 오원(吳瑗)의 《월곡집(月谷集)》에 실려 있다. 자세한 내용은 155쪽 주23 참조.

## 김사적 · 이평일의 《서호범월록》에 붙인 발문

金士廸李平一西湖泛月錄跋

무오년(1738, 영조14) 가을에 내가 오백옥(吳伯玉 오원(吳瑗))과 더불어 미호(渼湖)[26]에서 놀고 있었는데, 술을 마시다가 백옥이 뱃전을 두드리며 소자첨(蘇子瞻)[27]의 〈적벽부(赤壁賦)〉[28]를 부르고 나에게 일러 말하기를,

"임술년(1742)은 지금으로부터 5년째 되는 해인데, 우리들이 그해 16일 밤에 배를 띄우고 자첨의 놀이를 계속하는 것이 가능할까요."[29]

**26** 미호(渼湖) : 한강(漢江)의 물줄기 가운데 하나이다. 지금의 남양주 일대를 말하며 '미수(渼水)', '미음(渼陰)'이라고도 한다.

**27** 소자첨(蘇子瞻) : 소식(蘇軾, 1037~1101)을 가리키는 것으로, 자첨은 그의 자이다. 중국 송(宋)나라의 문신으로, 자는 자첨·화중(和仲)이며 호는 동파거사(東坡居士)이다. 22세 때 진사에 합격하면서 구양수(歐陽修)의 인정을 받아 문단에 등장하였고, 이후 과거에 장원으로 합격하면서 관직에 진출하였다. 시(詩)·서(書)·화(畵)에 재능이 많아 훌륭한 작품을 남겼으며, 특히 중국을 대표하는 문장가로 추앙받아 '당송팔대가(唐宋八大家)'로 일컬어진다. 저서로 《동파전집》·《동파악부》 등이 남아있으며, 시호는 문충(文忠)이다.

**28** 〈적벽부(赤壁賦)〉 : 소식(蘇軾)이 지은 부(賦)의 제목으로, 필화(筆禍) 사건으로 황주(黃州)에 유배되었을 때 지은 작품이다. 《전적벽부》와 《후적벽부》가 있으며, 삼국시대 때의 싸움터였던 적벽의 아름다운 경치와 역사를 대비하고 자연과 일체화하는 제물(齊物) 철학을 결부시켜 유려하게 표현해낸 걸작이다.

**29** 임술년은……가능할까요 : 소식의 〈적벽부〉에 "임술년 가을 7월 16일에 소자가 객과 더불어 배를 띄우고 적벽의 아래에서 놀았다.〔壬戌之秋七月旣望, 蘇子與客泛舟, 游於赤壁之下.〕"라는 말이 있다.

하였다. 내가 말하기를,

"세상의 만남과 헤어짐이 본래 무상(無常)하고 하늘이 활짝 개어 달을 보게 되는 것도 또 알 수 없으니, 그대는 아직 말하지 말게. 조물주가 몰래 들을까 두렵다네."

하였다.

돌아보건대 이제 백옥의 무덤에 풀이 두 번 묵으려 하는데[30] 사적(士廸)[31]과 평일(平一)[32]의 놀이에 내가 병으로 누워있느라 종유하지 못하였다. 그간에 생사(生死)가 갈린 감회가 이미 이와 같은데 구구(區區)한 만남과 헤어짐을 어느 겨를에 말하리오. 그날 밤 하늘에 구름이 없어 달빛이 마치 대낮과 같았으니, 하늘이 두 사람에게 복을 베푸는 것이 참으로 많다.

혹자가 말하기를,

"김태백(金太白)[33] 씨가 여강(驪江)[34]에서 배를 타고 임진강(臨津江)

**30** 돌아보건대……하는데 : 오원(吳瑗)이 1740년에 작고하였으므로, 1742년 임술년을 의미한다.

**31** 사적(士廸) : 김한철(金漢喆, 1701~1759)의 자이다. 조선 후기의 문신으로, 본관은 경주(慶州)이다. 1731년(영조7) 문과에 급제하였으며, 대사간・도승지・이조 참판・경기 관찰사・함경도 관찰사・대사헌・우참찬 등 내외 요직을 두루 역임하였다. 1741년에 원경하(元景夏)가 새로운 당을 만든다고 탄핵하다가 삭직당한 바 있다. 시호는 효간(孝簡)이다.

**32** 평일(平一) : 이형만(李衡萬, 1711~?)의 자이다. 조선 후기의 문신으로, 본관은 경주(慶州)이다. 1735년(영조11) 문과에 급제한 후 설서・지평 등을 지냈으며, 1744년 정언으로서 정실(鄭實)・민백상(閔百祥)・조중회(趙重晦)의 사면을 청하는 상소를 올렸다가 영조의 노여움을 사 기장현(機張縣)으로 유배되었다. 얼마 후 풀려났으며, 이후 주로 홍문관과 세자시강원・사헌부・사간원・승정원 등에서 근무하였다.

적벽(赤壁)[35]에 가서 놀면서[36] 두 사람이 논 것이 이곳이 아닌 것을

**33** 김태백(金太白) : 김진상(金鎭商, 1684~1755)을 가리킨다. 조선 후기의 문신으로, 본관은 광산(光山)이며 자는 여익(汝翼), 호는 퇴어(退漁)이다. 1712년(숙종38) 문과에 급제한 후 부제학 · 대사성 · 대사헌 · 좌참찬 등을 역임하였다. 1722년(경종2) 신임옥사로 무산(茂山)에 유배되었고, 1729년(영조5) 기유처분 때 탕평책에 반발하여 벼슬에서 물러났으며, 1719년에는 희빈 장씨(禧嬪張氏)의 묘를 이장할 때 동궁이 망곡(望哭)하려는 것을 막는 등 과격한 노론의 입장을 고수하였다. 문집으로 《퇴어당유고》가 전한다.

**34** 여강(驪江) : 경기도 여주(驪州) 지역을 관통하는 남한강을 일컫는다.

**35** 임진강(臨津江) 적벽(赤壁) : 경기도 연천군 장남면 고랑포(高浪浦) 근처의 임진강 중하류 지역은 절벽이 많고 경치가 아름답기로 유명한데, 이곳을 가리키는 것으로 보인다. 조선 후기의 화가 정선(鄭敾)이 그린 〈임진적벽도(臨津赤壁圖)〉도 이곳의 경치를 그린 것이다.

**36** 김태백(金太白)……놀면서 : 조선 후기의 문신 민우수(閔遇洙, 1694~1756)의 《정암집(貞菴集)》 권9에 〈여강기회록서(驪江耆會錄序)〉가 실려 있는데, 이때의 상황이 자세히 기록되어 있다. "금상 계유년(1753, 영조29)에 퇴어(退漁) 김공(金公)이 70세가 되어 기로소에 들어갔는데 같은 고을에 사는 노목와(老牧窩) · 낙촌(樂村) 두 분 이공(李公)과 도모하기를, '우리들은 모두 노인이고 또 한 고을에 살고 있으니, 송(宋)나라의 낙사기영회(洛社耆英會)와 자취가 자못 비슷하오. 어찌 함께 모임을 결성하여 옛사람이 남긴 자취를 따르지 않겠소?'라고 하였다.……7월 경진일에 두 분 이공과 우수가 함께 배를 타고 먼저 이호(梨湖)에 있는 김공의 댁에 이르러 마치 낙양(洛陽)의 여러 공들이 부공(富公)의 집에서 첫 번째 모임을 먼저 연 것처럼 하고 술과 음식의 수도 또한 송나라 여러 공들이 했던 규모와 대략 비슷하게 하였다. 다음날 배를 돌려 읍에 있는 이공(李公)의 댁에 도착하여 이와 같이 하고, 다음날 낙촌의 댁에서도 이와 같이 하고, 다음날 우리 집에서도 이와 같이 하였다. 이에 〈기영시(耆英詩)〉 옛 운(韻)을 사용하여 각각 몇 수의 시를 짓고, 또 우수에게 서문을 쓰게 하였다.〔今上癸酉之歲, 退漁金公以七十登耆社, 與同鄕老牧窩、樂村兩李公謀曰: 吾輩俱是老人, 又同居一鄕, 與宋之洛社耆英, 跡頗相類. 盍相與爲會, 以遵古人遺軌乎?……乃以七月庚辰, 兩李公與遇洙同舟, 先詣梨湖金公之宅, 如洛之諸公先設第一會於富公宅者, 而凡其杯盤飮食之

안타까워하였소."

하였다. 내가 말하기를,

"참으로 배를 띄우고 달을 대할 수 있다면 어느 곳인들 적벽 아닌 곳이 없는데, 반드시 똑같은 지명(地名)을 찾아서 자첨을 흉내 내고자 하면 보는 것이 반드시 국한될 것이오. 그러나 똑같은 지명을 찾고 똑같은 해[年]를 찾는 것이 대강의 자취에 있어서는 매한가지이니, 지난번 무오년의 놀이가 자첨의 임술년의 놀이와 같지 않은 줄 또 어찌 알겠소."

하였다. 백옥에게 지각(知覺)이 있다면 반드시 나의 말이 일리 있는 말이라고 여길 것이니, 내 장차 이것으로 태백씨에게 묻고자 한다.

數, 亦略倣前規. 翌日回舟, 以到邑中李公宅, 亦如之, 翌日樂村, 亦如之, 翌日弊廬, 亦如之. 於是又用耆英詩舊韻, 各成數詩, 又令遇洙爲序.]" 퇴어(退漁) 김공(金公)은 김진상(金鎮商), 노목와(老牧窩)는 이기진(李箕鎭), 낙촌(樂村)은 이규진(李奎鎭)을 가리킨다. 《여강기회록》은 여강(驪江) 주변에 사는 노인들이 모임을 갖고 그 모임의 내용을 기록한 책으로, 김진상·이기진·이규진·민우수 네 사람이 모임을 주도하였다.

## 또 쓰다

又書

자첨(子瞻)[37]의 교유가 한 시대를 압도하였으나 적벽(赤壁)에서 함께 논 것은 오직 퉁소를 부는 한 명의 객(客)이었다. 만약 황노직(黃魯直)[38]이나 진태허(秦太虛)[39] 같은 무리가 종유하였다면 그 즐거움이 또 어떠하였을까. 취헌(翠軒)[40]이 잠두(蠶頭)에서 지은 연구(聯句)[41]

**37** 자첨(子瞻) : 중국 송(宋)나라의 문인 소식(蘇軾, 1037~1101)의 자이다.

**38** 황노직(黃魯直) : 황정견(黃庭堅, 1045~1105)을 가리킨다. 중국 북송(北宋)의 문신이자 시인으로, 자는 노직이며 호는 산곡(山谷)이다. 1066년 진사에 급제한 후 지방 관리를 전전하다 1086년에 교서랑이 되어 국사(國史) 편찬에 종사하였다. 1095년 신법당(新法黨)을 비난하였다는 죄목으로 검주(黔州)에 유배되었으며, 1102년 다시 무고를 당하고 의주(宜州)에 유배되어 병사하였다. 시인으로서 명성이 높아 스승 소식(蘇軾)과 함께 송나라를 대표하는 시인으로 꼽힌다. 강서시파(江西詩派)의 시조로, 수사(修辭)와 조구(造句)를 중시하였으며, "한 글자라도 전거가 없으면 안 된다."는 점을 강조하였다. 장뢰(張耒)·조보지(晁補之)·진관(秦觀)과 함께 '소문사학사(蘇門四學士)'로 불리며, 저서로 《예장황선생문집(豫章黃先生文集)》이 남아있다.

**39** 진태허(秦太虛) : 진관(秦觀, 1049~1100)을 가리킨다. 중국 북송(北宋)의 문신이자 문인으로, 자는 소유(少游)·태허이며 호는 회해거사(淮海居士)이다. 1085년 진사에 합격하였으며, 다음해 소식(蘇軾)의 천거로 태학박사가 되어 국사원 편수관을 겸임하였다. 그러나 원우당적(元祐黨籍)에 연좌되어 소식의 실각과 동시에 유배되었다가 휘종(徽宗) 즉위 후 사면되어 돌아오는 길에 죽었다. 고문(古文)과 시에 능하였고 특히 사(詞)에 뛰어났는데, 소식의 문하에 있으면서 황정견(黃庭堅)·장뇌(張耒)·조보지(晁補之) 등과 함께 '소문사학사(蘇門四學士)'로 일컬어졌다. 시문집인 《회해집》과 사집(詞集)인 《회해장단구(淮海長短句)》 등이 남아있다.

**40** 취헌(翠軒) : 조선 중기의 학자이자 시인인 박은(朴誾, 1479~1504)의 호이다.

는 가히 훌륭하다고 이를 만하니 그 안의 문장이 공교(工巧)하지 않음이 없는데, 후세에 그 시를 읽고 침을 뱉으며 꾸짖는 자들은 도리어 자첨의 객이 퉁소를 불어서 〈적벽부(赤壁賦)〉가 후세에 전할 수 있었던 것만 못하다. 두 사람이 한 번 부르면 한 번 화답한 것[42]이 자첨과 비교할 때 참으로 적막하지 않으니, 술을 따라 취헌의 혼(魂)을 위로하며 개연(慨然)히 탄식하는 이가 반드시 있을 것이다.

**41** 취헌(翠軒)이……연구(聯句) : 잠두(蠶頭)는 서울 남산(南山)의 서쪽 봉우리인 잠두봉(蠶頭峯)을 가리킨다. 박은은 잠두봉 아래 한강에서 놀기를 좋아하여 그곳에서 노닐면서 〈유잠두(遊蠶頭)〉를 비롯한 수십 편의 시를 지었다.

**42** 두 사람이……것 : 《서호범월록(西湖泛月錄)》에 실린 김한철(金漢喆, 1701~1759)과 이형만(李衡萬, 1711~?)의 시를 가리킨다.

# 《계남시집》에 붙인 발문

桂南詩集跋

《계남집(桂南集)》은 곧 고(故) 군수(郡守) 이공 성서(李公聖瑞)[43]의 시집(詩集)이다. 공의 이름은 귀령(龜齡)으로, 시로 세상에 이름을 떨쳤다.

내가 소시(少時)에 집이 남호(南湖)[44]에 있었는데 시인 윤생 여정(尹生汝精)[45]과 더불어 시사(詩社)를 결성하고 날마다 창수(唱酬)하며 서로 즐거워하였다. 여정이 시를 논하는 수준이 매우 높아 인정하는 것이 별로 없었는데 매번 계남(桂南) 이장(李丈)의 시를 칭찬하면서 말하기를,

"그의 시가 호방하면서 기이한 것이 육방옹(陸放翁)[46]을 배웠는데,

43 이공 성서(李公聖瑞) : 이귀령(李龜齡, ?~?)을 가리킨다. 조선 후기의 유생으로, 본관은 전주(全州)이며 자는 성서, 호는 계남(桂南)이다. 경기도 부천(富川) 지역에 거주하다가 1713년(숙종39)에 실시된 증광시에서 생원·진사에 모두 합격하였다. 《계남시집》을 남겼으며, 자세한 내용은 미상이다.

44 남호(南湖) : 서울 용산 부근의 한강(漢江)을 일컫는 용산강(龍山江)의 별칭이다.

45 윤생 여정(尹生汝精) : 조선 후기의 시인 윤치(尹治, ?~?)를 가리키는 것으로, 여정은 그의 자이다.

46 육방옹(陸放翁) : 육유(陸游, 1125~1210)를 가리키는 것으로, 방옹은 그의 호이다. 중국 남송(南宋)의 관리이자 시인으로, 자는 무관(務觀)이다. 고종이 재상 진회(秦檜)와 함께 금(金)나라와 화친하고자 명장 악비(岳飛)를 독살하자 악비의 죽음을 한탄하며 애국충정에 찬 시를 남겼다. 이후 과거에 급제하였으나 진회 등 주화파에 밀려 낙향하였다. 65세에 향리로 내려가 농사를 지으며 살았는데, 32세부터 85세까지 약

왕왕 묘(妙)한 시를 얻었다."
하고 아름다운 시 한두 구(句)를 외워서 전해주었다. 공이 안산(安山) 수령이 되었을 때, 안산은 나의 선산이 있는 고향이라 때가 되어 성묘를 하는데 공이 몸소 누추한 집을 찾아와서 시편을 주었다. 그때는 여정이 이미 작고한 후로, 말이 여정에 미치자 문득 서로 마주하고 슬퍼하였다.

대개 공은 가슴이 툭 트여 기개(氣槪)를 자부하고 기절(奇節 뛰어난 절개)을 좋아하였으며 마음에 맞는 사람을 만나면 단번에 지기(知己)로 허여하였으니, 옛날 협사(俠士 의협심이 있는 사람)의 풍모가 있었다. 이에 공을 잘 아는 나도 공에 대하여 알지 못하였던 것을 더욱 잘 알게 되었으니, 다만 그의 시에 감복하기만 한 것은 아니었다.

공은 관직을 잃고 집에 있으면서 나이가 들수록 집이 더욱 가난해져 항상 하루걸러 밥을 먹었다. 태학(太學 성균관(成均館))에 나아가 변변치 못한 음식으로 아침저녁 끼니를 때우고 해진 두건과 짚신으로 유생들과 서로 읍양(揖讓)[47]을 하니, 사람들은 그가 태수(太守)까지 지낸 사람임을 알지 못하였으나 외려 사람들에게 관직을 청하는 말을 즐겨하지 않으면서 시 읊는 것을 그치지 않았다.

공은 자신이 지은 시를 일찍이 700여 편으로 직접 추려놓았는데, 경주(慶州) 태수 홍명원(洪明遠)[48]이 평소 공을 흠모하여 공의 원고를

50년에 걸쳐 장장 1만여 수에 달하는 시를 남겼다. 전원생활의 기쁨을 노래하는 시와 함께 자신의 파란만장한 생애와 국토 회복의 염원을 담은 우국의 시를 지었다. 저서로 《검남시고(劍南詩稿)》가 남아있다.

**47** 읍양(揖讓) : 몸을 공손하게 굽혀 자기를 낮추는 예절이다.

자신의 집에 보관하기를 청하였다. 공이 작고하자 태학사(太學士) 김사서(金士舒)[49]에게 부탁하여 또 300편으로 추려낸 후 자신의 재물을 출연(出捐)하여 문집으로 간행하여서 세상에 전하게 하였으니, 의기(義氣)를 좋아하여 능히 공을 저버리지 않은 명원은 요즘 세상의 사람이 아니다.

내가 이에 특별히 느끼는 바 있어, 여정이 죽자 그의 시를 가져다가 서문(序文)을 지어 시권(詩卷)의 맨 앞에 얹어서 후세에 전해지기를 도모하였다. 그런데 작년 봄에 화재(火災)를 만나 온 집안의 문적(文籍)이 아무것도 남지 않게 되어 여정의 집에 물어보니 다른 본(本)이 없다고 하였다. 아! 여정이 그때까지는 아직 죽지 않았었는데 이제는 정말로 죽었구나. 이제 명원이 능히 공으로 하여금 불후(不朽)하게 한 것이 이와 같음을 보니, 공과 여정은 똑같이 시 때문에 궁(窮)하였으나 사후(死後)에 만난 바는 한 사람은 다행하고 한 사람은 불행하니 여정의 곤궁함이 공의 곤궁함보다 심하여 그러한 것인가.

명원이 내가 평소에 공을 잘 안다고 하여 시권(詩卷)의 끝에 글을

**48** 홍명원(洪明遠) : 홍감보(洪鑑輔, ?~?)를 가리킨다. 조선 후기의 문신으로, 명원은 그의 자인 것으로 보인다. 문음(門蔭)으로 관직에 나아가 삭녕(朔寧) 군수・충원(忠原) 현감・청주(淸州) 목사・경주(慶州) 태수 등을 역임하였다. 1755(영조31) 통정대부에 가자되었으며, 1757년 좌의정 김상로(金尙魯)가 "여러 번 주군(州郡)의 책임을 맡았는데 치적이 매우 두드러졌으니 격식을 깨뜨려 조용(調用)하게 하소서."라고 하자 특별히 가자하도록 하였다. 청주 목사로 재임할 때 청주목 산동 세 개의 면을 사재(私財)로 진휼하고 그 행적을 기려 비를 세웠으나 조정의 명령으로 묻어버렸다고 한다.

**49** 김사서(金士舒) : 조선 후기의 문신 김양택(金陽澤, 1712~1777)을 가리키는 것으로, 사서는 그의 자이다.

써줄 것을 요구하였다. 공의 시는 나의 말이 있은 후에야 전하는 것이 아니니, 마침내 내가 여정을 저버리게 된 내용을 써서 그 감회를 기록한다. 여정의 이름은 치(治)이니, 훗날 이 글을 보는 사람들은 혹 이로 인하여 여정이 있었다는 것을 알게 되리라.

# 논 論

## 진나라 목공[50]에 대한 논
秦穆公論

《춘추(春秋)》의 도(道)는 오랑캐를 대(待)하는 것보다 엄격한 것이 없었다. 대저 제(齊)나라와 진(晉)나라의 임금은 반드시 순전(純全)한 중국(中國)이 아니었으나 공자(孔子)는 끌어올려서 중국으로 대우하였고,[51] 진(秦)나라와 초(楚)나라의 임금은 반드시 순전한 오랑캐가

50 진(秦)나라 목공(穆公) : ?~기원전 621. 중국 춘추 시대 진(秦)나라의 제9대 군주로, 재위기간은 기원전 660년~기원전 621년이다. 이름은 영임호(嬴任好)이며, '목(穆)'은 그의 시호이다. 왕위에 오른 후 백리혜(百里奚), 건숙(蹇叔) 등 인재들을 등용하고 선치(善治)에 힘써 국세가 날로 강해졌다. 오랫동안 진(晉)나라와 대립하던 상황에서 진혜공(晉惠公)을 격퇴하고 진문공(晉文公)을 왕위에 오르도록 후원하여 진(秦)·진(晉) 연맹을 맺었으며, 양(梁)나라와 예(芮)나라를 멸망시키고 촉(蜀)나라 및 함곡관(函谷關) 서쪽의 나라들을 정벌하여 영토를 천 리나 넓혔다. 이로 인해 주양왕(周襄王)이 '서융(西戎)의 패자(霸者)'로 인정하였고, 춘추오패(春秋五霸) 중의 하나가 되었다. 후에 진(秦)나라가 중국을 통일하는 데 터전을 다진 것으로 평가되고 있다.

51 제(齊)나라와……대우하였고 : 중국 북송(北宋)의 문인 소식(蘇軾)은 〈임금은 이적을 다스리지 않음을 논함〔王者不治夷狄論〕〉에서 이에 대해 다음과 같이 자세히 설명하였다. "대저 《춘추(春秋)》에서 '공(公)'이라 쓰거나 '후(侯)'라 쓰거나 자(字)를 쓰거나 이름〔名〕을 쓰는 것은 그 임금이 제후의 신분이 될 수 있고 그 신하가 대부의

아니었으나 공자는 억눌러서 오랑캐로 대우하였다.[52] 이는 공자가 제나라와 진(晉)나라에 대해서는 유독 후하고 진(秦)나라와 초나라에 대해서는 유독 미워한 것이 아니라, 대개 오랑캐와 중화(中華)의 구분이 섞일까 우려한 것이었다.

좌씨(左氏)[53]가 진(秦)나라의 목공(穆公)과 초나라의 장왕(莊王)[54]

신분이 될 수 있는 것이니, 모두 제(齊)나라와 진(晉)나라의 경우거나 아니면 제나라와 진나라의 동맹국들이었다.……제나라와 진나라의 임금이 그 나라를 다스리고 천자를 옹위하며 백성을 사랑하고 기르는 방법이 어찌 모두 옛날 법도와 같을 수 있었겠는가. 대체로 또한 사술(詐術)과 권력에서 나와 인의(仁義)를 섞어 썼으니, 제나라와 진나라 또한 순전한 중국이 되지는 못하였다.……제나라와 진나라의 임금들은 순전한 중국을 이루지 못하였는데도《춘추》에서는 그들을 편들고 있는 것이 늘 드러났다. 훌륭한 것이 있으면 서둘러 그것을 기록하여 그것이 후세에 알려지지 않을까 두려워하는 듯이 하였으며, 잘못한 것이 있으면 여러 방면에서 널리 용서해주어 그들이 군자가 되지 못할까 두려워하는 듯이 하였다."《古文眞寶後集 卷9》

**52** 진(秦)나라와……대우하였다 : 소식은 앞의 글에서 이에 대해 다음과 같이 자세히 설명하였다. "(대저《춘추(春秋)》에서) 주(州)를 쓰거나 나라 이름을 쓰거나 씨(氏)를 쓰거나 '인(人)'이라고 쓰는 것은 그 임금이 제후의 신분이 될 수 없고 그 신하가 대부의 신분이 될 수 없는 것이니, 모두 진(秦)나라와 초(楚)나라의 경우거나 아니면 진나라와 초나라의 동맹국들이었다.……진나라와 초나라 또한 모두 탐욕스럽고 수치를 몰라서 멋대로 행동하며 아무 것도 돌보지 않은 것은 아니었다. 대개 도를 지키고 의를 행하는 임금 또한 있었으니, 진나라와 초나라 또한 순전한 오랑캐가 되는 데 이르지는 않았다.……진나라와 초나라의 임금들이 순전한 오랑캐가 되는 데 이르지 않았는데도《춘추》에서는 그들을 편들지 않고 있는 것이 늘 눈에 뜨이니, 훌륭한 것이 있으면 그것이 쌓여진 뒤에야 드러내고, 악한 것이 있으면 생략하고 기록하지 않았으니 기록할만한 것이 못된다고 여겼기 때문이다."《古文眞寶後集 卷9》

**53** 좌씨(左氏) : 좌구명(左丘明, 기원전 556~기원전 451)을 가리킨다. 중국 춘추시대 말기 노(魯)나라의 역사가로,《논어(論語)》〈공야장편(公冶長篇)〉에 그의 이름이 언급되어 있는 것으로 보아 공자(孔子)와 같은 시대 사람인 것으로 짐작된다.《춘추좌

을 패자(霸者)[55]로 여긴 것은 공자의 뜻이 아니었다. 하물며 초나라의 장왕이 순전한 오랑캐인 것이 또 목공 같을 뿐만이 아닌즉 나란히 둘 수가 있겠는가. 춘추(春秋) 시대에는 패자(霸者)가 두 나라가 있었으니, 제(齊)나라 환공(桓公)[56]은 패자의 으뜸이었고 진(晉)나라 문공(文公)[57]이 그 뒤를 이었다. 목공의 가짜 의리(義理)를 가지고도 천자

씨전(春秋左氏傳)》과 《국어(國語)》의 저자라고 알려져 있다.

**54** 초나라의 장왕(莊王) : ?~기원전 591. 중국 춘추시대 초(楚)나라의 제22대 군주로, 이름은 웅려(熊旅 또는 熊侶)이다. 재위기간은 기원전 614년~기원전 591년이다. 왕위에 오른 후 국내 귀족과 주변 이민족의 도발을 다스리고 내정을 개혁하는 등 선치(善治)에 힘을 기울였다. 기원전 611년 용(庸)나라를 정벌한 후 송(宋)나라・육혼(陸渾)의 융족・서(舒)나라를 연달아 정벌하고 진(陳)나라를 공격하였다. 기원전 597년에 정(鄭)나라를 공격하여 양공(襄公)의 항복을 받았는데, 이때 원군으로 출병한 진(晉)나라 군대를 대파함으로써 패자(霸者)의 지위를 확고히 하였다. 제나라 환공(桓公), 진나라 문공(文公)에 이어 춘추시대 세 번째 패자의 지위에 올랐으며, 춘추오패(春秋五霸) 가운데 유일하게 왕의 칭호로 불리는 인물이기도 하다.

**55** 패자(霸者) : 주(周)나라 왕실이 쇠락하고 춘추 시대를 맞이하면서 천자(天子)의 존엄과 권위 역시 점점 퇴색하였다. 이에 동주(東周) 왕조 하의 제후들 가운데 패권을 잡고 다른 제후들 위에 군림하는 이들이 나타나게 되었는데, 이들을 패자라고 하였다. 인의(仁義)로 천하를 다스리는 왕자(王者)와 상대되는 말로, 무력(武力)으로 천하를 다스린다는 의미를 포함하고 있어 비판적인 의미를 담고 있기도 하다.

**56** 제(齊)나라 환공(桓公) : 기원전 716~기원전 643. 중국 춘추시대 제나라의 제15대 군주로, 이름은 강소백(姜小白)이다. 재위기간은 기원전 685년~기원전 643년이며, '환(桓)'은 그의 시호이다. 이복형인 양공(襄公)이 피살된 후 공자 규(糾)와의 다툼 끝에 왕위에 올랐다. 이후 규의 신하였던 관중(管仲)을 등용하여 개혁을 통한 부국강병을 이루었다. 또 존왕양이(尊王攘夷)를 명분으로 삼아 북쪽으로 융적(戎狄)을 정벌하고 남쪽으로 초(楚)나라를 억제하였으며, 주혜왕(周惠王) 사후 주양왕(周襄王)을 즉위시켜 주나라 왕실을 안정시켰다. 실권을 잃어버린 동주(東周) 왕실을 대신하여 제후들과의 회맹을 아홉 차례나 주도함으로써 춘추 오패(春秋五霸)의 선봉이 되었다.

(天子)가 패자로 인정한 것[58]은 왕법(王法)이 아니다. 좌씨가 그대로 따라서야 되겠는가.

혹자가 말하였다.

"목공의 후손이 천하를 통일함에 군자(君子)가 왕통(王統)으로 인정하였습니다. 요(堯) 임금·순(舜) 임금의 덕과 탕왕(湯王)·무왕(武王)[59]의 공(功)을 가지고도 오히려 대일통(大一統)[60]을 이루었다는 점에서는 진(秦)나라와 마찬가지이니, 저 목공이 환공이나 문공에 대하여 또 무엇이 다르겠습니까."

**57** 진(晉)나라 문공(文公) : 기원전 697(?)~기원전 628. 중국 춘추시대 진나라의 제22대 군주로, 이름은 희중이(姬重耳)이다. 재위기간은 기원전 635년~기원전 628년이다. 아버지인 헌공(獻公)에게 추방당하여 국외에서 19년을 떠돌다가 의형(義兄)이 되는 진목공(秦穆公)의 도움으로 귀국하여 62세에 즉위하였다. 왕위에 오른 후 호언(狐偃)·조쇠(趙衰) 등 어진 신하를 등용하여 어지러운 국내 정세를 수습하고 국력을 강화하였다. 당시 왕실의 내란으로 정(鄭)나라로 망명하였던 주(周)나라의 양왕(襄王)을 복위시켰으며, 초(楚)나라를 무찌르고 천토(踐土)에서 주나라 양왕을 맞아 제후들과 회맹하였다. 이로써 제환공(齊桓公)의 뒤를 이어 춘추시대 제2의 패자(覇者)가 되었다.

**58** 목공(穆公)의……것 : 《사기(史記)》 권5 〈진본기(秦本紀)〉에 다음과 같은 내용이 나온다. "목공 37년(기원전 659). 진나라는 유여의 계책을 받아들여 융왕을 정벌하고 12개의 나라를 더하여 속국으로 삼았으며 천 리의 땅을 개척하여 마침내 서융 지역의 패자가 되었다. 천자는 소공 과를 보내 금으로 된 북으로 목공을 축하하였다.〔三十七年. 秦用由余謀, 伐戎王, 益國十二, 開地千里, 遂霸西戎. 天子使召公過賀穆公以金鼓.〕"

**59** 탕왕(湯王)·무왕(武王) : 상(商)나라의 탕왕(湯王)·주(周)나라의 무왕(武王)을 가리킨다. 모두 태평성대를 이끈 성군(聖君)으로, 유가(儒家)에서 성인(聖人)으로 받들어지는 인물들이다.

**60** 대일통(大一統) : 천하의 제후국 모두가 중국 황제에게 복속되어 그 문물과 제도를 따르는 것을 말한다.

내가 말하였다.

"제통(帝統)을 아끼지 않은 것이 어찌 다만 진(秦)나라 뿐이겠습니까. 비록 위(魏)나라[61]의 원씨(元氏)[62]가 순전한 오랑캐라 하더라도 군자가 오히려 혹 인정하기도 하는 것은 또한 이유가 있었으니, 천하에 왕이 없어 그 죄를 바로잡을 수가 없었기 때문입니다. 목공의 시대에는 주(周)나라의 천자(天子)가 여전히 위에 있었습니다. 그러므로 공자가 《춘추》를 지어 포상(褒賞)[63]하면서 '내가 포상한다.'

**61** 위(魏)나라 : 중국 오호십육국 시대에 선비족(鮮卑族) 탁발부(拓跋部)가 한족(漢族)을 정복하고 화북 지방에 건국하여 남북조 시대까지 이어진 왕조의 이름이다. 386~534년에 존속하였으며, 전국시대 및 삼국시대의 위나라와 구별하기 위해 북위(北魏) 또는 후위(後魏)라고도 하며, 탁발씨(拓跋氏)가 지배했다고 하여 탁발위(拓跋魏), 원씨(元氏)가 지배했다고 하여 원위(元魏)라고도 한다.

**62** 위(魏)나라의 원씨(元氏) : 북위(北緯)의 제7대 황제인 효문제(孝文帝, 467~499)이후의 임금을 가리킨다. 효문제의 재위기간은 471년~499년이며, 성은 탁발(拓跋)이고 이름은 굉(宏)이다. 묘호는 고조(高祖)이며 효문제는 시호이다. 헌문제(獻文帝)의 맏아들로 5살에 즉위하여 풍태후의 섭정을 받다가 490년에 친정(親政)을 시작하면서 중앙집권과 한화(漢化) 정책을 적극 추진하였다. 493년에 후한(後漢)의 수도였던 낙양(洛陽)으로 천도하고 국자(國子)와 태학(太學)·사문소학(四門小學)을 세웠으며, 선비족의 성씨를 한풍(漢風)으로 고치면서 왕실의 성을 '원(元)'으로 고치고, 선비족의 언어와 복식을 금지하였다. 선비족과 한족을 통틀어 씨종의 계등(階等)을 정하여 관료로 채용하고, 상호간의 통혼(通婚)을 장려하였다. 그리하여 제실(帝室) 밑에 한족과 선비족의 귀족이 공존하는 북조의 귀족제도가 성립되고 문화정치의 융성시대로 접어들었다. 그러나 급격한 한화 정책의 추진으로 선비족 고유의 상무(尙武) 정신을 상실하고 하급 군인이 빈천화(貧賤化)하면서 군사 반란을 초래하기도 하였다.

**63** 포상(褒賞) : 춘추필법(春秋筆法)으로 칭찬하는 것을 뜻한다. 중국 동진(東晋)의 학자 범녕(范寧)이 〈춘추곡량전 서(春秋穀梁傳序)〉에서 "《춘추》의 한 글자의 포상이 화곤을 받는 것보다도 영광스럽고, 한마디의 폄하가 시장에서 맞는 회초리보다 치욕스

라고 말하지 않았으니 주나라의 천자가 포상한 것이었고, 폄벌(貶罰)[64]하면서 '내가 폄벌한다.'라고 말하지 않았으니 주나라의 천자가 폄벌한 것이었습니다. 가령 공자가 '주나라의 천자가 하였다.'라고 말하지 않고 '내가 하였다.'라고 말하였다면, 이는 사사로운 것입니다. 천하에 그 누가 두려워하였겠습니까."

혹자가 또 말하였다.

"세상에서 공자를 배운 이가 맹자(孟子)만한 이가 없는데 맹자 또한 일찍이 목공을 패자로 인정하였으니, 어찌 좌씨를 깊이 허물할 수 있겠습니까."

내가 말하였다.

"맹자가 인정한 것은 좌씨가 인정한 것과 다릅니다. 맹자가 살던 시대에 맹자가 바야흐로 왕도(王道)를 가지고 제후들에게 유세를 하고 있을 때 당시의 임금이 환공(桓公)과 문공(文公)의 일을 가지고 질문하자 맹자가 듣지 못하였다고 대답하였는데,[65] 대저 환공과 문공에 대해서는 말하지 않고 목공에 대해서는 말하였습니다.[66] 대

렵다.〔一字之褒寵逾華袞之贈, 一言之貶辱過市朝之撻.〕"라고 한 말이 보인다.

**64** 폄벌(貶罰) : 춘추필법(春秋筆法)으로 나무람을 듣는 것을 뜻한다. 자세한 내용은 앞의 주석을 참조.

**65** 당시의……대답하였는데 : 《맹자(孟子)》〈양혜왕 상(梁惠王上)〉에 다음과 같은 말이 나온다. "제나라의 선왕이 물었다. '제 환공과 진 문공의 일을 얻어들을 수 있겠습니까?' 맹자께서 대답하셨다. '중니의 문도들은 제환공과 진문공의 일을 말한 이들이 없습니다. 이 때문에 후세에 전해진 것이 없어 신이 아직 듣지 못하였습니다. 그만두지 말고 기어이 말하라 하신다면 왕도를 말하겠습니다.'"

**66** 대저……말하였습니다 : 《맹자》〈만장 상(萬章上)〉에 다음과 같은 말이 나온다. "만장이 물었다. '혹자가 이르기를, 백리해(百里奚)가 스스로 진(秦)나라의 희생을 기

개 공자가 목공을 억누름으로써 환공과 문공을 끌어올린 것은 중국을 높이기 위해서였고, 맹자가 목공을 일컬음으로써 환공과 문공을 나란히 둔 것은 왕도를 높이기 위해서였을 것입니다. 두 성인(聖人)은 살던 시대가 달랐던 것입니다."

르는 자에게 팔려가서 5마리 양의 가죽을 받기로 하고 소를 먹여 진나라 목공(穆公)에게 등용되기를 구했다 하니, 이것이 사실입니까?' 맹자께서 말씀하셨다. '아니다. 그렇지 않다. 일을 만들어내기 좋아하는 자들이 지어낸 말이다.……백리해는 우공(虞公)이 간할 수 없는 인물임을 알고 떠나 진나라로 갔으니 이때 나이가 이미 70세였다.……당시에 진나라에 등용되어 목공이 더불어 도를 행할 만한 인물임을 알고 그를 도왔으니, 지혜롭지 않다고 이를 수 있겠는가. 진나라를 도와 그 군주를 천하에 드러내어 후세에 전할 만하게 하였으니, 어질지 못하고서 이렇게 할 수 있겠는가.'" 〈고자 하(告子下)〉에도 다음과 같은 말이 나온다. "맹자께서 말씀하셨다. '우(虞)나라는 백리해를 쓰지 않아 망하였고 진 목공은 그를 등용하여 패자가 되었다. 현자(賢者)를 쓰지 않으면 나라가 망하는 것이니 침식됨을 어찌 얻을 수 있겠는가.'"

# 무제에 대한 논
武帝論

성인(聖人)이 환란을 우려함에, 세상에 환란을 일으키는 사람이 없음을 믿지 않고 나에게 환란을 일으키는 길이 없게 할 것을 믿는다. 제(齊)나라 위공(威公)[67]이 전씨(田氏)를 죽이지 않고[68] 한(漢)나라 문제(文帝)[69]가 오왕(吳王)을 삭탈하지 않은 것[70]은, 아마 천하의 환란이

**67** 제(齊)나라 위공(威公) : 중국 춘추시대 제나라의 군주 환공(桓公, 기원전 716~기원전 643)을 가리키는 것으로, 송(宋)나라 때 흠종(欽宗)의 이름이 '환(桓)'이라 '환'을 '위'로 바꾸어 부른 데서 기인하였다.

**68** 제(齊)나라……않고 : 전씨(田氏)는 전완(田完, 기원전 706~?)을 가리킨다. 중국 춘추시대 진(陳)나라 여공(厲公)의 아들로, 전제(田齊), 즉 '전씨가 다스리는 제(齊)나라'의 시조이다. 원래 성은 규(嬀)이며 씨는 진(陳), 이름은 완(完)이었으나 제(齊)나라로 달아난 후에 씨를 전(田)으로 바꿔 진완(陳完)이라고도 하고 전완이라고도 하며, 시호인 경중(敬仲)을 붙여 진경중(陳敬仲)이라고도 하고 전경중(田敬仲)이라고 한다. 진나라의 선공(宣公)이 총희(寵姬)의 아들 관(款)을 세우려고 태자 어구(御寇)를 죽이자 제나라로 달아났다. 이에 제환공이 환대하며 경(卿)에 임명하였으나 사양하였다. 훗날 그의 후손들이 제나라에서 권세를 잡아 제간공(齊簡公) 때 전성자(田成子)가 임금을 허수아비로 만들고 국정을 장악하였으며, 강공(康公) 때에는 전화(田和)가 강공을 해변으로 내쫓고 동주(東周) 왕실의 허락을 받아 주나라 제후에 정식으로 등극하였다. 이가 바로 제태공(齊太公)이며, 이때가 기원전 386년이었다. 강공이 죽은 후에는 전씨가 제나라를 온전히 차지하여 제나라 공실이 공식적으로 강성(姜姓) 여씨(呂氏)에서 규성 전씨로 바뀌었다.

**69** 한(漢)나라 문제(文帝) : 기원전 202~기원전 157. 중국 전한(前漢)의 제5대 황제로, 이름은 유항(劉恒)이다. 고조(高祖) 유방(劉邦)의 넷째 아들로, 그의 뒤를 이은 경제(景帝)와 함께 '문경지치(文景之治)'로 불렸으며, 시호는 효문황제(孝文皇帝)이

내가 동쪽에서 금하려고 하면 그 환란이 반드시 서쪽에서 일어나고 내가 바깥에서 막으려고 하면 그 환란이 반드시 안에서 일어나니 비록 지혜로운 이가 있다고 하더라도 일이 일어나기 전에 헤아리고 기미를 알아채서 도모하여 오직 나에게 환란을 일으키는 길이 없게 함을 이기지 못할 따름이기 때문이었다.

무제(武帝)[71]가 불릉(弗陵)[72]을 세워 태자(太子)로 삼고 마침내 구익

다. 재위 기간은 기원전 180년~기원전 157년이다.

**70** 한(漢)나라……것 : 오왕(吳王)은 유비(劉濞, 기원전 215~기원전 154)를 가리킨다. 중국 전한(前漢)의 고조(高祖) 유방(劉邦)의 작은형 유희(劉喜)의 아들이다. 영포(英布)를 토벌한 공으로 오왕이 되었는데, 그의 아들인 오태자(吳太子)가 황태자를 모시면서 바둑을 두다가 황태자가 던진 바둑판에 맞아 죽은 일이 발생하였다. 이때부터 역모를 품고 있었는데, 이에 문제(文帝)가 궤장(几杖)을 하사하고 조회하러 오지 않아도 되는 은전을 내려서 무마하였다. 그러나 그 이후 산에서 구리를 캐어서 돈을 주조하고 바닷물을 끓여서 소금을 만드는 등 국가의 금법(禁法)을 무시하면서까지 국용(國用)을 비축하는 한편, 국가의 법을 어기고 망명하는 자들을 받아들여 보호해 주었다. 그러던 차에 조조(鼂錯)가 번진(藩鎭)의 세력을 약화시키기 위해 영토를 조정으로 반환토록 하는 정책을 펴자 초(楚)나라 등 육국(六國)과 손을 잡고 반란을 일으켰다. 이에 경제(景帝)가 조조를 참수하고 빼앗았던 땅을 도로 돌려줌으로써 반란을 무마하였다. 그러나 스스로 동제(東帝)라 참칭하면서 끝내 조명(詔命)을 거역하다가 전쟁에 패하여 월(越) 땅으로 망명하였고 그곳에서 피살되었다.

**71** 무제(武帝) : 기원전 156~기원전 87. 중국 전한(前漢)의 제7대 황제로, 이름은 유철(劉徹)이며 재위기간은 기원전 141년~기원전 87년이다.

**72** 불릉(弗陵) : 기원전 94~ 기원전 74. 중국 전한(前漢)의 제8대 황제인 소제(昭帝)의 이름으로, 성은 유(劉)이다. 무제(武帝)의 6번째 아들로 구익 부인(鉤弋夫人) 소생이며, 재위 기간은 기원전 87년~기원전 74년이다. 기원전 87년 2월 2일에 아버지 무제가 병이 들자 태자로 책봉되었고, 다음날 무제가 죽자 8세의 어린 나이에 즉위하였다. 무제는 어린 아들에게 젊은 모친이 있으면 외척이 발호할 것이라 하여 구익 부인을 자결하게 하고 그의 인척들을 모두 축출하였다. 어린 나이에 즉위하였으므로 대사마대

부인(鉤弋夫人)[73]에게 죽음을 내리며 말하기를,

"나라에 환란이 일어나는 까닭은 군주는 어리고 어미는 젊었던 데서 말미암았다. 여후(呂后)[74]의 일을 듣지 못하였는가."

하였다. 그러므로 제거하지 않을 수 없었던 것이니, 아! 무제가 환란을 우려하는 것이 심원(深遠)하다고 할 수 있겠다. 그러나 《춘추(春秋)》의 법에 모후(母后 임금의 어머니)는 임조(臨朝)[75]할 수가 없으니, 가령

---

장군(大司馬大將軍) 곽광(霍光)의 보필을 받아 정책을 펼쳤는데, 기원전 80년에 연왕(燕王) 유단(劉旦) 등이 곽광을 물리치려는 모반을 일으켰다가 실패하고 모두 주살되었다. 후사 없이 21살에 붕어하였다.

**73** 구익 부인(鉤弋夫人) : ?~기원전 87. 중국 전한(前漢)의 제7대 황제 무제(武帝)의 후궁이며, 제8대 황제 소제(昭帝)의 생모인 효소태후(孝昭太后) 조씨(趙氏)를 가리킨다. 생전에 거주했던 궁의 이름이 구익궁(鉤弋宮)이라 구익 부인으로 불렸으며, 관직이 첩여라 조첩여(趙婕妤)라고도 한다. 무제의 총애를 받아 아들 불릉(弗陵)을 낳았는데 임신 14개월 혹은 24개월 만에 출산하였다. 무제는 요(堯) 임금의 어머니와 똑같다며 구익 부인의 산방(産房)에 '요모문(堯母門)'이라 쓰게 하였고, 이미 10명의 자녀가 있고 황태자도 있었으나 불릉을 다시 황태자로 세웠다. 그러나 구익 부인에게는 역모죄를 씌워 자결하게 하고 사후에 복권시켜 주었다. 아들 소제가 황위에 오른 후 태후로 추증되어 효소태후가 되었다.

**74** 여후(呂后) : ?~기원전 180. 중국 전한(前漢)의 시조인 고조(高祖) 유방(劉邦)의 황후를 가리킨다. 성은 여(呂)이고 자는 아후(娥姁), 이름은 치(雉)이다. 말단 관리인 유방과 결혼하여 유방이 천하를 통일하고 한나라를 세우는데 일조하였으며, 한신(韓信)·팽월(彭越)과 같은 공신들을 제거하는데 앞장서 안정적인 통치권을 수립하는 데 기여하였다. 고조가 죽자 어린 아들 혜제(惠帝)를 즉위시키고 실권을 잡았으며, 혜제 사후에도 황제의 권한을 대행하고 사실상 여씨 정권을 수립하였다. 여후가 죽자 여씨 일족들이 난을 일으키려다 주발(周勃)과 진평(陳平)에 의해 모두 주살되었다. 여후는 유방의 총비(寵妃)인 척부인(戚夫人)의 수족을 자르고 변소에 가두었으며, 아들인 유여의(劉如意)도 독약을 먹여 죽이는 등 횡포를 자행하기도 하였다.

**75** 임조(臨朝) : 황제가 정무(政務)를 주관할 수 없는 상황이 되었을 때, 황실의 여성

고제(高帝 고조(高祖))가 일찍이 가법(家法)을 바로잡았다면 여씨(呂氏)가 어떻게 환란을 일으킬 수 있었겠는가.[76] 한 사람의 무고한 이를 죽이고 천하를 취하는 것은 옛날의 성인(聖人)도 차마 하지 않았는데, 하물며 이미 그 아들을 태자로 세우고 그 어미를 죽였으니 그것이 옳겠는가.

내가 가만히 생각건대, 구익 부인이 허물이 없는 것은 아닌데 무제가 다만 밝혀 말하고 싶지 않아서 이에 이런 핑계를 대어 죽였을 것이다. 부인이 과연 무슨 죄를 지었는가. 이르건대, 여태자(戾太子)의 옥사(獄事)[77]에 부인이 반드시 관여한 바가 있었을 것이다. 진(晉)나라 헌

이 조정에 나아가 정무를 처리하는 것을 이른다.

**76** 여씨(呂氏)가……있었겠는가 : 여후는 남편인 고제(高帝)가 죽고 아들 혜제(惠帝)가 즉위하자 황태후가 되었다. 그런데 혜제가 23살에 죽자 혜제의 후궁 소생을 황후 장씨(張氏)의 아들로 칭하여 황제로 즉위시키고, 그의 나이가 어리다는 이유로 임조칭제(臨朝稱制)하였다. 이후에 고제의 후궁과 이들의 소생을 살해하고, 친가인 여씨(呂氏) 일족을 고위 관직에 앉혀 사실상 여씨 정권을 수립하였다. 또한 유씨(劉氏)만을 후왕(侯王)으로 책봉하라는 고조의 유훈(遺訓)을 어기고 동생 여산(呂産)·여록(呂祿)을 후왕으로 책봉하여 유씨 옹호파의 반발을 불러일으켰다. 이에 여후가 병으로 죽은 후 주발(周勃)과 진평(陳平) 등이 모의를 통해 여씨 일족을 모두 제거하였고, 광무제(光武帝) 때에 논의를 통해 고제의 적처(嫡妻) 지위에서 폐출시키고 문제(文帝)의 어머니인 박태후(薄太后)로 하여금 그 지위를 대신하게 하였다.

**77** 여태자(戾太子)의 옥사(獄事) : 여태자는 중국 전한(前漢)의 제7대 황제인 무제(武帝)의 맏아들 유거(劉據, 기원전 128~기원전 91)를 가리킨다. 위황후(衛皇後)의 아들이며 소제(昭帝)의 이복형으로, 기원전 122년에 황태자가 되었다. 성년이 된 후 무제가 천하를 순유(巡遊)할 때마다 국정을 맡기고 나갔는데, 너그러운 정사를 펼쳐 민심을 얻었다고 한다. 기원전 92년에 병으로 눕게 된 무제가 그 원인이 무고(巫蠱) 때문이라고 믿고 강충(江充)에게 명하여 수많은 사람을 잡아들여 죽이는 일이 발생하였다. 무고는 무당의 주술(呪術)로 사람을 죽이는 것으로, 이때 강충과 반목하고 있었

공(獻公)이 세자를 죽인 것은 여희(驪姬)의 참소 때문이요,[78] 조(趙)나라 영공(靈公)이 태자를 폐위한 것은 맹요(孟姚)의 이간 때문이었다.[79]

던 여태자는 화(禍)가 자신에게 미칠 것을 두려워하였다. 이에 강충을 체포하여 죽이고 군사를 일으켰으니, 이것이 '무고(巫蠱)의 난(亂)'이다. 그러나 패색이 짙어지자 아내와 함께 자살하였고, 아들 유진(劉進) 내외도 자살하였다. 무제는 여태자의 모후 위씨를 폐출하고 사형에 처하였으며, 여태자의 처가 일족에게도 연좌제를 적용하여 사형에 처하고 갓난아기였던 태자의 손자 병이(病已) 역시 군저옥(郡邸獄)에 수감하였다. 훗날 강충의 무고를 알게 된 무제는 여태자가 자결한 곳에 사자궁(思子宮)을 세워 그의 넋을 위로하고, 강충 일족을 참형하였다. 손자 병이는 외가의 손에 구출되어 훗날 황제로 즉위하였으니, 이가 곧 선제(宣帝)이다. 선제는 황제로 즉위한 후 할아버지 유거에게 시호 '여(戾)'를 올렸다.

**78** 진(晉)나라……때문이요 : 헌공(獻公, ?~기원전 651)은 중국 춘추시대 진(晉)나라의 제21대 군주이며, 여희(驪姬, ?~기원전 650)는 헌공의 비(妃)이다. 이민족인 여융(驪戎) 군주의 딸로, 헌공이 여융을 정벌하였을 때 동생 소희(少姬)와 함께 잡혀가 후궁이 되었다. 뛰어난 미모로 헌공의 총애를 받고 왕비의 자리를 차지한 후, 자신의 아들인 해제(奚齊)를 태자로 삼으려고 헌공의 폐신(嬖臣) 양오(梁五)·동관오(東關五) 등에게 뇌물을 주어 공자들을 모함케 하였다. 결국 태자인 신생(申生)은 죽임을 당하고, 헌공의 아들 중이(重耳)와 이오(夷吾)는 도망하여 진나라를 탈출하였다. 이를 '여희의 난(亂)'이라 부르는데, 헌공이 죽은 지 한 달 후에 이극(里克) 등이 반란을 일으켜 여희와 해제 모두 살해하였다. 여희가 일으킨 분쟁으로 진나라는 중이, 즉 훗날의 진문공(晉文公)이 귀국해 즉위할 때까지 약 20년 간 내란의 소용돌이에 휘말렸다.

**79** 조(趙)나라……때문이었다 : 영공(靈公, ?~기원전 295)은 중국 전국 시대 조(趙)나라의 군주 무령왕(武靈王)을 가리키며, 맹요(孟姚, ?~기원전 301)는 영공의 비(妃) 혜후(惠后)를 가리킨다. 어느 날 영공의 꿈에 아름다운 여인이 나타나 거문고를 연주하며 노래를 불렀는데, "눈부시게 빛나는 미인이여. 그 모습 농염한 능소화 같아라. 운명이여! 운명이여! 이 영(嬴)을 몰라주는구나.〔美人熒熒兮, 顏若苕之榮. 命乎命乎! 曾無我嬴.〕"라고 하였다. 영공이 여러 차례 꿈 이야기를 하면서 꿈속의 사람을 만나기를 고대하자 오광(吳廣)이 자신의 딸인 맹요가 그 모습과 흡사하다며 영공에게 바쳤다. 이에 맹요가 영공의 총애를 받고 왕비가 되어 아들 하(何)를 낳았다. 영공은 당초 맏아

예로부터 부자(父子) 사이에서 생기는 임금의 변(變)은 일찍이 총애를 받는 여인으로부터 말미암지 않음이 없었다. 부인이 무제로부터 총애를 받은 지 오래되었으니 어찌 자신의 아들을 천자로 만들고 싶지 않았겠는가. 하물며 불릉은 무제가 사랑하는 아들이었음에랴. 부인이 여태자를 참훼(讒毁 참소하여 헐뜯음)한 것을 어찌 일찍이 하루라도 마음에서 잊었겠으며, 저 강충(江充)[80]과 소문(蘇文)[81]의 무리가 부인의 사당(私

들 장(章)을 태자로 삼으려 하였으나 맹요가 아들을 낳자 장을 폐적(廢嫡)해버리고 하를 태자로 삼았다. 또한 맹요가 이미 죽은 후에도 하를 왕으로 세우고 자신은 주보(主父)가 되어 한 발짝 물러났으니, 이가 바로 혜문왕(惠文王)이다. 그런데 세월이 흐르면서 태자의 자리에서 폐위된 공자 장에 대한 연민을 느끼게 되었고, 이에 기원전 295년에 장을 조(趙)의 북쪽에 설치했던 대(代) 땅의 안양군(安陽君)에 봉하고자 하였다. 이를 기회로 장은 반란을 일으키기로 하였으나 결국 실패하고 주보에게로 달아났는데, 혜문왕 측에서 주보의 궁을 포위하고 풀어주지 않아 장은 그 안에서 죽고 주보 역시 자신의 궁에 유폐된 채 굶어 죽고 말았다.

**80** 강충(江充) : ?~기원전 91. 중국 전한(前漢)의 관료로, 자는 차천(次倩)이며 본래 이름은 제(齊)이다. 누이와 결혼한 조(趙)나라의 태자 유단(劉丹)과 사이가 좋지 않아 이름을 '충(充)'이라 고치고 장안으로 달아났으며, 그 후 무제(武帝)에게 유단을 모함하여 폐위시켰다. 무제의 신임을 사 흉노에 사자로 다녀왔으며, 귀인·공경들 중 사치스러운 자들을 잡아들여 북군(北軍)에 편입시켜 흉노 토벌에 종군케 할 것을 상주하였다. 이에 귀인·공경들이 모두 두려워하며 강충에게 속죄금을 바쳤다. 어느 날 황태자 유거(劉據), 즉 여태자(戾太子)의 사자가 황제 전용 도로인 치도(馳道)를 다니는 것을 적발하였는데, 여태자가 이를 비밀로 해달라고 하였으나 강충은 이를 듣지 않았고 무제는 강충을 기특하게 여겨 수형도위로 승진시켰다. 이후 자신에게 원한을 품은 여태자가 황제의 자리에 오르지 못하도록 무고(巫蠱)의 난(亂)을 일으켰다. 당시 무제가 병을 앓던 것이 무고 때문이라고 상주하고 정적(政敵)들에게 누명을 씌워 수만 명을 제거하였으며, 가까운 사람들 중 무고를 범한 자가 있을 지도 모른다고 하며 여태자의 거처 앞에 제웅을 묻어 두고 이를 파내는 등 증거를 날조하였다. 결국 궁지에 몰린 황태자의 손에 잡혀 죽임을 당하였다.

黨)이 아닐 지 어찌 알겠는가. 이를 가지고 여태자의 옥사를 살펴본다면, 곧 부인이 칼을 주고 두 사람은 다만 찌르기만 한 것이다. 무제가 이미 여태자의 억울함을 알게 된 후에는[82] 참으로 마땅히 조정에 현륙(顯戮)[83]하였어야 하나, 이미 그 아들을 태자로 세웠는데 또 이러한 형벌을 그 모친에게 가하면 천하에 여태자를 불쌍하게 여기는 자들이 불릉에게 귀부(歸附)할 수 있겠는가. 그러므로 이런 핑계를 대어 죽인 것일 뿐이다. 그렇지 않다면 무제가 차마 사람이겠는가.

**81** 소문(蘇文) : ?~기원전 90. 중국 전한(前漢) 무제(武帝) 때의 환관이다. 수차에 걸쳐 무제에게 황태자 유거(劉據), 즉 여태자(戾太子)를 모함하였으므로 태자의 모친인 위자부(衛子夫)가 죽이고 싶어 하였다. 후에 강충(江充)・한열(韓說) 등과 함께 여태자가 거처하는 동궁의 땅을 파 제웅을 묻어두고 여태자가 무제를 저주하였다고 모함하였다. 태자가 대노하여 강충을 죽이자 장안을 빠져나가 무제가 거처하고 있는 감천궁(甘泉宮)으로 가서 여태자가 모반을 일으켰다고 하였다. 이에 무제가 여태자를 잡아 죽이라고 하였으며, 훗날 이를 후회한 무제가 소문을 횡교(橫橋) 위에서 불태워 죽이도록 하였다.

**82** 무제(武帝)가……후에는 : 여태자(戾太子)가 자살한 다음해에 관아의 조사를 거쳐 무고(巫蠱)로 인해 벌어진 사건은 대부분 증거가 없음이 밝혀졌다.

**83** 현륙(顯戮) : 죄인을 죽인 후에 그 시체를 전시(展示)하는 것으로, 엄중한 처결을 의미한다.

# 성제에 대한 논
成帝論

임금의 학문은 오직 내실〔實〕에 힘쓸 따름이다. 세상의 유자(儒者) 가운데 혹자는 명성을 좋아하여 남의 나라를 그르치기도 하는데, 더구나 임금이 된 이가 다만 명성을 좋아하고 내실을 추구하지 않는다면 그 나라를 망하게 하지 않을 자가 없다. 왕망(王莽)[84]이 한(漢)나라를 찬탈함에 논자들은 모두 성제(成帝)[85]가 외척에게 권력을 위임한 것을 허물하였으나, 그것이 다만 외척에게 권력을 위임한 데에 있지 않고

**84** 왕망(王莽) : 기원전 45～23. 중국 신(新)나라의 시조로, 자는 거군(巨君)이다. 전한(前漢)의 제11대 황제인 원제(元帝)의 황후 원후(元后)의 조카로, 원후의 아들 성제(成帝)가 왕위에 오르자 성제 말년에 대사마가 되었다. 애제(哀帝)가 즉위한 후 한때 하야하였으나, 애제가 후사 없이 급사하자 원후와 함께 쿠데타를 일으켜 원제의 손자인 9살의 평제(平帝)를 옹립하고 국정을 좌우하였다. 서기 5년에 평제를 독살하고 2살인 유영(劉嬰)을 세워 스스로 섭황제(攝皇帝)가 되었으며, 8년에는 유영을 몰아내고 국호를 신(新)이라 하여 스스로 황제가 됨으로써 선양 혁명에 성공하였다. 이후 각종 개혁정책을 펼쳤으나 모두 실패하고, 장안(長安)의 미앙궁(未央宮)에서 부하의 칼에 찔려 죽음으로써 건국한 지 15년 만에 멸망하였다.

**85** 성제(成帝) : 기원전 51～기원전 7. 중국 전한(前漢)의 제12대 황제로, 원제(元帝)와 황후 왕씨의 맏아들이다. 성은 유(劉)이고 이름은 오(驁)이며, 자는 태손(太孫)이다. 재위 기간은 기원전 32년～기원전 7년이다. 즉위 후 주색(酒色)에 빠져 가희(歌姬) 조비연(趙飛燕)을 황후로 삼고 그의 언니는 소의(昭儀)로 삼았다. 한해(旱害)와 수재(水災)가 계속되는데도 이를 다스리지 않아 곳곳에서 반란이 일어났고, 이에 황제 지배체제가 무너지고 외척이 권력을 잡기 시작하였다. 특히 왕씨가 고관(高官)의 자리를 독점하여 왕망(王莽)의 출현을 초래하는 계기를 만들었다. 묘호(廟號)는 통종(統宗)이고, 시호는 효성황제(孝成皇帝)이다.

사실상 임금이 명성을 좋아한 데서 나온 것임을 알지 못한다.

대개 고제(高帝 한(漢)나라 고조(高祖))는 필부(匹夫) 출신으로 수백 번의 전투 끝에 천하를 평정하였는데, 오직 적국(敵國)의 강약과 병기(兵機 전쟁의 기략(機略))의 득실만 알았지 옛사람들이 천하를 다스림에 이른바 예악(禮樂)이란 것이 있음을 알지 못하였다. 숙손통(叔孫通)이 조의(朝儀 조정에서 행하는 의식)를 제정하여 신하들이 감히 시끄럽게 떠들지 못하게 되자, 고제는 스스로 예는 이만하면 족하다고 여겼다.[86]

문제(文帝) 때에 이르러 당시의 선비 가운데 삼대(三代)의 정치에 관한 설(說)로 문제를 고무하는 이가 있었는데 문제가 겸양하며 스스로 감당하지 않았으니,[87] 그의 뜻은 필시 "한나라 왕실에 자체적으로

**86** 숙손통(叔孫通)이……여겼다 : 숙손통(叔孫通, ?~?)은 중국 진말(秦末) 한초(漢初)의 유학자이다. 진나라 이세황제(二世皇帝)를 섬기다가 진나라가 장차 망하려 하자 고향에 돌아와 항량(項梁)과 항우(項羽)를 섬겼다. 유방(劉邦)이 팽성(彭城)에 쳐들어오자 투항하여 박사(博士)가 되고 직사군(稷嗣君)에 봉하여졌다. 유방이 천하를 통일하고 천자가 되었으나 장상(將相)들이 모두 전날의 술친구나 노름꾼이어서 권위가 서지 않았는데, 숙손통이 고례(古禮)를 참조하여 예악과 조의(朝儀)를 제정하였다. 고조(高祖) 7년에 장락궁(長樂宮)이 완공되어 제후와 신하들이 예법에 따라 조회를 하자 고조가 '이제야 천자가 된 것 같다.'며 좋아하였다. 이후 태상(太常)과 태자태부(太子太傅)를 역임하고, 혜제(惠帝) 때 종묘의법(宗廟儀法)을 제정하였다.

**87** 문제(文帝)……않았으니 : 중국 전한의 관리이자 학자인 가의(賈誼)가 양회왕(梁懷王)의 태부(太傅)로 있을 때 문제에게 올린 상소의 내용을 말하는 것으로, 이 상소는 〈치안책(治安策)〉 또는 〈진정사소(陳政事疏)〉라고도 불린다. 해당 내용을 인용하면 다음과 같다. "신이 삼가 지금의 사세를 생각해보건대 통곡할 만한 것이 한 가지요, 눈물을 흘릴 만한 것이 두 가지요, 길게 탄식할 만한 것이 여섯 가지이니, 기타 이치를 위배하고 도리를 해치는 것으로 말하면 두루 열거하기가 어렵습니다. 말씀을 아뢰는 자들이 모두 이르기를, '천하가 이미 편안하고 이미 다스려졌다.'라고 하지만 신만은 그렇지 않다고 생각합니다.……하(夏)나라가 천자가 된 지 10여 세(世) 만에 은(殷)나

고제(高帝)의 유법(遺法)이 있는데, 어찌 멀리 삼대에서 구할 필요가 있겠는가."라는 것이었을 것이다. 그러므로 그가 등용하는 신하 또한 세상을 놀라게 할 만한 학문이나 남들보다 뛰어나 행실을 가진 이들이 있지 않았고 오직 근후(謹厚)한 장자(長者)가 됨을 벗어나지 않을 뿐이었다. 임금이 이러한 마음으로 정사를 내고 신하가 이러한 마음으로 명령을 받드니, 그 사이에 혹 소인(小人)이 없지 않아서 법을 빙자하여 농간을 부림에 불과할 따름이었다.

무제(武帝)[88] 때에 이르자 삼대(三代)의 도를 듣지 못하였으나 그 명성을 흠모하여, 태학(太學)을 세우고 육경(六經)을 가르쳤으며 유술(儒術)로 이름난 선비를 향용(嚮用 예우(禮遇)하여 임용함)하였다. 고제

라가 받았고, 은나라가 천자가 된 지 20여 세 만에 주(周)나라가 받았고, 주나라가 천자가 된지 30여 세 만에 진(秦)나라가 받았는데, 진나라는 천자가 된 지 2세 만에 망하였습니다. 사람의 성품이라는 것이 크게 서로 다르지 않은데 어찌하여 삼대(三代)의 군주는 도(道)가 있어 장구하였고 진나라는 무도하여 갑자기 망하였습니까?……삼대의 예에 봄날 아침에 해에 조현(朝見)하고 가을날 저녁에 달에 제사함은 공경해야 함을 밝힌 것이요, 봄가을로 입학(入學)하여 나라의 원로를 모시되 장(醬)을 가지고 친히 대접함은 효도해야 함을 밝힌 것이요, 다니기를 난화(鸞和)에 따라 하여 걸음이 채제(采齊)에 맞고 종종걸음이 사하(肆夏)에 맞게 함은 법도가 있어야 함을 밝힌 것이며, 금수(禽獸)에 대해서도 살아있는 것을 보았으면 그 시체를 먹지 않으며 소리를 들었으면 그 고기를 먹지 않고 푸줏간을 멀리함은 은택을 넓히고 또한 인자해야 함을 밝힌 것입니다.……삼대가 장구했던 까닭은 태자를 보익함에 이러한 갖춤이 있었기 때문이었습니다.……지금 혹 예의가 법령만 못하고 교화가 형벌만 못하다고 말하기도 하는데, 임금께서는 어찌하여 은(殷)·주(周)·진(秦)의 일을 끌어다가 살펴보지 않으십니까?"《前漢書 卷48 賈山傳》 그러나 한문제는 삼대(三代)의 정치에 관한 가의의 말을 듣고 고론(高論)으로 여겨 받아들이지 않았다고 한다.

**88** 무제(武帝) : 기원전 156~기원전 87. 중국 전한(前漢)의 제7대 황제이다.

(高帝)의 노둔(魯鈍 촌스러움)함이나 문제(文帝)의 질박(質樸)함은 본받기에 부족하다고 생각하여 곧바로 탕왕(湯王)과 무왕(武王)의 수준으로 뛰어넘고자 하였으니, 한나라의 문물이 찬란하게 일신(一新)하였다. 그러나 다만 명성만을 좋아하고 내실에는 힘쓰지 않았으므로 한나라의 원기(元氣)가 이미 쇠퇴하였다.

성제(成帝)는 혼군(昏君)이다. 그러나 그가 배우고자 한 것은 무제(武帝)이어서 천하의 서적을 구하고 천하의 문사(文士)들을 모아 날마다 조정에서 강(講)을 열었다. 한나라 왕실의 규모를 보건대 마치 시골에 사는 사람의 자손이 다른 사람의 화려한 옷을 입고 도시에 사는 사람에게 놀러갔는데 그 선조(先祖)가 농사에 힘쓰느라 고생한 것을 물으면 부끄러워하며 말하지 않는 것과 같으니, 이에 천하의 풍속이 날마다 허위(虛僞)로 치달렸다.

저 왕망(王莽)이라는 자는 천하의 풍속이 이미 변하여 헛된 명성으로 천하를 취할 수 있다는 것을 간파하였다.[89] 몸을 움직이고 말을 할

**89** 저 왕망(王莽)이라는……간파하였다 : 왕망(王莽)의 고모인 황태후 왕정군(王政君)에게는 8명의 동생이 있었는데, 그중 일찍 죽은 왕망의 부친 왕만(王曼)을 제외하고 7명이 모두 후작(侯爵)이 되었다. 특히 백부 왕봉(王鳳)이 대사마(大司馬)에 대장군(大將軍)까지 겸하게 되자 온 집안 식구들이 모두 교만해져서 가는 곳마다 위세를 부렸다. 오직 왕망만이 몸을 가지런히 하고 배움을 넓혔으며, 검소한 유생의 복장을 하고 어머니와 형수를 봉양하였다. 고아가 된 조카를 양자로 삼아 길렀으며, 백부 왕봉에게 병이 들자 지극정성으로 간호하였다. 이에 사람들은 왕씨네 집안에서 사람 같은 것은 왕망밖에 없다고 하였다. 왕봉이 죽은 후에 대사마의 직위를 물려받은 왕망은 인재들을 많이 도와주었으며, 그 소식을 들은 선비들이 그를 찾아 몰려들었다. 성제(成帝)가 죽은 후에 나라가 어지러워지자 왕망을 안한공(安漢公)으로 책봉해야 한다고 상주한 이들이 48만 명이나 되었으며, 어떤 사람은 왕망을 칭송하는 시를 정리해 펴내기도

때에 거만하게 자처하면서 말하기를,

"내 족히 성인(聖人)이 될 수 있으니, 공광(孔光)[90]이 앞에서 끌고 유흠(劉歆)[91]이 뒤에서 밀며 성인이 다시 나왔다고 하면 천하가 바람에 쓸리듯 따를 것이다."

하였다. 아! 내가 왕망의 행동을 보건대 그 뜻은 한 집안을 가리기에 부족하고 그 사업은 한 고을을 속이기에 부족한데, 도리어 그러한 바탕으로 천하를 취한 것은 풍속이 명성을 좋아하였기 때문이다. 그러한즉 임금의 학문이 다만 그 명성을 좇는 것은 도리어 아무것도 배우지 않는 것이 나음만 같지 못할 것이다.

하였다. 그러나 왕망의 행동은 모두 명성을 얻기 위한 목적에서 나온 것이었고, 결국 왕위를 찬탈하다시피 하여 황제의 자리에 올랐다.

**90** 공광(孔光) : 기원전 65~5. 중국 전한(前漢)의 유학자로, 공자의 14대손이다. 대대로 박사(博士)를 배출한 유학(儒學)의 종가에서 태어나 경학(經學)에 능통하였다. 원제(元帝) 때 벼슬에 나아가 박사에 천거되고, 이후 우수한 성적으로 상서(尙書)가 되었다. 유학이 융성하는 때를 만나 승상의 자리에 올랐으며, 평제(平帝) 때 왕망(王莽)의 전횡을 우려하여 물러나려 하였으나 허락되지 않았다. 원제・성제(成帝)・애제(哀帝)・평제의 네 황제를 섬겼으며, 태부(太傅)・태사(太師)에 이르러 박사후(博士侯)에 봉하여졌다. 고사(故事)와 한나라의 제도 및 법령에 밝아 어사대부(御史大夫)와 승상을 두 번 역임하였다. 시호는 간렬후(簡烈侯)이다.

**91** 유흠(劉歆) : 기원전 53(?)~23. 중국 전한(前漢) 말기의 유학자로, 유향(劉向)의 아들이다. 자는 자준(子駿)이나 나중에 이름을 수(秀), 자를 영숙(穎叔)으로 고쳤다. 아버지와 함께 궁정의 장서(藏書)를 정리하고 육예(六藝)의 서적을 7종으로 분류하여 《칠략(七略)》이라 하였으니, 이는 중국 최초의 분류 도서 목록이다. 이후 봉거광록대부(奉車光祿大夫)가 되고, 왕망(王莽)이 집권한 후에는 중루교위(中壘校尉)와 경조윤(京兆尹)을 지내고 홍휴후(紅休侯)에 봉하여졌다. 왕망이 신(新)나라를 세우고 스스로 황제가 된 후 국사(國師)가 되어 가신공(嘉新公)에 봉하여졌으나 만년에 왕망의 포역(暴逆)에 반대하여 모반을 기도하다가 실패하여 자살하였다.

# 태종에 대한 논
太宗論

국가를 창업(創業)하는 군주는 비유하자면 집을 짓는 것과 같다. 대저 집을 짓는 자가 기초를 세울 때에는 반드시 견고함을 구해야 하고, 재목을 모을 때에는 반드시 아름다움을 구해야 한다. 이제 한 사람이 있어, 기초를 세우면서 견고함을 구하지 않고 재목을 모으면서 아름다움을 구하지 않으며 급하게 서둘러 오직 난간〔欄檻〕에 미처 그림을 새기지 못할까 창과 벽에 미처 칠을 하지 못할까만을 염려한다면 겨우 두어 세대가 지나서 벌써 기울어지고 썩어 들어가는 것을 금치 못할 것이다.

당(唐)나라 태종(太宗)[92]의 정관의 정치〔貞觀之治〕는 가히 융성하였다고 이를 만하나 한 번 전하여 고종(高宗)[93]에 이르자 당나라의 사업

**92** 태종(太宗) : 599~649. 중국 당(唐)나라의 제2대 황제로, 이름은 이세민(李世民)이다. 재위 기간은 626년~649년이며, 중국 역사상 최고의 영주(英主)로 알려져 있다. 북방민족의 피가 섞인 무인(武人) 귀족 집안에서 태어났으며, 수(隋)나라 양제(煬帝)의 폭정으로 나라가 어지러워지자 아버지 이연(李淵)과 함께 수나라를 무너뜨리고 당나라를 건립하였다. 명신 위징(魏徵) 등의 의견을 받아들여 사심을 누르고 백성을 불쌍히 여기는 공정한 정치를 하기에 힘써 그의 치세는 '정관(貞觀)의 정치'라는 칭송을 받았다. 3성 6부의 중앙관을 두고 균전제(均田制)를 실시하고 율령격식(律令格式)을 완성하는 한편, 학문과 문화의 애호자로 전대의 왕조사 및 《오경정의(五經正義)》를 편찬하게 하기도 하였다.

**93** 고종(高宗) : 628~683. 중국 당(唐)나라의 제3대 황제로, 이름은 이치(李治)이고 자는 선(善)이다. 재위 기간은 649년~683년이다. 태종(太宗)의 9번째 아들로, 태종

이 벌써 쇠퇴하였다. 융성한 것이 갑작스러웠기 때문에 쇠퇴하는 것도 빨랐고 나아가는 것이 급속하였기 때문에 물러나는 것도 쉬웠으니, 대개 사물의 이치가 그러한 것이다. 태종의 창업을 가만히 보건대, 집을 짓는 자가 오직 난간에 그림을 새기고 창과 벽에 칠을 하여 단청(丹靑)의 공(功)을 이루는 데 급급하여 오직 사람들의 눈에 비치지 못할까만을 염려하는 것에 불과할 따름이었다.

무왕(武王)이 주(周)나라를 일으킴에 주나라의 정치가 무왕 때 극에 이르지 않고 성왕(成王)[94]·강왕(康王)[95]의 세대에 극에 이르렀으며,

의 장남 이승건(李承乾)과 4남 이태(李泰)가 폐위된 후 황태자가 되었다. 평범한 자질을 가졌으나 처음에는 태종의 여세와 전대(前代) 명신의 보좌로 치적을 올렸다. 영휘율령(永徽律令)과 율소(律疏)를 찬정하고 《오경정의(五經正義)》를 발행하여 전장(典章) 제도를 마무리하였으며, 대외적으로는 고구려를 치고 서역(西域)으로 세력을 넓혔다. 그러나 654년 황후를 폐하고 측천무후를 입궁케 하여 인심을 잃고, 만년에 정치를 측천무후에게 위임하여 무씨(武氏)의 화(禍)를 불러들였다. 시호는 천황대제(天皇大帝)이다.

**94** 성왕(成王) : 중국 주(周)나라의 제2대 왕으로, 이름은 희송(姬誦)이다. 문왕(文王)의 손자이며 무왕(武王)의 아들로, 어려서 즉위하여 숙부 주공 단(周公旦)이 섭정하였다. 상(商)나라의 왕족 무경(武庚)과 무왕의 동생인 관숙(管叔)·채숙(蔡叔) 형제가 반란을 일으키자 이를 진압하고 동이(東夷)로 원정하였다. 하남(河南)의 낙읍(洛邑)에 새로 동도(東都)를 정하고 주공을 그 곳에 있게 하였으며, 미자 계(微子啓)를 송(宋)나라에, 강숙(康叔)을 위(衛)나라에 봉하는 등 통치기반을 다졌다. 주공 단과 소공 석(召公奭)의 보좌를 받아 태평성대를 이루어서 그의 아들 강왕(康王)의 시대에 이르기까지 국가가 안정되고 평화로웠으니, 이를 '성강지치(成康之治)'라고 부른다.

**95** 강왕(康王) : 중국 주(周)나라의 제3대 왕으로, 성은 희(姬)이고 이름은 쇠(釗)이다. 성왕(成王)의 아들로, 귀방(鬼方) 및 동남쪽의 여러 부족을 정벌하면서 영토를 개척하였다. 아버지 성왕과 함께 문왕(文王)과 무왕(武王)의 치적을 계승하여 국가를 안정기에 들도록 하였으니, 이 시기를 '성강지치(成康之治)'라고 부르기도 한다.

고조(高祖)가 한(漢)나라를 창업함에 한나라의 정치가 고조 때 극에 이르지 않고 문제(文帝)[96] · 경제(景帝)[97]의 세대에 극에 이르렀다. 대저 성왕과 강왕이 무왕을 계승하고 문제와 경제가 고조를 계승한 것은 참으로 당나라의 고종(高宗) · 중종(中宗)[98]보다 현명하였으니, 그 두 창업조(創業祖 무왕(武王)과 고조(高祖))는 명성에 힘쓰지 않고 오직 내실

**96** 문제(文帝) : 기원전 202~기원전 157. 중국 전한(前漢)의 제5대 황제로, 이름은 유항(劉恒)이다. 고조(高祖) 유방(劉邦)의 넷째 아들로, 처음 대왕(代王)에 책봉되었다가 국정을 천단하던 여씨(呂氏)의 난이 평정된 뒤 태위 주발(周勃)과 승상 진평(陳平) 등 중신의 옹립으로 제위에 올랐다. 고조의 군국제(郡國制)를 계승하고 전조(田租)와 인두세(人頭稅)를 감면하였으며, 가혹한 형벌을 폐지하고 흉노에 대한 화친 정책을 펴는 등 민생 안정과 국력 배양에 힘썼다. 그의 뒤를 이은 경제(景帝)와 함께 '문경지치(文景之治)'로 불렸으며, 시호는 효문황제(孝文皇帝)이다. 재위 기간은 기원전 180년~기원전 157년이다.

**97** 경제(景帝) : 기원전 188~기원전 141. 중국 전한의 제6대 황제로, 이름은 유계(劉啓)이다. 문제(文帝)의 아들로, 황제 일족의 영지 삭감을 시도하여 오초칠국지란(吳楚七國之亂)이 일어났으나 이를 진압하였다. 이후 고조(高祖) 이래의 군국제(郡國制)를 개정하고 중앙집권적 군현제도를 확립하여 아들인 무제(武帝)의 통치 기반을 마련하였으니, 이 시기를 '문경지치(文景之治)'라 부르기도 한다. 재위 기간은 기원전 156~기원전 141년이다.

**98** 중종(中宗) : 656~710. 중국 당(唐)나라의 제4대이자 제6대 황제로, 이름은 이현(李顯)이다. 고종(高宗)과 측천무후(則天武后)의 7번째 아들로, 재위 기간은 각각 683년~684년 · 705년~710년이다. 형인 이홍(李弘)과 이현(李賢)이 태자에서 폐위되며 제위에 올랐으나, 측천무후에 대항하여 자신의 세력을 구축하려다 폐위되어 방주(房州)에 유배되었다. 그러나 제위에 올랐던 측천무후의 정치적 실패로 699년 다시 황태자로 소환되고, 705년 우림군(羽林軍)의 변으로 제위를 회복하였다. 황후인 위후(韋后)를 신임하여 정사에 참여하게 하였는데, 이후 위씨(韋氏) 일족과 무삼사(武三思) 등이 권력을 장악하였고 결국 위후와 그녀의 딸인 안락공주(安樂公主)의 손에 독살당하였다. 시호는 효화황제(孝和皇帝)이다.

을 구하였으며 밖으로 드러나는 모습을 구하지 않고 오직 안에 채워질 내용을 구하였다. 그리하여 지극한 정치의 융성함으로 하여금 비록 나의 일신(一身)에 미치게 하지는 못하였다 하더라도 아들과 손자에게 남겨준 것이 무궁하였다.

태종은 명성을 좋아하는 임금이다. 정령(政令) 하나하나를 내리고 말 한 마디 한 마디 할 때를 보건대, 오직 태평성세를 꾸미고 장식하여 오만하게 삼대(三代)[99]의 위에 자처하고자 하였다. 내가 보건대 옛날부터 까닭 없이 아름다운 명성을 얻는 자는 재앙이 그 몸에 미치지 않는 자가 없었으니, 비록 혹시라도 다행히 자신의 몸에서는 면하였다 하더라도 반드시 그 후손에게 미쳤다. 하물며 태종은 삼대(三代)의 치명(治名)을 절취(竊取)한 자임에랴.

**99** 삼대(三代) : 중국 고대 하(夏)・은(殷)・주(周) 삼대의 태평성대를 의미한다.

## 중종에 대한 논
中宗論

천하의 일은 처음을 바로잡는 것만 한 것이 없다. 처음을 바로잡을 수 있으면서 나중을 바로잡지 못하는 자는 있지 않으며, 처음을 바로잡지 못하면서 나중을 바로잡을 수 있는 자 또한 있지 않다. 중종(中宗)의 복위(復位)[100]를 두고 호씨(胡氏)[101]는 "오왕(五王)[102]이 당나라 황실을 위하여 죄인을 다스리지 못하였다."라고 논하였는데,[103] 죄인은

**100** 중종(中宗)의 복위(復位) : 중종은 중국 당(唐)나라의 제4대 황제이자 6대 황제로, 2번 즉위하였다.

**101** 호씨(胡氏) : 호안국(胡安國, 1074~1138)을 가리킨다. 중국 송(宋)나라의 유학자로, 자는 강후(康侯)이다. 철종 때 진사에 합격하였으나 벼슬을 떠나 학문에 전심하였다. 정이(程頤)를 사숙하여 거경궁리(居敬窮理)의 학문을 중히 여겼고, 왕안석(王安石)이 《춘추(春秋)》를 폐한 것을 탄식하고 이 책을 연구하는 데 20여 년을 보내며 《춘추호씨전(春秋胡氏傳)》 30권을 저술하였다. 그 밖에 《자치통감거요보유(資治通鑑擧要補遺)》·《문집(文集)》을 저술하였고, 아들 호굉(胡宏)과 함께 호상학파(湖湘學派)를 형성하였다. 문묘(文廟)에 배향되었으며, 시호는 문정(文定)이다.

**102** 오왕(五王) : 측천무후(則天武后)를 폐하고 중종(中宗)을 옹립하여 당나라를 다시 일으킨 다섯 명의 반정 공신인 장간지(張柬之)·환언범(桓彦範)·원서기(袁恕己)·최현위(崔玄暐)·경휘(敬暉)를 가리킨다. 이들은 측천무후의 총애를 받던 장역지(張易之)·장창종(張昌宗) 형제를 죽이고 기울어가던 당나라의 국운을 회복한 공으로 군왕(郡王)에 봉하여져, 각각 한양군왕(漢陽郡王)·부양군왕(扶陽郡王)·남양군왕(南陽郡王)·박릉군왕(博陵郡王)·평양군왕(平壤郡王)이 되었다.《新唐書 卷120 五王列傳》

**103** 중종(中宗)의……논하였는데 : 측천무후가 고종(高宗)의 황후(皇后)로서 그 아들 중종(中宗)의 자리를 빼앗자 오왕(五王)이 의거를 일으켜 무씨(武氏)를 몰아내고

곧 무씨(武氏)[104]이다. 대개 호씨의 말은 그들이 능히 처음을 바로잡은 것은 인정하나 나중을 바로잡지 못한 것을 한스러워한 것이다. 그러나 나는 오왕이 처음을 바로잡지 못하였기 때문에 참으로 나중을 바로잡을 수가 없었다고 생각한다.

문강(文姜)[105]과 애강(哀姜)[106]은 노(魯)나라의 죄인이다. 무릇 노나

다시 중종을 세웠다. 그러나 호안국(胡安國)은 《춘추전(春秋傳)》에서 "오왕이 능히 대의로써 영단을 내려 그 죄인을 죽이고 그 종족을 멸하지 못하였다.〔五王不能斷大義, 誅其罪而滅其宗.〕라고 비판하였다.

**104** 무씨(武氏) : 측천무후(則天武后, 624~705)를 가리킨다. 중국 당(唐)나라의 제3대 황제 고종(高宗)의 황후이자, 자신이 건국한 대주(大周)의 초대 황제이다. 이름은 무조(武曌)이다. 태종(太宗)의 후궁이었으나 태종의 아들인 고종의 후궁으로 다시 입궁하였고, 결국 황후가 되었다. 이후 고종을 대신하여 정무를 보다가 섭정이 되어 전권을 행사하였다. 그러는 과정에서 황태자였던 이충(李忠)을 폐위시키고 자신의 아들들을 번갈아가며 황태자로 세웠다가 폐위시키기를 거듭하였고, 결국 690년 대주(大周)라는 나라를 세우고 자신이 직접 황제가 되었다. 무후는 반대파를 감시하고 통제하는 공포정치를 실시하였으나 인재를 등용하고 행정 체계를 정비해 '정관(貞觀)의 치(治)'에 버금가는 '무주(武周)의 치'를 이룩하였다. 그러나 병으로 앓아누운 틈을 탄 재상 장간지(張柬之)의 압박으로 태상황으로 물러났으며, 698년에 다시 황태자가 되었던 중종(中宗)이 복위하여 당 왕조가 부활하였다. 이후 무후는 황제가 아니라 황후로서 장례를 치르고, 묘비에 한 글자도 새기지 말라는 등의 유언을 남기고 죽었다. 시호는 측천순성황후(則天順聖皇后)이다.

**105** 문강(文姜) : ?~? 중국 춘추시대 제(齊)나라 희공(僖公)의 차녀로, 노(魯)나라 환공(桓公)에게 출가하였다. 출가 전부터 이복 오빠인 양공(襄公)과 사통하였고, 출가 후 환공이 제나라를 방문할 때 함께 따라가 관계를 재개하였다. 이를 눈치 챈 환공이 대노하자 이를 양공에게 고하였고, 결국 환공을 죽게 하였다. 환공이 죽은 후에도 계속 양국의 국경 지대에 머물면서 양공과 사통하였고, 양공의 서녀 애강(哀姜)과 자신의 아들 장공(莊公)의 혼인을 강제하여 훗날의 갈등을 야기하였다.

**106** 애강(哀姜) : ?~? 중국 춘추 시대 제(齊)나라 양공(襄公)의 서녀(庶女)로, 고

라의 신하 된 자가 그 죄인을 잡아다가 다스려서 선군(先君)의 원수를 갚았다면, 비록 그 아들로 하여금 사군(嗣君 선왕(先王)의 대를 물려받은 임금)이 되게 하였다 하더라도 참으로 감히 금(禁)할 수가 없다. 그러나 만약 그 아들로 하여금 직접 국인(國人)을 거느리고 그 죄를 다스리게 하였다면, 천하에 어찌 자식이 되어 어미를 다스리는 법이 있단 말인가.

무씨의 죄는 노나라의 문강이나 애강보다 더하나 중종(中宗)에게 있어서는 여전히 어미이다. 비록 "무씨의 죄를 다스린 이는 중종이 아니고 오왕이다."라고 말한다 하더라도 중종이 몸소 오왕을 거느리고 군사를 포진하여 들어갔으니 무씨의 죄를 다스린 이가 중종이 아니고 누구이겠는가. 그러한즉 무씨의 죄를 끝내 다스릴 수 없었던 것이다.

나는 이렇게 말한다.

"무씨는 당나라 황실과는 하루도 함께 온전할 수 없는 사람이다. 무씨의 죄를 다스리지 않으면 당나라에는 신하가 없는 것이다. 오왕을 위한 계책은, 먼저 궁중에 들어가 무씨의 죄를 따져서 폐위한 다음 태묘(太廟)에 고하고 사방에 선포하여 무씨로 하여금 자진(自盡)케 하고 또 그 당여(黨與)를 다 멸망시킨 연후에 마침내 중종을 맞이하여 세우는 것만 한 것이 없었을 것이니, 그렇게 하였다면 무씨의 죄를 다스린 것은 결국 오왕이지 중종이 아니었을 것이다. 이제

모인 문강(文姜)의 주선으로 노(魯)나라 장공(莊公)에게 출가하였다. 장공은 어머니 때문에 아버지를 죽인 원수의 딸과 억지로 혼인한 후 그녀를 멀리하였는데, 이에 애강은 장공의 이복형제인 경보(慶父)와 사통하였다. 장공이 죽고 태자 반(般)이 즉위하자 경보와 모의하여 반을 죽이고 민공(閔公)을 세웠으며, 그 후 또 경보와 모의하여 민공을 죽였다. 그러자 제나라에서 애강을 불러다가 독살하였다.

이에 급하게 서둘러 먼저 동궁(東宮)에 나아가서 중종을 봉입(奉入)하였으니, 이미 모자(母子)의 의리를 보전하지 못하였고 또 종묘사직(宗廟社稷)의 적(賊)을 다스리지도 못하였다. 그 잘못을 찾는다면 곧 오직 오왕이 처음을 바로잡지 못하였기 때문이다."

혹자는 이렇게 말한다.

"오왕이 먼저 무씨를 다스리고 중종을 맞이하여 세웠다면, 이는 그 어미를 죽이고 그 아들을 세우는 꼴이다. 중종이 차마 왕위에 섰겠는가."

나는 이렇게 말한다.

"오왕이 무씨를 다스린 것은 당나라 황실을 위한 것이었지, 중종을 위한 것이 아니었다. 중종이 어찌 감히 무씨 때문에 당나라 황실의 혈사(血祀)를 주관하지[107] 않겠는가. 오직 그 모의에 참여하지 않는 것만이 옳은 것이다."

**107** 혈사(血祀)를 주관하지 : 임금이 된다는 말이다. 혈사는 희생(犧牲)을 잡아 그 피를 바쳐 제사를 지낸다는 뜻으로, 사직(社稷)・오사(五祀)・오악(五嶽)에 지내는 제사이다. 《周禮 春官 大宗伯之職》

# 노중련에 대한 논
鲁仲連論

선비로서 세상에 쓰이지 않는 자는 천하의 일에 대해서 오직 담담하여나 몰라라 할 따름이다. 그러나 일이 천하의 대계(大計)와 관련이 있고 나의 힘이 족히 구제할 수 있으면, 오히려 감히 "이는 내 알 바 아니다."라고 말하지 않고 마침내 한 번 일어나 감당한다. 이는 대개 그 도(道)가 크게 쓰일 만한 것이지 작게 쓰일 만한 것이 아니기 때문이다.

전국(戰國)의 세상에 왕의 덕화(德化)가 이미 사그라져 당시의 선비들이 변설(辯說 말재주)을 서로 숭상하여 세리(勢利 권세와 이익)의 길에 골몰하고 공명(功名)의 기회에 연연하였다. 그리하여 소진(蘇秦)[108]·장의(張儀)[109]·범수(范雎)[110]·채택(蔡澤)[111]과 같은 무리들이 세상에

108 소진(蘇秦) : ?~? 중국 전국 시대의 정치가로, 자는 계자(季子)이다. 장의(張儀)와 함께 귀곡자(鬼谷子)를 사사하고, 진(秦)나라의 혜왕(惠王)을 비롯한 제후들에게 유세를 하였으나 등용되지 않았다. 이에 다시 1년 동안 독서를 한 뒤 진나라를 두려워하는 산동 지역의 제후국을 찾아다니며 육국(六國)의 연합으로 진나라에 대항하자는 합종설(合縱說)을 주창, 연(燕)나라의 문후(文侯)에게 등용되었다. 뒤를 이어 조(趙)·제(齊)·위(魏)·한(韓)·초(楚)·연(燕)의 남북 종횡설(縱橫說)을 성공시켜 6국의 재상이 되고 스스로 무안군(武安君)이라 칭하였다. 그러나 합종책은 장의 등이 내세운 연형책(連衡策)에 밀려 실패하였고, 그 후 제나라 대부(大夫)의 미움을 사 살해당하였다. 장의와 함께 전국시대 책사(策士)의 1인자로 병칭(竝稱)되고 있으며, 저서에 《소자(蘇子)》가 있었으나 전하지 않는다.

109 장의(張儀) : ?~기원전 309. 중국 전국 시대의 정치가이다. 종횡가(縱橫家)의

두루 널렸는데, 세사(世事)에 초연하여 멀리 떠나 은거한 이는 오직 노중련(魯仲連)[112] 한 사람일 따름이었다. 그러나 조(趙)나라가 진(秦)

비조로, 소진(蘇秦)과 함께 귀곡자(鬼谷子)를 사사하였다. 소진의 주선으로 진(秦)나라에서 벼슬살이를 하게 되었고 혜문왕(惠文王) 때 재상이 되었다. 연(燕)·초(楚)·한(韓)·위(魏)·조(趙)·제(齊)의 6국이 연합하여 진나라에 대항한 소진의 합종책에 맞서 생존을 위해서는 6국이 각각 진나라와 연합해야 한다는 연형책을 제창하여 합종을 깨버렸다. 혜왕이 죽은 뒤 실각하여 위나라로 피신하였으며, 재상이 된 지 1년 만에 죽었다.

**110** 범수(范睢) : ?~기원전 255. 중국 전국 시대의 정치가로, 범저(范且)라고도 하며 자는 숙(叔)이다. 원래 위(魏)나라 사람으로 변설에 능하였는데, 제(齊)나라와 내통하였다는 오해를 받고 태형을 당해 허리뼈가 부러진 후 진(秦)나라로 달아났다. 이후 이름을 장록(張祿)으로 고치고 소양왕(昭陽王)에게 유세하여 마침내 정승에까지 올라 만호후(萬戶侯)에 봉해졌다. 그가 제안한 원교근공(遠交近攻) 정책이 큰 성공을 거두어 나중에 진나라가 육국(六國)을 통일하게 되는 기초가 되었다. 나중에 조(趙)나라를 공격했다가 가까운 사이인 정안평(鄭安平)이 전투에서 지고 조나라에 항복하자 책임을 지고 물러났다. 일설에는 진왕에게 논죄를 당해 처형당하였다고도 한다.

**111** 채택(蔡澤) : ?~? 중국 전국 시대의 정치가이다. 원래 연(燕)나라 사람으로 변설에 능하였는데, 여러 나라를 다니며 유세를 하였으나 능력을 인정받지 못하였다. 그러다 진(秦)나라 재상 범수(范睢)가 추천한 정안평(鄭安平)과 왕계(王稽)가 죄를 졌다는 소식을 듣고 진나라로 들어가 범수에게 사퇴할 것을 권고하였다. 그의 말을 들은 범수가 소왕(昭王)에게 추천하여 객경(客卿)이 되었으며, 얼마 후 범수의 뒤를 이어 재상이 되고 서주(西周)를 공격해 멸망시킬 계책을 내놓았다. 모함을 받자 즉시 재상에서 물러나고 강성군(綱成君)이 되었다. 진나라에서 10여 년 동안 머무르면서 소왕·효문왕(孝文王)·장양왕(莊襄王)·시황(始皇)을 섬겼으며, 후에 시황을 위해 연나라에 가서 태자 단(丹)을 인질로 데리고 왔다.

**112** 노중련(魯仲連) : ?~? 중국 전국 시대 제(齊)나라의 은사로, 노련(魯連)이라고도 부른다. 변론을 잘하여 다른 사람을 위해 분쟁을 곧장 해결하였으나 재물이나 작위 등을 받지 않고 은거하였다. 조(趙)나라에 갔다가 진(秦)나라가 한단(邯鄲)을 포위하는 위기를 만났는데, 위(魏)나라의 사신 신원연(新垣衍)이 조나라에 와서 진나라를

나라를 황제로 받들려 함에 미쳐서는 의리(義理)로 말하자면 곧 천하의 대분(大分)이 어그러지는 것이요, 형세(形勢)로 말하자면 곧 천하의 대기(大機)가 없어지는 것이었다. 그러므로 중련이 한 번 일어나는 것을 아끼지 않고 구제하였으니, 대개 세상에 쓴 바가 참으로 컸다.[113]

황제로 추대하는 것이 좋겠다고 하자 변설로 이를 물리쳤다. 또 제(齊)나라 장수 전단(田單)이 요성(聊城)을 되찾지 못하고 고전하고 있을 때, 성을 점거하고 있던 연(燕)나라 장수를 설득해 성을 되찾았다. 전단이 제나라 왕에게 말해 상을 주려고 하였으나 바닷가로 달아나 여생을 마쳤다.

**113** 그러나……컸다 : 이에 대한 전말이 《사기(史記)》 권83 〈노중련 열전(魯仲連列傳)〉에 다음과 같이 자세히 설명되어 있다. "조(趙)나라 효성왕(孝成王) 때 진(秦)나라의 왕이 백기(白起)를 시켜 장평(長平)에서 조나라의 군대를 무찌르게 한 것이 전후로 40여만 명이었으며, 진나라 군대가 마침내 동쪽으로 한단(邯鄲)을 포위하였다. 조나라 왕이 두려워하였으나 제후의 구원병들이 감히 진나라 군대를 공격하지 못하였다. 위(魏)나라 안희왕(安釐王)이 장군 진비(晉鄙)로 하여금 조나라를 구하게 하였으나 진나라가 두려워 탕음(蕩陰)에서 멈추고 진군하지 않았다. 이에 위나라 왕이 객장군(客將軍) 신원연(新垣衍)을 지름길을 통해 한단으로 들여보내고, 평원군(平原君)을 통해 조나라 왕에게 이렇게 말하도록 하였다. '진나라가 급하게 조나라를 포위한 것은, 전에 제나라 민왕(湣王)과 힘을 겨루어 '제(帝)'가 되었다가 곧 제라는 칭호를 돌려주었기 때문입니다. 지금 제나라 민왕이 이미 더 약해졌고 바야흐로 진나라가 천하의 으뜸이 되었습니다. 이번 일은 반드시 한단이 탐나서가 아니라 '제'라는 칭호를 다시 찾고 싶어서일 것입니다. 조나라가 사신을 보내 진나라 소왕(昭王)을 '제'로 높여주면 진나라는 틀림없이 기뻐하며 군대를 거두어 돌아갈 것입니다.' 평원군은 머뭇거리며 결정을 내리지 못하였다. 이때 노중련이 마침 조나라를 떠돌고 있었는데, 진나라가 조나라를 포위하였고 위나라가 조나라로 하여금 진나라를 '제'로 떠받들게 하려한다는 이야기를 들었다. 이에 평원군을 만나 말하였다.……'양(梁)나라의 객 신원연은 어디에 있습니까? 내가 그대를 위하여 그를 꾸짖어 돌려보내겠습니다.'……노중련이 신원연에게 말하였다. '……지금 진나라는 만승(萬乘)의 나라이고 양(梁)나라, 즉 위나라 역시 만승의 나라입니다. 모두 만승의 나라를 가지고 각자 왕이라 칭하고 있는데 한 번 싸워서 이긴 것을 보고는 복종하여 '제'로 삼으려고 하니, 이는 삼진(三晉)의 대신들을 추(鄒)나라나

요성(聊城)의 일[114]에 이르러서는 나는 의심이 없을 수가 없다. 돌아

노(魯)나라의 하인이나 첩만도 못하게 만드는 것입니다. 또 진나라가 아무런 제지도 받지 않고 '제'가 된다면 장차 제후의 대신들을 마음대로 갈아치울 것입니다. 그들은 못마땅한 사람의 것을 빼앗아 어질다고 생각하는 사람에게 주고, 미워하는 사람의 것을 빼앗아 좋아하는 사람에게 줄 것입니다. 그들은 또 장차 그들의 자녀나 요사스러운 첩들을 제후의 부인이나 첩으로 삼아 위나라의 궁궐에서 살게 할 것이니, 위나라의 왕이 어찌 편할 수 있겠으며, 장군 또한 어찌 지금과 같은 총애를 얻을 수 있겠습니까?' 이에 신원연이 일어나 두 번 절하고 사과하며 말하였다. '처음에는 선생을 평범한 사람인 줄로만 생각했는데, 오늘 선생이 천하에 제일가는 선비라는 것을 알겠습니다. 제가 바로 여기서 나가 다시는 진나라 왕을 '제'로 받들자는 말을 하지 않겠습니다.' 진나라 장군이 이 소식을 듣고는 군대를 50리 뒤로 물렸다. 때마침 위(魏)나라 공자(公子) 무기(無忌)가 진비(晉鄙)의 군대를 빼앗아 조나라를 구원하려고 진나라 군대를 공격하니 진나라 군대가 마침내 군사를 이끌고 물러갔다."

**114** 요성(聊城)의 일 : 요성(聊城)은 제(齊)나라에 있는 성(城)의 이름으로, 이에 대한 전말이 《사기(史記)》 권83 〈노중련 열전〉에 다음과 같이 자세히 설명되어 있다. "(기원전 279년) 연(燕)나라의 장군이 제나라의 요성을 쳐서 함락시켰는데, 요성의 어떤 사람이 장군을 연나라에 참소하였다. 연나라 장군은 처형될까봐 두려워 요성을 굳게 지키며 감히 돌아가지 못하였다. 한편 제나라는 전단(田單)을 보내 요성을 1년 남짓 공격하였지만 수많은 병사만 희생시켰을 뿐 요성을 함락시키지 못하였다. 노중련이 편지를 써서 화살에 묶어 성 안으로 쏘아 연나라 장수에게 보내면서 다음과 같이 말하였다. '……공을 위한 계책은 병력을 온전히 보존하여 돌아가 연나라 왕에게 보답하는 것이 낫습니다. 병력을 온전히 보존하여 연나라로 돌아가면 연나라 왕이 반드시 기뻐할 것입니다.……만약에 이렇게 할 뜻이 없다면 연나라를 떠나 세상을 버리고 동쪽 제나라로 가는 것이 어떻겠습니까. 제나라에서 땅을 떼어 봉지(封地)를 정해주면 도주공이나 위공자와 같은 부귀를 누릴 수 있고 자손 대대로 '고(孤)'라고 부르면서 제나라와 함께 길이 살게 될 것이니, 이것도 한 가지 방법입니다. 이 두 가지 계책은 이름을 알리고 실리를 얻을 수 있는 방법입니다. 부디 공께서는 깊이 생각하시어 그 중 하나를 고르십시오.……' 연나라 장군은 노중련의 편지를 읽고 사흘 동안 울면서 주저하며 스스로 결정을 내리지 못하였다. 연나라로 돌아가자니 이미 연나라 왕과 틈이 생겨 죽을까봐 두렵고, 제나라에 항복하자니 제나라 사람들을 너무 많이 죽이고 사로잡았기

보건대 하나의 성(城)을 얻고 잃는 것을 가지고 중련이 또 번거로움을 꺼리지 않았으니, 중련의 씀은 예전에는 어쩌면 그리도 컸으며 지금은 어쩌면 그리도 작단 말인가. 중련은 필시 스스로, "나는 이미 제(齊)나라 사람이며, 요성은 또 제나라의 성이다. 부모의 나라를 위하여 조종(祖宗)의 땅을 보전하는 것, 이것이 나의 의(義)이다."라고 생각하였을 것이다. 그런데 연(燕)나라가 제나라를 쳐서 종국(宗國)이 거의 멸망하게 되었을 때 전단(田單)[115]이 두 군데 성(城)의 백성을 이끌고 승승장구하는 백만의 병사를 막아내었으니, 제나라가 망하지 않은 것은 천명(天命)이지 인력(人力)이 아니었다. 중련은 한 번도 계책 하나를 내어 종묘사직의 위태로움을 구하지 않았으며 나라의 존망(存亡)을 보고도 막연(邈然)하게 마치 자신과는 아무 상관이 없는 것처럼 하였으니, 이때에는 중련이 유독 제나라 사람이 아니었단 말인가.[116]

때문에 항복한 뒤에 치욕을 당할까봐 두려웠다. 장군은 탄식하면서, '다른 사람의 칼에 죽느니 차라리 내 스스로 목숨을 끊으리라.' 하고는 스스로 목숨을 끊고 말았다. 요성이 혼란에 휩싸이자 전단은 마침내 요성을 도륙하고 돌아와서 노중련의 공적을 말하고 그에게 벼슬을 주도록 청하였다. 그러나 노중련은 어느 바닷가로 달아나 숨으면서, '나는 부귀로우면서 남에게 얽매여 사느니 차라리 가난할지언정 세상을 가벼이 여기며 내 맘대로 살겠다.'라고 하였다."

**115** 전단(田單) : ?~? 중국 전국 시대 제(齊)나라의 명장이자, 공족(公族)의 후예이다. 기원전 284년에 연(燕)나라 장수 악의(樂毅)가 이끄는 연합군이 공격해와 이후 제나라의 70여 개 성(城)이 한꺼번에 함락되었다. 이 무렵 즉묵(卽墨) 태수를 역임하면서 유언비어를 퍼뜨려 악의를 모함해 소환되게 하고, 꼬리에 불을 붙인 소떼를 돌진시키는 신묘한 작전으로 연나라 군사를 대패시켰으니 이를 '화우지계(火牛之計)'라고 한다. 뒤를 이어 70여 개의 다른 성들도 수복하여 그 공으로 상국(相國)이 되고 안평군(安平君)으로 봉하여졌다. 제나라를 수복하고 수도 임치(臨淄)에 입성한 후에도 양왕(襄王)을 보필하여 국정을 운영하였다.

대저 요성은 한 고을의 땅에 불과하다. 얻는다 하여도 제나라를 중(重)하게 만들기에 부족하고 잃는다 하여도 제나라를 상(喪)하게 하기

116 그런데……말인가 : 이때의 상황이 《사기(史記)》 권80 〈악의 열전(樂毅列傳)〉에 다음과 같이 자세히 설명되어 있다. "(악의(樂毅)는) 자지(子之)의 난을 틈타 제(齊)나라가 연(燕)나라를 대파하여, 연나라의 소왕(昭王)이 제나라를 원망하며 복수할 생각을 하루도 잊은 적이 없다는 말을 들었다. 그러나 연나라는 작고 구석진 곳에 있어 제나라를 꺾을 힘이 없었다.……연나라 왕은 악의를 시켜 조(趙)나라 혜문왕(惠文王)과 맹약을 맺도록 하고, 또 다른 사람을 시켜 초(楚)나라・위(魏)나라와 연합하였으며, 조나라를 통해 진(秦)나라에게 제나라를 치는 것이 유리하다고 설득하도록 하였다.……연나라 소왕은 병력을 총동원하고 악의를 상장군으로 삼았으며, 조나라 혜문왕은 상국(相國)의 직인을 악의에게 주었다. 악의는 조・초・한(韓)・위・연나라의 병사를 통솔하여 제나라를 쳐서 제수(濟水) 서쪽에서 무찔렀다. 제후들의 병사는 싸움을 마치고 돌아갔지만, 악의는 연나라 군대를 이끌고 제나라 군대를 뒤쫓아 제나라의 수도 임치(臨菑)까지 들어갔다. 제나라 민왕은 제수 서쪽에서 패하자 도망하여 거(莒) 땅에서 몸을 보존하고 있었다. 악의가 홀로 남아 제나라 땅을 공략하였는데 제나라는 모두 성(城)을 지킬 뿐이었다. 악의는 임치까지 쳐들어가 제나라의 보물과 재물과 제기를 모두 빼앗아 연나라로 보냈다.……연나라 소왕은 악의에게 다시 군사를 이끌고 아직 함락되지 않은 제나라의 성들을 평정하게 하였다. 악의는 제나라에 남아 각지를 공략한 지 5년 만에 제나라의 성 70여 개를 함락시켜 모두 연나라의 군현(郡縣)으로 만들었다. 그러나 거성(莒城)과 즉묵성(卽墨城)만은 아직 항복하지 않았다.……연나라에 혜왕(惠王)이 즉위하자 제나라의 장수 전단(田單)이 듣고 연나라로 첩자를 보내 이렇게 말하였다. '제나라 성 가운데 함락되지 않은 곳은 2곳뿐이다. 그런데 이 성을 빨리 치지 않는 까닭은 악의가 새로 즉위한 연나라 왕과 사이가 나빠 전쟁을 질질 끌면서 제나라에 남아 제나라의 왕이 되려고 하기 때문이라고 한다.……' 연나라 혜왕은 본래 악의를 의심하고 있었는데 제나라 첩자의 말을 듣고는 기겁(騎劫)을 대신 장군으로 삼아 보내고 악의를 불러들였다.……제나라 전단은 나중에 기겁과 싸웠는데 연나라 군대에 속임수를 써서 마침내 즉묵성 아래에서 깨뜨리고 돌아다니면서 연나라 군대를 쫓다가 북쪽으로 황하(黃河) 가에 이르러 제나라의 성을 모두 되찾고 거(莒) 땅에서 양왕(襄王)을 맞아 수도 임치로 들어갔다."

에 부족한데, 중련은 급급하게 힘을 내어 그 일에 나섰다. 한 나라가 망하는 것은 돌아보지 않고 오직 한 성을 잃는 것을 두려워하였으니, 나는 그것이 옳다고 보지 않는다. 또 전단이 대군(大軍)을 거느리고 고립된 성을 공격할 때 참으로 중련의 계책을 기다리지 않고도 그 형세가 장차 조만간에 함락될 듯하였으니, 중련의 자중(自重)하지 않음이 참으로 심하다. 혹자는 이렇게 말한다.

"전단이 요성을 공격할 때 오래도록 공(功)이 없었다. 그러므로 중련에게 계책을 물었고, 중련이 그를 위해 도모하지 않을 수 없었을 것이다."

이에 나는 말한다.

"중련이 이미 임금의 녹봉을 먹지 않았은즉 비록 제나라의 임금이라 하더라도 오히려 억지로 하게 할 수 없었다. 하물며 전단이야 말할 것이 있겠는가. 단(單)이 오랑캐〔狄〕를 토벌할 때 일찍이 중련에게 계책을 물은 적이 있었는데 중련이 오직 힘껏 싸울 것을 면려하였을 따름이다. 어찌 유독 요성에 대하여만 기꺼이 전단을 위하여 일하였는가."

# 몽의에 대한 논

蒙毅論

시황(始皇)이 동쪽 지역을 순수(巡狩)하다가 회계(會稽) 도중에서 병이 나 몽의(蒙毅)[117]로 하여금 산천(山川)에 기도를 드리게 하였는데, 미처 돌아오기도 전에 시황이 붕어하였다. 이에 조고(趙高)[118]가 조서(詔書)를 거짓으로 꾸며 태자(太子) 부소(扶蘇)[119]와 몽의·몽염(蒙

**117** 몽의(蒙毅) : ?~기원전 210. 중국 진(秦)나라의 장수이다. 할아버지 몽오(蒙驁) 대에 제(齊)나라에서 진나라로 건너와 장수가 되었고, 아버지 몽무(蒙武)는 시황제(始皇帝)가 천하를 통일하는 데 큰 공을 세웠다. 이에 아우 몽염(蒙恬)과 더불어 시황제의 큰 신임을 받고 막강한 권세를 누렸다. 시황제의 환관이었던 조고(趙高)가 죄를 저지르자 사형 판결을 내리고 환적(宦籍)에서 삭제하였으나 시황제가 용서하였다. 그 후 기원전 210년에 시황제가 순행 중에 병이 나자 산천으로 기도를 드리러 떠났는데, 시황제가 병사하였다. 이에 조고가 시황제가 원래 호해를 후계자로 삼으려 하였으나 몽의가 이를 반대하였다고 모함하여, 대(代) 땅에 감금당하였다가 죽임을 당하였다.

**118** 조고(趙高) : ?~기원전 207. 중국 진(秦)나라의 환관이다. 시황제(始皇帝)가 순행에 나섰다가 병사하자 승상 이사(李斯)와 짜고 거짓으로 조서를 꾸며 시황제의 맏아들 부소(扶蘇)와 장군 몽염(蒙恬)을 자결하게 하였다. 그리고 시황제의 우둔한 막내아들 호해(胡亥)를 2세 황제로 삼아 마음대로 조종하였다. 진나라의 종실(宗室)과 대신들을 마음대로 주륙하고, 황제에게 이사를 무고하여 살해하였다. 그리고는 스스로 승상이 되어 모든 권력을 한손에 쥐었다. 유방(劉邦)의 군대가 관중(關中)을 넘어서자 2세 황제마저 살해하고 부소의 아들 자영(子嬰)을 옹립하여 진왕(秦王)이라 부르게 하였으나, 곧 자영에게 죽임을 당하고 삼족(三族)이 함께 처벌되었다.

**119** 부소(扶蘇) : ?~기원전 210. 중국 진(秦)나라 시황제(始皇帝)의 장자(長子)로, 성은 영(嬴)이며 부소는 그의 이름이다. 분서갱유(焚書坑儒)가 천하의 안정을 해친다며 간언하다가 시황제의 노여움을 샀다. 이에 시황제는 흉노를 막기 위해 만리장성에

恬)[120]을 죽이고 호해(胡亥)[121]를 옹립하였으니,[122] 진(秦)나라가 마침

주둔하던 몽염(蒙恬)의 대군을 감독하라며 북방의 상군(上郡)으로 보냈다. 기원전 210년에 시황제가 순행(巡幸)을 하다가 병이 들었는데, 환관 조고(趙高)가 승상 이사(李斯)와 짜고 황제의 유서를 날조하여 호해(胡亥)를 황제의 자리에 올리고 부소와 몽염에게 자결하라는 명을 내렸다. 몽염은 시황제의 명령이 의심스럽다며 따르지 말라고 하였으나 아버지의 명령을 의심하는 것 자체가 올바르지 않다며 스스로 목숨을 끊었다.

**120** 몽염(蒙恬) : ?~기원전 209. 중국 진(秦)나라의 장수로, 몽의(蒙毅)의 아우이다. 진나라가 제나라를 멸망시킬 때 큰 공을 세우고 내사(內史)에 임명되었으며, 기원전 215년에 30만 대군을 이끌고 흉노를 정벌하여 하남(河南) 땅을 수복하고 이듬해 만리장성을 완성하였다. 이후 총사령관으로 상군(上郡)에 병사를 주둔시키고 경비하자 흉노가 두려워하며 얼씬도 하지 못하였다. 기원전 210년에 시황제가 죽고 이세 황제가 즉위하면서 환관 조고(趙高)와 승상 이사(李斯)의 흉계로 투옥된 뒤 자살하라는 명을 받고 죽었다.

**121** 호해(胡亥) : 기원전 229(?)~기원전 207. 중국 진(秦)나라의 제2대 황제로, 이세황제(二世皇帝)라고 한다. 성은 영(嬴)이며, 호해는 그의 이름이다. 시황제(始皇帝)의 막내아들이나 환관 조고(趙高)·승상 이사(李斯)와 함께 시황제의 유서를 날조하여 황위에 올랐다.

**122** 시황(始皇)이……옹립하였으니 : 이때의 상황이 《사기(史記)》 권6 〈진시황 본기(秦始皇本紀)〉에 다음과 같이 설명되어 있다. "(진시황) 37년 10월 계축일에 시황제가 순행을 나섰는데, 좌승상 이사(李斯)가 따르고 우승상 풍거질(馮去疾)이 수도를 지켰다. 막내아들 호해(胡亥)가 부러워하며 따르기를 청하니 황제가 허락하였다.……(시황제가) 평원진(平原津)에 도착하여 병이 났다.……황제의 병이 더욱 깊어지자 옥새를 찍은 조서를 써서 공자(公子) 부소(扶蘇)에게 보내어, '장례에 참여하고 함양(咸陽)에 안장하라.'라고 하였다. 그리고는 편지를 밀봉하여 중거부령(中車府令) 조고(趙高)가 부절(符節)과 옥새를 관장하는 곳에 놓아두고 사자(使者)에게 주지 않았다. 7월 병인일에 시황제가 사구(沙丘)의 평대(平臺)에서 세상을 떠났다. 승상 이사는 황제가 외지에서 죽었기 때문에 여러 공자들과 천하에 변란이 생길 것을 두려워하여 비밀로 하고 발상(發喪)하지 않았다.……공자 호해와 조고 및 총애를 받던 환관 대여섯 명만이 황제가 죽은 것을 알았다. 조고가 예전에 호해에게 서법 및 옥률(獄律)과 법령을 가르쳤

내 이로 인해 망하였다.

아! 조고가 태자를 죽이고 호해를 옹립하고자 한 것이 어찌 시황이 죽기를 기다린 연후에 이러한 계획이 있었겠는가. 그러나 감히 한 마디도 태자를 참소하지 않은 것은 시황이 반드시 믿지 않을 것을 알았기 때문이다. 부소가 소외를 당하여 멀리 떨어져 있었음에도[123] 소인(小人)이 그 틈을 타지 못하였으니, 시황을 영명(英明)한 군주라고 부르지 않을 수 있겠는가.

그러나 시황이 처음 태자를 내친 것은 한때의 노여움으로 인한 것이었는데, 신하 가운데 만약 태자의 무죄를 극력 주장하는 자가 있었다면

기 때문에 호해는 그를 개인적으로 총애하였다. 조고는 이에 공자 호해, 승상 이사 등과 은밀히 모의하여 진시황이 공자 부소에게 내린 밀봉 서찰을 뜯어서 승상 이사가 사구에서 유조(遺詔)를 받았다고 거짓으로 바꾸고 공자 호해를 태자(太子)로 삼았다. 그리고는 다시 서찰을 만들어 공자 부소와 몽염에게 주고 그들의 죄를 낱낱이 지적하면서 자살하라는 명을 내렸다.……순행하여 직도(直道)를 따라 함양에 도착한 후 초상이 난 것을 알렸다. 태자 호해가 제위를 이어 이세황제(二世皇帝)가 되었다."

**123** 부소가……있었음에도 : 진(秦)나라의 유학자들이 주(周)나라의 봉건제를 찬미하고 진나라의 군현제를 비판하자, 진시황은 이설(異說)을 탄압하기 위하여 기원전 213년(진시황34) 박사관(博士官) 소장의 서적 및 의(醫)·약(藥)·복서(卜筮)·농업 관련 서적을 제외한 모든 책들을 불태우는 분서(焚書)를 단행하였다. 또 다음해에는 진나라의 정치를 비판한 유학자들을 잡아들여, 그중 460여 명을 구덩이에 묻고〔坑儒〕 나머지는 변경으로 유배를 보내 천하에 경고하였다. 이에 진시황의 맏아들 부소(扶蘇)가 간언하며, "천하가 막 평정되었으나 먼 곳의 백성들은 아직 결집되지 않았으며 유생들은 모두 공자를 암송하며 본받고 있는데, 지금 황상께서 법을 엄격하게 하여 그들을 옭아매시니 신은 천하가 안정되지 않을까봐 두렵습니다. 황상께서는 이점을 살펴주십시오."라고 하였다. 그러자 진시황은 노여워하며 흉노(匈奴)를 막기 위해 장성(長城)에 주둔하던 몽염(蒙恬)의 대군(大軍)을 감독하라며 부소를 북방의 상군(上郡)으로 보내 버렸다. 《史記 卷6 秦始皇本紀》

시황이 어찌 반드시 듣지 않았겠는가. 이제 무릇 태자가 아무 죄 없이 밖으로 내쳐지는 것은 참으로 국가의 중대한 변고(變故)이다. 시황의 신하 된 자 가운데 누군들 간쟁할 수 없을까마는, 몽의는 총애를 받는 신하라 다른 신하들은 감히 말하지 못하는 바를 몽의는 말할 수 있었다. 또 태자가 믿고 조고가 꺼리는 이는 조정에 있는 신하 가운데 다만 몽씨(蒙氏) 형제뿐이었다. 태자의 폐립(廢立)이 어찌 다만 진나라의 존망하고만 관계있겠는가. 실로 몽씨도 그와 더불어 화복(禍福)을 함께할 입장이었다. 몽의가 잠자코 가만있을 수 있었겠는가.

그러나 이때를 당하여 시황이 한창 노여움이 심한데 만약에 간쟁(諫爭)하였다면, 다만 듣지 않았을 뿐만 아니라 또 반드시 격노하였을 것이다. 내가 전국 시대의 변사(辯士)들을 보건대 임금에게 나아가 유세하는 자들은 반드시 그 기회를 타고 유세하였기 때문에 그 유세가 쉽게 먹혀들었으니, 몽의가 반드시 태자의 귀환을 청하고자 하였다면 시황이 동쪽 지역을 순수할 때가 거의 그 기회였을 것이다.

옛날 순수(巡狩)[124]의 법은 훗날에 행하여지지 않았으니, 훗날 천하의 태평무사함이 삼대(三代)와 같았던 적이 있었던가. 임금이 감히 국도(國都)를 가볍게 떠나지 못하는 것은 당연한 형세였다. 하물며 시황은 거짓과 무력(武力)으로 육국(六國)[125]을 취하였음에랴. 천하가 갓 평정되었을 때에 임금이 국도를 벗어나 원유(遠遊)하는 것은 좋은

**124** 순수(巡狩) : 고대 중국에서 천자(天子)가 천하를 돌아다니며 천지산천(天地山川)에 제사하고 각지의 정치와 민심의 동향을 살피던 풍습을 말한다.

**125** 육국(六國) : 한(韓)·조(趙)·연(燕)·위(魏)·초(楚)·제(齊)나라를 가리킨다. 진시황은 즉위 26년 만인 기원전 221년에 육국을 멸하고 진나라의 통일을 실현하였다.

계책이 아니다. 그러나 태자는 나라의 근본〔國本〕이다. 시황이 비록 있지 않더라도 태자만 있으면 관중(關中)[126]은 오히려 두려움이 없을 수 있으니, 동쪽 지역을 순수하려 할 때 몽의가 만약 나라에는 하루라도 임금이 없을 수 없음을 하나하나 진언하여 태자로 하여금 감국(監國)[127]하면서 시황이 돌아오기를 기다리게 하도록 청하였다면 시황이 반드시 당장 받아들였을 것이다.

저 시황이란 자는 자못 천하의 대계(大計)를 잘 알았으나 신하 가운데 유세를 잘하는 자들은 또한 오직 이해(利害)를 말할 따름이었다. 그가 태후(太后)를 내쫓을 때 간언하는 신하들이 일찍이 의리(義理)를 인용하고 은혜(恩惠)로 깨우치지 않음이 없었는데 시황이 오직 형벌로 응대하였다. 그런데 모초(茅焦)[128]가 "지금 천하에 진나라로 향하는 사람들이 없게 되었다."라는 말로 간언(諫言)하자 시황이 퍼뜩 고쳤다.[129]

**126** 관중(關中) : 함양(咸陽) 일대의 분지로, 진(秦)나라의 수도를 가리키는 것이다. 동쪽에는 함곡관(函谷關), 남쪽에는 무관(武關), 북쪽에는 소관(蕭關), 서남쪽에는 산관(散關)이 있으므로, 여러 관(關)으로 둘러싸인 지역이라 하여 생긴 이름이다. 현재 중국 섬서성(陝西省) 중부의 평원 지역이다.

**127** 감국(監國) : 태자(太子)의 역할은 크게 무군(撫軍)과 감국(監國)으로 나뉜다. 임금이 출정할 때에 태자가 남아서 나라를 지키는 것이 감국(監國)이요, 임금을 따라 출정하는 것을 무군(撫軍)이라고 한다.

**128** 모초(茅焦) : ?~? 중국 제(齊)나라 사람으로 진(秦)나라에 와서 시황제(始皇帝)의 신하가 되었다. 죽음을 무릅쓰고 시황제에게 간하여 모자(母子) 사이를 화해시켰고, 그 공으로 상경(上卿) 벼슬에 올랐다.

**129** 그가……고쳤다 : 이에 대한 이야기가 《설원(說苑)》 권9 〈정간(正諫)〉에 자세히 나오니, 그 내용은 다음과 같다. 진시황(秦始皇)의 어머니 황태후가 환관인 노애(嫪毐)를 사랑하여 장신후(長信侯)에 봉하고, 그와의 사이에서 두 아들을 낳았다. 노애는 국사를 전횡하고 사치와 교만이 점점 심하여졌으며, 고관(高官)들과 함께 도박을 하고

시황이 어찌 일찍이 은혜와 의리가 있음을 알았겠는가. 모초가 그 기회를 잘 이용하였기 때문에 쉽게 받아들인 것이다. 하물며 관중의 변(變)은 필연적으로 일어날 일이었으며, 그렇게 되지 않는 것이 요행이었음에랴. 몽의는 어찌하여 태자만을 위하여 계획하였는가. 애석하도다! 몽의의 지혜가 모초에게 미치지 못하였구나.

술을 마셨다. 어느 날 술에 취하여 싸우다가, "내가 황제의 의부(義父)이거늘 하찮은 녀석들이 감히 나에게 대항하느냐."라고 하였다. 싸우던 사람이 진시황에게 이 사실을 알리자 진시황이 크게 노하였고, 노애는 죽음을 당할까 두려워 반란을 일으켜 함양궁(咸陽宮)을 공격하였다. 그러나 싸움에 패하여 사로잡혔고, 진시황은 노애를 잡아다가 사지(四肢)를 수레에 묶어 찢어 죽이고 두 아우를 잡아 자루에 넣어 때려 죽였다. 또한 황태후를 부양궁(萯陽宮)으로 옮겨 유폐시키고, "감히 태후의 일로 간(諫)하는 자는 목을 베어 가시나무로 등줄기와 사지를 꿰어 대궐 아래에 쌓아둘 것이다."라고 하였다. 그래도 간하다가 죽은 사람이 27명이었는데, 어느 날 제(齊) 땅에서 온 모초(茅焦)가 황태후의 일로 진시황을 만나기를 청하였다. 진시황이 "너는 대궐 아래에 쌓여 있는 시체를 보지 못하였느냐?"라고 하자, 모초가 "하늘에는 이십팔수(二十八宿)가 있는데 지금 죽은 사람이 이미 27인이오. 신이 여기 온 까닭은 그 28이라는 숫자를 채우려는 것입니다."라고 하였다. 사자가 이 말을 고하자 진시황이 노하여 "이 자를 속히 불러들여 가마솥에 불을 지피고 물을 끓여 삶아 죽여라."라고 하였다. 모초가 궁에 들어가 진시황에게 2번 절하고 일어나 말하였다. "폐하께서 의부를 거열형(車裂刑)에 처하셨으니 질투하는 마음이 있음을 보인 것이며, 두 아우를 자루에 넣어 때려 죽였으니 인자하지 못하다는 이름이 있게 되었습니다. 어머니를 부양궁에 옮겨 유폐하였으니 불효한 행위가 있게 되었고, 간하는 인사를 가시나무로 등줄기를 꿰었으니 걸(桀)·주(紂)와 같은 폭정이 있음을 보이신 것입니다. 지금 천하의 사람들이 이를 듣고 모두 마음이 와해되어 진(秦)나라로 향하는 사람이 없게 되었습니다. 신은 진나라가 망하여 폐하께서 위험해지실까 걱정됩니다." 그리고는 곧 옷을 벗고 작두 위에 엎드려 형을 받고자 하였다. 이에 진시황제가 전(殿)에서 내려와 모초를 잡아 일으키고 벼슬을 내려 상경(上卿)으로 삼았다. 그리고 직접 부양궁에 가서 황태후를 맞이하여 함양으로 돌아왔다고 한다.

# 범증에 대한 논

范增論

범증(范增)[130]이 항우(項羽)에게 권하여 초(楚)나라의 회왕(懷王)[131]을 옹립한 것은 항씨(項氏)를 위한 것이지 회왕을 위한 것이 아니었다. 소씨(蘇氏)[132]가 말하기를,

**130** 범증(范增) : 기원전 277~기원전 204. 중국 초(楚)나라의 책사이다. 진(秦)나라 말기에 군웅이 할거하자 칠순의 나이에 항량(項梁)・항우(項羽)의 휘하에 들어가 책사가 되었다. 회왕(懷王)의 손자인 웅심(熊心)을 찾아 왕으로 옹립하여 초나라 사람들의 민심을 얻게 하였으며, 여타 훌륭한 계책을 많이 세워 아부(亞父)라는 존칭을 받았다. 그러나 유방(劉邦)이 항우와 초나라를 위험하게 할 인물임을 예견하고 수차례 그를 제거하라고 충고하였으나 받아들여지지 않았고, 오히려 유방의 모사인 진평(陳平)이 만든 반간계에 빠져 항우에게 의심을 사게 되었다. 이에 울분을 못 이겨 길을 떠났고, 도중에 등창이 도져 병사하였다.

**131** 초(楚)나라의 회왕(懷王) : 기원전 225~기원전 206. 중국 초(楚)나라의 황제로, 재위기간은 기원전 208년~기원전 206년이다. 성(姓)은 미(芈), 씨(氏)는 웅(熊), 이름은 심(心)으로 미심(芈心) 혹은 웅심(熊心)이라고 불린다. 이름이 같은 회왕(懷王, ?~기원전 296)의 후손으로, 초나라 멸망 이후에 양(羊)을 키우며 숨어 지냈다. 기원전 208년 항량(項梁)과 항우가 초나라를 다시 세운 후에 초나라 왕실의 후예 중에서 죽지 않고 살아남은 웅심(熊心)을 찾아내 그를 회왕으로 받들었고, 기원전 206년 진(秦)나라가 멸망한 후에 의제(義帝)로 개칭하였다. 애초에 반진(反秦) 세력의 상징으로 세운 방편적 황제였으며, 진나라가 멸망하자 항우의 비밀 지령을 받은 영포(英布)에 의해 장사침현(長沙郴縣)의 강(江) 속에서 격살(擊殺)되었다. 이후 한(漢)나라 고조(高祖) 유방(劉邦)이 그를 위해 발상(發喪)하면서 민심을 끌어 모으는 데 이용하기도 하였다. 《史記 卷7・卷8》《漢書 卷1・卷31》

**132** 소씨(蘇氏) : 중국 북송의 문인 소식(蘇軾, 1037~1101)을 가리킨다.

"항우가 송의(宋義)를 죽인 것[133]은 곧 의제(義帝 회왕(懷王))를 시해하려는 조짐이었고, 의제를 시해한 것은 곧 범증을 의심하는 근본이었다. 바야흐로 항우가 송의를 죽였을 때 범증의 힘이 능히 항우를 죽일 수 있으면 죽이고 그렇지 못하면 떠났어야 했다."[134]

하였는데, 아! 소씨의 말은 어쩌면 그리도 사리에 맞지 않는가.

나는 항우가 송의를 죽인 것은 범증이 필시 그 모의를 주관하였을 것이며, 의제의 시해 또한 범증이 계획한 것이 아닐지 또 어찌 알겠냐고 생각한다. 범증은 곧 항씨(項氏)의 모신(謀臣)이다. 그가 처음에 회왕을 옹립하도록 권하였을 때 그 마음이 과연 주불(周巿)[135]이 위(魏)나라의 후예를 옹립하고,[136] 장량(張良)[137]이 한(韓)나라의 후예를

**133** 항우가……것 : 기원전 208년에 항량(項梁)이 정도(定陶)에서 진(秦)나라 장수 장한(章邯)의 기습을 받아 전사하자 회왕(懷王)은 도읍을 팽성(彭城)으로 옮기고 송의(宋義)와 유방(劉邦)을 중용(重用)하여 항우(項羽)를 견제하였다. 그리고 진나라의 도읍인 함양(咸陽)에 먼저 입성하는 자를 관중(關中)의 왕으로 삼겠다는 '회왕의 약속〔懷王之約〕'을 발표하였다. 기원전 207년에 장한이 황하(黃河)를 건너 조(趙)나라를 공격하자 회왕은 송의를 상장군(上將軍)으로 삼고 항우를 차장(次將), 범증(范增)을 말장(末將)으로 삼아 구원군을 보냈다. 그러나 송의가 안양(安陽)에 이르러 46일 동안 머무르며 진격하지 않자 항우는 송의가 제(齊)나라와 모의해 초나라를 배신하려 하였다며 그를 죽였다.

**134** 항우가……했다 : 소식(蘇軾)의 〈범증론(范增論)〉에 나오는 말이다.

**135** 주불(周巿) : ?~? 중국 진(秦)나라 말기 위(魏)나라 출신의 장수이다. 진나라 말 진승(陳勝)·오광(吳廣)의 난이 일어났을 때, 진왕(陳王)의 명령으로 위 땅을 공략하여 함락시켰다. 이에 사람들이 모두 위왕(魏王)으로 옹립하고자 하였으나 의리에 맞지 않는다며 끝내 사양하였다. 이후 진나라의 장수 장한(章邯)이 진왕을 격파하고 임제(臨濟)에서 위왕을 공격하자, 위왕의 명령을 받고 제(齊)나라·초(楚)나라에 구원을 청하여 이들 군사를 거느리고 싸우다가 전사하였다. 《史記 卷90 魏豹列傳》

옹립한 것[138]과 같았을까. 항씨를 위하여 사적(私的)으로 이용할 수

**136** 주불(周市)이……옹립하고 : 이때의 상황이 《사기(史記)》 권90 〈위표 열전(魏豹列傳)〉에 다음과 같이 설명되어 있다. "(위(魏)나라 공자 중 하나인) 위구(魏咎)는 옛날 위(魏)나라 시절에 영릉군(寧陵君)으로 봉해졌으나 진(秦)나라가 위나라를 멸망시키면서 위구를 평민으로 떨어뜨렸다. 진승(陳勝)이 일어나 왕이 되자 위구는 그를 찾아가 섬겼다. 진왕(陳王)이 위나라 사람 주불(周市)을 시켜 위나라 땅을 빼앗도록 하였는데, 위나라 땅이 이미 함락되자 서로 주불을 세워 위나라 왕으로 삼으려 하였다. 이에 주불이 '천하가 어지러우면 충성스러운 신하가 나타나게 마련입니다. 지금 천하가 함께 진(秦)나라에 반기를 들고 있으니, 의리상 반드시 위나라 왕의 후예를 세우는 것이 옳습니다.'라고 하였다. 제(齊)나라와 조(趙)나라가 각각 수레 50승(乘)을 보내어 주불을 위나라 왕으로 삼으려 하였으나, 주불은 사양하며 받지 않고 진(陳)나라에서 위구를 맞이하려 하였다. 사자가 다섯 차례나 오간 후에야 비로소 진(陳)나라 왕이 위구를 보내 위나라 왕으로 삼았다."

**137** 장량(張良) : ?~기원전 189. 중국 전한(前漢) 초기의 정치가로, 자는 자방(子房)이다. 한(韓)나라 때 재상을 지낸 집안의 후손으로, 진(秦)나라가 한나라를 멸망시키자 한나라의 회복을 도모하는 데 힘썼다. 박랑사(博浪沙)에서 진시황제를 공격하였으나 실패한 후 이름을 고치고 하비(下邳)로 달아나 살았는데, 다리 위에서 황석공(黃石公)이란 노인을 만나 《태공병법(太公兵法)》을 전수받았다고 한다. 그 후 유방(劉邦)을 만나 그의 모신(謀臣)이 되어 항우(項羽)를 멸하고 천하 통일을 이루는 데 큰 공을 세웠다. 기원전 201년(고조6) 유후(留侯)에 봉해졌다. 황로(黃老)를 좋아하여 뜻을 이룬 뒤에는 속세를 벗어나 신선술을 익히며 여생을 보냈다고 한다. 시호는 문성(文成)이다.

**138** 장량(張良)이……것 : 이때의 상황이 《사기(史記)》 권55 〈유후 세가(留侯世家)〉에 다음과 같이 설명되어 있다. "패공(沛公)이 설읍(薛邑)으로 가서 항량(項梁)을 만났는데, 항량은 초(楚)나라 회왕(懷王)을 찾아 옹립하였다. 장량이 이에 항량에게 유세하기를, '군께서 이미 초나라의 후예를 세우셨는데, 한(韓)나라의 공자들 가운데 횡양군(橫陽君) 한성(韓成)이 어질다 하니 그를 왕으로 세우면 동맹이 더욱 강화될 것입니다.'라고 하였다. 항량이 장량으로 하여금 한성을 찾아 한나라의 왕으로 세우게 하였다."

있는 이를 옹립한 것에 불과할 따름이었다. 그런데 회왕이 즉위한 후 단독으로 패공(沛公)[139]을 보내 관중(關中)으로 들이면서 송의를 발탁하여 상장(上將)으로 삼고 항우를 부장(副將)으로 삼았으니, 참으로 범증이 처음에 생각했던 것은 아니었을 것이다. 어찌 항우만 마음이 평안치 못하였겠는가. 범증도 반드시 후회하였을 것이다. 그러한즉 항우가 송의를 죽인 것은 범증이 반드시 몰래 주관하지 않은 것이 아니었으며, 이미 송의를 죽였은즉 의제가 시해를 당하는 것 또한 당연한 형세였다.

나는 가만히 생각건대, 범증의 실책은 처음에 회왕을 옹립하도록 권한 것에 있다고 본다. 항우가 바야흐로 거사(擧事)하였을 때에 비록 봉(封)하여진 토지나 많은 병갑(兵甲 병기와 갑옷 등)은 없었으나 강동(江東)의 자제(子弟)들은 오히려 족히 쓸 만하였다. 만약 항우에게 임금을 시해하였다는 오명이 없었다면 천하의 인심이 돌아서는 것이 이와 같이 급작스러운 데까지 이르지는 않았을 것이다. 비록 공을 이루지는 못한다 하더라도 오히려 천하의 죄인은 되지 않았을 것이니 조조(曹操)[140]가 한(漢)나라에서, 사마의(司馬懿)[141]가 위(魏)나라에서 천

**139** 패공(沛公) : 중국 전한(前漢)의 고조(高祖) 유방(劉邦, 기원전 256~기원전 195)이 임금이 되기 전의 칭호로, 그의 고향이 패(沛) 땅인 데서 나온 말이다.

**140** 조조(曹操) : 155~220. 중국 후한(後漢) 말기의 정치인이자, 위(魏)나라의 추존 황제인 무황제(武皇帝)이다. 20살에 효렴으로 천거되어 낭관(郎官)이 되었으며, 황건적의 난에 공을 세워 제남(濟南)의 동군 태수(東郡太守)에 임명되었다. 그러나 병을 이유로 사직하고 귀향하였는데, 동탁(董卓)이 소제(少帝)를 폐위하고 헌제(獻帝)를 세워 정권을 장악하자 군사를 일으켜 동탁을 토벌하였다. 나아가 자신의 근거지인 허현(許縣)에 궁을 세워 헌제를 옮겨 보호하였으며, 그 공으로 대장군에 임명되고 무평후(武平侯)로 봉하여졌다. 213년에 위공(魏公)으로 봉하여졌으며, 216년에는 스스로

자를 끼고 제후들에게 명령한 까닭은 임금과 신하의 분수가 본디 정해져 있기 때문이었다.

항우가 살던 시대에는 열국(列國)이 망한 지 이미 오래되었는데 범증이 만약에 옛 임금을 그리워하여 그 후사를 옹립하였다면 어질다고 이를 수 있겠으나, 다만 항씨만을 위하여 계획하였을 뿐인즉 천하는 오직 인자(仁者)만이 얻을 수 있는 것이다. 다만 항씨가 그러한 사람〔仁者〕이 아닌 것만을 걱정할 것이요, 항씨가 과연 그러한 사람이었다면 또 어찌 반드시 다른 사람의 힘을 빌려 일을 이루었겠는가. 범증은 항씨의 사람됨을 알지 못하였구나. 항씨는 다른 사람에게 굽히고 들어가는 사람이 아니라, 만약 회왕이 항우를 죽이지 않는다면 항우가 반드시 회왕을 죽일 사람이다. 나는 그러므로 다음과 같이 말한다. "범증의 실책은 처음에 회왕을 옹립하도록 권한 것이다."

를 위왕(魏王)으로 봉하고 황제와 마찬가지의 권력을 행사하였다. 그가 죽은 후 그의 아들 조비(曹丕)가 위왕의 지위를 계승하였으며, 헌제에게 선양(禪讓)을 받아 위나라의 황제가 되었다. 이후 무황제(武皇帝)로 추존되었고, 묘호를 태조(太祖)라 하였다.

**141** 사마의(司馬懿) : 179~251. 중국 삼국시대 위(魏)나라의 권신이자, 서진(西晋)의 추존 황제인 선제(宣帝)이다. 자(字)는 중달(仲達)이다. 명문가의 후손으로 뛰어난 인재라는 평을 들었고, 이를 들은 조조(曹操)가 등용하려 하였으나 병이 들었음을 내세워 거절하였다. 그러나 조조의 압박으로 벼슬길에 나와 조조·조비(曹丕)·조예(曹叡)·조방(曹芳) 등 4대를 보필하며 공을 세워 무양후(舞陽侯)에 봉하여졌다. 그러는 동안 위나라의 국방을 강화하고 농업생산력을 안정시키는 데 크게 기여하였다. 명제(明帝)가 임종한 후 공족인 조상(曹爽)이 군권(軍權)을 빼앗으려 하자, 조상이 애제(哀帝)와 함께 고평릉(高平陵)을 방문한 틈에 정변을 일으켜 조상을 살해하고 위나라의 권력을 장악하였다. 그가 죽은 후에도 아들인 사마사(司馬師)와 사마소(司馬昭)가 정권을 장악하였고, 손자인 사마염(司馬炎)이 제위를 빼앗아 서진(西晉)을 세웠다. 이후 선제(宣帝)로 추존되었고, 묘호를 고조(高祖)라 하였다.

## 역생에 대한 논

酈生論

한신(韓信)[142]이 이미 조(趙)나라를 이기고 장차 진군(進軍)하여 제(齊)나라를 정벌하려 하자 역생(酈生)[143]이 한왕(漢王)[144]에게 말하여 제나라 왕에게 한나라에 귀부(歸附)하라고 유세할 것을 청하였다. 한왕이 역생을 제나라로 들여보내자 전횡(田橫)[145]은 역생의 말을 허락

**142** 한신(韓信) : ?~기원전 196. 중국 전한(前漢) 초의 장수이다. 진(秦)나라 말기에 항우(項羽)의 휘하에 들어갔다가 인정받지 못하고 유방(劉邦)의 휘하로 들어갔다. 이후 그의 재능을 알아본 승상 소하(蕭何)의 추천을 받고 대장군에 임명되어 위(魏)·조(趙)·제(齊)나라의 군대를 격파하였다. 제왕(齊王)에서 초왕(楚王), 회음후(淮陰侯)로 격하되었다가 진희(陳豨)가 일으킨 반란을 공모하였다는 모함을 받고 여후(呂后)와 소하의 계략에 걸려 장락궁(長樂宮)으로 유인당한 뒤 살해당하였다.

**143** 역생(酈生) : 역이기(酈食其, ?~기원전 204)를 가리킨다. 중국 진(秦)나라 말기의 인물로, 유방(劉邦)의 세객(說客)으로서 한(漢)나라가 천하를 평정하는 데 크게 기여하였다. 책을 많이 읽고 재능이 있었으나 집이 가난하여 마을의 성문(城門)을 관리하는 감문리(監門吏)로 있었으며, 술을 좋아하여 미치광이 선생이라고 불렸다. 진나라가 혼란에 빠지고 군웅이 할거하자 자신의 몸을 의탁할 곳을 찾다가 유방을 섬기게 되었다. 이후 유방이 진류(陳留)를 점령하는 데 공을 세워 광야군(廣野君)이라고 불렸으며, 제후들을 설득하여 끌어들이는 외교 분야에서 많은 공을 세웠다. 기원전 204년 제왕(齊王) 전광(田廣)을 설득하여 전투 없이 한나라에 복속하게 하려 하였으나, 공을 탐한 한신(韓信)이 제나라를 공격하는 바람에 분노한 제왕에게 팽형(烹刑)을 당하여 죽었다.

**144** 한왕(漢王) : 유방(劉邦, 기원전 256~기원전 195)이 아직 한(漢)나라를 세워 황제가 되기 전에 한(漢) 땅의 왕에 봉해졌을 때의 호칭이다.

**145** 전횡(田橫) : ?~기원전 202. 중국 진(秦)나라 말기 제(齊)나라의 왕이다. 전국

하고 한나라 군대를 방비하지 않았다.[146] 한신이 이에 습격하여 제나라를 격파하였으니, 전횡이 역생을 팽형(烹刑)[147]에 처하고 바닷가로 도망갔다.[148]

시대 칠웅(七雄) 가운데 하나였던 제나라의 종실로, 형인 전담(田儋) · 전영(田榮)과 함께 진나라에 반기를 들고 제나라를 다시 일으켰다. 전담과 전영이 각각 진나라 · 초(楚)나라 군사와 싸우다 죽자 흩어진 병사를 수습한 후 전영의 아들 전광(田廣)을 왕으로 세우고 자신은 상(相)이 되었다. 나중에 한신(韓信)이 전광을 죽이자 스스로 왕이 되었다. 그러나 유방(劉邦)의 사신 역이기(酈食其)와 협상을 벌이던 중 한신의 군대가 쳐들어와 패하였고, 이에 부하 5백여 명과 함께 섬으로 달아났다. 유방이 황제로 즉위한 후 그의 부름을 받고 오다가 수치를 못 이겨 자살하니, 왕례(王禮)로 장사지내 주었다.

**146** 한신(韓信)이……않았다 : 이때의 상황을 《사기(史記)》 권97 〈역생 열전(酈生列傳)〉에서 다음과 같이 서술하고 있다. "한(漢)나라 3년 가을에……이때 한신(韓信)이 동쪽으로 제(齊)나라를 치려고 하였다.……역생이 (한나라 왕에게) 말하였다. '……당신이 수십만 명의 군사를 보내더라도 짧은 시간 안에 제나라를 깨뜨리기는 불가능합니다. 신이 조서를 받들고 제나라 왕에게 가서 제나라가 한나라에 귀속하여 동쪽의 속국이 되도록 설득하겠습니다.' 이 말을 듣고 한나라 왕은 '좋다.'고 하였다. 한나라 왕은 역생의 계책에 따라 다시 오창(敖倉)을 지키면서 그를 제나라 왕에게 보내 설득하도록 하였다. 역생은 제나라 왕에게 이렇게 말하였다.……'……한나라 군대는 진실로 치우(蚩尤)의 군대와 다름없는 활약으로 사람의 힘으로 이루어진 것이 아니라 하늘이 내려준 복입니다.……천하의 제후들 중에서 뒤늦게 한나라 왕에게 항복하는 자는 먼저 멸망할 것입니다. 왕께서 서둘러 한나라 왕에게 항복한다면 제나라의 사직은 지킬 수 있지만, 한나라 왕에게 항복하지 않는다면 선 채로 멸망을 기다리게 될 것입니다.' 전횡은 역생의 말이 옳다고 여겨 받아들이고 역하(歷下)를 지키던 병사들을 거둬들인 뒤 역생과 날마다 마음껏 술을 마셨다."

**147** 팽형(烹刑) : 형벌의 일종으로, 가마솥에 넣어 삶아 죽이는 것이다.

**148** 한신(韓信)이 이에……도망갔다 : 이때의 상황을 《사기(史記)》 권92 〈회음후 열전(淮陰侯列傳)〉에서 다음과 같이 서술하고 있다. "한신이 군대를 이끌고 동쪽으로 가서 아직 평원(平原)을 건너기 전에 한나라 왕이 역이기(酈食其)를 시켜 이미 제나라를 설득하여 항복을 받아냈다는 말을 들었다. 한신이 제나라를 치는 일을 그만두려고

세상의 논자(論者)들은 모두 한신이 공을 다툰 것을 비난하는데, 나는 역생의 실책(失策)이 심하다고 생각한다. 역생이 전횡에게 유세한 것이 과연 수하(隨何)[149]가 영포(英布)[150]에게 유세한 것[151]과 같겠는

하였는데, 범양(範陽)의 변사 괴통(蒯通)이 한신을 설득하여 이렇게 말하였다. '장군이 조서를 받고 제나라를 공격하려 하는데, 한나라 왕이 단독으로 밀사를 보내 제나라를 항복시켰습니다. 장군에게 공격을 그만두라는 조서가 어디 있었습니까? 어떻게 진격하지 않을 수 있겠습니까? 게다가 역이기는 한낱 변사인데, 수레를 타고 세 치 혀를 놀려 제나라의 성 70여 개를 항복시켰습니다. 장군께서는 수만의 무리를 거느리고 한 해가 넘도록 겨우 조나라의 성 50여 개를 항복시켰을 뿐입니다. 장군이 된 지 벌써 여러 해가 지났는데, 일개 보잘것없는 선비의 공보다도 못하다는 말씀입니까?' 이에 한신도 이 말을 옳다고 생각하여 그의 계책을 따라 마침내 황하를 건너갔다. 제나라는 이미 역이기의 말을 듣고 바로 머물게 하여 크게 술자리를 벌이며 한나라에 대한 방비를 하지 않고 있었다. 한신이 이 틈을 타서 역성에 있던 제나라의 군대를 습격하고, 드디어 임치(臨菑)에 이르렀다. 제나라 왕 전횡(田橫)은 역이기가 자기를 속였다고 여겨 그를 삶아 죽이고 고밀(高密)로 달아났다."

**149** 수하(隨何) : ?~? 중국 한(漢)나라의 세객(說客)으로, 한왕(漢王) 유방(劉邦)이 팽성(彭城) 전투에서 항우(項羽)에게 패하여 고전하고 있을 때 알자(謁者)로 있었다. 유방이 항우의 세력인 구강왕(九江王) 영포(英布)를 자기편으로 돌아서게 해서 항우의 예봉을 피할 시간을 벌어줄 사람을 찾자, 자청해서 길을 떠나 임무를 완수하고 돌아왔다. 그 공으로 호군중위(護軍中尉)가 되었다.

**150** 영포(英布) : ?~기원전 195. 유방(劉邦)을 도와 전한(前漢)을 건국한 장수이다. '경포(黥布)'라고도 하는데, 법을 어겨 경형(黥刑)을 당하였기 때문이다. 진(秦)나라 말에 자신이 거느리던 도둑떼를 이끌고 번군(番君)에 붙었다가 나중에 초(楚)나라의 항량(項梁)・항우(項羽)에게 의탁하였다. 전투 때마다 적은 병력으로 많은 적군을 물리쳤으므로, 항우를 따라 입관(入關)한 뒤 구강왕(九江王)에 봉하여졌다. 초・한 전쟁 중 한나라가 보낸 수하(隨何)의 계략에 빠져 한나라로 귀순하게 되었다. 이후 회남왕(淮南王)에 봉하여지고, 유방을 따라 해하(垓下)의 전투에서 항우를 격파하였다. 한나라가 세워진 후 개국 공신들이 하나하나 피살되는 것을 보고 반란을 일으켰다가 실패하고 강남(江南)으로 달아났다. 그러나 1년여의 싸움 끝에 장사왕(長沙王)에게

가. 영포는 말로 굴복시킬 수 있고 전횡은 무력(武力)으로 취할 수 있다는 것은 지자(智者)를 기다리지 않고도 알 수 있는 일이다. 처음에 허락한 것이 거짓이 아니었음을 어찌 알겠는가.

제나라를 멸하지 않으면 곧 항우(項羽)도 멸할 수 없었으니, 항우의 멸망은 고릉(固陵)의 전투[152]에 있지 않고 한신이 제나라를 격파한 날

유인되어 주살당하였다.

**151** 수하(隨何)가……것 : 한(漢)나라 3년에 한나라 왕 유방(劉邦)이 초(楚)나라를 공격하여 팽성(彭城)에서 크게 싸웠으나 형세가 불리하여 뒤로 물러났다. 이에 초나라 항우의 세력인 구강왕(九江王) 영포(英布)를 자기편으로 돌려서 항우의 예봉을 피할 시간을 벌어줄 사람을 찾자, 수하(隨何)가 자청하여 수행원 20명과 함께 영포의 봉토인 회남(淮南) 땅으로 들어갔다. 영포가 자신은 초나라 왕을 섬기는 신하라고 말하자, 수하는 초나라가 제(齊)나라를 공격할 때 영포가 겨우 4000명만을 보냈던 점, 초나라와 한나라가 팽성에서 싸울 때 팔짱을 끼고 앉아 방관했던 점을 들어 초나라를 성실히 섬기지 않았다고 지적하였다. 그럼에도 초나라를 섬기는 것은 초나라는 강하고 한나라는 약하기 때문이겠지만, 초나라는 관중(關中)의 맹약을 저버리고 의제(義帝)를 죽여 이미 제후들의 신임을 잃었고, 한나라는 제후들을 모아 성고(成皐)와 형양(滎陽)을 굳건히 지키고 있으므로 적진 깊숙이 들어온 초나라는 자기 나라로 돌아갈 수 없을 것이라고 하였다. 또한 만일 초나라가 한나라를 이긴다면 제후들은 위험을 느끼고 두려워하여 서로 한나라를 구하려 할 것이라고 하였다. 이 말을 들은 영포가 그럴듯하게 여겨 초나라를 배반하기로 하였는데, 마침 항우의 사자가 와서 군대를 출동시킬 것을 독촉하였다. 이 자리에 수하가 나타나 "구강왕은 이미 한나라로 귀속하였는데 어떻게 초나라가 병사를 얻을 수 있겠소?"라고 떠벌렸다. 이에 영포가 어쩔 수 없이 사자를 죽이고 군사를 일으켜 초나라를 공격하였다. 몇 달을 싸우다가 패전하자 한나라로 달아났는데, 한나라에서는 영포를 회남왕으로 삼고 병력을 보태주어 함께 초나라를 치게 하였다. 영포는 그 후 사자를 구강으로 몰래 들여보내 여러 현(縣)을 손에 넣는가하면, 초나라의 대사마(大司馬) 주은(周殷)을 설득하여 항우를 배반하게 해서 결국 해하(垓下)의 싸움에서 대패하게 하였다. 후에 유방은 수하를 호군중위(護軍中尉)로 삼았다. 《史記 卷91 黥布列傳》

에 있다. 제나라는 강국이다. 한신이 한 번 거병(擧兵)하여 승리를 거둔 것은 요행히 불시(不時)의 틈을 탔기 때문이니, 이것은 곧 한신의 공이 아니라 역생의 공이다.

한신이 제나라의 왕이 된 후에[153] 그의 객(客) 가운데 '삼분천하(三分天下)'의 설(說)로 한신에게 유세한 자가 있었는데, 한신이 듣지 않은 것은 차마 한왕을 배신하지 못해서였다.[154] 한신이 만약 그의 유세를 

**152** 고릉(固陵)의 전투 : 항우(項羽)가 싸움에 패하고 자결하였던 마지막 전투를 말한다.

**153** 한신(韓信)이……후에 : 이때의 상황이 《사기(史記)》 권92 〈회음후 열전(淮陰侯列傳)〉에 다음과 같이 서술되어 있다. "한(漢)나라 4년, 한신은 드디어 제(齊)나라를 모두 평정하고 사자(使者)를 보내 한나라 왕에게 이렇게 말하도록 하였다. '제나라는 거짓과 속임수가 많고 변절을 잘하며 자주 번복하는 나라인 데다가 남쪽으로는 초나라와 국경을 맞대고 있습니다. 가왕(假王), 즉 임시 왕을 세워서 진정시키지 않으면 정세가 안정되기 어렵습니다. 신을 가왕으로 삼아주시면 모두 편해질 것입니다.' 당시에 초(楚)나라가 갑자기 습격하여 한나라 왕을 형양(滎陽)에서 포위하였는데, 한신의 사자가 오자 편지를 보고 한나라 왕이 크게 화를 내며 꾸짖었다. '나는 여기서 곤경에 빠져 하루빨리 와서 도와주기를 바라고 있는데 자기는 스스로 왕이 될 생각이나 하고 있다니.' 장량(張良)과 진평(陳平)은 한나라 왕의 발을 밟고 사과하는 척하며 왕의 귓가에 입을 대고 속삭였다. '한나라는 지금 불리한 입장에 놓여있습니다. 한신이 왕 노릇을 하는 걸 어찌 못하게 할 수 있겠습니까. 차라리 한신을 세워서 왕으로 삼고 잘 대우하여 제나라를 지키게 하는 것이 낫습니다. 그러지 않으면 변고가 일어날 것입니다.' 한나라 왕도 이를 깨닫고 다시 꾸짖어 말했다. '대장부가 제후를 평정했으면 진짜 왕이 될 일이지 가짜 왕을 한단 말이냐.' 이에 장량을 보내 한신을 세워 제나라 왕으로 삼았다."

**154** 한신(韓信)이……못해서였다.: 이때의 상황이 《사기(史記)》 권92 〈회음후 열전(淮陰侯列傳)〉에 다음과 같이 서술되어 있다. "초나라가 용저(龍且)를 잃게 되자 항왕이 두려워하며 우이(盱眙) 사람 무섭(武涉)을 보내 제나라 왕 한신을 설득하게 하였다. '……지금 한나라 왕과 항왕의 싸움에서 저울추는 족하에게 달려 있습니다. 족하께서

들었더라면 곧 천하는 한나라의 소유가 아니었을 것이다. 대저 군주의 은혜를 배신하고 자신의 이익을 도모하는 것은 참으로 한신이 차마 하지 못한 바였는데, 한왕이 어찌하여 전씨에게 덕(德)을 베풀겠는가. 하물며 전씨가 나라를 이미 견고하게 세우고 민심(民心)을 이미 깊게 얻은 것이 한신과 비교하여 과연 어떠하였겠는가. 비록 중원(中原)으로 나아가 힘을 겨룰 수는 없다 하더라도 오히려 일방(一方 하나의 지역)에서 험지(險地)에 웅거(雄據)하며 삼분(三分)의 다툼을 잃지 않을 수 있는데, 어찌 역생의 한 마디 말로 인하여 기꺼이 한나라를 섬기려 하였겠는가. 당시에 한나라 군대가 승승장구하며 동쪽을 향하여 조만간 국경에까지 바짝 닥쳐오려 하는데 한왕이 또 역생을 보낸 것은 다만 일시적으로 군사를 늦추기 위함에서 나왔을 따름이었다. 전횡이 과연

오른쪽으로 추를 던지면 한나라 왕이 이기고 왼쪽으로 추를 덩지면 항왕이 이길 것입니다. 항왕이 오늘 멸망하면 다음번에는 한나라 왕이 족하를 취할 것입니다. 족하께서는 항왕과 연고가 있는데 어째서 한나라를 배반하고 초나라와 손을 잡아 천하를 삼분(三分)하여 왕이 되지 않습니까?……' 한신이 거절하며 말했다. '……한나라 왕은 나에게 상장군의 인끈을 주고 수만 명의 무리를 주었습니다. 자신의 옷을 벗어 나에게 입히고 자신의 음식을 미루어 나에게 먹이며, 말을 하면 들어주고 계책을 올리면 써주었습니다. 그래서 내가 오늘에 이를 수 있었습니다.……비록 죽는다 하더라도 마음을 바꿀 수 없습니다. 나를 위하여 항왕에게 거절해주시면 좋겠습니다.' 무섭이 떠나간 후 제나라 사람 괴통(蒯通)이 천하의 저울추가 한신에게 있음을 알고 기발한 계책으로 한신의 마음을 움직이려고 하여 관상을 잘 본다고 하면서 한신을 설득하며 말하였다. '……지금 한나라 왕과 항왕의 운명은 족하에게 달려있습니다. 족하께서 한나라를 위하면 한나라가 이기고 초나라를 도우면 초나라가 이길 것입니다.……진실로 제 계책을 써주신다면, 한나라와 초나라 양쪽이 이득을 보고 모두 존속하여 천하를 삼분하여 솥의 발처럼 서게 되어 형세 상 어느 누구도 감히 먼저 움직이지 못할 것입니다.……'……한신은 망설이면서 차마 한나라를 배반하지 못하였고 또 자신이 공이 많으니 한나라가 끝내 제나라를 빼앗지는 않을 것이라고 생각하여, 마침내 괴통의 제안을 거절하였다."

천명(天命)이 이미 한나라에 있다는 것을 알고 뜻을 굽혀 귀부(歸附)하였다손 치더라도, 천하의 변사(辯士)가 어찌 다만 역생 하나뿐이었겠는가. 한신에게 책략을 올린 괴철(蒯徹)[155]과 같은 신하나 한신에게 유세를 한 무섭(武涉)[156]과 같은 변사 등 어찌 그러한 사람이 없어서 전횡이 또 신하로서의 절의(節義)를 고수하였겠는가. 나는 그가 종국에는 반드시 배반하였을 것임을 안다.

그러한즉 한나라가 고릉(固陵)에서 항우에게 곤욕을 주고 있을 때 제나라가 반드시 군사를 내어 초(楚)나라를 구원하여야 하였으니, 초나라를 구원하지 않으면 삼분(三分)의 형세를 이루지 못할 것이다. 초나라와 한나라의 경중(輕重)은 그 관건이 오직 제나라에 달려있었으니, 한나라가 제나라를 정벌하는 데 급하였던 것은 이를 멸한 후에야 초나라를 집어삼키는 것이 가능하기 때문이었다. 장수가 외방(外方)에 있으면 임금의 명령을 혹시라도 받지 못하는 경우가 있으며, 또

**155** 괴철(蒯徹) : ?~? 중국 한(漢)나라의 장수 한신(韓信)의 세객(說客)이다. 이름이 무제(武帝)의 휘와 같아서 사마천(司馬遷)이 《사기(史記)》에서 이름을 바꿔 쓴 후 괴통(蒯通)으로 더 많이 알려졌다. 진(秦)나라 말기에 진승(陳勝)의 장군 무신(武臣)이 옛 조(趙)나라 영역을 평정하고 범양을 공격하려 하자, 무신을 찾아가 범양 현령을 자기 수하로 들이고 후히 대우하면 주변 지역이 모두 귀부할 것이라고 하였다. 무신이 이를 받아들이자 30여 개의 성이 투항하였고, 무신은 이를 바탕으로 조나라의 왕이 되었다. 또 한왕(漢王) 유방(劉邦)이 역이기(酈食其)를 보내 제왕(齊王)을 포섭하려 하자 한신(韓信)에게 제나라를 공격해 장악하게 하였으며, 천하 삼분론을 주장하며 한신에게 독립할 것을 권하였다. 한신이 한왕과의 정리를 내세워 거부하자 미친 체하며 떠났다. 이후 고제(高帝) 유방이 괴통을 소환하였으나 주군을 위해 말하였을 뿐이라고 하여 목숨을 건졌다. 후에 조참(曹參)이 제나라의 재상이 되면서 빈객으로 들어갔다.

**156** 무섭(武涉) : ?~? 중국 초(楚)나라의 패왕(霸王) 항우(項羽)의 책사이다.

한신이 제나라를 정벌할 때 한왕이 일찍이 저지하지도 않았음에랴.

바야흐로 전횡이 바다로 들어감에 황제가 후(侯)의 작위로 꾀고 군사적 위력으로 협박하였는데 전횡이 오히려 수치스럽게 여겨 자살하였다.[157] 궁할 때에도 세력으로 굴복시킬 수 없었는데 강할 때에 세력으로 굴복시킬 수 있다고 말하는 것을 나는 믿지 않는다. 어찌 공을 다투었다고 하여 한신을 비난할 수 있겠는가.

**157** 바야흐로……자살하였다 : 이때의 상황이 《사기(史記)》 권94 〈전담 열전(田儋列傳)〉에 다음과 같이 서술되어 있다. "한나라 왕은 항적(項籍)을 멸망시키고 황제가 되어 팽월(彭越)을 양(梁)나라 왕으로 삼았다. 전횡(田橫)은 죽음을 당할까 두려워 자기의 무리 500여 명과 함께 바다로 들어가 섬에서 살았다. 고제(高帝)는 이 소식을 듣고, 전횡 형제는 본래 제(齊)나라를 평정한 데다 제나라의 현자들이 많이 따르니 지금 바다 가운데 두고 거두지 않으면 나중에 반란을 일으킬지도 모른다고 생각하였다. 이에 사신을 보내 전횡의 죄를 용서하고 불러오게 하였다. 전횡은 사양하면서, '신은 폐하의 사신 역생을 삶아 죽였습니다. 지금 듣건대 그의 동생 역상은 한나라 장군이 되었고 어진 인물이라고 하니, 신은 두려워 감히 조서를 받들지 못하겠습니다. 바라건대 평민이 되어 바다의 섬이나 지키며 살겠습니다.'라고 하였다. 사신이 들어와 보고하자 고제는 곧바로 위위(衛尉) 역상에게 이런 조서를 내렸다. '제나라 왕 전횡이 돌아왔을 때 감히 그를 따르는 사람과 말을 불안하게 만드는 자가 있으면 일족을 멸하겠다.' 그리고 다시 사신에게 부절을 들고 전횡에게 가서 역상에게 조서를 내린 상황을 자세히 설명하고 이렇게 말하게 하였다. '전횡이 오면 그대는 왕으로 삼고 부하들은 후로 삼겠다. 그러나 오지 않으면 군사를 보내 죽이겠다.' 전횡은 자신의 빈객 두 사람과 함께 역마를 타고 낙양으로 향하였다. 낙양에서 30리쯤 떨어진 시향(尸鄕) 역의 마구간에 이르러 전횡이 사신에게 말하였다. '남의 신하된 자가 천자를 만나는데 마땅히 몸을 씻고 머리를 감아야 합니다.' 전횡은 그곳에 머물러 빈객들에게 말하였다. '나는 처음에 한나라 왕과 함께 남면하며 「고(孤)」라고 일컬었는데, 지금 한나라 왕은 천자가 되었고 나는 도망친 포로의 몸으로 북면하여 그를 섬겨야 하오. 치욕스러운 마음이 참으로 너무 심하오.' 그러고는 마침내 자기 목을 찌르고, 빈객으로 하여금 자신의 머리를 받들고 사신을 따라 말을 달려 고제에게 아뢰도록 하였다."

# 무후[158]에 대한 논

武侯論

옛날 전국(戰國) 시대의 세상에 신하로서 능히 큰 공(功)을 세우고 큰일을 경륜한 것은 한 사람이 한 일이 아니었으니, 반드시 서로 보완하여 성취하고 서로 도와서 행한 이들이 있었다. 월(越)나라가 오(吳)나라를 멸망시킬 때 안으로 문종(文種)이 없었다면 강한 나라를 만들기에 부족하였을 것이고,[159] 밖으로 범려(范蠡)가 없었다면 정예로운 군사를 양성하기에 부족하였을 것이다.[160] 한(漢)나라가 초(楚)나라

**158** 무후(武侯) : 제갈량(諸葛亮, 181~234)을 가리킨다. 중국 삼국시대 촉한(蜀漢)의 정치가 겸 전략가로, 자는 공명(孔明)이며 와룡(臥龍)이라는 별명으로도 불렸다. 세력이 미약했던 유비(劉備)가 제갈량의 지혜가 뛰어나다는 소문을 듣고 삼고초려(三顧草廬)하여 초빙하였다. 유비가 대규모 군대를 조직하고 촉한을 창건하는 데 크게 이바지하였으며, 1724년에는 유교의 성인(聖人)으로 추존되었다.

**159** 월(越)나라가……것이고 : 문종(文種, ?~기원전 472)은 중국 춘추 시대 월(越)나라의 대신이자 모략가로, 자는 회(會)・소금(少禽)・자금(子禽) 등이다. 본래 초(楚)나라 사람이었으나 범려(範蠡)와 함께 월나라로 가서 대부가 되었다. 월나라 왕 구천(句踐)이 오(吳)나라 왕 부차(夫差)에게 패하자 나라 안에서 국정을 다스리면서 오왕 부차를 멸망시키는 데 혁혁한 공을 세웠다. 그러나 오나라가 멸망한 후 범려가 그에게 공이 너무 높으면 도리어 위험하게 될 것이니 함께 은거할 것을 권유하였으나 듣지 않았고, 결국 월왕 구천(句踐)에게 죽임을 당하였다.

**160** 밖으로……것이다 : 범려(范蠡, ?~?)는 중국 춘추 시대 월(越)나라의 대신이자 모략가로, 자는 소백(少伯)이다. 본래 초(楚)나라 사람이었으나 문종(文種)과 함께 월나라로 가서 구천(句踐)을 섬겼다. 구천이 오(吳)나라 왕 부차(夫差)와 회계산(會稽山)에서 싸우다가 패하자 구천을 위하여 굴욕적인 맹약을 하였다. 이후 구천을 따라

를 취할 때 안으로 소하(蕭何)가 없었다면 관중(關中)을 지키기에 부족하였을 것이고,[161] 밖으로 한신(韓信)이 없었다면 적(敵)을 제압하기에 부족하였을 것이다.[162] 비유하자면, 수레에 두 개의 바퀴가 있는데 하나라도 없으면 온전한 수레가 될 수 없는 것과 같다. 그러므로 이러한 사람들이 각각 자신의 재주를 바치되 재주에 반드시 전문적인 바가 있으며 각각 자신의 역량을 발휘하되 역량을 반드시 다함이 있으

3년 동안 오나라에 신복(臣僕)으로 있다가 지략을 내어 구천과 함께 월나라로 귀국하였다. 이후 구천을 와신상담하게 하고 월나라를 부흥시켜 20여 년 뒤 오나라를 멸망시켰다. 그러나 범려는 구천을 맹주로서 섬길 만한 왕이 아니라고 생각하여 가족을 데리고 떠났는데, 이 때 친구에게 '토사구팽(兎死拘烹)'이라는 글귀를 남겼다고 한다.

**161** 한(漢)나라가……것이고 : 소하(蕭何, ?~기원전 193)는 중국 한(漢)나라의 정치가이자 개국공신이다. 진(秦)나라의 하급관리로 있다가 유방(劉邦)을 따라 그의 모신(謀臣)이 되었는데, 초(楚)・한(漢) 전쟁이 격화되면서 유방이 전쟁터로 나가게 되자 태자 유영(劉盈)을 보좌하며 관중(關中)을 지켰다. 관중에서 유방이 있는 전장으로 식량과 병사가 끊어지지 않도록 지원하였으며, 관중의 백성을 잘 다스려 명재상으로 칭송받기까지 하였다. 기원전 202년에 마침내 유방이 승리하며 초한 전쟁이 끝났는데, 전공(戰功)을 논하는 자리에서 여러 장수들을 제치고 제일 공신으로 천거되었다. 지속적이고 안정적인 군수물자 보급과 근거지인 관중 땅의 안정 없이는 최종적인 승리를 거두지 못했을 것이라는 유방의 생각에서 나온 결단이었다. 이에 소하는 차후(酇侯)로 봉해지고 식읍 7000호를 하사받았으며, 그의 일족 수십 명도 각각 식읍을 받았다.

**162** 밖으로……것이다 : 한신(韓信, ?~기원전 196)은 중국 한(漢)나라의 장군이자 제후이다. 신분이 미천하여 중용(重用)되지 못하다가 그의 재능을 알아본 소하(蕭何)의 추천으로 대장군(大將軍)에 임명되었다. 유방(劉邦)에게 동쪽으로 향해 천하를 도모할 것을 건의하였으며, 군대를 이끌고 위(魏)나라와 대(代)나라를 격파하고 연(燕)나라를 함락시켰다. 특히 조(趙)나라와의 싸움에서 불과 2만의 군사로 배수진을 치고 10배에 해당하는 조나라를 제압하였으며, 명장이자 전략가인 이좌거(李左車)를 부하로 얻었다. 이어 제(齊)나라를 무력으로 굴복시켰으며, 유방과 함께 해하(垓下)에서 항우(項羽)를 포위하여 죽이고 초한(楚漢) 전쟁을 승리로 이끌었다.

면, 마침내 능히 세상에 수립하는 것이 있게 된다.

제갈량(諸葛亮)이 중원(中原)을 회복하지 못한 것은 지략이 좋지 못하거나 충성을 다하지 않아서가 아니요, '형세'가 불가능하였기 때문이다. 무슨 뜻인가 하면, 소열(昭烈)[163]의 신하 가운데 능히 공명(孔明 제갈량의 자(字))과 더불어 그 책임을 나눌 수 있는 자가 있었던가. 공명은 한 사람의 몸으로 들어가서는 문종이 되고 소하가 되었으며 나가서는 범려가 되고 한신이 되었다. 그가 머뭇거리며 나가지 못하다가 죽고만 것이 곧 그 '형세'이다. 천하에 어찌 인재(人材)가 없음을 근심하는가. 공명은 평소 사람을 임용하기를 잘한다고 일컬어졌는데, 그가 임용하는 것이 오직 촉(蜀) 땅을 벗어나지 않았다. 그러므로 마침내 뛰어난 인재를 얻지 못하였으니, 만약 시야를 넓혀서 천하에서 구하였다면 어찌 일찍이 마땅한 사람이 없었겠는가.

아! 당시의 선비 가운데 순욱(荀彧)[164]은 그의 현명함으로 위(魏)나

**163** 소열(昭烈) : 161~223. 중국 삼국시대 촉한(蜀漢)의 초대 황제로, 이름은 유비(劉備)이고 자는 현덕(玄德)이다. 소열(昭烈)은 그의 묘호이다.

**164** 순욱(荀彧) : 163~212. 중국 후한(後漢)의 정치가로, 자는 문약(文若)이다. 처음엔 원소(袁紹)에게 몸을 의탁하였으나 원소가 큰일을 이루지 못할 것이라 보고 위(魏)나라 조조(曹操)의 막하로 옮겼다. 조조에게 도읍을 허도(許都)로 옮기고 헌제(獻帝)를 모실 것을 적극 건의하였으며, 원소와 그의 부하들에 대한 정보를 제공하고 관도(官渡) 전투에서 원소의 군대를 격파할 수 있도록 꾀를 내었다. 이러한 공들을 인정받아 벼슬이 시중(侍中)에 이르고 만세정후(萬歲亭侯)에 봉해졌으며, 조조에게서 '그대는 나의 장자방(張子房)'이라는 말을 들을 정도로 신임을 얻었다. 그러나 건안(建安) 17년(212) 동소(董昭)가 조조에게 위공(魏公)의 벼슬을 받으라고 권하였을 때 반대하여 조조의 의심을 샀으며, 얼마 뒤 조조가 아무것도 들어있지 않은 찬합을 보내자 그 뜻을 알아차리고 독약을 먹고 자살하였다. 《三國志 卷10 荀彧傳》

라를 섬겼으며 주유(周瑜)[165]는 그의 지혜로 오(吳)나라를 섬겼는데, 다만 전주(田疇)[166]는 한(漢)나라가 어지러워지기 시작하였을 때[167]를 당하여 유우(劉虞)[168]를 섬겼다. 대저 유우는 한나라의 종실(宗室)로,

**165** 주유(周瑜) : 175~210. 중국 삼국시대(三國時代) 오(吳)나라의 명신(名臣)으로, 자는 공근(公瑾)이다. 손견(孫堅)이 동탁을 토벌하려 할 때 집과 부지를 제공하였으며, 손견 사후 그의 아들 손책(孫策)을 섬겨 양자강(揚子江) 하류 지방을 평정하는 데 큰 공을 세웠다. 손책이 죽은 후 그의 아우 손권(孫權)을 충실하게 보필하였고, 위(魏)나라의 조조(曹操)가 진격해 오자 강화론자들에 맞서 적벽대전(赤壁大戰)에서 위나라 군대를 대파하였다. 그 후 익주(益州)를 점령하여 촉(蜀)을 병합하고 위(魏)를 점령하여 천하를 통일하겠다는 천하 이분지계(二分之計)를 세우고 이를 실행하기 위해 강릉(江陵)으로 귀환하다가 36세의 젊은 나이로 병사(病死)하였다.

**166** 전주(田疇) : 169~214. 중국 후한(後漢) 말기의 정치가로, 자는 자태(子泰)이다. 유우(劉虞)의 막료로, 유우가 공손찬(公孫瓚)에게 살해당하자 그의 묘를 찾아 곡을 하고 제사를 지냈다. 공손찬이 대노하여 사로잡았으나 그의 의연함에 감탄하고 여론이 나빠질 것을 우려해 풀어주었다. 이후 유우의 원수를 갚지 못함을 탄식하며 일족 수백 명을 이끌고 산 속에 은거하였는데, 원소(袁紹) 등이 그를 흠모하여 초빙하였으나 모두 응하지 않았다. 이는 원소와 친밀한 관계를 맺고 있던 오환(烏桓)과 원수지간이기 때문이었다. 207년에 조조(曹操)가 원상(袁尙)을 쫓아 오환을 공격하자 조조에게 옛 샛길을 안내하여 싸움을 승리로 이끌었다. 조조는 길을 안내한 공을 치하하며 정후로 봉하고 5백호의 식읍을 내렸으나 끝내 사양하고 받지 않았다.

**167** 한(漢)나라가……때 : 당시는 양주(涼州)의 군벌이었던 동탁(董卓)이 낙양(洛陽)에 입성하여 소제(少帝)를 폐위시키고 헌제(獻帝)를 추대함으로써 본격적인 군웅할거 시대가 열린 시기였다.

**168** 유우(劉虞) : ?~193. 중국 후한(後漢) 말의 관료로, 자는 백안(伯安)이다. 명제(明帝)의 이복형인 동해공왕(東海恭王)의 후손으로, 오경(五經)에 통달하였고 효렴(孝廉)으로 천거되었다. 황건적의 난이 일어났을 때 기주(冀州)의 백성들을 위무하여 감화시켰다. 또 장순(張純)과 장거(張擧)가 오환(烏桓)의 부족장들과 난을 일으켰을 때 죄를 묻지 않고 너그러이 대하면서 장순과 장거에게 현상금을 거니 무리가 절로 흩어지고 달아났다. 191년에 발해태수 원소(袁紹) 등이 사자를 보내 유우를 황제로

전주가 자신의 몸을 바쳐 유우를 섬긴 것은 그 뜻이 대개 한나라 왕실을 흥복(興復)시키고자 하였던 것이다. 그런데 불행히도 유우가 적(賊)[169]에게 죽임을 당하자 전주는 원수를 갚을 것을 맹세하고 은거하여 나오지 않았으니, 전주와 같은 이를 가히 고인(古人)의 재주와 고인의 절의(節義)를 가졌다고 이를 수 있다. 유우가 죽음에 그의 아들 중에서는 대업(大業)을 이룰만한 자가 없었은즉, 유씨(劉氏)의 종실(宗室) 가운데 오직 소열(昭烈)만이 귀의할 만하였다. 그러나 그가 끝내 나오지 않은 것은, 오직 짊어진 것이 무겁기 때문에 필시 기다리는 바가 있고 기약한 것이 원대하기 때문에 필시 인내하는 바가 있어서 자신을 저쪽에다 팔고자 하지 않았을 따름이었다.

가령 소열이 대의(大義)로 격동시키고 깊은 정성으로 교분을 맺어 공명을 구(求)하였던 마음으로 한결같이 전주를 구하였다면, 전주가 어찌 소열의 뜻을 따르지 않았겠는가. 왕실을 부지하고 난적(亂賊)을 토벌함에 반드시 공명과 더불어 서로 표리(表裏)가 되었을 것이다. 소열의 뜻은 아마도, "지금 천하는 공명 하나로도 족하다."라고 생각하였을 것이다. 만약에 "천하의 대사(大事)를 완성하기에 부족하다."라고 생각하였다면 어찌 다시 전주를 구할 방법을 생각하지 않았겠는가.

옛날 대신(大臣)의 도리는 현자(賢者)를 천거하는 것보다 급한 것이 없었으니, 전주가 세상에 쓰이지 못한 것은 다만 소열의 잘못일 뿐만이 아니다. 공명이 어찌 그 책임을 면할 수 있겠는가.

옹립하려고 하자 단호히 거부하고 사자를 참수하였다. 이에 평소 유우를 미워하였던 공손찬(公孫瓚)이 유우가 원소와 결탁하여 참칭하려 하였다는 누명을 씌웠고, 마침내 계현(薊縣)의 저자거리에서 공손찬에게 참수되었다.

**169** 적(賊) : 중국 후한(後漢) 말기의 군웅인 공손찬(公孫瓚, ?~199)을 가리킨다.

# 제문 祭文

## 영희전 제2실[170]에 새로 그린 영정을 봉안할 때의 친제문[171]

永禧殿二室新影幀奉安親祭文

| | |
|---|---|
| 성조[172]의 신성한 공적 | 聖祖神功 |
| 후대에 드리움 가이 없으니 | 誕垂無極 |
| 어진(御眞)을 우러러 봄에 | 式瞻睟容 |
| 영렬함이 어제만 같사옵니다 | 英烈如昨 |
| 그림이 점점 퇴색하여 | 繪事漸渝 |
| 나의 마음 근심스럽더니 | 怵焉予心 |
| 옮겨 그린 그림 있어 | 厥有移寫 |

**170** 영희전(永禧殿) 제2실 : 영희전은 조선 후기에 태조(太祖)·세조(世祖)·원종(元宗)·숙종(肅宗)·영조(英祖)·순조(純祖)의 영정(影幀)을 모시고 제사 지내던 전각의 이름으로, 제2실은 그 중 세조의 어진(御眞)을 모신 곳이다.

**171** 영희전(永禧殿)……친제문 : 《영조실록(英祖實錄)》 26년(1750) 2월 10일의 기사에 "임금이 영희전에서 작헌례를 행하였는데, 제2실에 영정의 신본(新本)을 봉안했기 때문이었다. 왕세자가 어가를 따랐고 저녁에야 환궁하였다."라고 하였으니, 이때를 가리킨 것으로 보인다. 세조의 영정이 만들어진 지 200년이 넘은 데다가 여러 차례 병화(兵火)를 겪었기 때문에 터지고 갈라져 새로 그리게 되었다는 내용이 《영조실록》에 보인다.

**172** 성조(聖祖) : 세조를 가리킨다.

| | |
|---|---|
| 높이 걸려 빛나고 빛납니다 | 赫赫高臨 |
| 마치 해가 막 떠오름에 | 若日初升 |
| 만물이 모두 우러르는 것과 같으니 | 萬物咸覩 |
| 요순과 같이 빛나는 기운에 | 堯光舜華 |
| 흡사 은총을 입은 듯하옵니다 | 怳承眷顧 |
| 길이 공경하여 받듦에 | 永言祇奉 |
| 신령스러운 복록이 면면할 것이요 | 靈籙俱綿 |
| 온갖 상서를 보전함에 | 葆其百祥 |
| 하늘로부터 보우하심 있을 것이옵니다 | 有祐自天 |
| 이에 편안히 모시고 | 爰揭爰妥 |
| 길일을 가려 배알하오니 | 簡吉載見 |
| 부디 강림하시어 | 庶冀昭格 |
| 변변찮은 제수나마 굽어 흠향하소서 | 俯歆菲薦 |

## 새로 그린 영정을 봉안한 후 각실에 올린 친제문[173]

新影幀奉安後各室親祭文

| | |
|---|---|
| 생각건대 우리 태조께서 | 洪惟太祖 |
| 대명(大命)을 크게 받아 | 丕膺駿命 |
| 무로 평정하고 문으로 다스리시니 | 武定文治 |
| 가르침과 공렬이 성대하셨습니다 | 謨烈其盛 |
| 장릉[174]께서 경사를 기르시어[175] | 章陵毓慶 |
| 중광[176]의 운이 열렸으니 | 運啓重光 |
| 두터이 쌓은 것이 흘러넘쳐 | 厚積滲發 |

**173** 새로……친제문 : 1750년(영조26) 2월 10일에 새로 그린 세조(世祖)의 어진(御眞)을 영희전(永禧殿) 제2실에 모시고 제사를 지낸 후 나머지 방에 제사를 올릴 때 쓴 친제문(親祭文)이다. 당시 영희전에는 태조(太祖)・세조・원종(元宗)・숙종(肅宗)의 영정이 모셔져 있었으며, 이후 영조(英祖)・순조(純祖)의 영정이 추가되었다.

**174** 장릉(章陵) : 조선의 추존왕인 원종(元宗)의 묘호(墓號)로, 원종은 인조(仁祖)의 생부인 정원군(定遠君) 이부(李琈, 1580~1620)를 가리킨다. 조선의 제14대 왕 선조(宣祖)와 후궁인 인빈 김씨(仁嬪金氏) 사이에서 태어났으며, 첫째 아들인 능양군(綾陽君) 종(倧)이 1623년에 인조반정으로 정권을 잡고 조선의 제16대 왕이 되었다. 아들 인조가 왕위에 오르면서 정원대원군(定遠大院君)으로 추존되었고, 10년간의 논쟁 끝에 1632년(인조10) 원종으로 추존되었다.

**175** 경사를 기르시어 : 원문의 '毓慶'은 '경사를 기른다.'는 뜻으로, 조상의 선행이 쌓여 훌륭한 자손이 태어남을 이르는 것이다. 여기서는 인조(仁祖)의 탄생을 의미한다.

**176** 중광(重光) : 뒤를 이을 임금이 선왕의 덕(德)을 거듭 빛낸다는 뜻으로, 왕위(王位)를 계승하는 것을 의미한다. 《서경(書經)》 고명(顧命)에 "옛 임금인 문왕과 무왕께서 거듭 빛을 펼치셨다.〔昔君文王武王宣重光.〕"라고 한 데서 유래하였다.

| | |
|---|---|
| 나라의 복이 이에 장구하여졌습니다 | 邦籙載長 |
| 아! 우리 영고[177]께서는 | 粤我寧考 |
| 크신 덕 하늘에 짝할 만하여 | 天配峻德 |
| 팔방의 동식물들이 | 八方動植 |
| 아직도 남은 은택을 입고 있습니다 | 尙囿餘澤 |
| 보잘것없는 저의 지극한 슬픔은 | 眇予至哀 |
| 부모님 봉양하지 못하여 눈물 흘리나 | 蓼莪之淚 |
| 열성께서 넘실대듯 성대하시니 | 列聖洋洋 |
| 우러르고 의지할 곳 있사옵니다 | 瞻依有地 |
| 고요한[178] 영전[179]에 | 有侐寧殿 |
| 정성스레 봉안한 진용[180]이 | 虔奉眞容 |
| 팔짱을 높이 끼고 엄숙히 굽어보시니 | 高拱端臨 |
| 신성하고 거룩한 조종이십니다 | 聖祖神宗 |
| 새로 그린 광묘[181]의 영정을 | 光廟新幀 |
| 이제 또 바꾸어 봉안하니 | 今又改安 |

**177** 영고(寧考) : 천명(天命)을 받아서 천하를 편안하게 한 선왕(先王)을 의미하는데 여기서는 숙종(肅宗)을 지칭한다.

**178** 고요한 : 원문의 '有侐'은 《시경(詩經)》 〈비궁(閟宮)〉 제1장에 나오는 말로, "깊이 닫힌 사당 고요하기도 하니, 공고하고 치밀하도다.〔閟宮有侐, 實實枚枚.〕"라고 하였다.

**179** 영전(寧殿) : 여기서는 세조의 혼전(魂殿)을 가리킨다.

**180** 진용(眞容) : 세조의 영정(影幀)을 가리킨다.

**181** 광묘(光廟) : 세조(世祖)의 별칭으로, 그의 능호(陵號)가 광릉(光陵)인 데에서 연유하였다.

빛나고 빛나는 곤룡포에　煌煌黼袞
거듭 천안을 우러릅니다　重瞻天顔
귀신의 이치 멀지 않아　神理不遐
부디 기쁨을 함께 하고자　庶同悅喜
삼가 받들고 와서 알현하니　肅將來覲
우리 원자[182]와 함께 하옵니다　偕我元嗣
후손들을 깨우치고 도우시어　啓佑後人
온각 복록으로 편안케 하시니　綏以百祿
감히 눈앞에 보이고 마음에 존재하지 않으리까[183]　非敢著存
예식대로 하여 미움을 삼이 없사옵니다[184]　式禮無射

**182** 원자 : 원문의 '원사(元嗣)'는 왕위를 계승할 왕자를 가리킨다. 이 제문이 쓰인 1750년(영조26)에는 장헌세자(莊獻世子)가 원자였다.

**183** 감히……않으리까 : 조상의 혼령이 마치 눈앞에 있는 것 같다는 말이다. 《예기(禮記)》〈제의(祭義)〉에서 나온 말로, "(조상을) 제사하는 날 방에 들어가면 애연히 마치 자리에 있는 듯하며, 주선(周旋)하여 문을 나오면 숙연히 그 거동과 음성이 들리는 듯하며, 문을 나와서 들으면 개연히 그 탄식하는 소리가 들리는 듯하다. 이런 까닭에 선왕의 효는 그 안색을 눈에서 잊지 않고 그 소리를 귀에서 끊지 않고 그 심지와 기욕을 마음에서 잊지 않는다. 사랑을 지극히 하면 마음에 존재하고 정성을 지극히 하면 눈앞에 보인다. 마음에 존재하고 눈앞에 보여 마음에 잊지 않거늘 어찌 공경하지 않으리오.〔祭之日入室, 僾然必有見乎其位, 周還出戶, 肅然必有聞乎其容聲, 出戶而聽, 愾然必有聞乎其歎息之聲. 是故先王之孝也, 色不忘乎目, 聲不絶乎耳, 心志嗜欲, 不忘乎心. 致愛則存, 致慤則著. 著存不忘乎心矣, 夫安得不敬乎?〕"라고 하였다.

**184** 미움을 삼이 없사옵니다 : 《시경》〈청묘(淸廟)〉에서 나온 말로, 이 시는 중국 주(周)나라의 주공(周公)이 낙읍(洛邑)을 이룬 후 제후들을 거느리고 문왕(文王)에게 제사를 드리는 내용의 악가(樂歌)이다. 시의 원문과 내용은 다음과 같다. "아! 심원한 사당에 엄숙하면서 온화한 재상이여. 많고 많은 선비들이 문왕의 덕을 잡아 하늘에

계신 분을 대하고 사당에 계신 신주를 매우 분주히 받드나니 드러나지 아니할까, 떠받들지 아니할까. 사람들에게 미움을 삼이 없으시도다.〔於穆淸廟, 肅雝顯相. 濟濟多士, 秉文之德. 對越在天, 駿奔走在廟. 不顯不承, 無射於人斯.〕”

## 옛 영정을 받들어 간직하며 고유할 때의 친제문[185]

舊影幀奉藏告由親祭文

| | |
|---|---|
| 거룩하신 우리 성조께서 | 皇矣聖祖 |
| 중흥의 위대한 업적 이루시어[186] | 中興偉績 |
| 무공과 문치가 | 武功文謨 |
| 우리 사는 땅을 뒤덮었습니다 | 烝冒區域 |
| 온화하신 어진 있어 | 有穆眞容 |
| 백대토록 경앙하며 | 景止百代 |
| 천안(天顔)을 다시 모사할 날 | 重摹天日 |
| 기다리고 있었습니다 | 盖有所待 |
| 감히 갑작스레 바꿀 수 없어 | 罔敢遽易 |
| 경건하고 또 신중하였으니 | 且敬且愼 |
| 온갖 신령 비호하시어 | 百靈攸衛 |
| 거의 훼손이 없었습니다 | 庶幾無損 |
| 세월이 아득히 흘러 | 歲月云邈 |
| 옛 영정의 색깔 바래니 | 舊幅凋彩 |
| 시간이 오랠수록 더욱 두려워 | 寖遠彌懼 |

**185** 옛……친제문 : 세조(世祖)의 옛 영정을 거두어 가면서 그 사유를 고하고 제사를 올릴 때 쓴 제문(祭文)이다.

**186** 거룩하신……이루시어 : '성조(聖祖)'는 세조를 가리키며, '중흥의 위대한 업적'은 세조가 계유정난(癸酉靖難)을 일으켜 단종(端宗)을 몰아내고 왕위에 오른 일을 가리킨다.

| | |
|---|---|
| 자나 깨나 마음 놓을 수 없었습니다 | 寤寐靡怠 |
| 옛 영정 옮기고 새 것을 모심에 | 遷故妥新 |
| 인정과 예문이 중도에 부합하니 | 情禮叶中 |
| 혼령이 빙의함에 간격이 없고 | 憑依無間 |
| 정신을 전달함이 똑같았습니다 | 傳神則同 |
| 삼가 이전의 영정을 | 恭惟前幀 |
| 받들어 거두니 | 奄奉而撤 |
| 고금을 돌아보건대 | 俛仰今昔 |
| 슬프고 허전함이 더욱 더합니다 | 罙增愴缺 |
| 때때로 정성스레 햇볕에 말리며 | 式時虔曬 |
| 거듭 봉심할 기약 있을 것이요 | 重審有期 |
| 나란히 한 방에 봉안하니 | 並安一室 |
| 영원한 이별은 아니옵니다 | 匪曰永違 |
| 재계하고 말 멍에를 매게 한 후[187] | 齋誠戒駕 |
| 몸소 고유하오니 | 躬告有事 |
| 아! 밝으신 영령께서는 | 於昭在上 |
| 이 술잔을 굽어 흠향하옵소서 | 俯歆玆觶 |

187 말 멍에를……후 : 세조의 옛 영정(影幀)을 모시고 갈 수레가 출발함을 뜻한다.

## 옛 영정을 봉장한 후 각실에 고유할 때의 친제문[188]
舊影幀奉藏後 各室告由親祭文

| | |
|---|---|
| 날아갈 듯 우뚝한 진전[189]에 | 翼翼眞殿 |
| 네 분의 왕후 엄숙하시니 | 有儼四后 |
| 성대한 덕과 크신 공렬이 | 盛德洪烈 |
| 선조를 빛내고 후손을 계도하십니다 | 光先啓後 |
| 제2실의 그림[190]이 | 二室繪素 |
| 세월이 오랠수록 더욱 빛바래 | 世遠寀渝 |
| 이에 영원히 간직하고자 하여 | 聿懷永圖 |
| 지난번에 옮겨 그렸습니다 | 曩有移摹 |
| 옛 그림은 이에 옮기고 | 舊軸載遷 |
| 보의[191]는 새로 가져다 | 寶扆將新 |
| 감히 그 연유를 고하며 | 敢告厥由 |
| 이에 정결한 제사를 올리옵니다 | 式薦明禋 |

188 옛……친제문 : 세조(世祖)의 옛 영정을 거두어 가면서 영희전(永禧殿) 내의 다른 방에 그 사유를 고하고 제사를 올릴 때 쓴 제문이다.

189 진전(眞殿) : 왕의 초상화인 어진(御眞)을 봉안하고 제사를 올리는 곳을 가리킨다.

190 제2실의 그림 : 세조(世祖)의 어진을 가리킨다.

191 보의(寶扆) : 임금의 자리 뒤에 설치하는 병풍을 가리킨다.

## 종묘에 올린 친제문

宗廟親祭文

| | |
|---|---|
| 아! 위대하신 조종께서 | 於皇祖宗 |
| 고요한 태실[192]에 계시니 | 有侐太室 |
| 양양하게 오르내리시며[193] | 洋洋陟降 |
| 깨우치고 도와주심에 모자람이 없사옵니다 | 啓佑無缺 |
| 보잘것없는 제가 온갖 어려움을 겪고 | 眇予履艱 |
| 외람되이 대업의 기틀을 받든 후엔[194] | 忝承丕基 |
| 오직 동동거리며 | 惟有憧憧 |
| 사시사철 제사를 지냈습니다[195] | 烝嘗禴祀 |
| 노년이 되자 조상을 추모하는 | 暮境追遠 |
| 감회 더욱 자랐으나 | 感緖采長 |

**192** 태실(太室) : 종묘(宗廟)를 가리킨다.

**193** 오르내리시며 : 원문의 '陟降'은《시경(詩經)》〈문왕(文王)〉 제1장에서 나온 말로, 조상의 혼령이 오르내리면서 항상 상제(上帝)의 곁에서 그를 보좌하고 있다는 의미이다. 원문과 내용은 다음과 같다. "문왕이 위에 계시어 아! 하늘에 밝게 계시니, 주나라가 비록 오래된 나라이나 천명은 새롭도다. 주나라가 어찌 드러나지 않겠으며 상제의 명이 어찌 때에 맞지 않겠는가. 문왕의 오르내리심이 상제의 좌우에 계시니라.〔文王在上, 於昭于天. 周雖舊邦, 其命維新. 有周不顯, 帝命不時. 文王陟降, 在帝左右.〕"

**194** 보잘것없는……후엔 : 영조가 왕위에 오른 지난한 과정을 가리키는 것이다.

**195** 사시사철 제사를 지냈습니다 : 원문의 '烝嘗禴祀'는 천자나 제후가 종묘(宗廟)에 지내는 사계절의 제사를 통틀어 말하는 것이다. '증(烝)'은 겨울에 지내는 제사의 이름이요, '상(嘗)'은 가을에, '약(禴)'은 여름에, '사(祀)'는 봄에 지내는 제사의 이름이다.

| | |
|---|---|
| 질병과 날씨 때문에 | 疾病寒暑 |
| 혹 몸소 제사를 드리지 못하기도 하였습니다 | 或闕躬將 |
| 예에 정을 다하지 않으면 | 禮不盡情 |
| 어찌 제사라 하오리까 | 曷云其祭 |
| 음력 4월이 되어[196] | 仲呂叶律 |
| 여름철[197]이 되자 | 朱明節届 |
| 불현듯 두려운 마음이 일어[198] | 怵惕興懷 |
| 이에 길한 날을 가려서 | 肆涓吉辰 |
| 편히 쉴 겨를 없이 | 不遑寧處 |
| 직접 정결한 제사를 올리옵니다 | 親薦明禋 |
| 쌀밥 이미 향긋한데다 | 禾稌旣馨 |
| 간이 맞는 국과 맑은 술 올리니 | 和羹淸酤 |

**196** 음력 4월이 되어 : 원문의 '叶律'은 옛날에 12율려(律呂)를 1년의 12달에 배속하였던 것을 가리키며, '仲呂'는 12율려 중의 하나로 음력 4월을 가리킨다.

**197** 여름철 : 원문의 '朱明'은 '여름'이라는 뜻으로, 음력 4월이 여름의 시작이다. 《이아(爾雅)》 〈석천(釋天)〉에 "봄은 청양, 여름은 주명, 가을은 백장, 겨울은 현영이니, 네 가지 기운이 조화로운 것을 '옥촉'이라고 한다.〔春爲靑陽, 夏爲朱明, 秋爲白藏, 冬爲玄英, 四氣和, 謂之玉燭.〕"라고 하였다.

**198** 불현듯……일어 : 원문의 '怵惕'은 '섬뜩하게 두려운 마음'이라는 뜻으로, 돌아가신 어버이에 대한 사무치는 그리움을 표현한 것이다. 《예기(禮記)》 〈제의(祭義)〉에 "(가을에) 서리와 이슬이 내리면 군자가 그것을 밟고 반드시 슬픈 마음이 생기니, 이는 날이 추워져서 그런 것이 아니다. 봄에 비와 이슬이 내려 땅이 축축해지면 군자가 그것을 밟고 반드시 섬뜩하게 두려운 마음이 생기면서 마치 돌아가신 부모를 곧 만날 것 같은 생각이 들게 된다.〔霜露旣降, 君子履之, 必有悽愴之心, 非其寒之謂也. 春雨露旣濡, 君子履之, 必有怵惕之心, 如將見之.〕"라고 한 데서 나온 말이다.

천지간에 어렴풋이[199] 俯仰僾然
마치 들리는 듯 보이는 듯합니다 若聞若覩
생각건대 근자에 言念近日
나라의 경사 끝이 없사오니 邦慶無極
원손[200]은 품에 있고 元孫在抱
대비께서는 보책을 받드셨습니다[201] 東朝奉冊
열조께서 내려주신 바 列祖攸錫
제가 그 융성함을 이어받았는데 我受其隆

**199** 어렴풋이 : 원문의 '僾然'은 고인(故人)의 모습이 어렴풋이 보이는 듯한 것이다. 《예기(禮記)》 〈제의(祭義)〉에 "(조상을) 제사하는 날 방에 들어가면 어렴풋이 마치 자리에 있는 듯하며, 주선하여 문을 나오면 숙연히 그 거동과 음성이 들리는 듯하며, 문을 나와서 들으면 개연히 그 탄식하는 소리가 들리는 듯하다.〔祭之日, 入室, 僾然必有見乎其位, 周還出戶, 肅然必有聞乎其容聲, 出戶而聽, 愾然必有聞乎其歎息之聲.〕"라고 한 데서 나온 말이다.

**200** 원손(元孫) : 의소세손(懿昭世孫, 1750～1752)을 가리킨다. 영조(英祖)의 장손이자 장조(莊祖) 즉 장헌세자(莊獻世子)의 적장자이다. 헌경왕후(獻敬王后) 즉 혜경궁 홍씨(惠慶宮洪氏)의 소생이며, 정조(正祖)의 친형이다. 이름은 정(琔)이며, 의소는 시호이다. 장헌세자와 갈등하던 영조는 손자가 태어나자 크게 기뻐하며 손자가 2살이 되던 해에 직접 왕세손에 책봉하고 왕손사부(王孫師傅)를 물색하였다. 그러나 3살이 되던 해에 병을 앓다 요절하였다. 의령원(懿寧園)에 안장되었으며, 고종 때에 세자와 태자로 추존되었다.

**201** 대비(大妃)께서는 보책(寶冊)을 받드셨습니다 : 1751년(영조27)에 인원대비(仁元大妃)에게 '정덕(貞德)'이라는 존호를 올린 사실을 가리킨다. 《영조실록》 27년 2월 27일의 기사에 영조가 내린 반교문(頒教文)이 실려 있는데, "본년 2월 27일에 책보를 받들어 혜순자경헌열광선현익강성 대왕대비의 존호를 가상하여 '정덕'이라고 한다.〔於本年二月二十七日, 奉冊寶, 加上惠順慈敬獻烈光宣顯翼康聖大王大妃, 尊號曰貞德.〕"라고 하였다.

저 백성들의 근심이　維彼民憂
참으로 저의 마음을 아프게 합니다　實疚予衷
서북 지역이 더욱 궁핍하여　西北尤瘠
곤궁한 이들[202] 길에 즐비하니　顚連在路
부디 신의 가호를 내리시어　冀降冥騭
이에 편히 살게 하여주소서　載安于堵
감히 복을 구하는 것이 아니오니　匪敢徼福
그 이치 너무도 분명하옵니다　厥理孔明
바라건대 흠향하시고　庶幾歆顧
보잘것없는 저의 정성을 굽어 살펴주소서　俯鑑微誠

**202** 곤궁한 이들 : 원문의 '顚連'은 가난하고 의지할 데 없는 것을 의미한다. 중국 북송(北宋)의 철학자 장재(張載)가 〈서명(西銘)〉에서 "온 천하의 쇠잔한 자, 병든 자, 고아와 독거노인, 홀아비와 과부가 모두 곤궁하고 하소연할 데 없는 나의 형제들이다.〔凡天下疲癃、殘疾、惸獨、鰥寡, 皆吾兄弟之顚連而無告者也.〕"라고 하였다.

# 의릉[203]에 올린 친제문[204]

懿陵親祭文

| | |
|---|---|
| 전성[205]하지 못한 채 | 曠焉展省 |
| 여러 해가 지났으니 | 屢易寒暑 |
| 매번 교산[206]을 바라볼 때마다 | 每瞻喬山 |
| 서글픈 마음 더욱 더하였사옵니다 | 采增愴緒 |
| 생각건대 예성[207]께서 | 洪惟睿聖 |
| 공경히 책력을 계승하신 후[208] | 纘曆克寅 |

**203** 의릉(懿陵) : 조선의 제20대 왕 경종(景宗)과 그의 계비(繼妃) 선의왕후 (宣懿王后) 어씨(魚氏)의 능으로, 서울시 성북구 석관동에 있다.

**204** 의릉(懿陵)에 올린 친제문(親祭文) : 이 글은 본문의 내용으로 보아 사도세자(思悼世子)가 대리청정을 하던 1749년~1757년 사이에 쓰인 것으로 보이는데, 《영조실록》의 기록을 참고하면 영조는 이 시기에 1750년(영조26) 8월 20일 · 1752년 8월 25일 · 1753년 8월 9일, 3차례 의릉에 거둥하였다. 그런데 앞에 실린 〈새로 그린 영정을 봉안한 후 각실에 올린 친제문〔新影幀奉安後各室親祭文〕〉은 1750년 2월에, 뒤에 실린 〈명릉에 올린 친제문〔明陵親祭文〕〉은 1751년 8월에 쓰였으므로, 이 글은 1750년 8월에 쓰인 것으로 추정된다.

**205** 전성(展省) : 임금이 선왕(先王)의 능에 나아가 친히 전배(展拜)하고 성묘(省墓)하는 것을 말한다.

**206** 교산(喬山) : 중국의 전설 속 임금인 황제(黃帝)가 묻혔다는 산의 이름으로, 전하여 왕릉을 가리키는 말로 쓰이게 되었다. 여기서는 경종의 묘가 있는 의릉(懿陵)을 가리킨다.

**207** 예성(睿聖) : '슬기로운 성인(聖人)'이라는 뜻으로, 경종을 지칭한다.

**208** 책력(冊曆)을 계승하신 후 : 왕위를 계승하였다는 말이다.

온 나라를 흠뻑 적시기를 率土涵濡
두터운 은택과 깊은 사랑으로 하셨습니다 厚澤深仁
저를 사랑하고 보살피시어 愛我眷我
곤액에서 크게 구제하셨으며[209] 弘濟于否
그 사이의 온갖 일 中間萬事
모두 남은 은덕에 힘입었습니다 率賴餘庇
가르치심 따르기를 게을리하지 않고 蹈訓罔懈

**209** 저를……구제하셨으며 : 영조가 죽지 않고 무사히 왕위에 오르게 된 것을 의미한다. 1721년에 숙종이 승하하고 경종이 즉위하자 숙종의 유교(遺敎)를 받은 노론은 후사가 없다는 이유로 경종의 이복동생인 연잉군(延礽君)을 왕세제(王世弟)로 책봉하도록 하고, 다시 경종의 병약함을 이유로 세제의 대리청정을 건의하였다. 이에 소론은 왕권을 침해하는 불충(不忠)이라 하여 강하게 반발하였으며, 결국 대리청정은 취소되고 이를 빌미로 소론 정권이 들어서게 되었다. 또한 목호룡(睦虎龍)의 고변에 의한 임인삼수옥(壬寅三手獄)이 일어나 노론사대신을 위시한 170여명의 노론계 신하들이 역적으로 몰려 죽임을 당하거나 귀양을 가게 되었다. 노론에 의해 왕세제의 자리에 오른 연잉군 역시 고립된 상태를 면할 수 없었을 뿐더러 역모에 관련되었다는 혐의를 받고 피의자의 공초에 오르내리게 되었다. 여기에 더하여 김일경(金一鏡)은 왕세제인 연잉군(延礽君)을 해치고자 환관 박상검(朴尙儉)에게 은화 수천 냥을 건넸고, 박상검은 이 돈으로 환관과 궁녀들을 매수하였다. 우선 대전(大殿)의 궁녀들로 하여금 왕세제를 헐뜯는 말을 하도록 하였으며, 궁녀 석렬(石烈)·필정(必貞) 등을 시켜 궁 안에 돌아다니는 여우를 잡는다는 구실로 밤마다 청휘문(淸暉門)을 닫고 여우 덫을 놓게 하였다. 이에 따라 연잉군이 경종에게 문안을 드리거나 왕의 수라상을 살피러 가는 길을 가로막아 경종과 왕세제 사이에 불화를 조성하였다. 이에 목숨의 위협을 느낀 영조는 왕세제 자리를 걸고 이를 문제화하였으며, 결국 소론으로 하여금 적대행위를 일삼는 환관과 궁녀들을 처형하도록 하였다. 이후 동궁요속(東宮僚屬)이던 조현명(趙顯命)·송인명(宋寅明)·박문수(朴文秀) 등과 인원대비(仁元大妃) 및 경종의 보호를 받아 불안한 가운데 세제의 자리를 지켜 1724년 경종의 뒤를 이어 왕위에 오르게 되었다.

| | |
|---|---|
| 밤낮으로 두려워하다 보니 | 夙夜載栗 |
| 세월이 흐르고 흘러 | 歲月流轉 |
| 저의 머리 이제 백발이 되었습니다 | 予今皓髮 |
| 위로 대비[210]를 받들고 | 上奉東朝 |
| 세자[211]가 곁에 있으니 | 元良在傍 |
| 끼치신 경사[212] 두루 미쳐 | 遺慶所暨 |
| 종묘사직이 무궁할 것이옵니다 | 宗祧無疆 |
| 양양히 오르내리시며[213] | 洋洋陟降 |
| 기쁨을 함께 하실 줄로 아옵니다 | 想同嘉喜 |
| 이에 옛 규정을 따라 | 爰遵舊章 |
| 세자에게 대리청정을 명하였는데[214] | 命攝予理 |
| 감히 싫증을 느껴서[215]가 아니라 | 匪敢倦勤 |

**210** 대비(大妃) : 숙종의 계비(繼妃)인 인원대비(仁元大妃, 1687~1757)를 가리킨다.

**211** 세자 : 사도세자(思悼世子, 1735~1762)를 가리킨다.

**212** 끼치신 경사 : 남에게 좋은 일을 많이 한 보답으로 훗날 그의 자손이 받는 경사를 의미한다.

**213** 오르내리시며 : 《시경(詩經)》 〈문왕(文王)〉 제1장에서 나온 말로, 조상의 혼령이 오르내리면서 항상 상제(上帝)의 곁에서 그를 보좌하고 있다는 의미이다.

**214** 이에……명하였는데 : 영조가 사도세자에게 대리청정을 하도록 명한 것을 가리킨다. 영조는 사도세자가 15세가 되던 1749년(영조25)에 대리청정을 하며 본격적으로 후계자로서의 경험을 쌓게 하였다.

**215** 싫증을 느껴서 : 나이가 들어서 정사(政事)에 권태를 느낀다는 말이다. 《서경(書經)》 〈대우모(大禹謨)〉에 "짐이 제위에 있은 지가 33년이라 나이가 들어 부지런히 해야 할 정사에 싫증이 난다.〔朕宅帝位, 三十有三載, 耄期, 倦于勤.〕"라고 한 데서 나온 말이다.

| | |
| --- | --- |
| 고심 끝에 나온 바입니다 | 苦心是伸 |
| 아! 잊을 수 있겠습니까 | 於戲可忘 |
| 그 덕의 순수함을[216] | 之德之純 |
| 한가을이 되어 | 節屆秋殷 |
| 시절을 느끼며 슬픔이 이니 | 撫時興悲 |
| 삼가 선침[217]을 바라보며 | 祇覲仙寢 |
| 저의 거둥을 지체할 수 없었습니다 | 我御毋遲 |
| 붕어하신 후 눈물 아직 남았는데 | 天崩餘淚 |
| 하물며 이 달을 만났음에리까[218] | 矧逢是月 |
| 무덤길[219] 따라 배회하노라니 | 徊徨隧路 |
| 소나무 잣나무만 쓸쓸합니다 | 松栢蕭瑟 |
| 상설[220]은 엄숙히 늘어서고 | 有儼象設 |
| 성비[221]께서 언덕을 함께 하셨는데[222] | 聖妃同原 |

**216** 그 덕의 순수함을 : 《시경》 〈유천지명(維天之命)〉에서 나온 말로, "하늘의 명이아! 심원하여 그치지 않으시네. 아! 드러나지 않겠는가. 문왕의 덕의 순수함이여.〔維天之命, 於穆不已. 於乎不顯? 文王之德之純.〕"라고 하였다. 이 시는 주(周)나라의 문왕(文王)을 제사할 때 부른 시로, 여기서는 경종의 덕을 문왕에 견주어 찬양한 것이다.

**217** 선침(仙寢) : 왕릉(王陵)을 높여 부르는 말이다.

**218** 하물며……만났음에리까 : 경종은 1724년(경종4) 8월 25일에 승하하였으니, 8월이 되었다는 말이다.

**219** 무덤길 : 원문의 '隧路'는 무덤에 설치하는 묘도(墓道)를 말한다. 하관(下棺)할 때 관을 위에서 바로 내리기 어렵기 때문에 그 옆에 경사지게 길을 내어 묘혈(墓穴)로 들어갈 수 있게 하였으니, 이를 수로라고 하였다.

**220** 상설(象設) : 무덤 앞에 사람이나 짐승의 형상을 본떠 만든 석물(石物)을 가리킨다.

마마의 음공[223] 넓고 두터워　　陰功博厚
자애로우신 은혜 가장 많이 입었습니다　　最荷慈恩
아득히 지난날을 생각하노라니　　緬懷疇昔
마치 눈앞에 보이는 것 같사옵니다　　僾然如覿
깨끗하고 정성스럽게 제수를 올리나니　　惟潔惟誠
부디 이르러 흠향하옵소서　　庶冀歆格

**221** 성비(聖妃) : 경종의 계비(繼妃)인 선의왕후(宣懿王后, 1705～1730)를 가리킨다. 본관은 함종(咸從)이며 영돈녕부사 어유구(魚有龜)의 딸이다. 1718년(숙종44) 첫 번째 세자빈(世子嬪) 심씨(沈氏)가 죽자 그해 세자빈으로 책봉되어 가례(嘉禮)를 올렸고, 1720년 경종이 즉위하자 왕비가 되었다.

**222** 성비(聖妃)께서……하셨는데 : 1730년에 경종의 계비인 선의왕후가 작고하자 의릉(懿陵)에 합장한 사실을 가리킨다.

**223** 음공(陰功) : 뒤에서 돕는 숨은 공이란 의미로, 여기서는 왕비의 내조(內助)를 가리킨다. 임금이 이루는 양공(陽功)과 상대되는 말이다.

# 명릉에 올린 친제문[224]

明陵親祭文

| | |
|---|---|
| 고요한 영원[225]에 | 有侐靈園 |
| 삼 년 동안 성묘 드리지 못하였는데 | 三歲曠省 |
| 서리 이슬 처음 내리니 | 霜露初降 |
| 슬픔이 더욱 더하옵니다[226] | 怵焉增愴 |
| 편히 쉴 겨를 없이 | 不遑寧處 |
| 이에 와서 참배하니 | 聿來展拜 |
| 아! 성덕을 생각건대 | 於惟聖德 |
| 오직 하늘만이 그만큼 클 것이옵니다 | 維天其大 |

**224** 명릉(明陵)에 올린 친제문(親祭文) : 명릉은 조선의 제19대 왕인 숙종과 계비(繼妃) 인현왕후(仁顯王后) 민씨(閔氏), 제2계비 인원왕후(仁元王后) 김씨(金氏)의 능이다. 《영조실록》 27년(1751) 8월 6일의 기사에 "임금이 명릉을 전알(展謁)하였다."라고 하였는데, 이 제문은 이때 쓰인 것으로 보인다. 앞에 실린 〈의릉에 올린 친제문〔懿陵親祭文〕〉이 1750년(영조26)에, 뒤에 실린 〈공릉에 올린 친제문〔恭陵親祭文〕〉이 1751년에 쓰인 것을 근거로 하였다.

**225** 영원(靈園) : 왕릉(王陵)이 있는 동산을 가리킨다.

**226** 서리……더하옵니다 : 돌아가신 어버이에 대한 사무치는 그리움을 표현한 것이다. 《예기(禮記)》 〈제의(祭義)〉에 "가을에 서리와 이슬이 내리면 군자가 그것을 밟고 반드시 슬픈 마음이 생기니, 이는 날이 추워져서 그런 것이 아니다. 봄에 비와 이슬이 내려 땅이 축축해지면 군자가 그것을 밟고 반드시 섬뜩하게 두려운 마음이 생기면서 마치 돌아가신 부모를 곧 만날 것 같은 생각이 들게 된다.〔霜露旣降, 君子履之, 必有悽愴之心, 非其寒之謂也. 春雨露旣濡, 君子履之, 必有怵惕之心, 如將見之.〕"라고 한 데서 나온 말이다.

문치와 무공이 文謨武烈
백세토록 전해 내려오니[227] 豐芑百世
두메산골의 뭇 생령들에게 窮谷含生
아직도 남은 눈물 있사옵니다 尙有餘涕
저 가래나무 측백나무[228]를 바라보니 瞻彼梓栢
아름드리 울창한데 拱抱其鬱
슬프도다 의지할 곳 없는 저는 哀我煢煢
어느덧 백발이 되었습니다 居然皓髮
저의 덕이 전대와 같지 못하여 惟德不類
유업을 실추시킬까 두려워하며 式懼荒墜
온갖 험하고 고된 일들을 險阻艱難
두루 겪었습니다 閱歷萬事
세자의 대리청정은[229] 元良代攝
감히 제가 한가히 쉬고자 하는 것이 아니니 匪敢暇逸

**227** 문치와……내려오니 : 원문의 '豐芑'는 《시경》 〈문왕유성(文王有聲)〉에서 나온 말로, "풍수에도 기풀이 있으니 무왕이 어찌 이곳에서 일하지 않으시리오. 후손에게 계책을 남겨주사 공경하는 아들을 편안하게 하시니 무왕은 훌륭한 군주시도다.〔豐水有芑, 武王豈不仕? 詒厥孫謀, 以燕翼子, 武王烝哉.〕"라고 하였다. 풍수(豐水) 하류에 주(周)나라의 서울인 호경(鎬京)이 있는데, 풍수에 기(芑) 풀이 무성한 것처럼 문왕(文王)·무왕(武王)에서부터 성왕(成王)에 이르기까지 서로 뜻을 이어받아 후손들을 위한 모유(謨猷)를 세워 도왔으므로 성대한 나라를 이루어 왔음을 찬미한 내용이다.

**228** 가래나무 측백나무 : 보통 무덤가에 심는 나무로, 조상의 묘소 혹은 조상을 의미한다.

**229** 세자의 대리청정은 : 영조는 사도세자(思悼世子)가 15세가 되던 1749년(영조25)에 대리청정(大理聽政)을 명하여 본격적으로 후계자로서의 경험을 쌓게 하였다.

하늘에서 오르내리시며[230] 陟降在上

부디 신의 가호를 베풀어주소서 庶幾冥騭

저에게 아름다운 자손을 내려주시어 錫我佳孫

국운을 창성케 하시니 俾昌邦籙

보잘것없는 저의 부덕함으로 眇玆凉德

어찌 큰 복을 편안히 여기겠습니까 何安景福

장락궁[231]에 융숭함을 극진히 하여 致隆長樂

현호로 광채를 더하였사오나[232] 顯號增輝

슬프게도 부모님 봉양하지 못하여[233] 不洎之痛

**230** 하늘에서 오르내리시며 : 조상의 혼령이 오르내리면서 항상 상제(上帝)의 곁에서 그를 보좌하고 있다는 의미이다.

**231** 장락궁(長樂宮) : 중국 한(漢)나라의 고조(高祖)가 모후(母后)를 받들기 위하여 세운 궁전의 이름이다. 이후에 임금의 모후를 가리키는 말로 쓰이게 되었으며, 여기서는 숙종의 계비(繼妃)인 인현왕후(仁顯王后)와 숙종의 제2계비인 인원왕후를 가리킨다.

**232** 장락궁에……더하였사오나 : 인현왕후는 사후인 1713년(숙종39)에 효경(孝敬)이라는 존호를 받고 1722(경종2)에 의열정목(懿烈貞穆)이라는 휘호를 받았으며 1753년(영조29)에 숙성(淑聖), 1776년에 장순(莊純)이라는 존호가 더해졌다. 인원왕후(仁元王后)는 1713년(숙종39)에 혜순(惠順)이라는 존호를 받고 숙종이 죽은 후 왕대비로 있으면서 1722년(경종2)에 자경(慈敬), 영조 즉위 후인 1726년(영조2)에 헌열(獻烈), 1740년에 광선현익(光宣顯翼), 1747년에 강성(康聖), 1751년에 정덕(貞德), 1752년에 수창(壽昌), 1753년에 영복(永福), 1756년에 융화(隆化)라는 존호가 더해졌으며 사후에 정의장목(定懿章穆)이라는 휘호가 올려졌다.

**233** 슬프게도……못하여 : 벼슬에 나아가 귀하게 되었으나 부모가 돌아가셔서 봉양할 길이 없음이 슬프다는 것이다. 《장자(莊子)》〈우언(寓言)〉에서 나온 말로, "내가 부모님이 살아 계실 때에는 벼슬에 나아가 3부의 녹봉만 받아도 마음이 즐거웠는데, 부모님이 돌아가신 후에는 벼슬에 나아가 3000종의 녹봉을 받아도 부모님을 봉양할 수 없어 내 마음이 슬펐다.〔吾及親仕, 三釜而心樂, 後仕, 三千鍾而不洎親, 吾心悲.〕"라

우러르고 의지할 곳 없사옵니다 靡所瞻依

저의 재복[234]을 정결히 하고 潔予齋服

공경히 수문[235]을 바라보니 祗見隧門

마치 눈앞에 보이는 듯 어렴풋하고 僾然如覩

흡사 아침저녁으로 봉양하는 듯하옵니다 恍奉晨昏

시국에 대한 근심을 돌아보건대 洒睠時憂

마치 시냇물처럼 끝이 없사오니 若川無際

바라건대 끝끝내 돌보시어 願卒眷顧

널리 구제할 수 있게 하여주소서 庸克弘濟

엄숙하신[236] 성모의 思齊聖母

선침이 언덕을 같이 하였는데[237] 仙寢同原

저를 돌보고 길러주셨으나 撫我育我

고 한 증자(曾子)의 말에서 연유하였다.

**234** 재복(齋服) : 임금이 나라의 제사를 행할 때 그 전날 밤에 재궁(齋宮)에 나와 묵으면서 재계(齋戒)하던 것을 재숙(齋宿)이라고 하는데, 이때 입는 옷을 재복이라고 한다.

**235** 수문(隧門) : 묘문(墓門), 즉 무덤 앞으로 들어가는 입구를 가리킨다.

**236** 엄숙하신 : 원문의 '思齊'는 엄숙하다는 뜻으로, 중국 주(周)나라 왕계(王季)의 비(妃)이자 문왕(文王)의 어머니인 태임(太任)의 성격을 칭송한 데서 나온 말이다. 《시경》〈사제(思齊)〉에서 "엄숙한 태임이 문왕의 어머니시니 주강의 사랑을 받으사 경실의 며느리가 되셨네. 태사가 그 아름다운 명성을 이으시니 아들이 백 명이나 되도다.〔思齊太任, 文王之母. 思媚周姜, 京室之婦. 太姒嗣徽音, 則百斯男.〕"라고 하였다.

**237** 엄숙하신……하였는데 : 여기서 '성모(聖母)'는 인현왕후(仁顯王后)를 가리키는 것으로 보인다. 1701년(숙종27)에 인현왕후가 죽자 지금의 경기도 고양시 덕양구 신도동에 묘지를 정하고 명릉(明陵)이라 하였으며, 1720년에 숙종이 죽자 이곳에 나란히 묻었다. 이 제문이 쓰인 1751년(영조27)에는 인원왕후가 아직 생존해 있었다.

자애로운 은혜를 갚지 못하였습니다　莫報慈恩
옛날을 돌아보니　俛仰疇昔
온갖 감회 마음을 어지럽히는데　百感攪中
외척들[238] 나날이 세상을 뜨시니　戚畹日凋
저의 마음 더욱 개탄스럽사옵니다　彌愾予衷
상설[239]이 엄숙히 늘어서　象設儼聯
좌우로 양양한데　左右洋洋
부디 보잘것없는 저의 정성 살피시어　冀鑑寸悃
깊은 술잔에 굽어 임하소서　俯格泂觴

**238** 외척들 : 여기서는 인현왕후의 친척들을 가리키는 것으로 보인다.

**239** 상설(象設) : 무덤 앞에 사람이나 짐승의 형상을 본떠 만든 석물(石物)을 가리킨다.

# 공릉에 올린 친제문[240]

恭陵親祭文

엄숙하신[241] 왕후[242]께옵서는 思齊聖后

훈벌에서 덕을 기르신 후[243] 毓德勳閥

**240** 공릉(恭陵)에 올린 친제문(親祭文) : 공릉은 조선의 제8대 왕 예종의 원비(元妃) 장순왕후(章順王后)의 능으로, 경기도 파주시 조리면 봉일천리에 있다. 본 제문 안에 "슬프고 슬프도다, 효순을 같은 언덕에 새로 합장하였사옵니다.〔哀哀孝純, 新祔同原.〕"라는 내용이 있는 것으로 보아 이 제문은 효순왕후(孝純王后)가 죽은 1751년(영조 27)에 쓰인 것으로 보인다. 《영조실록》 27년(1751) 11월 14일의 기사에 "이날 밤에 현빈이 건극당에서 훙하였다.〔是夜, 賢嬪薨于建極堂.〕"라고 하였는데, 현빈(賢嬪)은 효순왕후가 왕후로 추존되기 전에 봉해진 이름이다.

**241** 엄숙하신 : 원문의 '思齊'는 《시경》 〈사제(思齊)〉에서 중국 주(周)나라 왕계(王季)의 비(妃)이자 문왕(文王)의 어머니인 태임(太任)의 성격을 칭송한 데서 나온 표현이다.

**242** 왕후 : 조선의 제8대 왕 예종의 원비(元妃)인 장순왕후(章順王后, 1445~1461)를 가리킨다. 본관은 청주(淸州)이며, 상당부원군(上黨府院君) 영의정 한명회(韓明澮)의 셋째 딸이자 성종의 원비인 공혜왕후(恭惠王后)의 언니이다. 1460년(세조6)에 세자빈으로 책봉되어 가례를 행하였으나 다음해인 1461년에 원손(元孫)인 인성대군(仁城大君)을 낳은 후 산후병으로 요절하였다. 세조는 총애하던 며느리의 죽음을 안타까워하며 장순(章順)이라는 시호를 내리고 장순빈(章順嬪)으로 삼았으며, 장순빈의 제부이자 시조카인 성종은 왕위에 오른 후 장순왕후로 추존하였다. 시호는 휘인소덕장순왕후(徽仁昭德章順王后)이다.

**243** 훈벌에서……후 : 훈벌(勳閥)은 국가에 공훈(功勳)이 있는 문벌(門閥)을 가리킨다. 장순왕후의 증조할아버지인 한상질(韓尙質, ?~1400)은 1392년에 조선왕조가 건국되자 예문관 학사로서 주문사(奏聞使)를 자청하여 명(明)나라에 가서 '조선(朝鮮)'이라는 국호를 승인받고 이듬해 2월에 돌아왔다. 한상질의 아우 한상경(韓尙敬)은 고려

| | |
|---|---|
| 능히 아름다운 명성을 이어[244] | 克嗣徽音 |
| 왕실의 세자빈이 되셨사옵니다 | 嬪于京室 |
| 하늘은 그 덕을 넉넉하게 해놓고 | 既豐其德 |
| 어찌 그리 수명에 인색하였는지요 | 胡嗇其年 |
| 현호를 추숭하니[245] | 追崇顯號 |
| 의례에 부족함이 없었사옵니다[246] | 儀禮罔愆 |

말에 이성계(李成桂)를 왕으로 추대하는 모의에 가담하고 보새(寶璽)를 갖다 바친 개국공신이다. 아버지 한명회(韓明澮)는 계유정난(癸酉靖難) 때 수양대군(首陽大君)을 도와 왕위에 오르게 하는 데 공을 세운 정난공신(靖難功臣)이다. 어머니는 고려의 문하시중 민지(閔漬)의 5대손인 한성부윤(漢城府尹) 민대생(閔大生)의 딸로, 장순왕후의 내외가가 모두 당대의 문벌이었다.

**244** 아름다운 명성을 이어 : 《시경》 〈사제(思齊)〉에서 나온 말로, "엄숙한 태임이 문왕의 어머니시니 주강의 사랑을 받으사 경실의 며느리가 되셨네. 태사가 그 아름다운 명성을 이으시니 아들이 백 명이나 되도다.〔思齊太任, 文王之母, 思媚周姜, 京室之婦. 太姒嗣徽音, 則百斯男.〕"라고 하였다. 즉 문왕(周文王)의 비 태사(太姒)가 시어머니 주강(周姜)의 뒤를 이은 것처럼, 장순왕후가 시어머니인 정희왕후(貞熹王后)의 아름다운 명성을 이어받았다는 의미를 내포하고 있다.

**245** 현호(顯號)를 추숭하니 : '추숭(追崇)'은 왕비의 자리에 오르지 못하고 죽은 장순왕후(章順王后)에게 사후(死後)에 왕비의 칭호를 올린 것을 가리킨다. 장순왕후는 예종이 세자였던 1461년(세조7)에 작고하여 생전에 왕비의 자리에 오르지 못하였을 뿐만 아니라 예종이 즉위한 후에도 미처 추존하여 왕비로 책봉하지 못하였다. 성종이 즉위한 후에야 신숙주(申叔舟) 등이 왕비로 추숭할 것을 청하였으니, 1470년(성종1) 1월 18일에 고령군(高靈君) 신숙주가 장순빈(章順嬪)을 추숭하여 승부(陞祔)시킬 것을 청하였다. 이에 나흘 뒤인 1월 22일에 "일찍이 정승을 지낸 사람과 의정부·육조·춘추관의 2품(品) 이상에게 명하여 빈청(賓廳)에 모여서 장순빈의 시호(諡號)·능호(陵號)를 의논하도록 하라."라고 하였고, 신하들의 논의 끝에 "장순빈의 시호는 휘인소덕 장순왕후(徽仁昭德章順王后)로 하고, 능호는 공릉(恭陵)으로 하라."라고 전교하였다. 《성종실록》

옥난간에 꽃이 시든 후[247] 玉欄花老

창오와 구름으로 가로막히니[248] 蒼梧雲隔

적막한 선침엔 寂寞仙寢

아름드리 잣나무만 우뚝합니다 拱抱其栢

**246** 현호(顯號)를……없었사옵니다 : 이때의 의례를 《국역 성종실록》에서 인용하면 다음과 같다. "2년(1471) 7월 5일. 예조에서 아뢰기를, '삼가 고제(古制)를 살펴보건대, 《예기(禮記)》〈단궁(檀弓)〉 주(註)에 「삼년상을 끝마치고 사철의 길제(吉祭)를 만나면 새 신주(神主)를 받들어 묘실(廟室)에 들여놓는다.」라고 하였으니, 예종 대왕(睿宗大王)의 신주와 장순왕후의 신주를 청컨대 오는 임진년 정월의 춘향대제(春享大祭) 때에 합하여 종묘(宗廟)에 부묘(祔廟)하게 하며, 양위(兩位)의 신위판(神位版)도 또한 이날 문소전(文昭殿)에 부묘하게 하소서.' 하니 그대로 따랐다." "3년(1472) 1월 11일. 장순왕후를 추존(追尊)하여 휘인소덕 장순왕후(徽仁昭德章順王后)로 하였다. 임금이 면복(冕服) 차림으로 백관을 거느리고 인정전(仁政殿) 뜰에 나아가 청송부원군(青松府院君) 심회(沈澮)를 보내어 옥책(玉冊)을 올리고 영돈녕부사 윤사흔(尹士昕)에게 금보(金寶)를 장순묘(章順廟)에 올리게 하니, 제사(諸司)에서 각각 1원(員)이 따랐다. 이어서 향례(享禮)를 행하였다." "1월 11일. 임금이 경안전(景安殿)에 나아가 동가(動駕)를 고(告)하는 제사를 행하고 예종의 신주를 받들고 관원을 보내어 장순왕후의 신주를 받들어 한가지로 종묘에 이르러 장전(帳殿)에 안치하였다." "1월 12일. 임금이 종묘에 나아가……예종의 신주와 장순왕후의 신주를 받들어 태실(太室)에 승부(陞祔)하여 향례를 행하고 묘시에 환궁하였다."

**247** 옥난간에……후 : 천상의 옥난간에 핀 꽃이 시들었다는 말로, 임금이 죽어서 하늘나라에 있다는 뜻이다. 여기서는 예종의 죽음을 가리킨 것으로 보인다.

**248** 창오와 구름으로 가로막히니 : '창오(蒼梧)'는 중국 고대의 순(舜) 임금이 남쪽으로 순행하다가 죽어 장사 지낸 곳으로, 전하여 임금의 능(陵)이 있는 곳을 가리킨다. 중국 성당(盛唐)의 시인 두보(杜甫)의 〈제공과 함께 자은사 탑에 오르다.〔同諸公登慈恩寺塔〕〉에 "머리 돌려 순 임금에게 절규하노니, 창오의 구름이 정녕 시름겨워라.〔廻首叫虞舜, 蒼梧雲正愁.〕"라는 구절이 나오는데, 여기서는 예종이 죽은 후에 장순왕후와 능을 따로 써서 적막한 상황을 표현한 것이다.

| | |
|---|---|
| 신년의 일[249]을 돌이켜 봄에 | 瞻焉涒灘 |
| 흘린 눈물 옷자락에 남아있는데 | 餘淚在衣 |
| 선왕의 주구와 가까우니 | 密邇珠丘 |
| 외로운 무덤 의지할 데 있을 것이옵니다[250] | 孤墳有依 |
| 지난번에 전배한 것이 | 往者展拜 |
| 흡사 어제 일만 같은데 | 怳如隔晨 |
| 슬프고 슬프도다 효순[251]을 | 哀哀孝純 |
| 같은 언덕에 새로 합장하였사옵니다[252] | 新祔同原 |
| 어진데 복이 없는 것이 | 賢而無祿 |

**249** 신년(申年)의 일 : 원문의 '涒灘'은 고갑자(古甲子) 12지(支)의 하나로, 9번째인 '신(申)'을 가리킨다. 여기서는 장순왕후가 작고한 1461년(세조7) 신사년을 가리킨다.

**250** 선왕(先王)의……것이옵니다. : '주구(珠丘)'는 구슬이 쌓여 이루어진 구릉(丘陵)이라는 뜻으로 왕이나 왕비의 능묘를 지칭하는 말이다. 《습유기(拾遺記)》에 이르기를, 순(舜) 임금을 창오(蒼梧)의 들에 장사 지내자 참새 비슷한 빙소(憑霄)라는 새가 때때로 청사주(靑砂珠)를 입에 물고 창오의 들로 날아와 떨어뜨리니 그것이 쌓여 구릉이 이루어졌다고 한 데서 유래하였다. 여기서는 예종과 계비(繼妃) 안순왕후 한씨(安順王后韓氏)의 능인 창릉(昌陵)이 지금의 경기도 고양시 신도읍 용두리에 있는 것을 가리키는 것으로 보인다.

**251** 효순(孝純) : 조선의 추존왕(追尊王) 진종(眞宗)의 비(妃)인 효순왕후(孝純王后, 1715~1751)를 가리킨다. 본관은 풍양이며, 좌의정 조문명(趙文命)의 딸이다. 1727년(영조3) 세자빈에 간택되어 효장세자(孝章世子)와 가례(嘉禮)를 올리고, 1735년 현빈(賢嬪)에 봉하여졌다. 사후인 1752년에 효순(孝純)이라는 시호를 받았고, 1776년에 장헌세자(莊獻世子)의 장남인 훗날의 정조(正祖)를 입양 받아 승통세자빈(承統世子嬪)의 호를 받았다. 정조가 왕위에 오르면서 왕비로 추존되었다.

**252** 같은……합장하였사옵니다 : 경기도 파주시 조리면 봉일천리에는 공릉(恭陵) 외에도 영릉(永陵)이 있는데, 이는 조선의 추존왕 진종(眞宗, 1719~1728)과 효순왕후(孝純王后)의 무덤이다.

예나 이제나 같사오나 略同今古
좌우에 오르내리시며[253] 左右陟降
길이 보살펴 주시길 바라나이다 永冀眷撫
거듭 상설[254]을 우러름에 重瞻象設
계절이 감회를 더하는데 節序增感
공경히 깊은 술잔을 올리오니 祗薦泂酌
보잘것없는 정성이나마 부디 살펴주소서 微誠庶鑑

**253** 좌우에 오르내리시며 : 《시경》 〈문왕(文王)〉 제1장에서 나온 말로, 조상의 혼령이 오르내리면서 항상 상제(上帝)의 곁에서 그를 보좌하고 있다는 의미이다.

**254** 상설(象設) : 무덤 앞에 사람이나 짐승의 형상을 본떠 만든 석물(石物)을 가리킨다.

## 외할머님께 올린 제문

祭外王母文

유세차(維歲次) 경자년(1720, 경종 즉위년) 3월 15일 계사일에 외손자 이천보(李天輔)가 삼가 맑은 술과 여러 가지의 제수를 갖추어 외할머님 서원부부인(西原府夫人) 한씨(韓氏)[255]의 영연(靈筵)에 영결을 고하며 다음과 같이 아뢰옵니다.

"아! 맹자(孟子)께서 '천하에 누구나 존귀하게 여기는 것이 세 가지가 있다.'[256]라고 논하셨는데, 이 세 가지는 군자가 겸하여 얻기 힘든 것입니다. 하물며 부인(婦人)에게 있어서는 어떠하겠습니까. 장수(長壽)는 본디 하늘에 달려있는 것이며, 부인의 작위(爵位) 또한 다른 사람의 것을 따르는 것입니다.[257] 자기 자신에게 면려할 수 있는 것은 오직 덕(德)일 따름인데, 그러나 그 덕은 반드시 자신을 따르는 바를 얻은 연후에야 비로소 밖에 드러날 수 있습니다. 그러한즉 이른바 자기 자신에게 있다는 것 또한 반드시 다른 사람을 기다리지 않아도 되는 것이 아닙니다.

**255** 서원부부인(西原府夫人) 한씨(韓氏) : ?~1720. 본관은 청주이며, 군수를 지낸 한유량(韓有良)의 딸이다. 김만기(金萬基)의 처이자 이천보(李天輔)의 외할머니이다.

**256** 천하에……있다 : 《맹자(孟子)》〈공손추 하(公孫丑下)〉에 나오는 말로, "천하에 누구나 존귀하게 여기는 것이 세 가지가 있으니, 작위(爵位)와 장수(長壽)와 덕(德)이 그것이다."라고 하였다.

**257** 부인의……것입니다 : 부인의 작위는 남편이나 아들의 작위에 달려있다는 말이다.

우리 할머님께서는 왕비(王妃)를 낳아 한 나라의 국모(國母)가 되게 하셨으니,[258] 규문(閨門)의 가르침이 만물을 흠뻑 적셨습니다. 게다가 우리 할아버님의 위대한 공렬과 계책이 왕실에 현저하였으며,[259] 외숙부들 또한 우뚝하게 한 세대의 명신(名臣)이 되었습니다.[260] 그러한즉 할머님의 덕과 작위는 남편을 내조하는 데서

**258** 우리……하셨으니 : 조선의 제19대 왕인 숙종의 비 인경왕후(仁敬王后, 1661~1680)를 낳았음을 가리킨다. 인경왕후는 광성부원군(光成府院君) 김만기(金萬基)와 서원부부인 한씨(韓氏)의 4남3녀 중의 장녀로, 1671년(현종12) 세자빈에 책봉되고 1674년 숙종의 즉위와 함께 왕비에 진봉되었다. 두 딸을 낳았으나 모두 일찍 죽었고, 인경왕후도 20세에 천연두가 발병하여 사망하였다. 시호는 광렬효장명현선목혜성 인경왕후(光烈孝莊明顯宣穆惠聖仁敬王后)이며, 능호는 익릉(翼陵)이다.

**259** 게다가……현저하였으며 : 이천보의 외할아버지인 김만기(金萬基, 1633~1687)의 행적을 가리킨다. 김만기는 조선 후기의 문신으로, 본관은 광산(光山)이며 자는 영숙(永淑), 호는 서석(瑞石) 또는 정관재(靜觀齋)이다. 김장생(金長生)의 증손이자 김만중(金萬重)의 형이며, 송시열(宋時烈)의 문인이다. 1653년(효종4) 문과에 급제한 후 정언·교리·병조 판서·총융사·대제학·훈련대장 등을 역임하였으며, 1674년에 사위인 숙종이 즉위하자 영돈녕부사(領敦寧府事)에 승진되고 광성부원군(光城府院君)에 봉해졌다. 1659년에 효종이 승하하면서 자의대비(慈懿大妃)의 복상(服喪) 문제로 논란이 일자 기년설(朞年說)을 주장하며 3년설을 주장하는 남인 윤선도(尹善道)를 공격하였고, 1674년(현종15)에 다시 자의대비의 복제(服制)에 대한 소를 올려 3년상을 주장하였다. 1680년(숙종6) 경신환국 때에는 훈련대장으로서 남인과 맞섰으며, 허적(許積)의 서자 허견(許堅)이 종실인 복창군(福昌君)·복선군(福善君)·복평군(福平君) 등과 함께 역모를 꾀한다는 고변이 들어오자 이를 다스려 보사공신(保社功臣) 1등에 책록되었다. 아들 김진규(金鎭圭), 손자 김양택(金陽澤)에 이르기까지 3대가 문형(文衡)을 맡기도 하였다. 노론의 과격파로서, 1689년 기사환국으로 남인이 정권을 잡자 삭직되었다가 후에 복직되었다. 현종의 묘정에 배향되었으며 시호는 문충(文忠)이다. 저서로 《서석집》이 남아있다.

**260** 외숙부들……되었습니다 : 서원부부인 한씨의 아들은 김진귀(金鎭龜)·김진규

시작하여 자식을 가르치는 데서 마쳤으며 여기에 장수를 더하셨으니,[261] 천하가 존귀하게 여기는 것 세 가지를 할머님께서 모두 겸하셨습니다.

불행히도 할아버님께서 장수를 누리지 못하셨고 외숙부들도 연이어 돌아가시어 지금 남아있는 자녀는 오직 우리 어머님 한 분이라,[262]

(金鎭圭)·김진서(金鎭瑞)·김진부(金鎭符)로 모두 4명이다. 첫째 아들 김진귀(金鎭龜, 1651~1704)는 1680년(숙종6) 문과에 급제한 후 헌납·응교·집의·경상 감사·승지 등을 지냈다. 1689년 기사환국으로 남인(南人) 정권이 들어서자 김석주(金錫冑)와 함께 가혹한 수법으로 남인을 숙청하였다는 탄핵을 받고 제주도에 위리안치되었다. 1694년 갑술환국으로 서인(西人)이 집권하게 되자 풀려났으며, 이후 호조 판서·도승지·강화부 유수·형조 판서·어영대장·좌참찬·판의금부사 등 요직을 두루 역임하였다. 시호는 경헌(景獻)이다. 둘째 아들 김진규(金鎭圭, 1658~1716)는 1686년 문과에 급제한 후 이조 좌랑으로 재직하던 중, 기사환국으로 남인이 집권하자 거제도로 유배되었다. 1694년 갑술환국이 일어나 다시 지평에 기용되었으나 이듬해 척신으로서 월권행위가 많다는 소론의 탄핵을 받아 삭직되었다. 1699년 동부승지로서 송시열을 배반한 윤증(尹拯)을 공박하여 소론과 대립하였다. 대사성·이조 참판 등을 지내다가 소론이 집권하면서 유배되었으나, 이후 풀려나와 대제학·공조 판서·좌참찬 등을 역임하였다. 1766년(영조42) 영조가 치제(致祭)하였으며, 1773년 문집을 간행할 때 재물을 하사하고 서문을 몸소 지었다. 저서로 《죽천집》이 남아있으며, 시호는 문청(文淸)이다. 셋째 아들 김진서(金鎭瑞, ?~?)는 황해도 진서(鎭瑞)에서 군수·현령·도사(都事) 등을 지냈으며, 막내아들인 김진부(金鎭符, ?~?)는 요절하였다고 한다.

**261** 여기에 장수를 더하셨으니 : 이천보의 외할머니 청주 한씨(淸州韓氏)는 이 글에 나타난 대로 1720년(숙종46)에 작고하였다. 생년은 정확하게 알 수 없으나 외할아버지 김만기(金萬基, 1633~1687)와 비슷할 것으로 추정되며, 그렇다면 대략 90세 전후를 누린 것으로 보인다.

**262** 불행히도……분이라 : 이천보의 외할아버지인 김만기(金萬基, 1633~1687)는 55세, 큰 외숙부인 김진귀(金鎭龜, 1651~1704)는 54세, 둘째 외숙부인 김진규(金鎭圭, 1658~1716)는 59세, 큰이모인 인경왕후(仁敬王后, 1661~1680)는 20세에 작고하

할머님께서 시름하고 괴로워하시며 오래 사는 것에 낙이 없으셨습니다. 그러나 종형(從兄)들이 신적(臣籍 신하의 명부(名簿))에 이름을 올리고 조정에 올라 성큼성큼 앞길이 활짝 열렸고,[263] 외숙부들이 할머님을 섬기던 것과 똑같이 할머님을 섬겼습니다. 이에 우리 외가(外家)가 이미 삼대(三代)가 바뀌었는데 할머님께서 아직도 일대(一代)에 존림(尊臨)하고 계셨으니, 나라의 사대부들이 모두 할머님의 기거에 대해 안부를 여쭈면서 나라의 경사로 여겼습니다. 아마도 할머님께서 만년의 복을 길이 누리시어 하늘이 그 덕에 보답함이 장차 끝이 없을 것이라고 생각하였는데, 이제 어찌하여 홀연히 우리 자손들을 버리시고 돌아볼 줄 모르십니까.

아! 할아버님께서 돌아가신 이후로 국운의 성쇠(盛衰)와 가문의 고락(苦樂)을 할머님의 일신(一身)에 두루 겪으신 것이 많았습니다. 매번 종형들이 조정에서 돌아올 때마다 할머님께서 반드시 조정에 무슨 일이 있는지 물으셨는데, 만약 하나의 선정(善政)을 행하고 한 사람의 선인(善人)을 진출시켰다면 기뻐하면서 한 숟가락을 더 드셨으며 혹 이와 반대이면 문득 깊이 상심하면서 '내가 늙도록 이 세상에 살아서 국사(國事)가 날로 잘못되어가는 것을 보는구나.'라

여 모두 1720년(숙종46)에 작고한 외할머니보다 일찍 세상을 떠났다. 막내 외숙부인 김진부(金鎭符, ?~?)는 요절하였고, 셋째 외숙부인 김진서(金鎭瑞)와 둘째 이모의 몰년은 알 수 없다.

**263** 종형(從兄)들이……열렸고 : 이천보의 외할머니 청주 한씨는 4남 3녀를 낳았는데, 이중 장남 김진구(金鎭龜)는 김춘택(金春澤)·김보택(金普澤)·김운택(金雲澤)·김민택(金民澤)·김조택(金祖澤)·김복택(金福澤)·김정택(金廷澤)·김연택(金延澤)을 낳았고, 차남 김진규(金鎭圭)는 김성택(金星澤)·김양택(金陽澤)을 낳았다.

고 하셨습니다.

근년 이래 우리 성상(聖上)께서 편찮으시어 두려운 마음으로 종국(宗國)에 대한 근심이 있었는데[264], 할머님께서 이때에 이르러 갑자기 돌아가셨으니 복(福)이 많으신 것을 더욱 알 수 있습니다. 옛날의 군자 가운데에는 그의 삶과 죽음이 세상의 치란(治亂)의 조짐이 된 이들이 있었는데, 할머님께서 부인의 몸으로 이 세상에 관여하신 것이 참으로 이와 같으셨습니다.

소자(小子)가 어려서는 할머님의 손에 자라고 성장하여서는 둘째 외숙부님[265]에게 나아가 수학하였는데, 소자에게 복이 없어 이미 둘째 외숙부님을 잃고 또 할머님을 잃었으니 이는 참으로 소자의 지극한 아픔인데다 또 어떻게 우리 어머님의 마음을 위로해드리겠습니까. 아! 슬프다. 흠향하옵소서."

**264** 근년……있었는데 : 이 해에 숙종이 승하하였다.

**265** 둘째 외숙부님 : 김진규(金鎭圭)를 가리킨다.

## 막내 작은어머님께 올린 제문

祭季母文

유세차(維歲次) 을묘년(1735, 영조11) 2월 임인삭(壬寅朔)[266] 26일 정묘일에 조카 천보(天輔)가 삼가 주과(酒果)의 제수를 가지고 막내 작은어머님 숙인(淑人) 안동 김씨(安東金氏)[267]의 영전(靈前)에 제사를 올리며 다음과 같이 아뢰옵니다.

| | |
|---|---|
| 우리 어머님께서 사람을 취하실 때에는 | 吾母取人 |
| 재주가 아니라 오직 덕으로 하셨으니 | 匪才惟德 |
| 저의 처에게 훈계하실 때에도 | 訓戒吾婦 |
| 그때마다 여칙[268]을 인용하셨습니다 | 動引女則 |
| 말씀하시길, "너희 막내 작은시어머님께서는 | 曰汝季姑 |
| 단정하고 전일하게 몸을 지키셨으며 | 端一有守 |
| 겸손하고 효성스러움에 | 謙謙孝順 |
| 혹시라도 게으른 모습이 없으셨다 | 罔或惰儀 |
| 대가가 쇠퇴할 때에는 | 大家之衰 |

**266** 임인삭(壬寅朔) : 그 달의 초하루가 임인일이라는 뜻이다.

**267** 숙인(淑人) 안동 김씨(安東金氏) : 이천보의 막내 작은아버지인 이매신(李梅臣, 1689~?)의 처이다. 이매신의 본관은 연안(延安)이며 자는 계화(季和)이다. 1725년(영조1)에 진사에 합격하였다.

**268** 여칙(女則) : 부녀자가 지켜야 할 규칙을 이른다.

| | |
|---|---|
| 부도가 먼저 무너지는 법인데 | 婦道先隳 |
| 어질도다 그 사람은 | 賢哉其人 |
| 네가 본받을 만할 것이다."라고 하셨습니다 | 汝可爲師 |
| 동서 간에 처신함을 | 處乎娣姒 |
| 사람들은 혹 어렵다고도 하는데 | 人或謂難 |
| 누가 우리 두 어머님과 같이 | 孰如兩母 |
| 서로 즐겁게 지낼 수 있을까요 | 相得其歡 |
| 때로 집안 식구들이 모이기라도 하면 | 時當內集 |
| 웃으며 이야기하는 소리 집안에 가득하니 | 笑言盈室 |
| 무엇이 있고 무엇이 없는가[269] | 何有何無 |
| 또한 서로 도와주셨습니다 | 亦相與恤 |
| 막내 작은아버님께서 어린 나이에 고아가 되시어[270] | 季父早孤 |
| 집에는 오직 벽만 덩그러니 있었으나 | 家惟四壁 |
| 얇은 옷과 조촐한 반찬으로도 | 輕衣潔飯 |
| 스스로 가난함을 잊고 사셨습니다 | 自忘貧約 |
| 규중에서 나는 소리를 귀 기울여 들으면 | 側聽中閨 |

**269** 무엇이……없는가 : 《시경》〈곡풍(谷風)〉에 나오는 말로, "깊은 곳에 갈 때에는 뗏목 타고 배도 타고, 얕은 곳에 갈 때에는 자맥질하고 헤엄쳐 갔네. 무엇이 있고 무엇이 없고 간에 부지런히 구하였으며, 사람들에게 궂은 일 있으면 힘을 다해 도왔다네.〔就其深矣, 方之舟之. 就其淺矣, 泳之游之. 何有何亡, 黽勉求之. 凡民有喪, 匍匐救之.〕"라고 하였다. 이 시는 부인(婦人)이 집안일을 다스리면서 부지런히 일하고 또 이웃과 친척을 구휼하여 화목하게 사는 모습을 표현한 것이다.

**270** 막내……되시어 : 이천보(李天輔)의 할아버지인 이성조(李成朝)는 49세이던 1696년(숙종22)에 작고하였고, 이때 이매신(李梅臣)은 8살이었다.

화목하여 시끄럽지 않았으며 穆然無聒
일을 함에 미치면 及至事擧
질서가 있었습니다 有序有秩
임종하실 때의 말씀이 臨沒之言
아직도 제 귀에 남아 잊히지 않으니 耿猶在耳
자신을 슬퍼할 겨를 없이 不暇自悲
부군의 처지를 슬퍼하셨습니다 所悲夫子
슬프다 제가 어머님을 잃은 지 哀我失恃
어느덧 3년이 되었는데[271] 倏過三年
닦으신 선행에 보답도 받지 못하고 修善無報
어머님께서 돌아가버리셨습니다 母氏已然
자식과 함께 살아보지 못한 것을 無年與子
막내 작은어머님께서는 더욱 슬퍼하셨으나[272] 季母尤悲
살아계실 제 봉양하지 못한다면 生不逮養
어찌 자식이 있다고 말하리까 豈曰有兒
소자 미련하여 小子頑然
아직도 남은 눈물이 있어 尙有餘淚
글을 올려 애통한 마음을 호소하오니 陳辭訴哀
이 잔의 술을 흠향하시기 바라옵니다 庶歆玆觶

**271** 슬프다……되었는데 : 이천보는 36세이던 1733년(영조9)에 모친상을 당하였다.

**272** 자식과……슬퍼하셨으나 : 이희조(李喜朝)의 《지촌집(芝村集)》 권23에 이성조(李成朝)의 묘지명인 〈종씨 첨정공의 묘지명〔從氏僉正公墓誌銘〕〉이 실려 있는데, 이를 근거로 이매신에게는 자식이 없었던 것을 알 수 있다.

아! 슬픕니다 鳴呼哀哉

흠향하옵소서 尙饗

## 조석여에게 올린 제문
祭趙錫汝文

유세차(維歲次) 정사년(1737, 영조13) 10월 14일 무술일에 동계거사(東溪居士) 조공(趙公)[273]의 영구(靈柩)가 장차 발인하여 장지(葬地)로 나아가려 하니, 친척 조카 연안(延安) 이천보(李天輔)가 변변찮은 제수를 올리며 제문을 지어 다음과 같이 고하옵니다.

| | |
|---|---|
| 아! | 嗚呼 |
| 제가 군을 알게 된 지 | 自我識君 |
| 이제 8년이 되었는데 | 于今八年 |
| 의기가 투합한 것은 | 聲氣之合 |
| 얼굴을 뵌 것보다 먼저였습니다 | 在覿面先 |

**273** 동계거사(東溪居士) 조공(趙公) : 조귀명(趙龜命, 1693~1737)을 가리킨다. 조귀명은 조선 후기의 문신으로, 본관은 풍양(豐壤)이며 자는 석여(錫汝)·보여(寶汝), 호는 건천자(乾川子)·동계이다. 13세인 1705년(숙종31) 과거에 나아가 대책(大策) 수천 언(言)을 완성하여 신동이라 일컬어졌으며, 1711년 생원시에 합격하고 1722년(경종2) 훗날의 영조인 세제가 태학에 들어갈 때 장명생(將命生)이 되었다. 1727년(영조3) 문과에 응시하였으나 정형익(鄭亨益)이 문체가 맞지 않는다는 이유로 빼버리자 다시는 응시하지 않았다. 동몽교관·공조 좌랑·세자익위사 익위를 잠시 지내고 그 이상의 벼슬은 하지 않았다. 유가(儒家) 서적 외에 노자(老子)·장자(莊子)·태현경(太玄經)·양자법언(楊子法言) 및 각종 불서(佛書)를 탐독하였으며, 스스로 문장가를 자처하고 소식(蘇軾)을 사모하여 당시 문단에서 이단시되었다. 저서로《동계집》이 있으며, 영조의 서문이 실려 있다.

내 곤궁하여 어울리는 사람들이 적어　我窮寡與
문을 닫고 깊이 들어앉았을 때　杜門深居
군께서 홀로 기뻐해주셨으니　君獨驩焉
둘 다 추향하는 바를 잊었습니다　兩忘所趨
선비는 서로 감통하는 점 있어도　士有相感
마음 맞기는 세상에 드문 일이니　曠世心期
군과 같은 시대에 살았는데　與君並世
어쩌면 그리도 늦게 알게 되었는지요　胡晩相知
겉모습은 마치 얌전한 여인과 같았으나　貌類靜女
그 뜻은 우뚝하셨고　落落其志
행색은 마치 야윈 선승과 같았으나　行若枯禪
그 기운은 빼어나셨습니다　英英其氣
문장으로 지어내면　發爲文章
깊고 오묘하며 종횡무진하여　淵妙橫肆
좋은 말에 방울까지 갖춘지라　良馬和鑾
군에게 멍에를 메시라고 권하였습니다[274]　勸君整駕
군께서 흔연히 웃으며　君笑欣然
말씀하시길, "내가 미처　曰余未暇
우레를 채찍질하고 바람을 타고서　鞭霆駕風
아래위를 살피느라[275] 겨를이 없네."라고 하셨습니다　周覽上下

**274** 군에게……권하였습니다 : 세상에 나아갈 것을 권하였다는 말이다.

**275** 우레를……살피느라 : 중국 북송(北宋)의 성리학자 주희(朱熹)의 〈육선생화상찬(六先生畵像贊)〉 가운데 강절 선생(康節先生), 즉 소옹(邵雍)에 대한 부분을 원용한

| | |
|---|---|
| 신묘한 깨달음은 | 窅然神解 |
| 필묵의 밖에 있으니 | 筆墨之外 |
| 자첨[276]의 천의무봉한 풍취가 | 子瞻天趣 |
| 아득히 백 대에 끊어졌습니다 | 敻絶百代 |
| 군께서 그 집에 들어가 | 君入其室 |
| 서로 베고 누워[277] 즐겁게 노니시더니 | 枕藉嬉遊 |
| 문심이 지극한 경지에 나아가 | 文心造極 |
| 널리 관통하고 멀리서 구하셨습니다 | 博貫遠求 |
| 손으로 삼교를 잡아[278] | 手攬三教 |

것으로, 원문과 내용은 다음과 같다. "하늘이 인걸을 내놓아 뛰어난 자질 세상을 뒤덮었네. 바람을 타고 우레를 채찍질하며 끝없이 두루 살폈네. 손으로 월굴을 만지고, 발로 천근을 밟았도다. 고요함 속에 고금을 넘나들고, 취한 중에 건곤을 보았도다.〔天挺人豪, 英邁蓋世. 駕風鞭霆, 歷覽無際. 手探月窟, 足躡天根. 閑中今古, 醉裏乾坤.〕" 조선 전기의 문신 유희춘(柳希春)의 《미암집(眉巖集)》 제15권 〈경연일기(經筵日記)〉 1568년(선조1) 9월 15일의 기록에, "강이 끝난 뒤에 성상께서 묻기를, '소강절의 찬(贊) 중에 「바람을 타고 우레를 채찍질하다.」는 말은 무슨 말이오?'라고 하였다. 신이 대답하기를, '소강절이 천지조화의 묘함을 훤히 알았기 때문에 이는 그의 정신이 바람과 우레의 사이에서 놀고 있다는 말입니다.'라고 하였다.〔上問: 邵康節贊中有駕風鞭霆之語, 何謂也? 臣對曰: 邵康節洞知天地造化之妙, 此蓋言精神遊於風霆之間也.〕"라는 말이 보인다. 이는 조귀명의 학문이 소옹과 같이 크고 자유로운 세계를 지향함을 표방한 말일 것이다.

**276** 자첨(子瞻) : 중국 송(宋)나라의 문신 소식(蘇軾, 1037~1101)의 자이다.

**277** 서로 베고 누워 : 원문의 '枕藉'는 소식(蘇軾)의 〈전적벽부(前赤壁賦)〉 말미에 "객이 기뻐하며 웃고 잔을 씻어 다시 술을 따르니, 안주와 과일은 이미 바닥이 나고 술잔과 쟁반은 어지러이 흩어졌다. 그리하여 배 가운데에서 서로들 베고 누워 잠이 든 채, 동녘이 벌써 훤하게 밝아오는 것도 알지 못하였다.〔客喜而笑, 洗盞更酌, 肴核旣盡, 杯盤狼藉. 相與枕藉乎舟中, 不知東方之旣白.〕"라고 한 표현을 원용한 것이다.

앞에 펼쳐놓으시니 羅列于前
서로 다른 길과 연원이 異途殊源
한데 모여 고요하고 전일하였습니다[279] 會以靜專
뭇 도의 문[280] 가운데 衆妙之門
노씨[281]와 가장 부합하셨으니 最契老氏
허령한 마음을 거두시어 斂而靈光
고요하기 그지없으셨습니다 冲漠無底
사부의 커다란 도량[282]과 謝傅雅量

**278** 손으로 삼교(三教)를 잡아 : 삼교는 유교(儒教)·불교(佛教)·도교(道教)를 가리키며, 손으로 잡는다는 것은 거침없이 자유자재로 다루는 것을 뜻한다. 중국 당(唐)나라의 문인 한유(韓愈)가 무본(無本)이란 승려를 보내며 지은 시 〈범양으로 돌아가는 무본사를 보내며〔送無本師歸范陽〕〉에서, "무본은 문장을 지음에 있어 담의 크기가 몸보다 컸어라. 내가 어려운 글을 짓게 하니 용감하게 나아가 과감히 지었지. 교룡의 뿔과 이빨 크지만 잠깐 사이에 손으로 잡으려 하였고, 온갖 귀물 으슥한 곳에 갇혀 있어도 내려다보며 깊은 구덩이 엄습하였지.〔無本於爲文, 身大不及膽. 吾嘗示之難, 勇往無不敢. 蛟龍弄角牙, 造次欲手攬. 衆鬼囚大幽, 下覷襲玄窞.〕"라고 하였다.

**279** 고요하고 전일하였습니다 : 중국 북송(北宋)의 철학자 정이(程頤)의 〈사물잠(四勿箴)〉 중에서 언잠(言箴)에 나오는 말이다. 언잠에 이르기를, "사람의 마음이 움직이면 말을 통해서 밖으로 드러난다. 발언할 적에 조급함과 경망함을 금하면 내심이 고요하고 전일하여질 것이다.〔人心之動, 因言以宣. 發禁躁妄, 內斯靜專.〕"라고 하였다.

**280** 뭇 도(道)의 문(門) : 노자(老子)의 《도덕경(道德經)》 제1장에서 나온 말로, "(도는) 현묘하고 또 현묘하니 중묘의 문이로다.〔玄之又玄, 衆妙之門.〕"라고 하였다. 중묘는 '오만 가지 묘리(妙理)'로서 즉 '도(道)'를 의미한다.

**281** 노씨(老氏) : 도가(道家)의 시조인 노자(老子)를 가리킨다.

**282** 사부(謝傅)의 커다란 도량 : 사부(謝傅)는 중국 동진(東晋)의 명신 사안(謝安, 320~385)을 가리키는 것으로, 태부(太傅)에 증직(贈職)되었으므로 사부라고 불렀다. 사안은 풍류와 아량이 높기로 유명하였으니, 북송의 문인 소식(蘇軾)이 〈동서암에서

업후의 기이한 행적[283]으로　　鄴侯奇跡
밖으로 나가 세사에 응하는 것은　　出應世緣
도의 찌꺼기일 뿐입니다　　道之糟粕
군께서는 홀로 평소의 뜻을 지켜　　君獨守素
굽힘도 없고 폄도 없으셨으니　　無屈無伸
선인의 은둔으로　　善人之藏
그 시절을 논할 수 있습니다　　可論其辰
시비와 득실을　　是非得喪

놀며〔遊東西巖〕〉라는 시에서 "사공은 아량을 갖추었는데 세상 운수는 어려울 때 만났어라.〔謝公含雅量, 世運屬艱難.〕"라고 한 바 있다.《蘇東坡詩集 卷10》 사안이 손작(孫綽) 등과 함께 배를 타고 바다로 나갔는데 마침 풍랑이 크게 일자 일행 모두가 안절부절 못하였다고 한다. 그러나 사안만은 노래를 높이 부르며 태연자약하였으니, 사람들이 모두 그의 아량에 탄복하였다는 고사가 전한다.《世說新語 雅量》

**283** 업후(鄴侯)의 기이한 행적 : 업후는 이필(李泌, 722~789)을 가리킨다. 중국 당나라의 명재상으로, 자는 장원(長源)이다. 현종(玄宗)·숙종(肅宗)·대종(代宗)·덕종(德宗) 4대에 걸쳐 국정을 운영하면서 벼슬이 평장사(平章事)에 이르렀고 업후에 봉해졌다. 7살 때 이미 문장에 능하여 신동으로 이름을 떨쳤으나 신선술에 경도되어 숭산(嵩山)과 화산(華山)에서 노닐었다. 현종 연간에 동궁의 한림 공봉(翰林供奉)으로 발탁되면서 천자와 태자의 은총을 한 몸에 받았고, 숙종이 즉위한 뒤에는 빈우(賓友)로서 모든 국사에 참예하였다. 양국충(楊國忠) 등 권신의 질시를 받아 한동안 영양(潁陽)에 은거하였으나 숙종의 부름으로 다시 정사에 참여하였다. 숙종이 재상으로 삼으려 하였으나 이필이 고사하여 총참모장직에 해당하는 원수부의 행군장사(行軍長史)로 임명하였고, 이에 힘입어 안녹산의 난을 수습할 수 있었다. 그러나 이보국(李輔國)이 질시하자 다시 벼슬을 버리고 낙향하여 형산(衡山)에 작은 집을 짓고 은거하였다. 대종 때 다시 부름을 받았으나 원재(元載)와 상곤(常袞)이 시기하자 외방의 직책으로 나갔다. 덕종 때에 이르러 본격적으로 정사에 참여하여 공을 세운 바가 많았다. 백의재상(白衣宰相) 또는 백의산인(白衣山人)이라고도 불렸다.《新唐書 卷139 李泌列傳》

| | |
|---|---|
| 담담하게 마음에서 잊고 | 澹乎忘情 |
| 길게 노래 부르고 통곡하며 | 長歌痛哭 |
| 저의 불평한 마음을 경계하셨습니다 | 戒我不平 |
| 저에게 기약하기를 함께 | 期我同歸 |
| 동쪽 언덕[284]에 있는 집으로 돌아가자고 하시더니 | 東岡之宅 |
| 군께서 돌아가신 후에 | 自君之沒 |
| 저는 뉘와 함께 돌아가야 합니까 | 我疇與適 |
| 군께서는 삶과 죽음을 보기를 | 君視死生 |
| 마치 아침과 저녁 보듯 하셨는데 | 如夕于晨 |
| 바람 앞에서 눈물을 흘리니 | 臨風隕涕 |
| 저는 지인[285]이 아닌가 봅니다 | 我非至人 |
| 아! 흠향하옵소서 | 嗚呼尙饗 |

**284** 동쪽 언덕 : '동강(東岡)'은 동쪽 언덕으로, 벼슬에 나가지 않고 물러나 있는 은거지를 뜻한다. 후한 때 주섭(周燮)이 벼슬길에 나아가지 않자 그의 종족(宗族)이 주섭에게 "선세(先世) 이래로 공훈과 총애가 줄을 이었는데, 그대만 어찌 유독 동쪽의 언덕〔東岡〕을 지키려 하는가."라고 한 데서 온 말이다. 《後漢書 卷53 周燮列傳》

**285** 지인(至人) : 도덕이 지극한 경지에 이른 성인(聖人)을 말한다.

# 장인에게 올린 제문

祭外舅文

유세차(維歲次) 경신년(1740, 영조16) 3월 초4일 정사일에 사위 연안(延安) 이천보(李天輔)가 삼가 변변찮은 제수를 갖추어 장인 순흥 부사(順興府使) 송공(宋公)[286]의 영전에 통곡하며 다음과 같이 영결을 고하옵니다.

| | |
|---|---|
| 제가 공의 가문에 장가든 지 | 我入公門 |
| 29년이 되었는데 | 二十九年 |
| 그 사이 오만 가지 일을 겪고 | 中間萬事 |
| 저의 머리 이미 백발이 되었습니다 | 已華我顚 |
| 공을 처음부터 끝까지 아는 것이 | 知公始終 |
| 저만큼 깊은 이가 없으니 | 莫如我深 |
| 그 지조가 확고하셨으며 | 端確其操 |
| 그 마음이 강직하셨습니다 | 耿介其襟 |
| 문장은 족히 세상에 이름을 떨칠 만하였으나 | 文足名世 |
| 거두어들여 마치 없는 것처럼 하셨으며 | 斂焉如無 |

**286** 순흥 부사(順興府使) 송공(宋公) : 송상유(宋相維, 1668~1740)를 가리킨다. 조선 후기의 문신으로, 본관은 은진(恩津)이며 자는 지경(持卿)이다. 대제학을 지낸 송상기(宋相琦)의 아우로, 내형(內兄) 김창흡(金昌翕)에게 수업하였다. 1716년(숙종42)에 벼슬에 나가 돈녕부 참봉·부수(副率) 등을 역임하고, 6품에 올라 영유(永柔)·진천(鎭川)의 현감을 지냈다.

| | |
|---|---|
| 행실은 가히 시속의 모범이 될 만하였으나 | 行可範俗 |
| 유순하게 마치 어리석은 이처럼 행동하셨습니다 | 頹然如愚 |
| 고요함에 처하여 움직임을 보셨으니 | 靜而觀動 |
| 사물의 이치에 가장 밝아 | 最明物理 |
| 굴신과 성쇠를 | 屈伸消長 |
| 시초에 미리 보셨습니다 | 逆覩於始 |
| 권세와 이익의 길에서 | 勢利之途 |
| 남들은 공교한데 나는 졸렬하여 | 人巧我拙 |
| 문을 닫고 깊게 들어앉아 | 杜門深居 |
| 마치 선승이 계율을 지키듯 하셨습니다 | 若禪持律 |
| 다섯 고을의 수령을 역임하고[287] | 五邑絃歌 |
| 다시금 인연을 따라 | 聊復隨緣 |
| 호연히 돌아와 누우셨으니 | 浩然歸臥 |
| 집이 숲과 샘[288] 사이에 있었습니다 | 家在林泉 |
| 제옹[289]의 유풍이 | 霽翁遺韻 |

**287** 다섯……역임하고 : 원문의 '현가'는 현송(絃誦)과 같은 말로, 지방의 고을을 예악에 의한 교화로 다스리는 것을 의미한다. 송상유(宋相維)는 영유 현감(永柔縣監)·진천 현감(鎭川縣監)·평산 부사(平山府使)·순흥 부사(順興府使)·안성 군수(安城郡守)를 역임하였다.

**288** 숲과 샘 : 원문의 '林泉'은 '산림천석(山林泉石)'의 준말로, 수목이 울창하고 샘물이 흐르는 곳이다. 세상을 버리고 은둔하기에 알맞은 곳을 비유한다.

**289** 제옹(霽翁) : 송상유(宋相維)의 아버지인 송규렴(宋奎濂, 1630~1709)을 가리킨다. 송규렴은 조선 후기의 문신으로, 본관은 은진(恩津)이며 자는 도원(道源), 호는 제월당(霽月堂)이다. 송준길(宋浚吉)의 문인으로, 1654년(효종5) 문과에 급제하였다. 이후 정언·수찬·교리 등을 지내다 1674년 효종 비 인선왕후(仁宣王后) 장씨(張

산처럼 높고 물처럼 맑은데 山高水清
공께서 그 가르침을 지키시어 公守厥訓
본분대로 행하심이 오직 곧으셨습니다 素履惟貞
장수를 누리고 편안히 돌아가셨으니 壽考令終
공께서는 슬픔이 없을 것이나 在公無悲
저는 홀로 어찌하여 我獨胡爲
어지러이 눈물이 흐른단 말입니까 紛有涕洟
저를 어루만지고 저를 보살피셨으나 撫我存我
그 은혜 하나도 갚지 못하였는데 恩未一酬
기구한 운명에 고난이 이어지자 險釁艱難
다만 그것만을 근심할 뿐입니다 但爲其憂
공께서 구천으로 돌아가 公歸九原
저희 선친을 보시면 見我先子
응당 제가 살아서 應悲我生
외로이 의지할 데 없음을 슬퍼하실 것입니다 孑然無庇
산 넘고 물을 건너 남쪽 땅으로 와서 跋涉南來
홀로 공의 영구를 어루만지며 獨撫公柩

氏)의 복상문제로 송시열(宋時烈)·송준길 등이 귀양 가게 되자 이들의 신원(伸寃)을 주장하여 파면 당하였다. 1680년(숙종6) 경신환국으로 다시 기용되어 대사성·대사간·도승지 등을 역임하였다. 1689년 기사환국으로 남인이 집권하자 사직하였으며, 1694년 갑술옥사로 정국이 바뀌자 다시 기용되어 대사간·대사헌·동지중추부사·예조 참판 등을 지내고 1699년 기로소에 들어갔다. 학문이 뛰어나 송시열·송준길과 함께 삼송(三宋)으로 일컬어졌으며, 회덕의 미호서원(美湖書院)에 제향 되었다. 시호는 문희(文僖)이다.

| | |
|---|---|
| 한바탕 통곡하고 천고의 이별을 고하니 | 一慟千古 |
| 제가 참으로 공을 저버렸나이다 | 我實公負 |
| 아! 슬픕니다 | 嗚呼哀哉 |
| 흠향하옵소서 | 尙饗 |

## 오백옥에게 올린 제문

祭吳伯玉文

유세차(維歲次) 경신년(1740, 영조16) 12월 정유삭(丁酉朔)[290] 17일 계축일에 친구인 연안(延安) 이천보(李天輔)가 삼가 변변찮은 제수를 갖추어 태학사(太學士)[291] 월곡(月谷) 오공(吳公)[292]의 영전(靈前)에 곡(哭)을 하며 다음과 같이 영결을 고합니다.

| | |
|---|---|
| 아! 슬픕니다 | 嗚呼哀哉 |
| 내가 공의 이름을 들은 것이 | 我聞公名 |
| 약관의 나이 때부터였는데 | 粤自弱冠 |
| 일찍이 성취한 아름다움이 | 夙詣之美 |
| 오늘날의 양억[293]·안수[294]라 할 만하였습니다 | 今之楊晏 |

**290** 정유삭(丁酉朔) : 그 달의 초하루가 정유일이라는 의미이다.

**291** 태학사(太學士) : 홍문관 대제학을 가리키는 말로, 오원(吳瑗)은 41세이던 1740년(영조16) 4월에 홍문관 대제학에 제수되었다.

**292** 월곡(月谷) 오공(吳公) : 조선 후기의 문신 오원(吳瑗, 1700~1740)을 가리키는 것으로, 월곡은 그의 호이다.

**293** 양억(楊億) : 974~1020. 중국 북송의 문신이자 문인으로, 자는 대년(大年)이다. 어릴 때 모친의 가르침으로 경서를 읽기 시작하여 7살에 이미 문장을 지을 수 있었다. 신동이라는 명성이 태종(太宗)의 귀에 들어가 11살 때 임금의 앞에서 부(賦) 한 편과 시 두 수를 짓고 비서성 정자(正字)에 임명되었으며, 16살 때 〈이경부(二京賦)〉를 바치고 다시 태상시 봉예랑(奉禮郎)에 임명되었다. 18살에 진사에 합격하여 광록시승으로 승진하고, 이후 한림학사 겸 사관수찬·공부시랑 등을 역임하였다. 《책부원귀

내가 그 시를 읊으며 我誦其詩
자나 깨나 그리워하다가 寤寐有思
늦게서야 비로소 교분을 맺었는데 晩始定交
한 번 웃음에 마음이 꼭 맞았습니다 一笑心期
텅 빈 듯 고요하고 冲然其靜
따스하게 인자하였으며 溫然其仁
안과 밖이 깨끗하니 表裏潔白
군자가 바로 그 사람이었습니다 君子其人
희문의 근심[295]과 希文之憂

(冊府元龜)》·《태종실록(太宗實錄)》을 편수하는 데 큰 공을 세웠으며, 전유연(錢惟演) 등과 함께 지은 시를 엮은 《서곤수창집(西崑酬唱集)》과 《양문공담원(楊文公談苑)》, 《무이신집(武夷新集)》 등의 저술이 남아있다. 시호는 문(文)이다.

**294** 안수(晏殊) : 991~1055. 중국 북송의 문신이자 문인으로, 자는 동숙(同叔)이다. 진종(眞宗) 경덕(景德) 2년인 1005년에 송나라 최초의 동자(童子)를 위한 특별시험에 합격하여 동진사출신(同進士出身)의 자격을 받았다. 이후 좌정언과 직사관(直史館)을 거쳐 한림학사에 올랐으며, 진종의 신임을 얻어 기밀(機密)에 참여하고 인종(仁宗) 때에는 재상으로서 형부상서·동중서문하평장사 겸 추밀사를 역임하였다. 오대(五代)의 난 이후 처음으로 학교를 부흥시켰으며, 범중엄(范仲淹)·공도보(孔道輔)·구양수(歐陽脩) 등의 제자를 배출하고 한기(韓琦)·부필(富弼)·구양수 등을 등용하였다. 시문에 능하여 문집 240권과 백과사전 《유요(類要)》를 저술하였다고 하나 전하지 않으며, 사집(詞集)인 《주옥사(珠玉詞)》 1권이 남아 있다. 시호는 원헌(元獻)이다.

**295** 희문(希文)의 근심 : 희문은 중국 북송의 문신·학자이자 명재상인 범중엄(范仲淹, 989~1052)의 자로, 이는 그가 쓴 〈악양루기(岳陽樓記)〉의 내용을 가리키는 것이다. "묘당의 높은 자리에 있으면 그 백성을 근심하고, 강호의 먼 곳에 있으면 그 임금을 근심하니, 이는 나아가도 근심하고 물러가도 근심하는 것이다. 그렇다면 어느 때에 즐거워할 것인가? 반드시 말하건대, 천하 사람들이 근심하기에 앞서 근심하고, 천하 사람들이 즐거워한 후에 즐거워할 것이다.〔居廟堂之高則憂其民, 處江湖之遠則憂其君,

가생의 눈물[296]로 賈生之淚

비분강개하며 자신의 몸을 바쳤으니 慷慨許身

사람들이 국사[297]라고 일컬었습니다 人稱國士

얼굴빛을 바로하고 바른 말을 한 것이 正色昌言

출사 초기였으니[298] 釋褐初年

우리 유도의 궁함이 吾道之窮

是進亦憂, 退亦憂. 然則何時而樂耶? 其必曰: 先天下之憂而憂, 後天下之樂而樂歟.〕"라고 하였다. 《古文眞寶 後集 卷5》

**296** 가생(賈生)의 눈물 : 가생은 중국 전한(前漢)의 문신 겸 학자인 가의(賈誼, 기원전 200~기원전 168)를 가리킨다. 가의가 문제(文帝)에게 시국광구책(時局匡救策)인 〈치안책(治安策)〉을 올려 잘못된 정치를 격렬히 비판한 바 있는데, 이 글의 첫머리에 "신이 삼가 사세를 생각하건대, 통곡할 만한 일이 한 가지요, 눈물을 흘릴 만한 일이 두 가지요, 길게 탄식할 만한 일이 여섯 가지입니다.〔臣竊惟事勢, 可爲痛哭者一, 可爲流涕者二, 可爲長太息者六.〕"라고 한 바 있다. 《漢書 卷48 賈誼傳》

**297** 국사(國士) : 나라의 큰 선비라는 뜻이다.

**298** 얼굴빛을……초기였으니 : 오원(吳瑗)은 1728년(영조4) 5월 정시 문과에 장원으로 급제하였는데, 다음해 3월에 사간원 정언으로 이광좌(李光佐)의 죄를 논하는 상소를 올리고 특명으로 삭직되었다. 영조는 오원의 상소를 읽고, "지금 오원의 소본(疏本)을 살펴보니, 면계(勉戒)한 말에는 마땅히 유의해야 하겠지만 한 편의 정신은 수상(首相)에 대해 허구날조하고 진신(搢紳)을 경알(傾軋)시키려는 것이었다. 또 조정에 있는 대신을 침척(侵斥)하고 탕평(蕩平)을 주장하는 신하들을 비난·배척하여 인주(人主)의 눈을 어지렵혔으니, 그 마음의 소재(所在)는 반드시 뜻을 같이하는 자를 모두 나아오게 하려는 것이다. 아! 오원이 어찌 다른 세록지신(世祿之臣)에게 비교될 수 있겠는가? 오늘날 종국(宗國)이 붕당 때문에 거의 망해가는 때에 달갑게 여기기를 이와 같이 하니, 나의 통탄스러움과 놀라움은 다른 사람에게 견줄 바 아니다. 삭직(削職)하라."라고 하였다. 《국역 영조실록 5년 3월 19일》 이때 올린 상소의 일부가 《영조실록》에 실려 있으며, 전문(全文)은 《월곡집(月谷集)》 제6권에 실린 〈정언을 사직하고 덧붙여 소회를 진달한 소〔辭正言附陳所懷疏〕〉에서 볼 수 있다.

예로부터 이미 그러하였습니다　自古已然

선비들이 깊은 산중에 엎드려　士伏巉巖

때를 만나지 못함을 한스러워하는데　恨不逢時

공은 성군을 만났으나　公遇聖主

온축한 것을 다 펴지 못하였습니다　有蘊莫施

관각의 자리에 있었고　位在館閣

지위가 높지 않은 것이 아니었으니[299]　地非不顯

조정에 서서　立于朝端

옥을 차고 관면을 썼습니다[300]　佩玉冠冕

공의 미간에 수심을 머금고　挹公之眉

못가에서 시름에 잠겼더니[301]　澤畔牢愁

문을 나서 이리저리 떠돌아다니며　出門漫浪

산수에 노닐었습니다[302]　山水之遊

**299** 관각의……아니었으니 : 오원(吳瑗)은 1728년(영조4) 문과에 급제한 이후 승문원 부제조·성균관 대사성·홍문관 대제학 등의 자리에 올랐다.

**300** 옥을……썼습니다 : 고관(高官)이 되었음을 의미하는 것으로, 조정에 설 때 차는 옥(玉)과 머리에 쓰는 예관(禮冠)을 가리킨다.

**301** 못가에서 시름에 잠겼더니 : 원문의 '澤畔'은 중국 초(楚)나라의 신하 굴원(屈原)이 지은 〈어부사(漁父辭)〉에서 나온 말로, "굴원이 조정에서 쫓겨나 강가에서 노닐고 못 가에서 읊조릴 적에 안색은 초췌하고 모습은 마른 나뭇가지와 같았다.〔屈原既放, 遊於江潭, 行吟澤畔, 顔色憔悴, 形容枯槁.〕"라고 하였다. 굴원은 제(齊)나라와 동맹하여 강국인 진(秦)나라에 대항해야 한다는 합종설(合縱說)을 주장하다가 반대파의 참소를 받고 추방당하였으며, 이때 나라를 근심하며 이 글을 지었다고 한다.

**302** 문을……노닐었습니다. : 오원은 1733년(영조9) 7월에 이광좌(李光佐)의 죄를 성토하다가 쫓겨난 민형수(閔亨洙)를 구호하는 차자(箚子)를 올렸다가 이성 현감(利

| | |
|---|---|
| 술잔을 들고 시를 지을 때면 | 持觴賦詩 |
| 공은 반드시 나를 불렀으니 | 公必速我 |
| 등불이 꺼질 때까지 밤새도록 | 燈灺夜闌 |
| 시를 짓고 이에 화답하였습니다 | 有作斯和 |
| 덕재[303]가 먼저 부르면 | 德哉先唱 |
| 대경[304]이 뒤를 이어 화답하였으며 | 大卿接響 |
| 거문고를 타고 박자를 맞추니 | 操絃赴節 |
| 즐거움이 매우 통창하였습니다 | 爲樂孔暢 |
| 내가 공의 시를 평하여 | 我評公詩 |
| 비유하기를 마치 긴 호수가 | 比如長湖 |
| 이랑마다 맑고 밝은데 | 百頃澄明 |
| 구불구불 돌아 흐르는 것과 같다고 하였습니다 | 曲折紆餘 |
| 술잔을 주고받으며 | 酒杯之間 |
| 저 혼탁한 풍속을 탄식하였으니 | 歎彼濁俗 |

城 縣監)으로 출보 된 바 있는데, 이성은 함경남도 이원(利原) 지역의 옛 이름이다. 또 1734년 1월에 오광운(吳光運)을 소인(小人)으로 지목하였다가 파직되었고, 1735년 8월에 대사간이 되었으나 소패를 어겨 파직되었으며, 12월에 다시 민형수를 신구(伸救)하다가 당론(黨論)을 한다는 이유로 파직된 바 있다.

**303** 덕재(德哉) : 조선 후기의 문신 남유용(南有容, 1698~1773)의 자이다.

**304** 대경(大卿) : 황경원(黃景源, 1709~1787)의 자이다. 조선 후기의 문신이자 예학자(禮學者)로, 본관은 장수(長水)이며 호는 강한(江漢)이다. 이재(李縡)의 문인으로, 1740년(영조16) 문과에 급제한 후 대사성·대사간·대사헌·대제학과 형조·예조·공조의 판서 등 청화요직을 두루 역임하였다. 오원(吳瑗)·이천보(李天輔)·남유용(南有容)와 함께 영조조 사가로 불렸으며, 예학에 정통하고 춘추대의(春秋大義)를 자임하였다. 저서로 《강한집》이 남아있으며, 시호는 문경(文景)이다.

| | |
|---|---|
| 길게 노래 부르고 통음하며 | 長歌痛飮 |
| 흠뻑 취해 시를 짓곤 하였습니다 | 淋漓醉墨 |
| 때때로 변조가 나오면 | 時出變調 |
| 붓이 기운을 따라 거침없이 움직였으니 | 筆從氣肆 |
| 마치 여울물이 격렬하게 부딪치고 | 如湍激射 |
| 비바람이 사방에서 몰아치는 듯하였습니다 | 風雨四至 |
| 벼슬에 나아가고 물러날 때에 | 出處之際 |
| 일이 혹 마음과 어긋나기도 하였으나 | 事或違心 |
| 사람들이 살펴보지도 않고 | 人有不諒 |
| 공의 부침에 대해 말하기도 하였습니다 | 謂公浮沉 |
| 공은 나아갈 때도 물러날 때와 같고 | 其進如退 |
| 현달할 때도 곤궁할 때와 같았으니 | 其達如窮 |
| 세상의 운수 일백 번 변하여도 | 世運百變 |
| 그 마음을 바꾸지 않았습니다 | 不移其中 |
| 내가 공의 뒤를 따라 | 我躡公塵 |
| 만년에 조정에 올랐는데 | 晩登于朝 |
| 뜻은 넓고 재주는 엉성하여 | 志廣才疎 |
| 내가 참으로 자조하였더랬습니다 | 我實自嘲 |
| 대궐에 드나들다보니 | 遲徊禁闥 |
| 온갖 근심 나에게 모여들었는데 | 百憂叢己 |
| 천시와 인사를 | 天時人事 |
| 굽어보고 우러러보기를 이와 같이 하였습니다 | 俛仰如此 |
| 공이 말하기를, “우리가 | 公曰吾儕 |
| 늙도록 도를 듣지 못하면 | 老未聞道 |

헛된 명성의 말로에　虛名末路
문자로 그르치게 될 것이오　爲文字誤
화려함을 거두고 내실에 나아가　斂華就實
육경을 나의 스승으로 삼고　六經吾師
궁하여지면 근본을 돌이켜　窮而反本
부디 함께 돌아갑시다." 하였습니다　庶幾同歸
혼인에 관한 부탁을　婚姻之托
내년으로 기약하였는데　期以來歲
상의해야할 일 만 가지이나　萬事商量
공은 조금도 기다리지 않았습니다　公不少待
온 세상이 적막하여　乾坤寥廓
나의 눈물 멈추지 않으니　我淚其長
어떻게 공을 보내리오　何以送公
진췌의 노래[305]를 부릅니다　殄瘁之章
아! 슬픕니다　嗚呼哀哉
흠향하옵소서　尙饗

**305** 진췌(殄瘁)의 노래 : '진췌'는 나라를 지탱하는 어진 이가 세상을 떠남을 뜻하는 말로, 《시경》〈첨앙(瞻卬)〉 제5장에 나오는 말이다. 원문과 내용은 다음과 같다. "하늘은 어찌하여 왕을 꾸짖으며 신은 어찌하여 왕을 부유하게 하지 않는고. 저 큰 오랑캐를 버려두고 나를 꺼리는구나. 하늘이 상서롭지 못함을 가여워하지 않으며 사람들의 몸가짐도 좋지 못하며 선인이 보필하는 것이 없으니 나라가 끊기고 병들리로다.〔天何以剌, 何神不富? 舍爾介狄, 維予胥忌. 不弔不祥, 威儀不類. 人之云亡, 邦國殄瘁.〕"

## 홍문요에게 올린 제문

祭洪文饒文

유세차(維歲次) 임술년(1742, 영조18) 11월 병진삭(丙辰朔)[306] 30일 을유일에 친척 조카 연안(延安) 이천보(李天輔)가 변변찮은 제수를 갖추고 제문을 지어 근자에 돌아가신 통정대부(通政大夫) 의주 부윤(義州府尹) 홍공(洪公)[307]의 영전에 다음과 같이 고합니다.

| | |
|---|---|
| 아! | 嗚呼 |
| 세상의 도가 하락함에 | 斯世之降 |
| 붕우의 도리가 먼저 쇠퇴하였으니 | 友道先衰 |
| 손을 잡고 즐겁게 웃다가 | 握手歡笑 |
| 권세가 사라지면 모두 떠나갑니다 | 勢去則離 |
| 다만 저는 공과 | 獨我於公 |
| 평생토록 마음이 꼭 맞았으니 | 百年心契 |
| 칭찬과 비방, 이익과 손해의 와중에도 | 毁譽得喪 |
| 붕우의 도리 무너뜨림을 보지 못하였습니다 | 不見甘壞 |

**306** 병진삭(丙辰朔) : 그 달의 초하루가 병진일이라는 말이다.

**307** 의주 부윤(義州府尹) 홍공(洪公) : 홍계유(洪啓裕, 1695~1742)를 가리킨다. 조선 후기의 문신으로, 본관은 남양(南陽)이며 자는 문요(文饒)이다. 1733년(영조9) 문과에 급제한 후 정언·교리·수찬·헌납·이조 정랑·사간 등을 역임하였다. 대론의 문제로 여러 차례 귀양 가고 삭직된 바 있으며, 1742년 의주 부윤(義州府尹)으로 파견되었다가 48세를 일기로 작고하였다.

| | |
|---|---|
| 공의 성품 간곡하고 지극하여 | 公性肫肫 |
| 정성을 기본으로 삼았으며 | 誠慤爲基 |
| 훤칠하고 중후하여 | 脩幹厚質 |
| 석인[308]의 풍모와 거동이 있으셨습니다 | 有碩風儀 |
| 박식하고 전아한 문장과 | 博雅其文 |
| 침착하고 확고한 식견을 | 沉確其識 |
| 마치 바보처럼 고수하여 | 守之若愚 |
| 꾸밈이 없고 질박하셨습니다 | 匪雕伊朴 |
| 저 조무래기들을 보건대 | 相彼羣兒 |
| 약삭빠르고 언변이 좋아 | 便儇辯給 |
| 마치 봄꽃처럼 빛나지만 | 燁如春華 |
| 근본이 서지 않았습니다 | 其本不立 |
| 쟁탈의 장에서 | 爭奪之場 |
| 공은 능히 문을 닫고 들어앉았으며 | 公能杜門 |
| 출사하여 어떤 사안을 만나면 | 出而遇事 |
| 강개하여 과감히 발언하셨습니다 | 慷慨敢言 |
| 들추어 헐뜯지도 않고 | 不激而訐 |
| 휩쓸려 따라가지도 않으며 | 不靡而隨 |
| 두려워하지 않고 겁내지 않으면서 | 不慴不懼 |
| 마땅히 해야 할 일을 하셨습니다 | 爲其當爲 |
| 위풍당당한 국론은 | 堂堂國論 |
| 당대의 기휘가 쌓여 있었으나 | 積有時忌 |

**308** 석인(碩人) : 덕(德)이 높고 큰 사람을 이르는 말이다.

| | |
|---|---|
| 공의 바로 세움에 힘입어 | 賴公扶植 |
| 털끝만큼도 실추되지 않았습니다[309] | 一髮不墜 |
| 무리들이 어지러이 떠들어댔으나 | 紛然衆咻 |
| 공의 지킴 더욱 견고하더니 | 益堅公守 |
| 남쪽 변방으로 귀양 가셨으며[310] | 南荒一謫 |
| 왕후를 저버리지 않으셨습니다[311] | 不負聖后 |

**309** 위풍당당한……않았습니다 : 홍계유(洪啓裕)가 사간원 정언(正言)이 되어 당대의 민감한 사안에 대해 극구 간쟁(諫爭)하였던 사실을 가리킨다. 특히 1734년(영조10) 이양제(李亮濟)의 옥사(獄事)가 일어났을 때, 이를 바로잡고자 노력한 것이 대표적이다. 1734년 1월에 나라에 대상(大喪)이 있을 것이라는 유언비어가 돌았는데, 이는 희빈 장씨(禧嬪張氏) 일가를 옹호하다가 사사(賜死)된 종실(宗室) 이항(李杭)의 조카 이양제에게서 나온 말이었다. 이양제 등이 이를 모두 부인하는 와중에 이 일은 종실인 밀창군(密昌君) 이직(李樴) 및 남태적(南泰績)・남격(南格) 등과 관련된 것으로 추측되었다. 그러나 영조는 이들을 처벌하는 데 미온적인 태도를 취하였고, 이에 홍계유 등이 누차 계사를 올려 이를 바로잡을 것을 청하였다. 그 결과 남격은 멀리 유배 보내기에 이르렀으나 종실인 밀창군에 대한 처벌은 이루어지지 않았고, 영조는 오히려 홍계유를 파직하였다.《英祖實錄 10年 1月 5日・3月 22日・3月 26日・4月 2日・4月 11日・4月 12日》

**310** 남쪽……가셨으며 : 홍계유는 1735년 초에 정언(正言)으로 복귀하였으나 대론(臺論)의 문제로 다시 진도군(珍島郡)에 유배되었다. 당시 지평 이태중(李台重)이 신임사화 때 화를 입은 노론사대신의 신원(伸寃)을 주장하다가 분당(分黨)을 일삼는다는 탄핵을 받아 흑산도에 위리안치 되었는데, 명을 거둘 것을 상소하였다가 화를 입은 것이다. 화가 난 영조는 홍계유의 관직을 체차시키고, 이어서 "지난번에 밝게 유시(諭示)한 뒤에 이태중이 서덕수(徐德修)와 김창집(金昌集)을 편들었으니 위리안치하라는 명령은 죄의 등급을 말감(末減)한 것이라 할 수 있다. 오늘날 북면(北面)한 자들이 어찌 감히 그를 비호할 수가 있는가? 홍계유는 진도군에 안치하되, 길을 갑절이나 빨리 하여 보내도록 하라."라고 하였다.《英祖實錄 11年 4月 25日》

**311** 왕후를 저버리지 않으셨습니다 : 1739년(영조15)에 단경황후(端敬王后)가 복위

장독과 여기[312]가 찌는 듯하고 瘴癘蒸人
독사와 살무사가 곳곳에 있으나 蛇虺攸處
곤경에 처할수록 더욱 형통하여 困而愈亨
공께서는 좌절하는 기색이 없으셨습니다 公不色沮
제가 벼슬길에 오른 후에는 我涉世路
외람되이 공의 주선을 입어 辱公周旋
법연에서 경서를 강론하였으니 法席横經
저는 뒤에서 공은 앞에서 하셨습니다[313] 我後公前
아침이면 금려에서 함께 물러났다가[314] 朝退禁廬

되자 중종반정의 공신을 중묘 정향(中廟庭享)에서 제외시킬 것을 주장하다 하옥된 사실을 가리킨다. 《영조실록》 15년 4월 24일의 기사를 보면, "교리 홍계유가 상소하기를, '단경 황후께서 이미 복위되고 부묘되셨으니, 도리에 어그러지는 논의를 주장한 박원종(朴元宗)·성희안(成希顔)·유순정(柳順汀) 같은 사람은 중묘 정향에서 내쳐야 하겠습니다.' 하니, 임금이 하교하기를, '이것은 오늘날에 의논할 만한 것이 아니다.' 하고 윤허하지 않았다."라고 하였다. 영조는 이후 홍계유 등을 감옥에 가두었다가 5월 21일에 석방하였다. 단경왕후는 진성대군(晋城大君)의 부인으로, 1506년 중종반정으로 왕후가 되었다. 그러나 아버지 신수근(愼守勤)이 매부인 연산군(燕山君)을 위해 중종반정을 반대하였기 때문에 성희안 등 반정추진파(反正推進派)에 의해 살해당하였고, 단경왕후 역시 역적의 딸이라 하여 폐위(廢位)되었었다.

**312** 장독(瘴毒)과 여기(癘氣) : 장독은 축축하고 더운 땅에서 생기는 독기(毒氣)를 의미하고, 여기는 험한 열병이나 돌림병을 생기게 하는 기운을 의미한다.

**313** 제가……하셨습니다 : 홍계유와 이천보(李天輔)가 경연관(經筵官)이 되어 임금에게 경전과 역사 등을 강의하거나 정치 토론에 참여한 사실을 가리킨다. 홍계유는 1740년 8월에 홍문관 부응교가 되고 이천보는 1739년(영조15) 문과에 급제한 후 같은 시기에 홍문관 부수찬이 되어 각각 시강관(侍講官)과 검토관(檢討官)을 겸하면서 경연에 참여하였다.

**314** 아침이면……물러났다가 : 금려(禁廬)는 대궐에서 시종(侍從)하는 관원들이 거

밤이 되면 촛불 밝히고 나란히 누워　夜燭聯床
온갖 근심에 잠들지 못하면서　百憂無寐
출처에 대해 시시콜콜 논하기도 하였습니다　細論行藏
공의 백발을 놀리며　嘲公白髮
제가 공의 모자를 벗기기도 하였는데　我脫公帽
공께서는 참으로 장자라　公實長者
저를 허물하지 않으셨습니다　不我爲咎
명예와 이익이 사람을 내몰아　名利驅人
선비들의 추향이 자못 갈라졌는데　士趨殊歧
누가 공과 같이　孰如夫公
꿋꿋하게 스스로를 지키겠습니까　介然自持
모난 것을 깎아서 둥글게 만들고[315]　斲方爲圓
정절을 물들여 더럽혔으며[316]　染貞爲黷

처하는 건물로, 홍계유와 이천보가 같은 시기에 홍문관에서 근무하면서 입직(入直)하여 임금을 시종하였던 것을 의미한다.

**315** 모난……만들고 : 중국 전국시대 초(楚)나라의 문신 굴원(屈原)이 지은《초사(楚辭)》권4〈구장(九章) 회사(懷沙)〉에서 나온 말로, 충직한 절개를 꺾고 세상의 풍조에 영합한다는 말이다. "모난 것을 깎아 둥글게 만드는구나! 나는 떳떳한 법도를 바꾸지 않았다네.〔刓方以爲圓兮! 常度未替.〕"라고 하였다.

**316** 정절을 물들여 더럽혔으며 : 중국 남제(南齊)의 문인 공치규(孔稚圭)가 지은〈북산이문(北山移文)〉에서 나온 말로, 자신의 정조를 지키지 않고 세상에 나아가 자신을 더럽힌다는 말이다. 남제의 은자(隱者) 주옹(周顒)이 북산(北山)에 은거하다가 조정의 부름을 받고 해염 현령(海鹽縣令)으로 나갔는데, 임기를 마치고 도성으로 가는 길에 다시 북산에 들르려 하였다. 이에 그와 함께 은거했던 공치규가 그의 변절을 매우 못마땅하게 여긴 나머지 산신령의 뜻을 가탁하여 그를 거절하는 뜻으로〈북산이문(北山移

심하게는 혹 아랫도리를 걷고[317] 甚或褰裳
서로 구렁텅이에 빠지기도 하였습니다[318] 載胥而溺
무릇 군자들이 凡厥君子
이마에 식은땀이 나지[319] 않을 수 있겠습니까마는 能不顙泚
공께서 저를 권면하시어 公乃勉我
그 찌꺼기를 입지 않도록 하셨습니다 不受其滓
삐걱대며 꼿꼿하게 齟齬偃蹇
조정의 말석에 계시더니[320] 寄跡朝端
만년에 한 등급을 가자하여 遲暮一資

文)〉을 지었는데, 그 글에서 “잠깐 자취를 산림에 돌렸으나 마음은 세속에 물들었으며, 혹은 먼저는 깨끗하였으나 뒤에는 더러워졌으니, 어쩌면 그리도 잘못되었는가.〔乍迴迹以心染, 或先貞而後黷, 何其謬哉?〕”라고 하였다. 《古文眞寶 後集 卷2 北山移文》

**317** 아랫도리를 걷고 : 자신의 지조를 버리고 남을 따른다는 뜻을 담고 있다. 《시경》 〈건상(褰裳)〉에서 나온 말로, 제1장을 인용하면 다음과 같다. “그대가 사랑하여 나를 그리워할진댄 내 치마를 걷고 진수를 건너가려니와 그대가 나를 그리워하지 않을진댄 어찌 다른 사람이 없으리오. 미친 아이의 미친 짓이로다.〔子惠思我, 褰裳涉溱. 子不我思, 豈無他人? 狂童之狂也且.〕”

**318** 서로……하였습니다 : 《시경》 〈상유(桑柔)〉 제5장에서 나온 말로, “도모하며 신중히 하나 난이 불어나 나라가 이에 침삭되도다. 그대에게 근심해야 할 일을 말해주며 그대에게 인재에 따라 관작을 서열할 것을 가르치노라. 누가 뜨거운 물건을 쥐고서가 손을 씻지 않으리오. 그 어찌 선할 수 있겠는가. 서로 구렁텅이에 빠질 뿐이로다.〔爲謀爲毖, 亂況斯削. 告爾憂恤, 誨爾序爵. 誰能執熱, 逝不以濯? 其何能淑? 載胥及溺.〕”라고 하였다. 나라를 어지럽게 만드는 소인들 때문에 서로 다투다가 결국 모두 다 함께 멸망의 구렁텅이로 빠지게 되었다는 말이다.

**319** 이마에 식은땀이 나지 : 부끄러워서 땀이 난다는 말이다.

**320** 조정의 말석에 계시더니 : 홍계유는 사간원 정언(正言)을 시작으로 교리 · 수찬 · 헌납 · 이조 정랑 · 응교 · 집의 · 사간 등을 역임하였다.

| | |
|---|---|
| 용만의 부윤이 되셨습니다[321] | 尹于龍灣 |
| 술을 따라 공을 송별하면서 | 酌酒送公 |
| 이별의 말 어쩜 그리도 길었던지요 | 別語何長 |
| 관새에 가을하늘 높은데 | 秋高關塞 |
| 서리 내리자 기러기 울었겠지요 | 鴻鴈鳴霜 |
| 50도 안 된 나이에 | 年未中身 |
| 하늘 끝 변방에서 돌아가셨는데 | 沒于天涯 |
| 선인에게 후손이 없으니 | 善人無後 |
| 하늘의 뜻이 더욱 의아합니다 | 天尤可疑 |
| 제가 위험에 처하였을 때 | 我方遇險 |
| 왼쪽엔 구덩이요 오른쪽엔 함정이라 | 左坎右穽 |
| 마음만 믿고 컴컴한 길을 헤쳐 나가는데[322] | 信心冥行 |
| 물여우가 나타나 그림자를 쏘았더랬습니다[323] | 有物射影 |

**321** 만년에……되셨습니다 : 홍계유는 1742년(영조18)에 의주 부윤(義州府尹)으로 파견되었는데, 바로 그 해에 48세를 일기로 작고하였다.

**322** 컴컴한……나가는데 : 학문이나 처세에서 갈 길을 몰라 헤매는 것을 의미한다. 중국 전한(前漢)의 유학자 양웅(揚雄)이 지은《법언(法言)》〈수신편(修身篇)〉에 나오는 말로, "지팡이로 땅을 더듬어서 길을 찾아 어둠 속으로 나아갈 따름이니라〔擿埴尋途, 冥行而已矣〕."라고 하였는데 그 주(註)에서 "식(埴)은 땅을 말한 것인데, 맹인(盲人)이 지팡이로 땅을 더듬어서 길을 찾는 것은 보통 사람들이 밤길을 걷는 것과 같다. 밤길은 깜깜하다는 뜻이다."라고 하였다.

**323** 물여우가……쏘았더랬습니다 : 원문의 '射影'은 전설 속의 괴물인 물여우의 이름이자 그 행태를 의미한다. 이 동물은 등에 껍질이 있고 머리에 뿔이 있으며, 날개가 달려 날기도 하며, 눈은 없어도 귀가 밝으며, 입안에 활시위 같은 횡물(橫物)이 있다. 물속에 있다가 사람의 소리가 들리면 입 안에 머금고 있던 모래를 쏘아 사람이나 사람의

유유한 지금 세상에　悠悠今世

어찌 가깝게 지내는 이가 없겠습니까마는　豈無親知

다만 돕지 않을 뿐만 아니라　不惟不助

도리어 해치는 이도 있었습니다　反有擠之

우리 공에 대한 감회가 일어나　興懷我公

저의 마음 애달프니　我心則哀

공께서는 옛날에 술 마시기를 좋아하여　公昔嗜飮

그 양이 백 잔에 달하셨습니다　其量百杯

제가 일찍이 공에게 경계하니　我嘗戒公

공께서 웃으며 받아들이지 않으셨는데　公笑不膺

공에게 이 술을 따라드리려니　酹公此酒

저의 눈물이 가슴을 적십니다　我淚沾膺

아! 슬픕니다　嗚呼哀哉

흠향하옵소서　尙饗

그림자를 쏘는데, 사람에게 맞으면 창병(瘡病)이 생기고 사람의 그림자에 맞아도 병이 생겼다가 죽는다고 하였다. 이에서 전하여 남몰래 비방과 중상을 일삼는 소인(小人)들을 의미하게 되었다.

# 종숙 도신 에게 올린 제문
祭從叔 度臣 文

유세차(維歲次) 계해년(1743) 10월 경술삭(庚戌朔)[324] 14일 계해일에 종숙(從叔)[325] 통덕랑공(通德郞公)[326]의 영구가 장차 발인하여 광주(廣州)에 있는 선영의 곁으로 향하려 하기에, 2일 전인 신유일에 종질(從姪) 천보(天輔)가 삼가 변변찮은 제수를 가지고 제문을 지어 영결을 고하며 다음과 같이 아뢰옵니다.

| | |
|---|---|
| 아! | 嗚呼 |
| 공의 일생은 | 惟公平生 |
| 옛날의 청백한 선비와 같으셨으니 | 古之淸士 |
| 성긴 매화와 마른 대나무에 | 疎梅苦竹 |
| 속세의 먼지가 끼지 않은 것과 같으셨습니다 | 不受塵累 |
| 청백하다 못해 빈한해져서 | 淸過而寒 |
| 참으로 곤궁하셨으니 | 信乎其窮 |

**324** 경술삭(庚戌朔) : 그 달의 초하루가 경술일이라는 말이다.

**325** 종숙(從叔) : 아버지의 사촌 형제를 가리킨다. 이천보(李天輔)의 증조할아버지 이일상(李一相)이 이성조(李成朝)・이중조(李重朝)・이해조(李海朝) 3형제를 두었는데, 이천보의 아버지 이주신(李舟臣)은 이성조의 아들이고 이 글의 주인공인 이도신(李度臣)은 이해조의 아들이라 사촌 관계이다.

**326** 통덕랑공(通德郞公) : 이천보의 종숙인 이도신을 가리킨다. 자세한 내용은 미상이다.

| | |
|---|---|
| 어려서 고아가 된 후 가난과 질병이 | 早孤貧病 |
| 한 몸에 모여들었습니다 | 萃于一躬 |
| 약관에 자신의 뜻을 구하여[327] | 弱冠求志 |
| 담담하게 명예와 이익을 잊으셨으니 | 澹忘名利 |
| 산꼭대기와 물가 | 山巓水涯 |
| 이것이 공께서 꿈에도 그리던 바였습니다 | 是公夢思 |
| 과거 공부에 힘쓰는 것은 | 屈首場屋 |
| 공께서 즐거워하신 바가 아니었는데 | 匪公所樂 |
| 우뚝하신 종조[328]께서는 | 嶷嶷從祖 |
| 지위가 덕에 걸맞지 않으셨습니다[329] | 位不稱德 |
| 문한의 유풍이 | 翰墨遺韻 |
| 공의 미간에 깃들었으나[330] | 寄公踈眉 |

**327** 자신의 뜻을 구하여 : 은거(隱居)하며 자신의 뜻을 추구하는 것을 의미한다. 《논어》〈계씨(季氏)〉에서 나온 말로, "세상에서 물러나 숨어 살면서 자신의 뜻을 구하고, 세상에 나아가 의를 행하여 자신의 도를 펼친다.〔隱居以求其志, 行義以達其道.〕"라고 하였다.

**328** 종조(從祖) : 이도신(李度臣)의 아버지인 이해조(李海朝, 1660~1711)를 가리킨다. 이해조는 조선 후기의 문신으로, 본관은 연안(延安)이며 자는 자동(子東), 호는 명암(鳴巖)이다. 1681년(숙종7) 사마시에 합격하였으나 1689년에 인현왕후(仁顯王后)가 폐위되자 벼슬을 단념하였다. 1694년에 인현왕후가 복위되자 벼슬길에 나왔으며, 1702년 문과에 급제한 후 사가독서(賜暇讀書) 하고 정언・부교리・이조 정랑・사간・전라도 관찰사 등을 역임하였다. 시문에 뛰어나 김창흡(金昌翕)으로부터 천재라는 칭찬을 받았으며, 저서로 《명암집》이 남아있다.

**329** 우뚝하신……않으셨습니다 : 이해조(李海朝)의 조상이 삼대에 걸쳐 대제학을 지냈고, 이해조 역시 김창흡으로부터 천재라는 칭찬을 받을 정도로 재주와 문장을 지녔는데도 낮은 벼슬에 머물렀다는 말이다.

| | |
|---|---|
| 공은 성품 조용하고 깐깐하여 | 公性幽峭 |
| 남이 알아주기를 구하지 않으셨습니다 | 不要人知 |
| 제가 젊었을 때 친구 찾기를 | 我少求友 |
| 온 세상에서 널리 구하였는데 | 一世其廣 |
| 중년에 마음이 꼭 맞는 이로 | 中年心契 |
| 공과 같은 친당을 얻었습니다 | 得公親黨 |
| 시를 평하고 시사를 이야기할 제 | 評詩說事 |
| 서로 구차히 영합하지 않았으며 | 不相苟合 |
| 아래위로 이끌어주실 제 | 提挈上下 |
| 혹 예법을 뛰어넘기도 하였습니다 | 或踰禮法 |
| 공께서는 성내지 않고 웃으시어 | 公笑不嗔 |
| 한결같이 온화하셨으며 | 穆然一心 |
| 만년의 주선으로 | 晩暮周旋 |
| 공에 대한 기대가 깊었습니다 | 期公者深 |
| 손님이며 친구들 모인 자리에 | 賓朋之坐 |
| 많은 말들 어지럽게 오고가는데 | 衆辯交錯 |
| 공께서는 홀로 어눌한 것이 | 公獨簡訥 |
| 마치 아는 것이 없는 것 같으셨습니다 | 若無所識 |
| 오직 내면이 밝아 | 惟其內朗 |

**330** 문한(文翰)의……깃들었으나 : 이도신(李度臣)의 고조할아버지 이정귀(李廷龜)·증조할아버지 이명한(李明漢)·할아버지 이일상(李一相)이 삼대에 걸쳐 홍문관 대제학을 역임하였고, 그의 아버지인 이해조(李海朝) 역시 시와 문장에 뛰어났던 것을 가리킨다.

어떤 어두움도 비추지 못함이 없으셨으며　靡幽不照
온갖 기예[331]에 두루 통달하셨으나　旁達曲藝
도를 넘지 않게 절충하셨습니다　折衷於道
사람에게는 길함과 흉함이 있고　人有吉凶
일에는 옳고 그름이 있는데　事有是非
그때마다 사리를 적중하여　動輒破的
정밀하고 자세함을 얻으셨습니다　得其精微
제가 험난한 상황을 겪을 때　我方履險
세상의 길이 칠흑 같이 어두웠는데　世路如漆
저를 가엽게 여기고 걱정해주시면서　憫我憂我
수레를 돌려 돌아오라고 권하셨습니다　勸我回轍
지난 가을 서늘한 밤에　去秋凉夜
공의 병상에 문안을 드리면서　候公病床
조용히 정담을 나누었는데　靜言晤語
맑은 달이 당에 떠있었습니다　淸月在堂
공께서 이르시기를 삶과 죽음은　公謂死生
마치 달이 차고 이지러지는 것과 같아　若月盈虧
홀연히 왔다가 홀연히 떠나가는 것이니　倏去倏來
어찌 슬퍼할 것이 있겠냐고 하셨습니다　何足爲悲
훌륭한 말씀 귀에 남았는데　緖言在耳
갑자기 유명을 달리하시니　奄隔幽明
유서 깊은 가문의 문헌이　故家文獻

**331** 온갖 기예 : 원문의 '曲藝'는 바둑이나 장기 등과 같은 하찮은 기예를 말한다.

공과 함께 기울어갑니다 與公偕傾

문호가 적막하니 門戶悽廓

누가 선조의 아름다운 덕을 계승하겠습니까 孰繼先懿

옷도 이기지 못할 듯 허약하셨으나 弱不勝衣

곧은 지조로 그 뜻을 굳건히 하셨습니다 貞固其志

성품이 유순하여 세상과 단절하거나 婉不絶俗

모나고 뾰족한 행동 하지 않으셨는데 嶄截其行

빼어난 재주에 수명 짧으셨으니 長才短造

어찌하리까 천명인 것을 其奈有命

이렇게 원통하고 한스러운 마음을 卽玆寃恨

두터운 땅속에 깊이 묻노니 沉翳厚壤

공께서는 저의 글을 사랑하시어 公愛我文

지을 때마다 문득 칭찬하셨지요 有作輒賞

제문을 지어 공께 제사 올리니 文以侑公

말은 짧으나 마음만은 절절합니다 語短心長

공의 영혼 멀리 가지 않으셨다면 公靈不遠

부디 저의 술잔을 거절하지 마소서 毋吐我觴

아! 슬픕니다 嗚呼哀哉

흠향하옵소서 尙饗

## 큰어머님에게 올린 제문

祭伯母文

유세차(維歲次) 계해년(1743, 영조19) 12월 경술삭(庚戌朔)[332] 12일 신유일에 조카 천보(天輔)가 삼가 맑은 술과 여러 가지 제수를 갖추어 큰어머님 정부인(貞夫人) 남원 윤씨(南原尹氏)[333]의 영전에 영결을 고하며 다음과 같이 아뢰옵니다.

| | |
|---|---|
| 아! 애통하도다 | 嗚呼痛哉 |
| 소자 운명이 기구하여 | 小子險釁 |
| 우리 어머님을 여의고[334] | 失我母氏 |
| 오직 우리 큰어머님을 | 惟我伯母 |
| 이에 기대고 의지하였습니다 | 是依是庇 |
| 옛날에 우리 할머님께서 | 昔我王母 |
| 허옇게 센 머리로 당에 계시면 | 皤然在堂 |
| 숙부님과 숙모님들께서 | 諸父諸母 |
| 그 곁에 모시고 둘러앉으셨습니다 | 環侍于傍 |
| 소자 어찌 알았겠습니까 | 小子何知 |

332 경술삭(庚戌朔) : 그 달의 초하루가 경술일이라는 말이다.

333 정부인(貞夫人) 남원 윤씨(南原尹氏) : 이천보(李天輔)의 큰아버지인 이우신(李雨臣, 1670~1744)의 부인을 가리킨다.

334 소자……여의고 : 이천보는 36세인 1733년(영조9)에 모친상을 당하였다.

들락거리며 즐겁게 놀면서　出入遊嬉
인간 세상에　謂言人世
즐거움만 있고 슬픔은 없는 줄 알았습니다　有樂無悲
하늘을 우러르고 땅을 굽어봄에　俯仰穹壤
혈혈단신 살아남은 몸이라　孑有餘生
큰어머님께서 저를 어루만지시며　伯母撫我
말씀하시기를, “너의 신세가 외롭구나　曰爾孤惸
네가 주리면 누가 보살펴줄 것이며　爾飢孰呴
네가 병들면 누가 걱정해주겠는가　爾病孰嚬
어머니가 없다고 말하지 말고　毋曰無母
네가 너의 몸을 아끼거라　爾愛爾身
너의 어머니가 너를 가르치실 적에　爾母訓爾
성취가 있기를 바라셨으며　冀厥有成
태만하지 않아서　念焉無怠
영예로운 이름을 남길 것을 생각하셨다　以貽令名
네가 벼슬에 나아감에　爾涉世路
내 너를 위하여 근심하니　吾爲爾憂
너의 언의를 신중히 하고　愼爾言議
너의 교유를 가려서 하거라　簡爾交遊
너의 성품이 오활하여　爾性迂濶
걸핏하면 세상과 어그러져서　動與世違
마음만 믿고 캄캄한 길을 가다가[335]　信心冥行

**335** 캄캄한 길을 가다가 : 학문이나 처세에서 갈 길을 몰라 헤매는 것을 의미한다.

넘어지지 않은 적이 드물다　不躓其希
오직 밝고 지혜로움만이　惟明與哲
참으로 너희 집안의 법도이니　寔爾家法
능히 따르고 능히 지켜야　克遵克守
오래된 가업을 실추시킴이 없을 것이다." 하셨습니다　無墜舊業
온화한 덕음이　溫溫德音
흡사 어머님을 뵈옵는 듯하였으니　怳承吾母
눈물을 닦고 마음에 새겨　拭淚佩服
저버리지 않고자 하였습니다　庶幾不負
침착한 자질과　沉厚其質
밝게 트인 식견으로　通明其識
길쌈하는 여가에　織紝之暇
일찌감치 경서를 익히셨습니다　早習經籍
인물의 어짊과 간사함　人物賢邪
국가의 치세와 난세를　國家治亂
상하고금에 걸쳐　上下古今
꿰뚫지 않음이 없으셨습니다　靡不穿貫
만약에 장부로 태어났다면　若爲丈夫
왕국에 쓰임이 있으셨을 텐데　需于王國
대갓집 종부로서　大家宗婦
참으로 그 직분이 막중하셨습니다　實重其職
큰아버님[336]께서는 성품이 소탈하시어　伯父簡素

**336** 큰아버님 : 이우신(李雨臣, 1670~1744)을 가리킨다. 조선 후기의 문신으로, 본

| | |
|---|---|
| 집안일에 대해서는 묻지 않으셨으며 | 不問家務 |
| 조상을 섬기고 가솔을 거느림에 | 奉先御衆 |
| 너그러이 여유가 있으셨습니다 | 綽乎有裕 |
| 황발이 될 때까지 해로하심에 | 黃髮偕老 |
| 이미 즐겁고 또 편안하였는데 | 旣樂且康 |
| 두 아드님이 조정에 올라 | 兩兒登朝 |
| 뒤를 이어 날아올랐습니다[337] | 接武翺翔 |
| 아버님[338]을 판여[339]에 모시고 | 大府板輿 |

관은 연안(延安)이며 자는 백열(伯說), 호는 십탄(十灘)이다. 이희조(李喜朝)의 문인이며, 이정보(李鼎輔)·이익보(李益輔)의 아버지이다. 1710년(숙종36) 음보로 사산감역관이 된 후 의금부 도사·함양 군수·동지중추부사·한성부 우윤·도총부 부총관 등을 역임하였다. 문장에 능하고 변려문에 뛰어났으며, 사후 이조 판서에 추증되었다.

**337** 두……날아올랐습니다 : 이우신 부부에게는 3남 2녀가 있었는데, 장남 항보(恒輔)는 어려서 죽었고 차남 이정보, 3남 이익보가 벼슬에 나아가 고위관직에 올랐다. 이정보(李鼎輔, 1693~1766)는 1721년(경종1) 진사에 합격한 후 익릉 참봉·검열을 거쳤으며, 1736년(영조12)에 사헌부 지평으로 있으면서 탕평책을 반대하는 시무십일조(時務十一條)를 올려 파직되었다. 이후 재기용되어 부제학·대사간·대사성·승지를 지냈고, 재차 탕평책을 반대하다가 인천 부사(仁川府使)로 좌천되었다. 그 후 이조 판서·대제학·예조 판서 등을 역임하고 만년에 벼슬이 판중추부사에 이르렀다. 주의(奏議)와 사륙문(四六文)에 뛰어났으며, 시호는 문간(文簡)이다. 이익보(李益輔, 1708~1767)는 1739년(영조15) 문과에 급제한 후 대사간·도승지·대사헌·병조 판서·이조 판서·좌참찬 등 요직을 두루 역임하였다.

**338** 아버님 : 원문의 '大府'는 남의 아버지에 대한 경칭(敬稱)으로, 여기서는 이정보·이익보의 아버지 이우신을 가리키는 것이다.

**339** 판여(板輿) : 노인을 편히 모실 수 있는 푹신한 가마로, 주로 지방관으로 늙은 부모를 잘 모시는 것을 뜻한다. 중국 서진(西晉) 시대의 문인 반악(潘岳)이 〈한거부(閑居賦)〉에서 "태부인을 이에 판여에 모시고 가벼운 수레에 오르시게 한 뒤 멀리는 경기

| | |
|---|---|
| 솥을 늘어놓고 봉양하였는데[340] | 養以列鼎 |
| 녹을 받아도 부모님께 미치지 못하였으니 | 祿不及親 |
| 저만 홀로 곤궁한 운명입니다 | 獨我窮命 |
| 궁한데 궁함이 더해 | 窮而益窮 |
| 또 우러러 사모할 바를 잃었는데 | 又失瞻仰 |
| 저 언덕은 | 睠彼祈梁 |
| 할아버님께서 묻히신 곳입니다 | 王父攸葬 |
| 새로 만든 무덤과 붙어있으니 | 密邇新宮 |
| 마치 하늘이 베풀어놓은 듯한데 | 若天之設 |
| 주변 경관 어여쁘니 | 婉孌左右 |
| 신도[341]가 참으로 상서롭습니다 | 神道孔吉 |
| 회혼[342]의 날짜인 | 重牢之期 |

지방을 유람하고 가까이는 집안 뜰을 돌아보게 해 드린다.〔太夫人乃御板輿, 升輕軒, 遠覽王畿, 近周家園.〕"라고 한 데서 나온 말이다.《晉書 卷55 潘岳列傳》

**340** 솥을 늘어놓고 봉양하였는데 : 벼슬에 올라 진수성찬으로 부모님을 봉양한다는 말로, 공자(孔子)의 제자인 자로(子路)가 한 말에서 유래하였다. 자로가 일찍이 공자를 뵙고 말하기를, "예전에 제가 어버이를 섬길 때에는 항상 명아주와 콩잎만 먹는 형편이었으므로 어버이를 위하여 백 리 밖에서 쌀을 져다가 봉양하곤 하였습니다. 그런데 어버이가 돌아가신 후 남쪽으로 초나라에 노닐 적에 백 대의 수레가 따르고 만 종의 곡식을 쌓아놓고 자리를 여러 겹으로 깔고 앉아서 음식이 담긴 솥을 늘어놓고 먹으면서는, 다시 명아주 콩잎을 먹으면서 어버이를 위해 쌀을 져 오고 싶어도 할 수가 없었습니다."라고 하였다.《孔子家語 致思》

**341** 신도(神道) : '신(神)이 묘역(墓域)에 이르는 길'이라는 뜻으로, 무덤 앞 또는 무덤으로 가는 길목을 이른다.

**342** 회혼(回婚) : 원문의 '重牢'는 부부가 혼인한 지 60년이 되었다는 말이다. 결혼을 할 때 신랑과 신부가 교배(交拜)하는 예(禮)를 마치고 술잔을 나누는 것을 동뢰(同牢)

| | |
|---|---|
| 내년 봄을 기다려 | 待以明春 |
| 술잔을 올려 헌수[343]하기에 | 稱觴獻壽 |
| 좋은 날을 가리려고 하였습니다 | 可卜良辰 |
| 즐거움이 슬픔으로 바뀌어 | 哀樂嬗變 |
| 아름다운 모습 영원히 뵙지 못하게 되었으니 | 徽型永閟 |
| 저를 마치 아들 보듯 하셨는데 | 視我如子 |
| 어머님처럼 모시지 못한 것이 부끄럽습니다 | 有愧母事 |
| 장지에 나아갈 정성이 부족하게 된 것은 | 誠缺就壙 |
| 직무에 얽매였기 때문이니 | 職事所縻 |
| 영원히 이별을 고하며 | 終天告訣 |
| 감히 짧은 글을 아뢰옵니다 | 敢陳短辭 |
| 아! 애통합니다 | 嗚呼痛哉 |
| 흠향하옵소서 | 尙饗 |

라고 하는데, 혼인한 지 60년이 되면 동뢰를 다시 하기 때문에 중뢰라고 하는 것이다.

**343** 헌수(獻壽) : 오래 살기를 비는 뜻으로 술잔에 술을 부어 올리는 예(禮)를 말한다.

## 큰아버님에게 올린 제문
祭伯父文

유세차(維歲次) 갑자년(1744, 영조20) 4월 29일 병자일에 우리 큰아버님이신 십탄 선생(十灘先生)[344]의 영궤(靈几)[345]가 장차 광주(廣州) 신복(新卜)의 언덕을 향하여 발인하려고 하니, 3일 전인 계유일에 조카 천보(天輔)가 삼가 맑은 술과 여러 가지 제수를 갖추어 영전에 영결을 고하며 다음과 같이 아뢰옵니다.

| | |
|---|---|
| 아! 애통하도다 | 嗚呼痛哉 |
| 공의 뜻과 사업은 | 惟公志業 |
| 재상의 재목이셨습니다 | 公輔之材 |
| 쌓은 역량 펼치지 못하는 것은 | 有蘊莫施 |
| 예로부터 애통한 바라 | 從古所哀 |
| 어찌 옛사람에게서 찾겠습니까 | 何求古人 |
| 우리 선친께서 계신데 | 有我先子 |
| 선산을 우러러보니 | 瞻我先壟 |
| 소나무 가래나무가 울창합니다 | 有鬱松梓 |
| 보배를 품은 채 세상을 마치시어[346] | 懷寶終世 |

**344** 십탄 선생(十灘先生) : 이우신(李雨臣, 1670~1744)의 호이다.

**345** 영궤(靈几) : 죽은 사람의 혼백이나 신주(神主)를 모셔두는 곳을 의미한다.

**346** 보배를……마치시어 : 보배와 같은 재능을 마음껏 펼치지 못하였다는 말이다.

| | |
|---|---|
| 민멸되어 전하는 것이 없으니 | 泯沒無傳 |
| 아! 소자는 | 嗚呼小子 |
| 지극한 아픔이 하늘 끝까지 사무칩니다 | 至痛窮天 |
| 공께서는 그래도 장수를 누리시어 | 公猶壽考 |
| 만년의 복을 향유하셨으니 | 享有晩祉 |
| 하늘이 공에게 보답함이 | 天之報公 |
| 혹 여기에 있나 봅니다 | 其或在是 |
| 호방한 도량과 | 恢達之局 |
| 당당한 기상에다가 | 軒昂之氣 |
| 논의의 정대함이 | 言議之正 |
| 늠름하고 훌륭하셨습니다 | 磊落俊偉 |
| 사람들이 나라의 인재라 일컬을 정도로 | 人稱國器 |
| 젊어서부터 두터운 명성이 있으셨으니 | 少有重名 |
| 사업을 이루고 | 可達事功 |
| 풍교를 수립할 만하셨습니다 | 可樹風聲 |
| 나라를 빛낼 문장으로 | 華國之文 |
| 과거에 급제하지 않고[347] | 屈於一第 |
| 미루어 남에게 주기를 | 擠以與之 |
| 젊은 사람들에게 하셨습니다 | 小兒之輩 |
| 한미한 관직에서도 꿋꿋하셨으며 | 偃蹇薄官 |
| 일곱 개 고을의 수령을 역임하셨으니[348] | 七郡銅章 |

**347** 과거에 급제하지 않고 : 이우신(李雨臣)은 과거에 급제한 적이 없으며, 음보(蔭補)로 벼슬에 나아갔다.

재주는 능히 번거로운 업무를 감당할 만하고　才能剸劇
위엄은 능히 강자를 제압할 만하셨습니다　威能制强
청렴결백한 지조를 지켜[349]　氷蘗之操
귀로의 행장[350]이 텅 비었으니　蕭然歸橐
당당한 포부를 품고　堂堂抱負
지방 관아[351]에서 늙어가셨습니다　老于朱墨
공께서는 돌아오신 후 모든 일을 물리고　公歸謝事
도서 사이에서 정신을 가다듬으셨으며　頤神圖籍
성긴 눈발 날릴 때엔 매화를 보살피고[352]　疎雪梅閤
긴긴 대낮에는 바둑을 두셨습니다　永晝碁局

**348** 일곱……역임하셨으니 : 원문의 '銅章'은 동(銅)으로 만든 관인(官印)으로, 군현(郡縣)을 맡은 지방관을 뜻한다. 이우신은 정읍 현감(井邑縣監)·인제 현감(麟蹄縣監)·대구 판관(大邱判官)·함양 군수(咸陽郡守)·의성 현감(義城縣監)·부평 부사(富平府使)·원성 현감(原城縣監)을 역임하였다.

**349** 청렴결백한 지조를 지켜 : 원문의 '氷蘗'은 차가운 얼음물을 마시고 쓰디쓴 황벽나무를 먹는다는 뜻으로, 어려움 속에서도 청렴결백한 자세를 견지하는 것을 말한다. 중국 당나라의 문신 백거이(白居易)가 "삼 년 동안 자사로 있으면서, 얼음물을 마시고 황벽을 먹었노라.〔三年爲刺史, 飮氷復食檗.〕"라고 한 데서 유래하였다. 《白樂天詩集 卷1 三年爲刺史》

**350** 귀로의 행장(行裝) : 지방 관원이 임기가 만료되어 돌아갈 때 가지고 가는 짐을 가리키는 것이다.

**351** 지방 관아 : 원문의 '朱墨'은 '주필(朱筆)과 묵필(墨筆)', 즉 붉은 먹과 검은 먹으로 문서나 장부를 정리한다는 뜻으로, 흔히 지방 관아에서 정무(政務)를 보는 것을 의미한다.

**352** 매화를 보살피고 : 원문의 '梅閤'은 방 안에 작은 감실(龕室)을 만들어 매화 화분을 보호하는 곳을 말한다.

한가한 중에도 경세제민의 뜻 기르면서 閒中經濟
속세의 번거로운 일들을 한바탕 웃음에 부치시며 一笑世累
왕국에 대한 염려를 王國之念
자나 깨나 잊지 못하셨습니다 不忘寤寐
음양의 선악과 陰陽淑慝
세운의 성쇠에 대해 世運消長
충분 강개하여 忠憤慷慨
고금을 오르내리며 낱낱이 논하셨습니다 歷論下上
이해가 갈리는 길에서 利害之塗
사람들이 국론을 꺼리는데 人諱國論
공께서는 글로 지어 남기셨으니 公述爲文
의리는 정대하고 말은 굳건하였습니다 義正辭健
만약 공께서 세상에 나아가셨다면 使公出世
쏟아지는 물살 속[353] 지주산[354]과 같으셨으리니 頹波砥柱
헛소리라고 하지 마오 莫曰空言
외려 한 오라기의 양맥을 붙잡으셨습니다 猶扶一縷
지금 세상을 보건대 相今之世
선비들의 풍조가 날로 변하여 士風日渝

**353** 쏟아지는 물살 속 : 원문의 '頹波'는 '거세게 흘러내려가는 물살'이라는 뜻인데, 보통 무너져 가는 세상의 풍속을 비유하는 말로 쓰인다.

**354** 지주산(砥柱山) : 중국 황하(黃河) 중류의 삼문협(三門峽)에 있는 산의 이름으로, 황하의 물결이 아무리 거세도 이 산을 무너뜨리지 못하고 이곳에 이르러 두 갈래로 갈라져 산을 싸고 흐른다. 이런 이유로 흔히 난세(亂世)에 지조를 지키는 선비를 비유하는 말로 쓰인다.

몸을 굽혀서 영리를 좇으니 屈曲趨營
저 악착스러운 무리들입니다 彼齷齪徒
공께서는 마치 자신의 몸이 더러워지는 듯 公若浼己
같은 자리에 앉는 것도 수치스럽게 여기셨으며 恥與同席
저에게 벗과의 교유를 경계하시면서 戒我交遊
대면하여 가르치시고 글로 책려하셨습니다 面誨書責
"너의 아비는 문을 닫고 들어앉아 爾父杜門
다른 사람들이 알아줄 것을 구하지 않았으니 不求人知
온전히 본분대로 행한 것[355]을 素履之全
너는 잣대로 삼거라." 爾矩爾規
제가 조정에 올라 逮我登朝
외람되이 영화로운 벼슬을 차지하자 忝居榮路
공께서는 문득 미간을 찌푸리시면서 公輒蹙眉
기뻐하지 않고 두려워하셨습니다 不喜而懼
포부는 크나 엉성하여 濩落齟齬
지혜가 출처에 어두워서 智昧行休
위험한 함정에 몸을 맡겨 寄跡危穽
걸핏하면 공의 근심거리가 되었습니다 動爲公憂
이에 공께서는 "돌아오너라 公曰歸歟
저기에 임천[356]이 있으니 有彼林泉

**355** 본분대로 행한 것 : 《주역(周易)》〈이괘(履卦) 초구(初九)〉에서 나온 말로, "본래 행하던 대로 하면 허물이 없으리라.〔素履往, 无咎.〕"라고 하였다. 자신의 분수를 편안히 지키는 것을 의미한다.

너는 밭 갈고 나는 낚시하면서 爾耕我釣
여생을 보낼 수 있을 것이다" 하셨습니다 可送餘年
도성에서 머뭇거리는 것은 遲徊城闕
참으로 공께서 즐거워하시는 바 아니었으니 實非公樂
안석에 기대어 하시는 말씀은 隱几之言
구학에서 은거하는 것이셨습니다[357] 一丘一壑
성군께서 노인을 우대하시어 聖主優老
공께서 높은 직질을 받으셨는데[358] 公膺隆秩

**356** 임천(林泉) : 산림천석(山林泉石)의 준말로, 수목이 울창하고 샘물이 흐르는 곳이다. 세상을 버리고 은둔하기에 알맞은 곳을 비유한다.

**357** 구학(丘壑)에서 은거하는 것이셨습니다 : 구학은 은거지를 말한다. 《한서(漢書)》 〈서전 상(敍傳上)〉에서, "한 골짜기에서 고기를 낚으니 만물이 그의 뜻에 간여하지 않고, 한 언덕에서 소요를 하니 천하가 그의 즐거움을 바꾸지 않는다.〔漁釣於一壑, 則萬物不奸其志； 棲遲於一丘, 則天下不易其樂.〕"라고 한 데서 나온 말이다.

**358** 성군(聖君)께서……받으셨는데 : 오원(吳瑗)이 지은 〈우윤 이공의 칠십수에 부친 서〔右尹李公七十壽序〕〉에 "기미년(1739, 영조15)에 공이 70수에 오르셨는데……이해 여름에 상께서 동조(東朝)에 축수를 올리면서 노인들에게 가사(加賜)하시어 그 자손들로 하여금 부조(父祖)들에게 잔치를 베풀게 하셨으니 성상의 은덕이었다.〔歲己未, 公壽登七十,……是年夏, 上上壽東朝, 加賜耆耈, 使其子孫饗其親, 上恩也.〕"라는 말이 나오는데, 바로 이를 말하는 것이다. 《月谷集 卷9》 이때의 상황을 《국역 영조실록》에서 인용하면 다음과 같다. "4월 12일. 임금이 동조(東朝)에 진연(進宴)하였다. 대비(大妃)가 성품이 겸손하여 성대하게 즐기는 일을 좋아하지 않으므로 임금도 굳이 청하지 못하였는데, 이때에 이르러 조정에서 청하기 때문에 비로소 애써 받으니 뭇 신하가 상서하여 축하하였다." "4월 16일. 나이가 70세인 조신(朝臣)과 나이가 80세이고 자손이 있는 사서(士庶)에게 연수(宴需)를 헤아려 주게 하였다. 임금이 동조에 잔을 올리고 나서 은혜를 추시(推施)하여 이 명을 내렸다." 여기서 동조는 숙종의 계비(繼妃)인 인원왕후(仁元王后)를 가리킨다.

백발 아래 환한 얼굴이 韶顔華髮

이미 한가롭고 또 편안하셨습니다 旣閒且佚

공의 백수를 기원하며 祝公期頤

영원히 우러러보고 의지하려 하였는데 永我瞻倚

공께서 이제 영영 떠나버리셨으니 公今長逝

제가 장차 누구를 의지하겠습니까 我將孰庇

우리 집안은 명문대가라 吾宗大家

대대로 명성과 덕망이 있으니 世有名德

고택 동산의 故宅園林

교목의 높이 백 척이나 됩니다[359] 喬木百尺

사대 조상의 제사를 四世宗祀

저 사손[360]에게 맡겼으니 托彼嗣孫

마치 나무의 뿌리를 옮겨 심어도 若樹移根

가지와 잎이 번성한 것과 같습니다 枝葉可繁

남기신 경사[361] 후손에게 널리 미침은 餘慶逶迤

**359** 고택(故宅)……됩니다 : 유서 깊은 세가(世家)에 인재가 많다는 말이다. 교목(喬木)은 오랜 세월에 걸쳐 크고 무성하게 자란 나무로, 누대에 걸쳐 중신(重臣)을 배출하여 국가와 화복(禍福)을 함께하는 명문세가(名門世家)를 비유하는 말이다. 맹자(孟子)가 제(齊)나라 선왕(宣王)에게, "이른바 오래된 나라라는 것은 높은 나무가 있다는 것을 이르는 말이 아니라, 그 조정에 누대 동안 벼슬한 신하가 있음을 이르는 말입니다."라고 한 데서 나온 말이다. 《孟子 梁惠王下》

**360** 사손(嗣孫) : 대(代)를 이을 자손을 의미한다.

**361** 남기신 경사 : 남에게 좋은 일을 많이 한 보답으로 훗날 그의 자손이 받는 경사를 의미한다.

| | |
|---|---|
| 천리의 당연한 바입니다 | 天理庶必 |
| 슬픈 마음에 제대로 짓지 못하고 | 哀不成文 |
| 한바탕 통곡하며 영결을 고합니다 | 一慟告訣 |
| 아! 애통하도다 | 嗚呼痛哉 |
| 흠향하옵소서 | 尙饗 |

## 종친들의 모임에서 감사형[362] 현보 에게 올린 제문 대신 지었다
宗稧祭監司兄 玄輔 文 代作

| | |
|---|---|
| 세교가 쇠퇴하면서 | 世敎之衰 |
| 집안에 돈독하고 화목함이 없어 | 家無敦睦 |
| 한 집안 사람을 길 가는 행인처럼 보니 | 一門路人 |
| 저 야박한 풍속이 안타깝습니다 | 哀彼薄俗 |
| 어느 집안이 우리 집안만큼 | 孰如吾家 |
| 옛 도가 실추되지 않았겠습니까 | 古道不墜 |
| 군은 종질들 가운데 | 君在諸姪 |
| 연세가 가장 많으셨습니다 | 最長其齒 |
| 어려서 서로 허물없이 지내며 | 少而相狎 |
| 손을 잡고 오르락내리락 하였으니 | 提挈上下 |
| 시내의 동쪽과 서쪽에 있는 | 一溪東西 |
| 같은 마을에 살았습니다 | 同我里社 |
| 언의가 길을 달리하여 | 言議殊途 |
| 세상의 공격을 받으니 | 世尋戈戟 |
| 창해가 마구 흘러넘치는 것[363]이 | 滄海橫流 |

**362** 감사형(監司兄) : '감사(監司)'는 관찰사와 같은 말로, 강원도 관찰사를 지낸 이천보(李天輔)의 친척 형 이현보(李玄輔, 1679~?)를 가리킨다. 이현보는 조선 후기의 문신으로, 본관은 연안(延安)이며 자는 덕승(德升)이다. 1723년(경종3) 문과에 급제한 후 정언·장령·헌납·승지·강원도 관찰사 등을 역임하였다. 1733년(영조9)에 과거(科擧) 부정급제자라는 탄핵을 받고 자신의 입장을 변호한 바 있다.

넓고 넓어 끝이 없었습니다[364] 浩無涯極
동족 간의 정의가 좋아 同宗情好
둘 다 지향이 다름을 잊어버리고 兩忘所之
애당초 한 사람 같았으니 其初一人
저의 마음이 매우 슬픕니다 我心孔悲
아름다운 계절에 모임을 열고 佳辰修禊
서로 섞여 앉아 履舃交錯
술잔을 기울이는 사이에 樽俎之間
예악이 성대하였더랬습니다 藹然禮樂
시비와 득실을 是非得失
말함에 혹 너무 준열하기도 하였으나 言或過峻
군은 수염이 흔들리도록 껄껄 웃으며 君笑掀髯
끝내 온화하고 유순하셨습니다 終和且順
평정한 마음과 坦易之心

**363** 창해(滄海)가……것 : 세상이 어지러운 것이 마치 물이 마구 흘러넘치는 것과 같다는 말이다.

**364** 언의(言議)가……없었습니다 : 1733년(영조9)에 이현보가 승지에 의망(擬望)되었으나 과거 부정급제자라는 탄핵을 받고 논란이 일었던 사실을 가리킨다. 이현보는 1723년(경종3) 계묘년에 설치한 별시(別試) 문과에 병과(丙科)로 급제하였는데, 이 계묘과는 1722년에 경종이 임인옥사(壬寅獄事)를 마무리하면서 김일경(金一鏡)이 쓴 〈토역반교문(討逆頒教文)〉을 전국에 반포한 것을 경사(慶事)로 삼고 이를 기념하여 설치한 것이다. 영조 즉위 후 계묘과를 부정하고 이때 급제한 사람들의 출세를 막는 일이 생겨났는데, 이현보 역시 이러한 역사의 희생양이 되었다. 《英祖實錄 9年 6月 20日 · 7月 23日 · 7月 24日 · 9月 25日 · 11月 26日, 10年 6月 21日 · 6月 24日 · 9月 20日 · 10月 8日》

| | |
|---|---|
| 탁 트인 기상 | 軒豁之氣 |
| 훤칠한 체구에 의젓한 거동이 | 脩幹魁儀 |
| 장자[365]의 그릇이셨습니다 | 長者其器 |
| 중년의 벼슬살이에 | 中年宦跡 |
| 만남은 적고 헤어짐은 많더니 | 少合多離 |
| 남쪽 고을에서 돌아올 때 | 南邑歸來 |
| 머리가 이미 허옇게 쇠셨습니다 | 鬢髮已衰 |
| 종친들을 손꼽아보니 | 屈指宗黨 |
| 태반이 돌아가셨는데 | 太半零落 |
| 군이 또 영영 떠나가시니 | 君又長逝 |
| 옛날의 놀이가 어제만 같습니다 | 舊遊如昨 |
| 일가친척들 어울려 놀았던[366] | 花樹之會 |
| 자취를 어루만지매 슬프고 처량하니 | 撫跡悲凉 |
| 낙산[367]의 봉우리 어두컴컴한데 | 駱岫黯黯 |
| 하얀 휘장[368]은 마루 끝에 늘어져 있습니다 | 素帷垂堂 |

**365** 장자(長者) : 덕망(德望)이 높은 어른을 가리킨다.

**366** 일가친척들 어울려 놀았던 : 원문의 '花樹之會'는 종족(宗族)들 간의 모임을 이른다. 중국 당(唐)나라의 망족(望族)인 위씨(韋氏) 일가에는 종회법(宗會法)이 있어서 원근의 친족들이 자주 화수(花樹), 즉 꽃나무 아래에 모여서 술을 마시며 친족 간의 정을 도탑게 하였다. 시인 잠삼(岑參)이 이를 보고 〈위원외화수가(韋員外花樹歌)〉를 지었는데, 이때부터 종족 간의 모임을 '화수회(花樹會)'라고 일컫게 되었다.

**367** 낙산(駱山) : 서울의 동쪽에 위치하고 있는 산의 이름이다. 그 모습이 낙타처럼 생겼다 하여 생긴 이름으로, 낙타산(駱駝山)·타락산(駝駱山)이라고도 한다.

**368** 하얀 휘장 : 집안에 설치한 이현보의 영궤(靈几)를 가리키는 것이다.

여경[369]의 징험은 餘慶所徵
저 고아[370]에게 기대해야 할 터 待彼孤兒
우리 종인들과 함께 同我宗人
군에게 한 잔 술을 올리옵니다 酹君一巵

369 여경(餘慶) : 남에게 좋은 일을 많이 한 보답으로 훗날 그의 자손이 받는 경사를 의미한다.

370 고아(孤兒) : 이현보의 자녀들을 가리킨다.

## 광양 현감 임광후[371]에게 올린 제문
祭林光陽光垕文

유세차(維歲次) 정묘년(1747, 영조23) 12월 26일에 고(故) 광양 현감(光陽縣監) 임군(林君)의 영구를 장차 고향 선산으로 귀장(歸葬)하려고 하니, 주장(主張)인 황해도 관찰사[372]가 술을 부어 영결하며 다음과 같이 고합니다.

| | |
|---|---|
| 곤궁함을 견디며 절개를 지키는 것을 | 固窮自守 |
| 선비 또한 어렵게 여기는데 | 士也爲難 |
| 내가 그러한 사람을 얻었으니 | 我得其人 |
| 갑옷 입은 무관 중에 있었습니다 | 介胄之間 |
| 벼슬은 사양할 수 있으므로[373] | 爵有可辭 |
| 소매를 떨치고 돌아가 | 投袂而歸 |

**371** 임광후(林光垕) : ?~? 조선 후기의 무인으로, 임광후를 무겸(武兼)으로 삼았다는 내용이 《영조실록》 1년 7월 29일・3년 8월 8일의 기사에 보이며 이 글에 나오는 것처럼 광양 현감(光陽縣監)을 지냈던 것으로 보인다. 자세한 내용은 알 수 없다.

**372** 황해도 관찰사 : 이천보(李天輔) 자신을 가리키는 것으로, 이천보는 1746년(영조22) 2월 황해도 관찰사에 제수되어 다음해 6월 부제학에 제수될 때까지 재직하였다.

**373** 벼슬은……있으므로 : 《중용장구(中庸章句)》 제9장에 나오는 말로, "천하와 국가를 고르게 다스릴 수 있으며 작위와 봉록을 사양할 수 있으며 흰 칼날을 밟을 수도 있지만 중용의 도는 능히 행할 수 없다.〔天下國家可均也, 爵祿可辭也, 白刃可蹈也, 中庸不可能也.〕"라고 하였다.

| | |
|---|---|
| 외진 골목 허물어져가는 집에서 | 破屋窮巷 |
| 반평생을 굶주림을 참고 지냈습니다 | 半世忍饑 |
| 부끄럽게 여기는 일은 | 耻事干謁 |
| 당대의 권문세가에 청탁하는 것이었는데 | 時貴之門 |
| 서로 감통한 바 있어서 | 曰有相感 |
| 나를 따라 서번[374]으로 갔습니다 | 從我西藩 |
| 노래하고 춤추는 곳에서 | 歌場舞所 |
| 무리들이 흠뻑 취하였는데 | 衆醉淋漓 |
| 손을 잡고 단정히 앉아 | 拱手端坐 |
| 거동을 흐트러뜨리지 않았습니다 | 不愆其儀 |
| 내가 일찍이 군을 조롱하며 | 我嘗嘲君 |
| 고사 편비[375]라고 하였는데 | 高士褊裨 |
| 경쟁하지도 않고 자랑하지도 않으면서 | 不競不衒 |
| 하루 종일 과묵하였습니다 | 終日寂默 |
| 누군가가 혹 사적인 청탁을 하면 | 人或干私 |
| 발끈 성을 내었는데 | 勃然其色 |
| 줄줄이 단장에 오르는[376] | 袞袞登壇 |

**374** 서번(西藩) : 황해 감영(黃海監營)을 가리킨다.

**375** 고사 편비 : 고사(高士)는 뜻이 고결하여 세속에 물들지 않은 선비라는 뜻이며, 편비(偏裨)는 대장(大將)을 보좌하는 각 영문(營門)의 부장(副將)을 가리킨다.

**376** 단장에 오르는 : 대장(大將)에 임명되었다는 뜻이다. 중국 한(漢)나라 때 소하(蕭何)가 고조(高祖)에게 건의하기를, 한신(韓信)이 떠나가지 않게 하기 위해서는 길일을 택하여 재계하고 단장(壇場)을 만들어 대장에 임명해야 된다고 한 데서 나온 말이다. 《史記 卷92 淮陰侯列傳》

| | |
|---|---|
| 채수[377]들이 세상에는 많았습니다 | 世多債帥 |
| 막부에 몸을 낮추고 | 屈首幕府 |
| 홀로 그 뜻을 곧게 가졌으며 | 獨貞其志 |
| 우뚝하게 쌓은 성이 | 有屹斯築 |
| 우리 관하를 굳건하게 하였습니다[378] | 壯我關河 |
| 군이 그 일을 감독하느라 | 君董其役 |
| 수고로움이 매우 많았으니 | 厥勞孔多 |
| 사람이 태어나 한 번 죽음에 | 人生一死 |
| 어찌 남북을 따지겠습니까 | 何論南北 |
| 공이 있으나 보답하지 못하여 | 有功莫酬 |
| 나의 마음 슬픈데 | 我心則慽 |
| 염습하여 보내노니 | 斂而送之 |
| 그대를 저버리지는 않았다 하겠습니다 | 庶不負若 |
| 흠향하소서 | 尙饗 |

**377** 채수(債帥) : 빚을 내어 뇌물을 바쳐서 장수(將帥)가 된 후 백성의 고혈을 짜내어 그 빚을 갚는 부패한 무장(武將)을 가리킨다. 중국 당나라 대종(代宗) 때 정치가 부패하여 내관(內官)에게 뇌물을 바쳐 벼슬을 얻는 풍조가 생겨났다. 이에 가난한 자들이 부잣집에서 돈을 꾸어 벼슬을 얻은 후에 백성을 수탈하여 갑절로 이자를 갚은 데서 이러한 용어가 생겼다. 《唐書 卷171 高瑀列傳》

**378** 우뚝하게……하였습니다 : 임광후가 황해도 관찰사 이천보를 도와 해주에 성을 쌓은 사실을 가리킨다. 《영조실록》 23년((1747) 1월 6일의 기사에 의하면, "황해 감사 이천보가 해주에 성을 쌓을 것을 청하니 임금이 허락하였다. 각도의 제영(諸營)에 모두 성이 있으나 해주에만 성이 없었기 때문이다."라고 하였다.

## 심성욱[379] 형에게 올린 제문
祭沈兄聖郁文

| | |
|---|---|
| 아! 슬픕니다 | 嗚呼哀哉 |
| 공께서 우리 가문에 장가왔을 때[380] | 公入我門 |
| 제가 총각이었는데 | 我時總角 |
| 그동안 온갖 희로애락을 겪으며 | 中間哀樂 |
| 서로 머리가 다 벗겨졌습니다 | 相對頭禿 |
| 대개 공이 어버이를 섬길 때에 | 槩公事親 |
| 움직일 때마다 《소학》의 가르침을 따르셨으니[381] | 動遵小學 |

**379** 심성욱(沈聖郁) : 심사주(沈師周, 1691~1757)를 가리키는 것으로, 성욱은 그의 자이다. 조선 후기의 문신으로, 본관은 청송(靑松)이며 호는 한송재(寒松齋)이다. 효종의 부마 청평도위 심익현(沈益顯)의 손자로, 효종의 외증손이다. 권상하(權尙夏)의 문인으로, 1739년(영조15) 49세에 음보(蔭補)로 의릉 참봉이 되었는데 이때 외척이라는 이유로 음관(蔭官)이 공로도 없이 승서되는 폐단이 지적되었다. 이후 의금부 도사·호조 좌랑·한성부 판관·공조 좌랑·함흥 판관·배천 군수·전주 부사 등을 역임하였다.

**380** 공께서……때 : 심사주는 이천보(李天輔)의 누이와 결혼하였다.

**381** 대개……따르셨으니 : 《한송재집(寒松齋集)》 제4권에 오재순(吳載純)이 쓴 심사주의 묘지명이 실려 있는데, 이에 대해 다음과 같이 말하였다. "공은 《소학》에 더욱 힘을 쏟아 마치 자신의 말처럼 술술 외우면서 항상 스스로 신칙하고 노력하며 조행을 신중히 하였다. 해가 뜨기 전에 일어나 세수하고 머리 빗고 의관을 정제하고 사당에 나아가 배알하였으며, 물러나서는 하루 종일 단정히 앉아있으면서 질병이 아니면 일찍이 낮에 누워있었던 적이 없었다.〔尤用功於小學, 誦之如己言, 常自飭厲, 操履詳愼. 日未出, 輒起坐, 盥梳整衣冠, 就謁祠堂, 退而端坐終日, 非疾病, 未嘗當晝而臥.〕"

지극한 정성이 쌓이고 쌓여　　至誠攸積
신명께서 이르셨습니다[382]　　神明有格
만년에 문사를 좋아하여　　晩喜文辭
시벽[383]에 깊이 빠지셨으니　　深於詩癖
풍화[384]를 읊은 빼어난 시는　　風花逸韻
간간이 염락의 풍도와 흡사하였습니다[385]　　間逼濂洛
네 고을에 수령으로 나갔다가[386]　　出宰四邑
돌아오는 행장 단출하였으니[387]　　蕭然歸槖

**382** 지극한……이르셨습니다 : 오재순은 심사주의 묘지명에서 다음과 같이 말하였다. "공의 할머님이신 조 숙인께서 일찍이 괴벽을 앓아 위중하셨는데 의원이 올빼미 고기를 먹어야 나을 수 있다고 하였다. 공이 하늘을 우러러 빌자 날아가던 올빼미가 스스로 처마에 투신하였다. 이를 진복하고 할머님의 병이 말끔히 나았으니, 사람들이 이에 공의 효성이 능히 만물을 감복케 하였음을 더욱 믿게 되었다.〔趙淑人嘗患癖沉篤, 醫言惟鴞肉可治. 公仰天而祝, 有飛鴞自投檐楹. 進服, 病良已, 人於是益信其孝之能感物也.〕" 《寒松齋集 卷之四 墓誌銘〔吳載純〕》

**383** 시벽(詩癖) : 시 짓기를 좋아하는 성벽(性癖)이라는 말이다.

**384** 풍화(風花) : '풍화설월(風花雪月)'의 줄임말로, 사계절의 경색(景色)을 뜻한다. 중국 북송의 학자 소옹(邵雍)이 그가 지은 〈수미음(首尾吟)〉에서 "제왕과 제후는 가벼이 포폄하고, 설월과 풍화는 품평하지 않네.〔皇王帝伯輕褒貶, 雪月風花未品題.〕"라고 한 것과도 관련이 있는 표현이다. 《伊川擊壤集 卷20》

**385** 풍화(風花)를……흡사하였습니다 : 오재순은 심사주의 묘지명에서 "심공은 옛 경서와 염락관민(濂洛關閩)의 책 읽는 것을 좋아하여 늙을 때까지 그만두지 않았다.〔喜讀古經洛閩諸書, 至老不輟.〕"라고 하였다. 《寒松齋集 卷之四 墓誌銘〔吳載純〕》

**386** 네……나갔다가 : 심사주는 영덕 현령(盈德縣令)·함흥부 판관(咸興府判官)·배천 군수(白川郡守)·전주 부사(全州府使)를 역임하였다.

**387** 돌아오는 행장 단출하였으니 : 관리로서 청렴하였다는 의미이다. 원문의 '歸槖'은 지방 관원이 임기가 만료되어서 돌아갈 때에 가지고 가는 짐 꾸러미를 말한다.

| | |
|---|---|
| 청렴한 지조가 | 廉淸之操 |
| 무너져가는 풍속을 경계할 만하였습니다 | 可警頹俗 |
| 제가 세로에 곤경을 겪어 | 我困世路 |
| 여러 번 수레 축이 부러짐에 | 屢折車軸 |
| 저에게 출처를 경계하셨으니 | 戒我行藏 |
| 그 식견이 깊기도 하셨습니다 | 淵乎其識 |
| 공의 평생을 보건대 | 觀公平生 |
| 밝고 깨끗하기가 옥과 같으셨으며 | 皎潔如玉 |
| 온전한 모습으로 돌아가셨으니[388] | 全而歸之 |
| 뒤에 죽을 자 무엇을 슬퍼하겠습니까 | 後死何慽 |
| 아! 애통하옵니다 | 嗚呼哀哉 |

**388** 온전한 모습으로 돌아가셨으니 : 《예기(禮記)》 〈제의(祭義)〉에서 나온 말로, 부모님이 온전히 주신 몸을 자식이 온전히 보전하여 죽는 것을 말한다. 증자(曾子)의 제자 악정자춘(樂正子春)이 마루에서 내려오다가 발을 다치게 되자 근심스러운 얼굴로 몇 달 동안이나 외출을 하지 않았다. 이에 그의 제자가 그 연유를 묻자 악정자춘이 다음과 같이 말하였다. "내가 증자로부터 듣고 증자께서는 부자(夫子)로부터 들으셨는데, '하늘이 내고 땅이 기른 것 가운데 사람만큼 위대한 것이 없다. 부모가 온전한 모습으로 낳아주신 몸을 자식이 온전한 모습으로 되돌려주는 것을 효(孝)라고 할 수 있으며, 오체(五體)를 손상하는 일이 없고 그 몸을 욕되게 함이 없는 것을 온전하다고 할 수 있다.'라고 하셨다."

# 숙부님께 올린 제문

祭叔父文

유세차(維歲次) 기묘년(1759, 영조35) 2월 임자삭(壬子朔)[389] 초7일 무오일에 숙부 통정대부(通政大夫) 돈녕 도정부군(敦寧都正府君)[390]의 영구가 장차 용인(龍仁) 문수(文秀)의 언덕을 향하여 발인하려 하니, 조카 천보(天輔)가 3일 전인 병진일에 여러 가지의 제수를 갖추고 제문을 지어 곡을 하며 다음과 같이 영결을 고하옵니다.

"아! 공의 의지와 기개가 크고 고매한 것은 가히 세상을 뛰어넘을 만하고, 식견과 사려가 깊고 원대한 것은 가히 사람들 사이에서 특출할 만하며, 재주와 계책이 넓으면서 넉넉한 것은 또 족히 사업의 공(功)을 세워 경륜을 펼칠 만하였습니다. 가령 공께서 세상에 나가 일을 하셨다면 당대에 현저하게 드러난 바가 필시 구차하게 아무런 뜻도 기개도 없이 사는 용렬한 사람들처럼 흔적도 없이 사라지지는 않았을 텐데, 불행히도 병 때문에 벼슬을 사양하고 세속을 떠나 고결하게 사셨으니 대개 굽힘〔屈〕만 있고 펴짐〔伸〕은 없으셨습니다.[391]

**389** 임자삭(壬子朔) : 그 달의 초하루가 임자일이라는 말이다.

**390** 숙부 통정대부(通政大夫) 돈녕 도정부군(敦寧都正府君) : 이우신(李雨臣, 1670~1744)을 가리킨다.

**391** 굽힘〔屈〕만 ……없으셨습니다 : 《주역(周易)》 〈계사전 하(繫辭傳下)〉에 "자벌레가 몸을 굽히는 것은 장차 몸을 펴기 위한 것이요, 용과 뱀이 숨는 것은 자신의 몸을 보전하기 위한 것이다.〔尺蠖之屈, 以求信也; 龍蛇之蟄, 以存身也.〕"라고 한 데서 나온

젊었을 때엔 시와 술을 좋아하시어 술을 진탕 마시고 큰 소리로 시를 읊음으로써 가슴속의 뾰족하고 뒤틀린 심정을 쏟아내셨습니다. 그런데 온 방안에 도서(圖書)를 가득 채워 거의 가난함을 잊고, 꽃을 기르고 대나무를 심어 애오라지 본성을 기르고 정신을 수양하셨으며, 아픈 눈을 지그시 감고 안석(案席)에 기대어 마음으로 넓은 세상을 거침없이 노니셨습니다. 공의 연세가 더욱 높아지게 되자 노인을 우대하는 작위(爵位)가 있어 하늘로부터 복록(福祿)이 겹쳐 내려왔으니, 세상 사람들이 이익을 찾아 이리저리 좇아다니면서 얻는 것도 있고 잃는 것도 있는 것에 견주어 보면 어떤 영화가 참된 것인지 알지 못하겠습니다. 더구나 자녀가 눈앞에 가득하여 공께서 자신의 몸에 쌓아두고 먹지 않으신 것을 거의 조물주로부터 보답을 받아내게 되었으니, 이에 공의 재주를 알고 공의 궁함을 안타까워한 이들이 공에게 만년의 복이 날로 이르는 것을 하례하지 않음이 없었습니다.

하얗게 센 머리와 빛나는 얼굴로 우뚝하게 종당(宗黨)의 어른이 되셨으니, 바라보면 마치 별 하나가 새벽하늘에 떠 있는 것 같았습니다. 세상의 도(道)가 쇠락한 후로 사대부의 종법(宗法)[392]이 인멸된 지 오래되었는데, 공께서는 이에 구계(舊稧 오래된 모임)를 잘 닦아서 조상을 추모하고 인륜을 돈독히 하셨으며 꽃 피는 계절이나 단풍이 붉게 물드는 때에 젊은이와 연장자를 모두 모아 잔치를 열고 가르치

말로, 이우신이 몸을 굽혀 실력을 연마하였으나 끝내 그 실력을 세상에 널리 펼치지 못하였음을 한탄한 것이다.

**392** 종법(宗法) : 친족 제도의 기본이 되는 법을 의미한다.

고 경계하기를 자상하게 하시어 후손 가운데 교만하고 게으른 자들로 하여금 처음에는 그 위엄을 두려워하고 마침내는 그 어짊에 복종하게 하셨습니다. 이는 참으로 공의 가르침이 자신의 몸에서부터 미루어 한 가문에까지 미친 것이니, 장덕(長德)[393]의 순후(醇厚)함을 볼 수 있었습니다.

아! 소자(小子) 외로운 고아의 몸으로 우러러 보고 목숨을 부지하면서 오직 공만을 의지하고 친근히 여겼으며 공께서는 소자 보기를 마치 자식 보듯 하셨습니다. 그런데 소자 미련하고 게으르며 병이 많아 매양 혼정신성(昏定晨省)을 빼먹었으며 험한 길을 더듬거리며 가면서 마치 내를 건널 때 나루가 없는 것처럼 막막해하였으니,[394] 공께서는 그때마다 저를 걱정하시면서 한숨을 쉬고 신음하셨습니다. 아! 공께서 이제 훨훨 날아 승천하였으니, 공에게 있어 얼굴 찡그릴 일이 무엇이 있겠습니까. 오직 소자만이 평생에 남은 아픔이 길이길이 새로울 것입니다.

정원의 울창한 소나무에 울퉁불퉁 옹이가 지고 나무가 오래 되어 껍질이 용의 비늘처럼 갈라졌는데, 공께서 옛날에 거문고를 안고 그 아래에 앉아계시면 천뢰(天籟 바람)가 시원하게 공의 옷과 두건을 씻어내곤 하였습니다. 공께서 장수하시어 마치 이 나무가 무성한 것처럼 100세까지 사시기를 기원하였었는데, 어찌 다만 팔순에서

**393** 장덕(長德) : 나이 많은 어른의 덕행을 의미한다.

**394** 마치……막막해하였으니 : 《서경(書經)》 〈미자(微子)〉에서 나온 말로, "지금 은(殷)나라가 빠져 망하는 형세가 마치 큰물을 건널 적에 나루터나 물가가 없는 것과 같으니, 은나라가 마침내 망하는 일이 지금에 이르게 되었습니다."라고 하였다. 학문이나 처세에서 갈 길을 몰라 헤매는 것을 의미한다.

그치셨단 말입니까. 공께서 떠나시니 동산의 학이 울부짖으며 저의 슬픔을 함께 합니다. 예와 이제를 둘러보니 제가 천하의 선민(鮮民)[395]인 것이 슬픕니다. 아! 슬프다. 흠향하옵소서."

395 선민(鮮民) : 부모가 없어 의지할 곳 없는 외로운 백성을 의미하는 것으로, 《시경》〈육아(蓼莪)〉에서 "작은 병이 텅 빔이여, 큰 병의 수치로다. 선민의 삶이 죽음보다 못한 지 오래되었도다. 아버지가 없으면 누구를 믿으며 어머니가 없으면 누구를 믿을까. 나가면 근심을 품고 들어오면 이를 곳이 없노라.〔甁之罄矣, 維罍之恥. 鮮民之生, 不如死之久矣. 無父何怙, 無母何恃? 出則銜恤, 入則靡至.〕"라고 하였다. 이천보(李天輔)가 부모를 여의고 숙부까지 여의게 된 신세를 자칭한 것이다.

# 애사 哀辭

## 남길재에 대한 애사
南吉哉哀辭

가릉(嘉陵)[396]은 우리 가묘(家墓)가 있는 고을로 산수의 경치가 아름다운 곳이다. 무신년(1728, 영조4) 봄에 나의 벗 의령(宜寧) 남길재(南吉哉)[397]가 놀러 가서 즐기다가 장차 나와 함께 이곳에 은거하며 부모님을 봉양하자고 하였다. 그리고 나서 스스로 웃으며 말하기를, "내가 과거 급제 한 번을 두어 이랑의 돌밭과 바꾼다면 내가 장사를 잘 한 것이겠지."라고 하였는데 며칠 있다가 병을 얻었고 마침내 일어나지 못하였다. 아! 우리 두 사람은 궁(窮)한 사람들이다. 길재의 궁함

**396** 가릉(嘉陵) : 지금의 경기도 가평(加平)의 옛 이름으로, 이천보(李天輔)의 생가와 집안의 선영이 있는 곳이다.

**397** 남길재(南吉哉) : 남유상(南有常, 1696~1728)을 가리키는 것으로, 길재는 그의 자이다. 조선 후기의 문신으로, 본관은 의령(宜寧)이며 호는 태화(太華)이다. 1727년(영조3) 성균시에 장원을 하여 효장세자(孝章世子)가 성균관에 입학할 때 장명유생(將命儒生)이 되었다. 그해 문과에 급제하여 춘추관 기사관으로 실록랑(實錄郎) 등을 지냈다. 1728년에 소론의 영수인 이광좌(李光佐)를 배척하다가 당론을 일으켰다 하여 영암(靈巖)에 유배되었다. 그 뒤 곧 풀려났으나 병으로 일찍 죽었다. 시문과 글씨에 능하였으며, 후에 홍문관 부수찬에 추증되었다. 저서로 《태화자고(泰華子稿)》가 전한다.

이 심하여 하늘이 이에 산림(山林)에서 살 계획까지 아울러 빼앗은 것인가. 아니면 내가 궁하여 길재를 보호하지 못한 것인가. 그의 장례에 내가 애사(哀辭) 한 편을 지어서 나의 슬픔을 기록하고 또 길재를 위로하였다. 애사는 다음과 같다.

가릉의 산 우뚝한 곳을 嘉之山巖巖兮
내 장차 그대와 함께 오르려 하였는데[398] 吾將與子而攀
그대 외려 그 곳이 깊지 않을까 걱정하더니 子猶恐其不深兮
구름수레[399]를 타고 하늘을 노니네 駕雲軿而遊天關
가릉의 물 차디 찬 것을 嘉之水泠泠兮
내 장차 그대와 함께 떠 마시려 하였는데 吾將與子而酌
그대 외려 그 물이 깨끗하지 않을까 걱정하더니 子猶恐其不潔兮
북두 자루로 떠서 현액[400]을 마시네 挹斗杓而餐玄液
비유컨대 저 황곡[401]이 높이 나는 것과 같으니 譬彼黃鵠之高飛兮
어찌 가지 하나를 택하여 깃들겠는가 安用擇棲於一枝

398 가릉의……하였는데 : 관직에서 물러나 은거하려 하였다는 말이다.

399 구름수레 : 원문의 '雲軿'은 신선들이 타는 구름수레로, 남유상이 죽어서 신선이 되었다고 표현한 것이다.

400 현액(玄液) : 물을 미화하여 표현한 것이다.

401 황곡(黃鵠) : 신선이 타고 다닌다는 황색의 큰 고니로, 한 번 날갯짓에 천 리를 간다고 한다. 훌륭한 선비를 비유하는 말로, 중국 초(楚)나라 시인 굴원(屈原)이 그의 시 〈복거(卜居)〉에서 "차라리 황곡과 날개를 나란히 할지언정, 장차 닭이나 오리와 함께 먹이를 다투랴?〔寧與黃鵠比翼乎, 將與雞鶩爭食乎?〕"라고 한 데서 나온 말이다. 《楚辭補注 卷6 卜居》

아! 길재여 嗟嗟吉哉兮

그대는 다시 무엇이 슬프겠는가 子又何悲

# 삼종 아우 헌가 헌보 에 대한 애사
三從弟獻可 獻輔 哀辭

내가 아는 사람 가운데 성품이 어지나 일찍 죽은 상경(尙絅)[402]이라는 이가 있었는데, 상경은 나와 같은 해에 태어났으나 태어난 달이 조금 늦었다. 내가 상경을 곡(哭)한 후로 오래 동안 슬퍼하다가 만년에 헌가(獻可)[403]를 알게 되었는데, 내가 감히 나이 어린 아우로 대하지 못하고 서로 뜻이 맞았던 것이 마치 상경과 그러하였던 것과 같았다.

대개 상경의 사람됨이 공손하여 언뜻 가까이 다가가면 빼어난 점을 볼 수 없었으나 그와 더불어 담론을 하게 되면 말을 할수록 더욱 경지가 높았으며, 헌가는 걸음걸이가 단정하여 한 번 보기만 해도 그가 고아(古雅)하고 신중한 선비임을 알 수 있었다. 그들의 타고난 성품이 반드시 꼭 같지는 않아도, 요컨대 모두 지금 세상의 선비는 아니었다.

헌가는 부모를 섬김에 지극한 효성이 있어서 어렸을 때부터 한 번도 그 뜻을 거스른 적이 없었다. 문예(文藝)가 일찍부터 빼어났으며 원대

**402** 상경(尙絅) : 이문보(李文輔, 1698~1726)의 자(字)로, 이천보(李天輔)의 친척 아우이다. 조선 후기의 문인으로, 본관은 연안(延安)이며 호는 대관(大觀)이다. 1719년(숙종45)에 생원에 합격하고 시명(詩名)이 있었으나 요절하였다.

**403** 헌가(獻可) : 이헌보(李獻輔, 1709~1731)의 자이다. 조선 후기의 사인(士人)으로, 본관은 연안(延安)이다. 문충공(文忠公) 이정구(李廷龜)의 후손으로 증조부 이단상(李端相)·조부 이희조(李喜朝)·부친 이양신(李亮臣) 등 명문가의 후손으로 태어나고 자랐다. 18세에 진사시에 합격하였으나 붕당을 만들어 관직을 나누는 일에 염증을 느껴 더 이상 과거에 응시하지 않았다고 한다. 재주가 높으나 세상에 쓰이길 바라지 않고 뜻을 깨끗이 지켰다 하여 고결한 인물로 칭하여졌다.

한 식견에 깊이가 있어 약관(弱冠)에 진사(進士)가 되었으나 과거 공부를 그만두고 벼슬에 나아갈 뜻을 끊었다. 어떤 사람이 물으니, 다만 "제 나이가 아직 어려 급한 것이 이에 있지 않습니다."라고 대답하였다. 사람들이 또한 그 뜻을 깊이 알지 못하였는데, 아! 헌가가 이제 죽어버렸다.

헌가가 상경보다 11살 어려서 미처 상경과 함께 어울리지 못하였으므로 항상 나에게 상경의 재주와 행실에 대하여 묻곤 하며 슬퍼하지 않음이 없었다. 죽기 7일 전에 내가 헌가와 함께 이중오(李仲五)[404]의 집에서 묵었는데 헌가가 이미 취하여 상경의 시를 읊으면서 탄식하며 "이 시는 이 세상 사람의 말이 아닙니다. 어떻게 하면 세상에 오래 전할 수가 있을까요."라고 하니 마침내 서로 바라보고 오래도록 슬퍼하였다. 아! 헌가는 상경이 세상에 오래 살지 못한 것을 슬퍼하면서 홀로 자신의 수명이 짧음을 알지 못하였고 또 상경만큼도 살지 못하였으니, 이것이 더욱 슬프다.

상경의 장사(葬事)를 지낼 때 내가 일찍이 애사(哀辭) 한 장(章)을 지어서 나의 슬픔을 표하였는데, 이제 헌가에게 또 차마 한 마디 말이 없을 수 없어 마침내 애사를 지어 헌가를 애도하고 또 종숙(從叔) 수찬공(修撰公)[405]께 위로를 드린다. 애사는 다음과 같다.

**404** 이중오(李仲五) : 이수득(李秀得, 1697~1775)을 가리킨다. 조선 후기의 문신으로, 본관은 한산(韓山)이며 중오는 그의 자이다. 이색(李穡)의 후손이며, 관찰사 이만직(李萬稷)의 아들이다. 1735년(영조11) 생원시에 합격한 후 제릉 참봉·종부시 주부 등을 지냈으며, 청주 목사로 있으면서 의옥(疑獄)을 잘 다스려 충청도 관찰사가 54주(州)의 옥을 모두 그에게 맡겼다. 57세이던 1753년 문과에 급제하였고, 그 후 충청감사·승지·대사간·대사헌 등을 역임하였다.

"아! 헌가여. 그대에게 있는 것은 그대가 이미 닦았으니, 행실은 어쩌면 그리도 깨끗하고 품은 뜻은 어쩌면 그리도 빼어났는가. 그대에게 있지 않은 것은 한결같이 하늘이 하는 바에 맡겼네. 아! 헌가여. 나는 그대의 재주 있으면서 요절함을 가지고 저들의 누런 얼굴과 바꾸지 않고, 또 그대의 어질면서 곤궁함을 가지고 저들의 온갖 복록(福祿)을 부러워하지 않네. 내 바야흐로 저들을 슬퍼할 겨를도 없는데 어찌 그대를 위하여 슬퍼하겠는가."

**405** 수찬공(修撰公) : 이헌보의 부친이자 이천보의 종숙인 이양신(李亮臣, 1689~1739)을 가리킨다. 이양신은 조선 후기의 문신·학자로, 본관은 연안(延安)이며 자는 원량(元亮)이다. 이정구(李廷龜)의 현손으로, 아버지는 이희조(李喜朝)이며 어머니는 영의정 김수흥(金壽興)의 딸이다. 1727년(영조3)에 문과에 급제하였으며, 홍문관 부수찬·예조 참의·삼화 부사 등을 지냈다. 저서로 《대간공유고(大諫公遺稿)》가 있다.

## 윤성범[406] 득서 에 대한 애사

### 尹聖範 得叙 哀辭

해평(海平) 윤씨(尹氏) 집안에 재주 있는 젊은이가 있으니, 이름은 득서(得叙)이고 자(字)는 성범(聖範)이었다. 약관(弱冠)의 나이에 시에 능하다는 명성이 있어 내가 그의 이름을 들은 지 이미 오래되었는데, 신경첨(申景瞻)[407]이 마련한 자리에서 군(君)을 처음 보았으니 경첨은 군에게 있어 장인(丈人)이었다. 바야흐로 술을 차려놓고 손님들과 잔치를 벌이고 있었는데 군이 사람들 속에서 몇 차례 나를 쳐다보았다. 비록 말 한 마디 나누지 않았으나 마치 나에게 뜻이 있는 것 같았고, 나는 그의 얼굴을 보고 이미 그가 성범임을 직감하였다.

며칠 있다가 군이 내가 있는 곳에 들러 화악(華嶽)[408]을 유람하며 지은 시들을 보여주었는데 모두 청초(淸楚)한 것이 오묘한 경지에 이르렀다. 내가 군에게 일러 말하기를,

"그대가 시를 좋아함이 과거 공부에 방해가 되지 않겠는가."

하니 군이 대답하여 말하기를,

**406** 윤성범(尹聖範) : 윤득서(尹得敍, 1712~1732)를 가리킨다. 성범은 자인 것으로 보이며, 자세한 내용은 미상이다.

**407** 신경첨(申景瞻) : 신사건(申思建, 1692~?)을 가리킨다. 조선 후기의 문신으로, 본관은 평산(平山)이며 자는 경첨 혹은 여극(汝極)이다. 1736년(영조12) 문과에 급제한 후 대사간·대사성·동지의금부사·대사헌·강화 유수·각 조의 참판 등 요직을 두루 역임하였다.

**408** 화악(華嶽) : 서울의 북한산(北漢山)을 가리키며, 화산(華山)이라고도 한다.

“저는 이미 내맡겼을 뿐입니다.”

하였다. 내가 또 일러 말하기를,

“자네가 참으로 과거 공부에 급하지 않다면 어찌하여 시에 진보가 있을 것을 생각하지 않는가.”

하니 군이 또 대답하여 말하기를,

“이것은 내가 감히 할 수 없는 것입니다.”

하였다. 그러나 군의 얼굴빛을 살펴보니 마치 두려워하며 경계함이 있는 것 같았다.

군은 친구를 사귀는 데 신중하여 함께 어울리는 이들이 모두 당대의 뛰어난 자들이었는데, 당성(唐城)[409] 홍양지(洪養之)[410] · 장주(長洲)[411] 황대경(黃大卿)[412]과 깊은 교분을 맺었다. 그들의 집이 한 마을에 있었으므로 날마다 글 짓는 모임을 가졌는데, 두 사람은 내가 젊었을 때부터 친하게 지낸 사람들이다. 군은 나와 나이 차이가 비록 많이 나지만 두 사람은 그 사이에 있었다. 내가 두 사람에게 찾아가면 군이 반드시

**409** 당성(唐城) : 경기도 화성(華城)에 있는 남양(南陽)의 옛 이름으로, 홍자(洪梓)의 본관이 남양이라는 말이다.

**410** 홍양지(洪養之) : 홍자(洪梓, 1707~1781)를 가리킨다. 조선 후기의 문신으로, 본관은 남양이며, 양지는 그의 자이다. 1753년(영조29) 문과에, 1757년 문과 중시에 급제한 후 대사간 · 승지 · 한성부 좌윤 · 대사헌 등 요직을 두루 역임하였다. 문필에 능하였다 하며, 북청의 〈이지란신도비(李之蘭神道碑)〉와 경주의 〈삼강묘비(三綱廟碑)〉가 남아 있다.

**411** 장주(長洲) : 전라북도 장수(長水)의 옛 이름으로, 황경원(黃景源)의 본관이 장수라는 말이다.

**412** 황대경(黃大卿) : 황경원(黃景源, 1709~1787)을 가리키는 것으로, 대경은 그의 자이다.

먼저 자리에 있어서 마침내 서로 보고 환하게 웃으며 둘 다 나이를 잊은 듯하였다.

대개 양지(養之)는 온화한 것이 고아(古雅)한 홍취가 있고, 대경(大卿)은 의지가 드높아서 왕왕 칼날을 드러냈으며, 군은 또 맑고 빼어난 것이 사랑스러웠다. 세 사람은 그 재주와 뜻이 반드시 서로 같지는 않았지만, 고원(高遠)한 경지를 종횡하며 반드시 세상에 세움이 있고자 하는 것 같은 것은 또 반드시 같지 않은 것도 아니었다.

임자년(1732, 영조8) 겨울에 군이 감기에 걸려 일어나지 못하게 되었으니, 득년(得年) 21세였다. 내가 그의 부음(訃音)을 듣고 곧바로 그의 침실(寢室)로 가서 곡(哭)을 하고 물러나와 두 사람과 마주하고 한바탕 눈물을 흘렸다. 아! 하늘이 만약 조금만 더 오래 살게 해주었다면 성범이 성취하는 바가 어찌 다만 시에 그쳤겠는가. 그런데 이제 그의 시까지도 재주를 다 쏟지 못하였으니 이것이 더욱 슬픈 일이다. 그의 장사(葬事)를 지낼 때 내가 애사(哀辭) 한 편을 지어서 상여 줄 잡은 이에게 주었으니, 애사는 다음과 같다.

| | |
|---|---|
| 아름다운 한 사람이 있었으니 | 有美一人兮 |
| 선비 중의 어진 이라 | 士之良 |
| 온화한 그 모습에 | 溫然其貌兮 |
| 찬란한 문장이었네 | 爛文章 |
| 풍아[413]를 옷 삼아 입고[414] | 被服風雅兮 |

**413** 풍아(風雅) : 《시경(詩經)》 혹은 시를 가리킨다.

**414** 풍아(風雅)를……입고 : 항상 시를 짓고 불렀다는 말이다. 원문의 '被服'은 옷을

| | |
|---|---|
| 꽃다운 명성을 패옥삼아 찬데다 | 佩衆芳 |
| 또한 붕우가 있어 | 亦有友朋兮 |
| 함께 나래를 펼쳤네 | 與翺翔 |
| 거문고 타고 박자를 맞춤에 | 操絃赴節兮 |
| 그 소리 드넓으니 | 聲洋洋 |
| 구름 낀 바다에 돛을 펼치며 | 張帆雲海兮 |
| 부상[415]을 지향하였네 | 指扶桑 |
| 회오리바람이 파도를 말아 올려 | 回飆捲濤兮 |
| 돛대를 꺾더니 | 折其檣 |
| 영령의 기운 아득하게 | 靈氣渺渺兮 |
| 하늘나라에 노니네 | 遊帝鄕 |
| 구름을 타고 안개를 몰아서 | 乘雲駕霧兮 |
| 팔황을 유람하니 | 覽八荒 |
| 봉황이 이미 멀어져갔어라 | 鳳鳥已遠兮 |
| 소소가 연주되지 않네[416] | 韶不張 |

입고 있듯이 늘 행한다는 말로, 중국 북송의 문인 소식(蘇軾)이 〈보회당기(寶繪堂記)〉에서 "부마도위 왕진경은 비록 제왕의 외척이었으나 예의를 옷처럼 입고 시와 서를 배우고 물으며 항상 한미한 선비들과 함께 연마하였다.〔駙馬都尉王君晉卿雖在戚里, 而其被服禮義, 學問詩書, 常與寒士角.〕"라고 하였다.

**415** 부상(扶桑) : 해가 뜨는 동쪽 바다 끝에 있다는 전설 속의 나무, 또는 그 나무가 있는 곳을 이른다.

**416** 봉황이……않네 : 소소(簫韶)는 중국 고대 순(舜) 임금의 음악 이름으로, 그 음악을 듣고 봉황이 와서 춤을 추었다는 데서 나온 말이다. 《서경(書經)》〈익직(益稷)〉에서, "명구를 치고 거문고와 비파를 타며 노래를 읊으니, 조고가 와서 이르시며 우빈이 자리에 있으면서 제후들과 덕으로 사양합니다. 당하에는 관악기와 땡땡이 북을 진열하

| | |
|---|---|
| 그대의 수명은 짧으나 | 子年之短兮 |
| 뜻은 장대하였는데 | 志則長 |
| 애사를 펼쳐 슬픔을 고하며 | 陳詞告哀兮 |
| 무녀 양[417]에게 부탁하노라 | 托巫陽 |

고, 음악을 합하고 멈추되 축과 어로 하며 생과 큰북을 번갈아 울리니, 새와 짐승이 너울너울 춤을 추며 소소 아홉 장이 끝까지 연주되자 봉황이 와서 춤을 춥니다.〔戛擊鳴球, 搏拊琴瑟, 以詠, 祖考來格, 虞賓在位, 群后德讓. 下管鼗鼓, 合止柷敔, 笙鏞以間, 鳥獸蹌蹌, 簫韶九成, 鳳凰來儀.〕"라고 하였다.

**417** 무녀 양(陽) : 고대 신화에 나오는 무녀(巫女)의 이름으로, 죽은 사람의 영혼을 불러들일 수 있다고 한다.

# 서생[418] 명현 에 대한 애사

徐生 命顯 哀辭

선비 가운데 재주가 있으나 오래 살지 못하는 이들이 있는데, 옛날에 사람을 잘 보는 이 가운데 왕왕 그가 오래 살 수 없음을 미리 아는 경우가 있었다. 그것을 아는 방법이 많은데, 일찍 명성(名聲)이 있는 것이 곧 그 중의 하나이다. 세상에 갑자기 부자가 되고 갑자기 귀해지고서 그것을 오래 누릴 수 있는 자는 드물다. 명성이라는 것은 하늘이 사람에게 잘 허여하지 않음이 부(富)와 귀(貴)보다도 더 심하여, 명성이 갑자기 바깥에 드러나게 되면 하늘이 이에 그의 수명에 유독 인색하여서 그로 하여금 그 수명을 오래 누리지 못하게 하였으니 그 이치가 혹 그러하다.

그런데 내가 서군(徐君)의 죽음에 대하여 요절의 법칙을 찾아보았는데, 끝내 그 설(說)에 맞지 않았다. 군(君)은 기개와 도량이 깊고 원대하여 겨우 약관(弱冠)에 의젓한 것이 마치 노성(老成)한 것 같았다. 문예(文藝)가 일찍부터 빼어나 〈초사(楚辭)〉 읽기를 좋아하였으며, 고시(古詩)를 지음에 19수[419]의 유지(遺旨)를 깊이 터득하였다. 부모

**418** 서생(徐生) : 서명현(徐命顯, ?~?)을 가리킨다. 본관은 달성(達城)이며, 자는 사순(士純)이다. 서종급(徐宗伋)의 아들이자 유척기(兪拓基)의 사위로, 20세에 요절하였다.

**419** 19수 : 《문선(文選)》 제29권 잡시부 상(雜詩部上)에 수록된 오언 고시(五言古詩) 19수를 가리킨다. 작자가 누구인지는 알 수 없으나 대략 중국 동한(東漢) 만년의 작품들로 추정된다.

님의 명으로 간간이 과거시험장에 출입하였으나 욕심 없이 담박하여 바깥세상을 동경하는 마음이 없었다. 글을 읽는 여가에는 고금의 금석문자(金石文字)와 인장(印章)을 감상하는 것을 좋아하였으며, 글씨에 이르러서는 반드시 옛 법에 의거하였다. 일찍이 절친한 벗에게 일러 말하기를,

"가령 나에게 만권의 책이 있어서 다락 하나를 지어 그 곳에 쌓아두고 죽을 때까지 그 안에서 연찬(硏鑽)하게 한다면 또한 즐겁지 않겠는가."

하였다. 군의 부친인 참찬공(參贊公)[420]이 현달한 지위에 이르러 그 집에 드나드는 빈객들이 한 시대를 풍미한 이들이었는데, 군은 홀로 문을 닫고 청한(淸閑)하게 앉아있어서 사람들이 혹 공에게 아들이 있는지 모르기도 하였으며 나처럼 참찬공의 형제들[421] 사이에서 놀았던 사람도 일찍이 군의 얼굴을 알지 못하였다.

군은 빛을 머금고 내면에 간직하여 꺼내지 않았으므로 세상에 군을 아는 자가 없었으며, 참찬공은 군을 보기를 마치 집안에 진기한 보물이 있어서 겹겹이 싸서 꽁꽁 감추어두고 가벼이 다른 사람에게 말하려

**420** 참찬공(參贊公) : 서종급(徐宗伋, 1688~1762)을 가리킨다. 조선 후기의 문신으로, 본관은 달성(達城)이며 자는 여우(汝愚), 호는 퇴헌(退軒)이다. 권상하(權尙夏)의 문인으로, 1719년(숙종45) 문과에 급제하였다. 사헌부・사간원・홍문관 등 삼사(三司)의 관직과 육조(六曹)의 판서, 대사간・대사헌・대사성・동지의금부사 등 요직을 두루 역임하였으며, 1757년 기로소에 들어가고 이듬해 봉조하가 되었다. 시호는 문정(文貞)이다.

**421** 참찬공(參贊公)의 형제들 : 서종급(徐宗伋)의 형제는 7남 1녀인데, 형 서종집(徐宗集)・서종흡(徐宗翕)・서종섭(徐宗燮)・서종업(徐宗業)・서종엽(徐宗曄)과 아우 서종협(徐宗浹)이 있으며, 누이는 요절하였다.

하지 않는 것처럼 하였다. 그러한즉 군이 스스로를 지키고 참찬공이 아껴가며 보호하여 기른 것이 일찍이 하늘이 싫어하는 바를 범하지 않았는데, 이제 갑자기 하루아침에 잃게 되었으니 그 이치가 또 무엇이란 말인가.

참찬공이 군의 행록(行錄)을 가지고 나에게 부탁하며 말하기를,

"우리 아이가 살아 생전에 미처 다른 사람의 알아줌을 얻지 못하였으니, 원컨대 그대의 한 마디 말을 얻어 후세에 전하고자 하네."

하였다. 아! 참찬공이 예전에는 다른 사람들이 알까 두려워하였는데 이제는 사람들이 알지 못할까 두려워하니, 그 정에 지극히 슬픈 것이 있다. 그러나 군이 죽으매 군의 장인인 미호(渼湖) 유 상국(兪相國)[422]이 사람들에게 말하기를,

"내가 한 사람의 지기(知己)를 잃었네."

하였다. 유공(兪公)은 사사로움에 빠질 사람이 아니다. 선비가 하나의 지기를 얻었으면 족하니, 어찌 반드시 많아야 하겠는가.

군의 이름은 명현(命顯)이요, 자는 사순(士純)으로 득년(得年)은 겨우 20이며 자녀는 없다. 참찬공에게는 또 다른 아들이 없어 내가 참찬공을 위로해줄 수가 없으니, 애사(哀辭) 한 통(通)을 지어서 그 슬픔을

**422** 미호(渼湖) 유 상국(兪相國) : 유척기(兪拓基, 1691~1767)를 가리키는 것으로, 미호는 그의 거처가 있는 곳이다. 조선 후기의 문신으로, 본관은 기계(杞溪)이며 자는 전보(展甫), 호는 지수재(知守齋)이다. 1714년(숙종40) 문과에 급제하여 검열이 된 후 정언・함경도 관찰사・도승지・원자보양관・세자시강원 빈객・평안도 관찰사・호조 판서・영의정 등 요직을 두루 역임하였다. 1760년 영중추부사가 되고, 이어서 봉조하를 받고 기로소에 들어갔다. 노론 중의 온건파에 속하였으며, 명필가이자 금석학(金石學)의 권위자였다. 《지수재집》이 남아있으며, 시호는 문익(文翼)이다.

다한다. 애사는 다음과 같다.

| | |
|---|---|
| 아아! 사순은 | 嗟嗟士純兮 |
| 타고난 자질 매우 특별한 데다 | 天賦絶特 |
| 행실을 맑게 닦았으며 | 淸修其行兮 |
| 식견은 심원하였네 | 沉遠其識 |
| 지금 세상을 보면 | 相今之世兮 |
| 선비들이 혼탁한 데로 나아가 | 士趨淆漓 |
| 공경의 집안에서 | 公卿之家兮 |
| 시와 서를 가르침이 드무네 | 鮮講書詩 |
| 어지러이 치달리며 | 紛紛馳騖兮 |
| 명예와 이익만을 보니 | 名利惟視 |
| 누가 그대와 같이 | 孰如吾子兮 |
| 티 없이 담박하겠는가 | 澹乎無累 |
| 혁혁한 고관대작의 집 | 有赫高門兮 |
| 문밖엔 거마가 울어대는데 | 巷咽車馬 |
| 그대 홀로 문을 닫았으니 | 子獨閉戶兮 |
| 고요하기가 마치 선방과 같았네 | 闃若禪舍 |
| 제자백가의 책이 | 百家諸子兮 |
| 좌우에 널려있었으며 | 左右錯綜 |
| 한・위의 시가 있고 | 詩有漢魏兮 |
| 굴원・송옥의 부가 있었네 | 賦有屈宋 |
| 아름다운 문장들을 곱씹고[423] | 咀英嚼華兮 |
| 의리를 좋아하였으며[424] | 芻豢之嗜 |

여가에 정신을 쏟은 것은 餘事會神兮
법서[425]와 오래된 기물이었네 法書古器
하나의 재주만 꺼내어도 出其一藝兮
족히 사람들을 놀라게 하였을 텐데 足以驚人
거두어들이고 고요히 지켜서 斂而守靜兮
몸가짐을 처자와 같이 하였네 處子其身
명성을 드날리는 것을 遊聲揚譽兮
참으로 부끄럽게 여겼으며 子實爲恥
탄식하며 벗으로 숭상한 것[426]은 慨然尙友兮
옛날의 훌륭한 선비였도다 古之逸士
화려하게 수놓은 헌면[427]은 文繡軒冕兮

**423** 아름다운 문장들을 곱씹고 : 중국 남북조 시대 양(梁)나라의 문인 종영(鍾嶸)이 지은 《시품(詩品)》에서 나온 말이다. 종영은 서진(西晋)의 문인 육기(陸機)의 문장을 평하면서, "꽃봉오리를 씹어 먹고 기름을 실컷 먹은 것이 그의 문장의 연원이다.〔其咀嚼英華, 厭飫膏澤, 文章之淵泉也.〕"라고 하였다.

**424** 의리를 좋아하였으며 : 원문의 '芻豢之嗜'는 고기와 같이 맛있는 음식을 즐기듯, 의리(義理)를 좋아하였다는 말이다. 《맹자(孟子)》〈고자 상(告子上)〉에서, "사람들이 마음속으로 똑같이 옳다고 여기는 것은 무엇인가? 그것은 곧 리(理)와 의(義)이다. 성인은 사람들이 마음속으로 똑같이 옳다고 여기는 것을 먼저 아셨다. 따라서 리와 의가 우리의 마음을 즐겁게 하는 것은 마치 고기가 우리의 입을 즐겁게 하는 것과 같다고 할 수 있다."라고 한 데서 나온 말이다.

**425** 법서(法書) : 명필(名筆)의 글씨를 모아 놓은 책을 말한다.

**426** 벗으로 숭상한 것 : 원문의 '尙友'는 책을 통하여 옛 현인(賢人)을 벗으로 삼는 것을 의미한다.

**427** 헌면(軒冕) : 조선 시대에 종2품 이상의 관원이 타던 수레인 초헌(軺軒)과 이들이 머리에 쓰던 면류관(冕旒冠)을 가리키는 것으로, 고관대작(高官大爵)을 의미한다.

그대가 즐거워한 바 아닌지라　匪子所樂
배회하며 시를 읊으면서　徘徊吟諷兮
저 쇠퇴해가는 풍속을 느꺼워하였네　感彼衰俗
마치 옥이 상자 안에 있어　如玉在櫝兮
빛을 토하지 않은 것과 같으며　光氣未吐
주나라의 대와 하후씨의 연[428]이　周敦夏璉兮
천부[429]에 감추어둘 만한 것과 같았네　可藏天府
그러지 않고 그대의 몸을　不然置子兮
적막한 고장에 두었다면　寂寞之鄉
텅 빈 골짝 그윽한 난초의　空谷幽蘭兮
향기 널리 퍼져나갔으리　播厥馨香
귀신이 어질지 않아　鬼神不仁兮
우리 서물을 앗아갔으니　奪我瑞物
슬프디 슬픈 부모의　哀哀父母兮
눈물이 마르고 애가 찢어지누나　淚盡腸裂

**428** 주나라의……연 : 대(敦)와 연(璉)은 종묘(宗廟)에서 제사를 지낼 때 쓰는 예기(禮器)로, 《예기(禮記)》 〈명당위(明堂位)〉에 "음식을 담는 기물에는 유우씨(有虞氏)의 양대(兩敦)·하후씨(夏后氏)의 사련(四璉)·은나라의 육호(六瑚)·주나라의 팔궤(八簋)가 있다."라고 하였다. '주(周)나라의 대(敦)'는 '순(舜) 임금의 대(敦)'와 '주나라의 궤(簋)'를 착각한 것으로 보인다. 이들 그릇은 전하여 인재를 비유하는 말로도 쓰였는데, 《논어》 〈공야장(公冶長)〉에서 "자공이 '저는 어떻습니까?'라고 묻자 공자께서 '너는 그릇이다.'라고 하셨다. '어떤 그릇입니까?'라고 묻자 '호련(瑚璉)이다.'라고 하셨다."라고 한 것이 보인다.

**429** 천부(天府) : 중국 주(周)나라 때 천자(天子)의 제사에 사용되는 물건들을 보관하고 관리하던 곳이다.

하늘이 백성들에게 天於下民兮
각각 원하는 것을 따라주니 各循其欲
공명과 부귀는 功名富貴兮
구하면 얻을 수 있다네 有求輒得
그대에게 평소 원하던 것 있었으니 子有素願兮
화려한 것도 풍족한 것도 아니라 不侈不豐
책 만권을 쌓아두고 貯書萬卷兮
그 안에서 늙고자 하였네 終老其中
이 한 가지일 뿐이었는데 卽玆一事兮
조물이 어찌 시기하였는가 造物何猜
무리가 탁한데 홀로 깨끗하니[430] 衆濁孤淸兮
재앙이 내린 것이 마땅하구나 宜爾降災
뜻은 크나 수명이 짧은 것은 志長年短兮
예로부터 슬픈 바인데 從古所悲
하늘이 높아 물을 수가 없어 天高莫問兮
애사를 지어 술회하노라 述以哀辭

**430** 무리가……깨끗하니 : 중국 전국 시대 초(楚)나라의 정치가이자 시인인 굴원(屈原)이 지은 〈어부사(漁父辭)〉에 나오는 말로, "온 세상이 모두 흐린데 나만 홀로 맑으며, 뭇 사람이 모두 취하였는데 나만 홀로 깨어 있어, 이로써 쫓겨났다오.〔擧世皆濁我獨淸, 衆人皆醉我獨醒, 是以見放.〕"라는 말이 나온다.

# 진암집

## 제8권

묘갈 墓碣

묘지 墓誌

묘표 墓表

행장 行狀

반교문 頒教文

교명문 教命文

책문 冊文

전 箋

진암집 발 晉菴集跋

# 묘갈 墓碣

## 선부군 묘갈
先府君墓碣

아. 선부군께서 불초고(不肖孤)를 버리고 돌아가신 지도 23년이 되었다. 감히 숨은 덕을 천양하여 후세에 보이는 일을 하지 않을 수 있겠는가마는 부군께서는 지위를 얻지 못하시어 사업에 드러난 바가 없고, 또 평상시에 교유가 적어 세상에서 부군을 깊이 아는 자가 없었던데다가 말이 불초고에게서 나오면 남들에게 신뢰를 받지 못할까 두려워 지금까지 묘에 비석을 세우지 못하였으니 대개 신중하였기 때문이다.

그러나 어버이의 미덕을 기리되 실상을 넘어서는 것은 '어버이를 속이는 것[1]'이라 이른다. 자식이 되어 어버이를 속이는 것은 불초고도 오히려 하지 않으리니 뒷날 인인 군자(仁人君子)들은 아마도 그 마음

1 어버이를……것 : 《예기(禮記)》 〈제통(祭統)〉에 "종묘와 사직을 지키는 자손이 선조에게 아름다운 행적이 없는데도 칭송한다면 이는 사람을 속이는 것이고, 훌륭한 행실이 있는데도 알지 못하면 밝지 못한 것이고, 이것을 알면서도 전하지 않으면 인하지 못한 것이니, 이 세 가지는 군자가 부끄러워하는 것이다.〔子孫之守宗廟社稷者, 其先祖無美而稱之, 是誣也, 有善而弗知, 不明也, 知而弗傳, 不仁也, 此三者, 君子之所恥也.〕"라고 하였다.

을 살피고 그 말을 믿을 것이로다.

부군의 휘는 주신(舟臣)이고 자는 중설(仲說)이다. 우리 이씨는 본관이 연안(延安)이다. 고조(高祖)이신 휘(諱) 정귀(廷龜)[2]께서는 좌의정으로 문충(文忠)의 시호를 받으셨고, 증조(曾祖) 휘(諱) 명한(明漢)[3]께서는 이조 판서(吏曹判書)로 문정(文靖)의 시호를 받으셨으며, 조부(祖父)이신 휘(諱) 일상(一相)[4]께서는 예조 판서(禮曹判書)로 영의정에 추증되고 문숙(文肅)의 시호를 받으셨으니 3세에 걸쳐 문형(文衡)을 맡으셨기 때문이다.[5] 고(考) 휘(諱) 성조(成朝)께서는 사복시첨정(司僕寺僉正)으로 이조 판서(吏曹判書)에 추증되셨고, 비(妣) 풍

**2** 휘(諱) 정귀(廷龜) : 이정귀(李廷龜, 1564~1635)로, 자는 성징(聖徵), 호는 월사, 시호는 문충(文忠)이다. 대제학을 거쳐 좌의정을 지냈고 문장에 뛰어나 장유(張維), 이식(李植), 신흠(申欽)과 더불어 한문 사대가(漢文四大家)로 일컬어졌다. 1598년에 명나라 병부 주사(兵部主事) 정응태(丁應泰)가 임진왜란은 조선에서 왜병을 끌어들여 중국을 침범하려 한 것이라고 신종(神宗)에게 무고하자, 진주부사(陳奏副使)로 명나라에 가서 무고임을 밝히고 정응태를 파직하게 하였다.

**3** 휘(諱) 명한(明漢) : 이명한(李明漢, 1595~1645)으로, 자는 천장(天章), 호는 백주(白洲), 시호는 문정(文靖)이다. 도승지・대제학・이조 판서・예조 판서 등을 역임하였으며, 1642년(인조20)에 이경여(李敬輿), 신익성(申翊聖), 신익전(申翊全) 등과 함께 명나라와 밀통하다 인사로 지목되어 심양(瀋陽)에 압송되었다가 이듬해에 돌아왔다.

**4** 휘(諱) 일상(一相) : 이일상(李一相, 1612~1666)으로, 자는 함경(咸卿), 호는 청호(靑湖), 시호는 문숙(文肅)이다. 병자호란 때 왕을 호종하지 못했고 화의에도 반대하여 이듬해 척화죄인(斥和罪人)으로 탄핵을 받아 귀양갔다. 청나라에 사신으로 다녀와서 청의 실정을 보고하여 효종의 북벌계획 수립에 도움을 주었고, 《선조수정실록》의 편찬에 참여했다.

**5** 3세에……때문이다 : 이정귀(李廷龜)-명한(明漢)-일상(一相) 3대에 걸쳐 대제학을 역임했다.

양 조씨(豐壤趙氏)는 정부인(貞夫人)으로 추증되셨으니 진사(進士) 증 좌찬성(贈左贊成) 휘(諱) 상정(相鼎)의 따님이시다. 부군(府君)은 첨정공(僉正公)의 중자(仲子)로 중부(仲父), 즉 학생(學生)으로 좌찬성(左贊成)에 추증되신 휘(諱) 중조(重朝)의 후사가 되셨고, 비(妣) 진천 송씨(鎭川宋氏)는 정경부인(貞敬夫人)에 추증되셨으니 좌참찬(左參贊) 휘(諱) 창(昌)의 따님이시다. 학생공(學生公)은 문숙공(文肅公)의 중자(仲子)로 중부(仲父), 즉 급제 후 이조 판서(吏曹判書)에 추증되신 휘(諱) 가상(嘉相)의 후사가 되었다. 급제공(及第公)은 병자호란 당시 효성을 다하다가 강도(江都)에서 돌아가시어 특별히 홍문관 수찬(弘文館修撰)에 추증되고 정려(旌閭)되었다.[6] 부군께서 양대의 제사를 주관하시었다.

부군께서는 행실이 바르고 뜻이 고결하였으며 식견이 밝고 신념이 확고하였다. 성품이 부화한 성색(聲色)을 좋아하지 않으셨고, 풍모는 간명하고 진중하였으니 사람들이 모두 우러르며 존경하였다. 어릴 때부터 학문에 근실하여 경전 자사(經傳子史)에 침잠하여 해박한 지식을 가지지 않음이 없었고, 문장가 중에서는 한창려(韓昌黎)를 몹시 좋아하여 책이 해질 지경이 되도록 읽으면서도 싫증을 내지 않으셨다. 사람

6 급제 후……정려(旌閭)되었다 : 이가상(李嘉相, 1615~1637)은, 자는 회경(會卿), 호는 빙헌(氷軒), 이조판서 이명한(李明漢)의 아들이다. 병자호란이 일어나자 어머니를 모시고 강화도로 피난하였는데, 강화도가 적에게 함락되자 자신은 적에게 잡히고 아내가 어머니를 모시고 옆의 섬으로 피난하였다. 그 뒤 풀려나왔으나 여러 차례 적진에 들어가 어머니를 찾아 헤매다가 마침내 적에게 피살되었고, 아내 나씨도 소식을 듣고 상심한 끝에 죽었다. 인조의 명으로 효자정문이 세워졌으며, 1671년(현종 12) 수찬에 추증되었다.

을 대할 때는 시정(時政)에 관해서는 말씀하지 않고 오직 유림(儒林)의 시비(是非)와 국론(國論)의 굴신(屈伸) 문제 중에 세도(世道)의 소장(消長)과 성쇠(盛衰)에 관계되는 것만을 말씀하셨는데, 그 근본을 거슬러 올라가고 미세한 것을 파헤쳐서, 명쾌한 분별과 격렬한 논변이 듣는 자들로 하여금 송연(竦然)히 의지하게 하고 미혹됨이 없도록 하였는지라, 추종하는 자들이 많았다.

또 일찍이 말씀하시기를

"동경(東京)시대 이래로 당화(黨禍)[7]는 반드시 군자들의 격발로 말미암아 이루어지지 않은 적이 없으니 지금의 사대부들은 마땅히 이를 경계해야 한다."

라고 하셨다.

부군께서는 과거 공부에 힘을 기울이셨으나 즐거움으로 삼지는 않으셨다. 숙묘(肅廟) 말년에 이르러서는 크게 탄식하시면서

"내가 기미를 보았다.[8]"

라고 말씀하시고는 결국 과거를 보러 가지 않으셨다. 어떤 이가 억지

**7** 동경(東京)시대……당화(黨禍) : 당고(黨錮)의 화를 말한다. 동경(東京)의 변이라고도 한다. 후한(後漢) 환제(桓帝) 때 환관의 세력이 강성해지자 진번(陳蕃)·이응(李膺) 등이 그 무리를 공격했다가 도리어 파벌을 지어 조정을 비방한다는 무고를 당하여 종신 금고에 처해지고, 영제(靈帝) 때 다시 기용된 이응 등이 환관을 몰아내려다가 실패하여 이응 등 수백 인이 피살되거나 유배되고 수감된 사건이다. 《後漢書 卷67 黨錮列傳》

**8** 기미를 보았다 : 《주역》〈계사전 하(繫辭傳下)〉 5장에 나오는 말로, "군자는 기미를 보고 일어나서 하루가 다하기를 기다리지 않는다.〔君子見幾而作, 不俟終日.〕"라고 하였다. 즉 현명한 이는 시국의 기미를 살펴서 떠나는 것이 옳다고 판단되면 하루도 미적거리지 않고 즉시 떠난다는 말이다.

로 강요하자 사양하며 말씀하시기를

“내가 병이 많아 세상에 대한 생각이 없다.”

라고 하시었다. 신축 임인년의 화[9]가 닥쳤을 때 명망 있는 집안[10]의 이름이 알려진 선비들 중에는 면할 수 있는 자가 드물었는데 부군께서는 세상 밖에서 초연히 지내셨으니 세상 사람들이 모두 그 선견지명에 탄복하였다.

부군께서는 어린아이였을 때, 양모를 섬기면서 지행(至行)이 있었고, 선친의 기일을 만나면 반드시 정성을 다하였다. 만년에 고질병에 걸려 제사에 참여하지 못하시게 되자 불초고가 섭행하였는데, 제사가 끝나고 침소에서 문후를 드리니 베개를 붙들고 앉아 오열하면서 잠을 이루지 못하셨다.

부군께서는 숙묘(肅廟) 임오년(壬午年) 사마시에 합격하여 신묘년(辛卯年)에 내시 교관(內侍教官)에 제수되었고, 사헌부 감찰(司憲府監察)・전생서 주부(典牲署主簿)・장악원 주부(掌樂院主簿)・의금부 도사(義禁府都事)・형조 정랑(刑曹正郎)・호조 좌랑(戶曹佐郎)과 정랑(正郎)를 역임하셨다. 외직으로 나가 홍천 현감(洪川縣監)이 되시자

**9** 신축 임인년의 화 : 신축년(1721, 경종1)부터 임인년(1722, 경종2) 사이에 일어난 신임사화(辛壬士禍)를 이른다. 경종에게 병이 잦고 후사가 없음에 따라 왕위 계승 문제를 둘러싸고 노론(老論)과 소론(少論) 사이에 일어난 사화로서, 노론(老論)의 4대신이 연잉군(延礽君) 즉 뒤의 영조(英祖)를 세제(世弟)로 책봉하고 정무를 대리하게 한 데 대해 소론(少論)이 반대하며 역모를 꾀한다고 무고한 결과 4대신이 극형을 당하고 100여 명이 사사(賜死)되거나 멀리 유배당하였다.

**10** 명망……집안 : 원문의 ‘故家’는 대대로 조정에서 벼슬한 이름 있는 양반가문을 이르는데 구체적으로는 노론 가문을 말한다.

개연히 한탄하며 말씀하시기를

"지금 세상에서는 지방 관리가 되는 것이 몸을 숨길 수 있는 방법이다. 그러나 관직에 있으면서 그 직분을 수행하지 않는다면 이것은 녹을 훔치는 것이다."

라고 하시면서 직분 수행하기를 청렴하고 근실하게 하니 아전들은 두려워하고 백성들은 흠모하여 선치(善治)의 명성이 자자하였다. 옥천군수(沃川郡守)가 되고 얼마 안 되어 말질(末疾)[11]에 걸리시자 귀향을 결단하셨다.

부군께서는 일찍이 불초고에게 경계하여 말씀하시기를

"내 평생 근졸함 하나만을 지키고 살았다. 널리 친구들과 사귀고 언론을 좋아하는 것은 내가 너에게 바라는 바가 아니다."

라고 하셨다. 그리고는 고인의 출처 행장(出處行藏)[12]의 큰 방도를 가르쳐 주시고 반복하여 무릎을 치며 감탄해 마지않으셨다. 아. 어찌 감히 잊을 수 있으랴. 불초고가 함부로 세상길에 나아가 험난한 일을 겪으면서 선부군의 유훈을 떠올리노라니 어느새 눈물이 흘러 옷을 적신다.

부군께서 지으신 시문은 정밀하고 깊이가 있고 전아하고 진중하였으며 반드시 옛 작가들을 법으로 삼으셨다. 일찍이 구차히 짓지 않으셨

**11** 말질(末疾) : 말초의 병으로 수족이 마비되는 중풍 따위의 병을 이르는데, 혹은 고치기 어려운 난치병을 두루 이르는 말로 쓰이기도 한다.

**12** 출처 행장(出處行藏) : 자신의 도를 펼 수 있느냐 없느냐의 여부에 따라 거취를 결정하여 조정에 나아가기도 하고 은퇴하기도 하는 것을 말한다. 《논어》 〈술이(述而)〉에 "써 주면 나의 도를 행하고 써 주지 않으면 숨는다.〔用之則行, 舍之則藏.〕"라는 말이 있다.

고, 지으시고 나면 곧 찢어 버려 원고를 남겨놓지 않으셨다. 불초고가 지은 글을 보시고는 웃으시며

"네가 책 읽은 것이 적구나. 근원이 없는 물은 여러 번 길어내면 마르는 법. 너는 힘을 쓰도록 해라."

라고 하셨다.

대저 세상에서 일컫는바 녹봉과 작위를 부군께서는 진즉에 밀쳐내어 남에게 주셨고, 문장으로 후세에 전하는 일에 대해서도 담담히 여기고 애를 쓰지 않으셨다. 쌓아두고 내놓지 않아서 세상의 문장가[13]들과 교졸(巧拙)을 다투려고 하지 않았으니 그 지취(志趣)는 남들보다 훨씬 고매하였다.

부군(府君)은 갑인년(甲寅年) 10월 10일에 태어나셔서 을묘년(乙卯年) 3월 7일에 돌아가셨으니 향년 62세였다. 우리 선비(先妣)는 광주 김씨(光州金氏)로 문충(文忠)의 시호를 받으신 광성부원군(光城府院君) 휘(諱) 만기(萬基)의 따님이시다. 여사(女士)[14]의 행실이 있었으나 부군보다 2년 먼저 돌아가시어 안산(安山) 달산(達山)의 간좌(艮坐) 언덕에 합장되었다. 불초고로 인해 부군은 거듭 추증되어 의정부 영의정(議政府領議政)에 이르렀고, 비(妣)는 정경부인(貞敬夫人)이

**13** 문장가 : 원문의 '操觚'는 붓을 잡고 시문을 짓는다는 의미이다. 진(晉)나라 육기(陸機)의 〈문부(文賦)〉에 "혹은 고를 잡고 빨리 짓는가 하면, 혹은 호를 입에 물고 더디게 짓기도 한다.〔或操觚以率爾, 或含毫而邈然.〕"라고 하였는데, 그 주(註)에 "고는 나무인데, 옛 사람들이 그것으로 붓을 삼았다."라고 하였다. 《文選 卷17》

**14** 여사(女士) : 선비의 지조와 행실을 지닌 여성을 말한다. 《시경》〈기취(旣醉)〉에 "그 따름은 무엇인가? 너에게 훌륭한 여사를 줌이로다. 너에게 훌륭한 여사를 주고 자손으로 따르게 하리로다.〔其僕維何? 釐爾女士. 釐爾女士, 從以孫子.〕"라고 하였다.

되셨다. 1남1녀를 낳았으니 아들은 즉 불초고(不肖孤)이고 딸은 부사(府使) 심사주(沈師周)에게 시집갔다. 불초고는 아들은 없고 딸이 셋 있다. 불초고가 재주가 없는 몸으로 성세를 만나 3세에 걸쳐 관작을 하사 받아 문호를 보존하게 되었으니 부군의 남은 은택이 아님이 없는데, 무거운 불효의 죄를 지어 하늘이 그 후사를 끊으셨으니[15] 아 애통하도다. 족자(族子) 문원(文源)을 데려다 후사로 삼았다. 장녀는 사인(士人) 조준(趙竣)에게 시집갔고 차녀는 사평(司評) 오재순(吳載純)에게 시집갔으며 그 다음은 사인(士人) 서유방(徐有防)에게 시집갔다. 심사주(沈師周)는 딸 하나를 낳았는데 정언(正言) 오찬(吳瓚)에게 시집갔다. 계자(繼子)는 진사(進士) 재진(載鎭)이다. 불초고가 삼가 언행의 대략을 추려서 피눈물을 흘리며 돌에 새기니 감히 선열을 표양한다 할 수는 없고 그저 불초고의 죄를 적었을 뿐이다.

15 무거운……끊으셨으니 : 《맹자(孟子)》 〈이루 상(離婁上)〉에 "불효가 세 가지 있는데, 그중에서도 후사를 두지 못하는 것이 가장 큰 불효이다.〔不孝有三, 無後爲大.〕"라는 맹자의 말이 나온다.

# 대사헌 서공[16] 묘갈명 서문을 아우르다

大司憲徐公墓碣銘 幷序

지난 정묘년(丁卯年) 여름, 공이 기번(畿藩)의 관직[17]에서 물러나 동교(東郊)의 별업(別業)에 한가히 거하고 계실 때에 내가 휴가를 내어 공을 방문하니 공은 누정기를 나에게 부탁하였다. 그리고는 평소 나가고 물러나고 말하고 침묵했던 일에 대해 낱낱이 일러주며 말하기를

"신임옥사(辛壬獄事)는 흉당이 종묘사직을 위태롭게 하기를 꾀한 것인데 우리 서씨가 먼저 그 화를 먼저 입었네.[18] 우리 성상께서 오늘이 있게 되신 것은 천운이니 하물며 우리 가문이야 말할 것이 있겠는가? 성명(聖明)께서 등극하시어 원통함을 풀어주지 않음이 없으셨네. 나는 재주 없는 몸으로 조정의 반열에 서서 나라와 휴척(休戚)을 함께 하였는데[19] 내 누정으로 물러나 늙게 되었으니 거의 그 끝을

16 대사헌 서공 : 서명구(徐命九, 1692~1754)이다. 사헌부집의(司憲府執義)·사간원헌납(司諫院獻納)·홍문관 부응교(弘文館副應敎)·승지 등을 거쳤고, 사은부사(謝恩副使)로 청나라로 갔다온 뒤, 한성부 좌윤·대사헌·경기 관찰사·한성부 우윤·공조참판 등을 역임하였다.

17 기번(畿藩)의 관직 : 경기도 관찰사를 말한다.

18 신임옥사(辛壬獄事)는……입었네 : 1722년(경종2) 3월 목호룡(睦虎龍)의 고변으로 발생한 임인옥사(壬寅獄事)에서 영조의 국구(國舅)인 달성부원군(達城府院君) 서종제(徐宗悌)의 손자 서덕수(徐德修)가 역적으로 규정돼 사형당하였고, 뒷날 무고하다는 사실이 밝혀져 신원이 회복되었다.

19 나라와……하였는데 : 《맹자》 〈양혜왕 하(梁惠王下)〉에 "이른바 전통이 있는 오래된 나라라는 것은 교목이 있음을 말하는 것이 아니요, 세신이 있음을 말하는 것이다.

잘 보전했다고 할 수 있을 터, 그대가 이러한 내용으로 내 누정에 기문을 써주지 않겠는가?"

라고 하였다. 나는 그렇게 하마고 하고 결국 지어드리지 못하였다. 그러니 지금 공의 제손(諸孫)들이 공의 묘문을 나에게 부탁하는데 내가 어찌 차마 사양할 수 있겠는가?

공의 휘(諱)는 명구(命九)이고 자(字)는 우경(虞卿)이다. 서씨(徐氏)는 세계(世系)가 달성(達城)에서 나왔다. 원조(遠祖)는 고려 때 소윤(少尹)을 지낸 휘(諱) 한(閈)이고, 판중추부사(判中樞府使) 휘(諱) 성(渻)[20]에 이르러 선(宣)·인(仁) 양 조정의 명신이 되었다. 4세(四世)를 지나 공의 중부(仲父)이신 부원군(府院君) 휘(諱) 종제(宗悌)께서 정성왕후(貞聖王后)[21]를 낳으시니, 추은(推恩)하여 고조(高祖)인 전첨(典籤) 휘(諱) 경수(景需)를 이조 판서(吏曹判書)로 추증하고, 증조(曾祖) 첨정(僉正) 휘(諱) 형리(亨履)를 좌찬성(左贊成)으로 추증하였으며, 조(祖) 사평(司評) 휘(諱) 문도(文道)를 영의정(領議政)으로 추증하였다. 그 셋째 아들 휘 종신(宗愼)이 곧 공의 부친이다. 고상

〔所謂故國者, 非謂有喬木之謂也, 有世臣之謂也.〕"라고 하였는데, 그 주에 "세신은 누대 훈구의 신하이니, 국가와 더불어 휴척을 함께하는 자이다.〔世臣, 累世勳舊之臣, 與國同休戚者也.〕"라고 하였다.

**20** 휘(諱) 성(渻) : 서성(徐渻, 1558-1631)으로 자는 현기(玄紀), 호는 약봉(藥峰), 시호는 충숙(忠肅)이다. 임진왜란 때 왕을 모시고 있다가 황정욱(黃廷彧)의 종사관으로 함경북도에 이르러 황정욱 등이 두 왕자와 함께 일본군의 포로가 될 때 탈출했다.

**21** 정성왕후(貞聖王后) : 1692~1757. 영조의 원비(元妃)로, 본관은 달성(達城), 달성부원군(達城府院君) 서종제(徐宗悌)의 딸이다. 연잉군(延礽君)과 가례를 올려 달성군부인에 봉해졌고 연잉군이 세제(世弟)로 책봉되자 세제빈에 봉해졌으며, 영조의 즉위에 따라 왕비에 진봉되었다. 슬하에 소생은 없다.

한 행실이 있었고 벼슬을 받고도 나가지 않았으나 공이 귀해짐으로써 이조 참판(吏曹參判)에 추증되었다. 비(妣)는 광산 김씨(光山金氏)로 통덕랑(通德郎) 회영(會英)의 따님이다. 숙묘(肅廟) 임신년(壬申年)에 공을 낳았다.

공은 어릴 적부터 총명함이 남들보다 뛰어나서 사람들이 글 읽는 소리를 들으면 문득 암송하였다. 정유년(丁酉年)에 명경(明經)[22]으로 병과(丙科)에 합격하여 괴원(槐院 승문원)의 관원으로 선발되었고, 성현 찰방(省峴察訪)을 거쳐 섭기주(攝記注)로 친정(親政)[23]을 도와 전적(典籍)에 올랐다가 병조와 예조의 좌랑(佐郎)으로 자리를 옮겼다.[24]

신축년(辛丑年)에 금상이 왕세제로 책봉되었을 때 흉당이 건저사대신(建儲四大臣)을 죽였는데[25] 국구(國舅)[26]의 후손들은 포의의 몸으로

22 명경 : 식년 문과(式年文科) 초시(初試)의 한 분과(分科)로 명경과가 있다. 관시(館試 성균관시)·한성시(漢城試)·향시(鄕試)에서는 4서 5경 즉 9서(書)를 고강하여 통(通)·약(略) 이상자를 입격시켰고, 복시(覆試)에서는 9서 중에 7서를 통하고 2서를 약한 자를 입격시켰다. 전시(殿試)에서는 제술(製述) 등으로 시험하여 33인 이내에서 등급을 매겨 합격시켰다.

23 친정(親政) : 정(政)은 도목정(都目政)으로 임금이 직접 행하는 인사행정을 이른다.

24 섭기주(攝記注)로……옮겼다 : 황경원이 지은 〈가선대부사헌부대사헌겸동지춘추관사서공묘지명(嘉善大夫司憲府大司憲兼同知春秋館事徐公墓誌銘)〉에 의하면 서명구는 경종(景宗) 원년(1720)에 섭기거주로 임금의 친정(親政)을 도왔고, 성균관 전적(成均館典籍)으로 승진하였다가 예조와 병조의 양 조 좌랑(佐郎)으로 옮겼다. 《江漢集 권18》

25 신축년(辛丑年)에……죽였는데 : 건저(建儲)는 세자를 세우는 것을 이른다. 1721년(경종1)에 왕세제(王世弟) 연잉군(延礽君)의 대리청정(代理聽政)을 주장한 노론에 대해 소론인 김일경(金一鏡)이 상소하여 이이명(李頤命), 김창집(金昌集), 이

화를 만났다. 이 당시 공은 이미 관직에 들어서 조정에 있던 터라 사람들은 공을 위해 위태롭게 여기지 않음이 없었는데, 공은 도회(韜晦)[27]를 잘하여 어버이를 모시고 고향으로 돌아가 몸소 농사를 지으며 마치 삶을 마칠 듯이 하였다. 그러다가 세력을 잡고 있던 자가 오히려 공을 꺼려하여 간혹 벼슬을 제수하면서 그의 뜻을 살피자 공은 문득 벼슬길에 나아갔다.

을사년(乙巳年)에 상이 등극하시고 효장세자(孝章世子)의 책례(冊禮)가 이루어지자 시강원 사서(侍講院司書)에 제수되고 필선(弼善)의 자리에 올랐다가 사간원 헌납(司諫院獻納)으로 옮겨 제수되었다. 그러나 자신의 처지가 언직에는 있을 수 없다고 하여 상소를 올려 힘껏 사직하였다. 이로부터 사간이 된 것이 6번, 사헌부 집의(司憲府執義)가 된 것이 4번, 홍문록(弘文錄)[28]에 이름이 올라 부수찬(副修撰)이 된 것이 2번, 수찬(修撰)이 된 것이 1번, 부응교(副應教)가 된 것이 1번이었으나 일할 기회가 아니면 일찍이 나가지 않았고 나가서도 일이

건명(李健命), 조태채(趙泰采) 등 이른바 노론 사대신(老論四大臣) 등을 축출하고 소론이 정권을 장악하였다. 이를 신축옥사라고 한다. 이렇게 정권을 잡은 소론 세력은 자신들의 집권 기반을 보다 더 공고히 하기 위해, 1722년 김일경이 목호룡(睦虎龍)을 사주하여 그로 하여금 노론 명문의 자제들이 이른바 '삼급수(三急手)'를 써서 경종을 암살하려 하였다고 고변하도록 하여 임인옥사를 일으켰다. 결국 노론 사대신은 사사(賜死)되었고 노론 세력은 대대적으로 숙청되었다.

**26** 국구(國舅) : 서명구의 중부(仲父)인 서종제(徐宗悌)가 정성왕후(貞聖王后)의 부친이기 때문에 이른 말이다.

**27** 도회(韜晦) : 재주나 지혜, 학문, 자취 등을 숨기고 드러내지 않음을 말한다.

**28** 홍문록(弘文錄) : 홍문관(弘文館)의 교리(校理)・수찬(修撰) 등에 임명될 만한 후보자를 적은 기록을 말한다.

지나가면 곧바로 사직상소를 올렸다. 그러나 일이 명의(名義)의 역순(逆順)과 세도(世道)의 굴신(屈伸)에 관련되어 있으면 개연히 맞닥트렸다.

상이 바야흐로 당을 없애는 일에 힘쓰실 때 언자들은 견책을 받지 않은 이가 거의 없었다. 말이 공에게서 나오자 엄교(嚴敎)가 더욱 심하게 내려왔으나 공은 조금도 굽히지 않았다.[29] 부모의 봉양을 위하여 간성 군수(杆城郡守)가 되었다.

신해년(辛亥年)에 장릉(長陵)을 천릉할 때[30] 도청(都廳)에 차임되었고, 그 공로로 통정대부(通政大夫)로 품계가 올라 동부승지(同副承旨)에 제수되었다. 병조 참지(兵曹參知)와 참의(參議), 형조 참의(刑曹參議)와 우부승지(右副承旨)를 지내고, 외직으로 나가서 성천 부사(成川府使)가 되었다가 승진하여 전라도 관찰사(全羅道觀察使)에 제수되었다.

이해에 큰 기근을 만나, 도로에 널려있던 유민들이 공을 기다려 갈지 말지를 결정하려 하였는데 공은 부임한 즉시 덕의(德意)를 선포하여 일로(一路)의 백성들로 하여금 믿고 안심하도록 하고, 큰 진휼을 실시

**29** 말이……않았다 : 서명구가 역신(逆臣) 유봉휘(柳鳳輝)에 대해 논한 죄에 걸려 삭탈관직(削奪官職)에 문외출송(門外黜送)까지 된 언사자(言事者)를 구하기 위하여 상소하였으나 영조에게 크게 꾸짖음을 당하고 상소가 반려된 사건을 이르는 것으로 보인다.《江漢集 권18 嘉善大夫司憲府大司憲兼同知春秋館事徐公墓誌銘 幷序》

**30** 장릉(長陵)을 천릉할 때 : 장릉(長陵)은 인조(仁祖)와 원비(元妃) 인열왕후(仁烈王后) 한씨(韓氏)를 합장한 능이다. 원래 경기도 파주시 문산읍(汶山邑) 운천리(雲泉里)에 있었으나, 1731년(영조7)에 현재의 위치인 파주시 탄현면(炭縣面) 갈현리(葛峴里)로 옮겨졌다.

하려 하였다.[31] 그런데 대각에 있던 자가 공을 무고하며 개차(改差)를 청하니[32] 대신 및 여러 신하들이 모두 그 말이 잘못되었음을 말하고 공의(公議)로 심지어 대신(臺臣)의 죄를 청하는데 이르렀으나[33] 상은 공이 필시 인혐(引嫌)하여 직을 비워두리라 여겨 끝내 체직시켰다.[34]

병조 참의(兵曹參議), 좌부승지(左副承旨), 호조 참의(戶曹參議)에 제수되었고 외직으로 나가 곡산 부사(谷山府使)가 되었다. 대사간(大司諫)의 자리에서 소환(召還)되어 개성 유수(開城留守)에 발탁되었다가, 돌아와 한성 우윤(漢城右尹)·동의금 부총관(同義禁副摠管)에 제수되었다. 동지 부사(冬至副使)에 차임되어 호조 참판(戶曹參判)의 직함을 띠게 되었는데, 대신이 번얼(藩臬)[35]이 사신보다 중요하다고

**31** 이 해에……하였다 : 서명구는 전라도 지역의 큰 기근을 구제할 목적으로 진휼의 사의(事宜)를 조목조목 적은 장계를 올렸다. 그러자 당시 영조는 "장계의 말이 마땅함을 얻었으니 매우 기쁘다"고 하면서 서명구를 크게 칭찬하였다고 한다.《江漢集 권18 嘉善大夫司憲府大司憲兼同知春秋館事徐公墓誌銘 幷序》

**32** 대각에……청하니 : 사헌부 지평(持平) 정옥(鄭玉)이 "전광도 관찰사(全光道觀察使) 서명구(徐命九)는 평소 인망이 낮아 방백(方伯)으로 합당하지 아니하며, 거조가 소루 오활하고 정령(政令)이 번잡하고 좀스러우니, 벼슬을 갈아 주소서."라고 아뢴 사실을 가리킨다.《영조실록 13년 11월 20일》

**33** 공의(公議)로……이르렀으나 : 같은 해 이정보가 여러 건의 사유를 들어 정옥의 체직을 청한 사실을 말한다.《영조실록 13년 11월 20일》

**34** 인혐(引嫌)하여……체직시켰다 : 인혐(引嫌)은 벼슬아치가 혐의 있는 일의 책임을 자기에게 돌리고 그 벼슬을 사양하여 물러가는 것 또는 그러한 청원(請願)을 말한다. 영조는 이 일에 대해 정옥의 요청을 받아들여 서명구를 체직하였다.《영조실록 13년 11월 21일》

**35** 번얼(藩臬) : 지방 군대에 관한 통솔권을 가진 감사(監司)나 병마절도사(兵馬節度使) 또는 수군절도사(水軍節度使)를 말한다.

하여 황해도 관찰사(黃海道觀察使)로 제수하기를 청하였다.

황해도 관찰사로 부임해서는 고적(考績)을 엄격히 하여 권세를 믿고 방자하게 구는 수령들을 즉각 파면시켰고, 녹봉을 내어서 한 고을을 위해 묵은 폐단을 영원히 없애주니[36] 백성들은 지금까지도 힘을 입고 있다. 돌아와서는 비국당상(備局堂上)에 차임되었고 도승지(都承旨)에 제수되어 괴원 제조(槐院提調)를 겸하였다. 예(禮)·병(兵)·형(刑)·공(工) 4조의 참판(參判)으로 전직되었다가 경기 관찰사(京畿觀察使)에 제수되었고 임기가 차서 좌우윤 겸 동지춘추관 의금부사(左右尹兼同知春秋館義禁府事)에 제수되었다가 대사헌(大司憲)으로 자리를 옮겼다.

이 때 흉서(凶書)의 변고[37]가 있어 상께서 친국(親鞫)을 하셨다. 공이 장전(帳殿)으로 나아가 간원(諫院)·옥당(玉堂)과 더불어 이광좌(李光佐), 조태억(趙泰億)을 토죄할 것을 청하고 이어서 역란의 원류를 거슬러 올라가 논하니 말이 매우 과격하였는지라 상이 삭직을 명하였다.[38]

**36** 녹봉을……없애주니 : 황해도 관찰사 시절 해주(海州)의 백성들이 문적(文籍)을 정리하는데 필요한 비용을 대느라 고통을 받자 서명구가 늠전(廩錢) 700냥과 쌀 500곡(斛)을 내어 그 폐단을 제거한 바 있다.《江漢集 권18 嘉善大夫司憲府大司憲兼同知春秋館事徐公墓誌銘 幷序》

**37** 흉서(凶書)의 변고 : 목호룡(睦虎龍)이 흉서(凶書)를 올려 무옥(誣獄)을 일으킨 이른바 임인옥사(壬寅獄事)를 가리킨다. 목호룡은 김일경(金一鏡)의 사주를 받고, 노론이 숙종 말년부터 경종을 제거하려고 하였는데 자신도 그 음모에 가담하였다며 이른바 삼급수설(三急手說)을 들어 고변하였다. 이 고변으로 국청(鞫廳)이 설치되고 장장 8개월에 걸쳐 국문이 진행되면서 역모에 관련된 자들이 처단되는 대옥사가 일어났다.

**38** 공이……명하였다 : 서명구가 홍문관·사간원과 함께 계(啓)를 올려 이광좌(李光

신미년(1751, 영조27)에 효순빈 묘소 도감제조(孝純嬪墓所都監提調)에 차임되고 호남백(湖南伯 전라도관찰사)에 다시 제수되었다. 당시에 공은 이미 말질(末疾)에 걸려있으면서도 날마다 각 고을의 문서와 장부를 처리하였고 병 때문에 일을 폐하지 않았다. 늙은 아전이 나와 사람들에게 말하기를

"공은 비록 병이 드셨지만 눈빛이 사람을 쏘는 것이 마치 폐부를 비추는 듯하니 우리들이 감히 속일 수 없습니다."

라고 하였다.

공이 일찍이 이하징(李夏徵)을 한번 보고는 그가 길한 사람이 아님을 알아차렸다. 하징이 바야흐로 나주 목사(羅州牧使)로 있을 때 치적의 명성이 높았는데 공이 어떤 일을 가지고 폄출하였더니 사람들이 모두 의아하게 생각했다. 그러나 공이 돌아간 다음해 하징이 반역을 모의하여 복주를 당하자[39] 비로소 그의 선견지명에 감복하였다.

체차되어 돌아온 뒤 병이 더욱 심해졌고, 죽음을 앞두고는 다시는 임금님을 볼 수 없을 거라는 생각에 간곡히 타일러 마지않았으니, 실로

佐)·조태억(趙泰億) 두 사람의 관작(官爵)을 추탈할 것을 청하고 이어서, "역악(逆惡)의 근원이 일경(一鏡)과 호룡(虎龍) 이후로 봉휘(鳳輝)와 광좌(光佐), 태억(泰億)에 이르기까지 그 당(黨)이 이미 번성하고 그 뿌리가 이미 견고한데 삼사(三司)가 토죄(討罪)하는 것이 엄하지 않으니 신은 통분하게 생각하옵니다." 하자 영조가 하교하여 공을 삭직(削職)하도록 한 사실이 있다.《江漢集 권18 嘉善大夫司憲府大司憲兼同知春秋館事徐公墓誌銘 并序》

**39** 하징이……당하자 : 이하징(李夏徵, 1686~1755)은 나주 목사를 지내면서 소론 세력과 규합하여 나라와 노론을 비방하는 글을 나주의 객사에 붙였다가 발각되어 서울로 압송된 후 친국 끝에 처형된 인물이다. 이를 을해 옥사(乙亥獄事) 또는 나주괘서 사건(羅州掛書事件)이라고 한다.

갑술년(1754, 영조30) 10월 22일이었고 향년 63세였다. 포천(抱川) 갈산(葛山) 석문(石門)의 해좌(亥坐) 언덕에 장사를 지냈다.

초배(初配)는 광주 이씨(廣州李氏)로 지평(持平)에 추증된 도명(道命)의 따님이고 공의 묘소에 함께 묻혔다. 계배(繼配)는 고령 신씨(高靈申氏)로 사인(士人) 후원(後源)의 따님인데 자식이 없어서 삼종형(三從兄) 참판(參判) 명형(命珩)의 중자(仲子)인 효수(孝修)를 데려다 후사로 삼았다. 효수는 문과에 급제하였고 관직은 부수찬(副修撰)에 이르렀으나 공보다 1년 먼저 죽었다. 정랑(正郎) 이언신(李彦臣)의 딸에게 장가들어 아들 둘을 낳았는데 유린(有隣)과 유방(有防)이다. 장녀는 김백행(金百行)에게 시집갔고 계자(繼子)는 이온(履溫)이다. 그 다음은 남유정(南有定)에게 시집갔고 그 아들은 공좌(公佐)이다. 서출(庶出)로 아들 둘이 있는데 유수(游修), 유수(孺修)이고 딸 하나가 있는데 심덕희(沈德希)에게 시집갔다. 유수(游修)에게는 아들 하나가 있고 심덕희는 아들 하나 딸 하나가 있는데 모두 어리다.[40]

공은 집안에서의 행실이 돈독하였고 어버이를 섬기고 선조의 제사를 받드는 일에 모두 정성을 다하였다. 맏형이 일찍 세상을 뜨자 고아가 된 조카를 자기 자식처럼 어루만졌으며 자제들을 교육함에는 엄하면서 의방(義方)[41]이 있었다.

**40** 그 다음은……어리다 : 이 부분은 황경원의 〈가선대부사헌부대사헌겸동지춘추관사서공묘지명(嘉善大夫司憲府大司憲兼同知春秋館事徐公墓誌銘)〉의 내용과 다소 다르다. 황경원의 묘지명에 의하면 남유정(南有定)의 아들이 공좌(公佐)이고 공좌(公佐)의 아들이 성구(聖耉)이다. 성구(聖耉)가 서출(庶出) 2남 1녀를 두었는데 아들 둘이 유수(游修), 유수(孺修)이고 딸이 심덕희(沈德希)에게 시집갔다.

**41** 의방(義方) : 정도(正道)를 의미한다. 《춘추좌씨전》 은공(隱公) 3년 조에, 위

살던 집이 주제(主第)[42]와 가까웠고, 마을에는 종친들도 많았으나 수찬공(修撰公)이 돌아가시자 공은

"자손에게 아버지가 없으니 내 사치스러운 것을 자주 보게 하고 싶지 않다."

라고 하고 드디어 거처를 옮겼으니 왕실과 인척관계에 있던 까닭에 항상 삼가고 두려워하는 마음을 가졌던 것이다. 평소에 거할 때에는 고인의 명언과 격언을 써서 자리의 곁에다 두고 아침저녁으로 외웠다.

공은 사람됨이 강인하고 과단성이 있었으며 일에 닥쳐서는 명철하게 판단하였다. 집에 있을 때나 조정에서 벼슬을 할 때 일정한 법칙을 가지고 조금도 넘어서지 않았다. 상은 경연에 납시어 공에 대해 언급하며 자주 말씀하시기를

"아무개는 정고(貞固)한 사람이다."

라고 하였고, 부음이 들리자 몹시 놀라고 슬퍼하며 시종신에게 말하기를

"내가 잠저에 있을 때부터 그 고아한 지조를 익히 알고 있었는데 관직이 아경(亞卿)에 그치고 말았구나."

라고 하셨다. 아. 성상의 한마디 말은 공을 영원히 기억되게 할 만하니 어찌 내 문장을 기다릴 필요가 있겠는가? 그러나 미처 공의 누정에 기문을 지어주지 못하고 공의 묘소에 명을 짓게 되었으니 또한 슬픈

(衛)나라 장공(莊公)의 아들 주우(州吁)가 오만 방자하게 굴자, 현대부(賢大夫) 석작(石碏)이 장공에게 "아들을 사랑한다면 그에게 올바른 도리로 가도록 가르쳐서 잘못된 곳으로 빠져들지 않게 해야 한다.〔愛子, 敎之以義方, 弗納於邪.〕"라고 충간(忠諫)한 말이 나온다.

**42** 주제(主第) : 공주의 저택. 보통 왕가(王家)의 귀족들을 가리키는 말이다.

일이로다. 명(銘)은 다음과 같다.

| | |
|---|---|
| 고난 딛고 길한 곳으로 나아갔고 | 履艱逾吉 |
| 편히 거하면서도 두려워할 줄 알았네 | 居泰能懼 |
| 시종일관 하였으니 | 有始有終 |
| 이것이 정고함이로다 | 寔爲貞固 |
| 내 공을 사사로이 칭찬하는 것이 아니라 | 匪我私公 |
| 성상께서 차탄하며 말씀하신 것이니 | 聖主曰咨 |
| 이 말로 명을 삼아 | 用是以銘 |
| 내 글을 부끄럽지 않게 하리라 | 無愧我詞 |

# 묘지 墓誌

## 선비 묘지

先妣墓誌

우리 외증조모 윤부인(尹夫人)께서는 어질면서 부덕(婦德)이 있어 온 세상 사람들이 모두 여사(女師)[43]라고 칭송하였다. 중자(仲子)인 서포공(西浦公)이 그 행장을 기술하였는데[44] 사람들이 그 문장을 두고 구양공(歐陽公)의 〈용강표(瀧岡表)〉[45]에 비견할만하다고 하였다. 선비께

43 여사(女師) : 여자가 지녀야 할 도리와 여자로서 해야 할 일에 대해서 가르치는 이를 가리킨다. 딸을 출가시키려는 이들은 반드시 존자(尊者)에게 나아가 배우게 하였다.

44 서포공(西浦公)이……기술하였는데 : 서포공은 김만중(金萬重)이고 행장은 〈선비 정경부인 행장(先妣貞敬夫人行狀)〉을 일컫는다. 기사환국(己巳換局)으로 남인(南人)이 정권을 잡고 서인(西人)이 실각하게 되자 서인의 중신이던 김만중(金萬重)도 남해(南海)로 유배되었는데 그해 모친 해평 윤씨(海平尹氏)가 작고하였다. 유배지에 갇혀 있는 처지였으므로 장례에 참석하지 못하게 되었기로 이 글을 지었다. 《西浦先生集 권10》

45 용강표(瀧岡表) : 구양수의 〈용강천표(瀧岡阡表)〉를 말한다. 용강은 중국 강서성(江西省)의 봉황산(鳳凰山)에 있는 언덕의 이름이다. '상강'으로도 읽는다. 구양수(歐陽脩)가 네 살 때에 아버지를 여의었는데 무덤이 이곳에 있었다. 그로부터 60년이 흐른

서는 일찍이 불초한 이 아들에게 이 글을 읽게 하여 들으시고는 말씀하시기를

"우리 조모의 아름다운 법도를 숙부께서 널리 드러내어 후세 사람들에게 전하시었으니 조모께서는 덕이 있으셨을 뿐 아니라 훌륭한 자식을 두셨다. 내가 아잇적에 조모께 가르침을 받았는데 지금 늙었구나. 밤낮으로 경계하여 거의 그 훈계를 실추시키지 않았건만 훗날 누가 나의 행실을 숙부가 우리 조모 기술하듯 기술해 줄 수 있을까?"

라고 하셨다. 아. 선비의 말씀 낭랑하게 아직도 귀에 남아있는데 불초자가 슬하를 영원히 떠난 지도 어느덧 24년이 되었다.

선비는 광주 김씨(光州金氏)로 사계선생(沙溪先生)[46]의 4대손이다. 증조(曾祖) 휘(諱) 반(槃)[47]은 이조 참판(吏曹參判)으로 영의정(領議政)에 추증되셨고, 조(祖) 휘(諱) 익겸(益兼)[48]은 성균 생원(成均生員)

뒤에 구양수가 직접 묘표를 지었다. 어머니의 말을 빌어 아버지를 회고하고 칭송하는 형태로 되어 있으며 훗날 훌륭한 아들이 작고한 아버지의 행적을 잘 기록한 글의 대명사로 평가 되었다. 《歐陽文粹 卷20 瀧岡阡表》

**46** 사계선생(沙溪先生) : 조선 선조(宣祖) 연간의 학자인 김장생(金長生, 1548~1631)의 호이다. 이이(李珥)의 문인으로, 예학(禮學)을 깊이 연구하여 《가례집람(家禮輯覽)》, 《상례비요(喪禮備要)》, 《의례문해(疑禮問解)》 등의 저술을 남겼다.

**47** 휘(諱) 반(槃) : 김반(金槃, 1580~1640)으로, 자는 사일(士逸), 호는 허주(虛州), 본관은 광주(光州)이다. 대사성, 예조·병조 참판, 대사헌, 한성부 우윤(漢城府右尹), 대사간, 이조 참판 등을 지냈다.

**48** 휘(諱) 익겸(益兼) : 김익겸(金益兼, 1614~1636)으로, 자는 여남(汝南)이다. 병자호란(丙子胡亂)이 일어나자 강화(江華)로 가서 항전에 참여하였고, 전황이 불리해지자 강화유도대장(江華留都大將)이었던 김상용(金尙容)과 함께 남문(南門)에 화약궤를 가져다 놓고 그 위에 걸터앉아 분신(焚身)하여 자결하였다.

으로 병자호란 때 강도(江都 강화도)에서 절의를 세워 영의정 광원부원군(領議政光原府院君)에 추증되고 충정(忠正)의 시호를 받으셨다. 고(考) 휘(諱) 만기(萬基)[49]는 곧 숙묘조(肅廟朝) 국구(國舅)이신 광성부원군(光城府院君)으로 시호는 문충(文忠)이다. 비(妣) 청주 한씨(淸州韓氏)는 군수(郡守) 유량(有良)의 따님으로 부부인(府夫人)에 봉해졌다.

선비께서는 어릴 적부터 총명하고 조숙하여 윤 부인이 서적을 주면 대의(大義)를 대략 통하여 고금의 치란과 일의 성패, 사람의 간사함과 올바름을 훤히 이해하지 않음이 없었고, 식견과 사려가 이따금 남을 넘어서는 것이 있었다. 백씨(伯氏)인 판서공(判書公) 형제[50]가 매번 조정의 대사를 가지고 자문을 하면 선비께서 한마디 말로 결정해주니 판서공 형제가 감탄하며 말하기를 "애석하도다. 내 누이가 여자로 태어난 것이."라고 하셨다.

17세에 선부군에게 시집을 오셨는데 겸손하고 공손하였으며 법도가 있어서 선비를 본 사람들은 그녀가 부귀한 집안에서 나고 자란 것을 알지 못하였다. 본생 시부이신 첨정공(僉正公)과 조부인(趙夫人)[51]께

**49** 휘(諱) 만기(萬基) : 김만기(金萬基, 1633~1687)로, 자는 영숙(永淑), 호는 서석(瑞石)·정관재(靜觀齋), 시호는 문충(文忠)이다. 숙종의 원비(元妃)인 인경왕후(仁敬王后)의 아버지로 광성부원군(光城府院君)에 봉해졌으며, 김만중(金萬重)의 형이기도 하다.

**50** 판서공 형제 : 김만기의 아들이자 선비의 오빠인 김진귀(金鎭龜), 김진규(金鎭圭) 형제를 의미한다.

**51** 첨정공(僉正公)과 조부인(趙夫人) : 첨정공은 이주신의 생부인 이성조(李成朝)를 말한다. 사복시첨정을 지냈고 서인들이 대거 희생된 기사환국(己巳換局) 때 정주(定

서 애지중지하셨고, 여러 동서들도 존경하고 심복하며 본받지 않음이 없었다.

그 때 인경왕후(仁敬王后)[52]가 승하하셨다. 그러나 궁중에서 철마다 연회가 있으면 부부인께서 알현을 폐하지 않으셨고 선비께서도 가끔 따라가셨는데 인현왕후(仁顯王后)와 지금 대비전에서도 지극한 예로 대우하셨다. 나오셔서는 일찍이 궁중의 일을 남들에게 말씀하지 않으셨고 묻는 사람이 있으면 겸손하게 알지 못하는 듯하셨다.

선부군께서 책 읽는 것을 좋아하시어 종일토록 책을 놓지 않으시고 밤까지 낮을 이어 읽으셨는데, 선비는 집안일을 선부군에게 알지 못하게 하시면서 혹여 그 마음에 누가 될까만 걱정하셨다. 선부군께서 중년(中年)에 과거 공부를 그만두셨는데 실제로는 선비께서 도와 그 뜻을 이루게 하신 것이었다. 신축옥사가 일어나자 김씨 일문은 그 화를 혹심하게 입었다.[53] 화색(禍色)이 천지에 가득하게 되자 선비께서는 근심과 통분으로 눈물을 흘리며 말씀하시기를

"나도 여자가 아니었다면 면하지 못하였을 것이다. 그러나 우리 김씨는 나라와 휴척(休戚)을 같이하였으니 나라가 어지러울 때 신하가 죽는 것이 어찌 슬퍼할 만한 일이겠느냐? 천도는 본래의 상태로

州)로 유배되었다. 조씨는 풍양 조씨(豊壤趙氏)로 증찬성(贈贊成) 조상정(趙相靜)의 딸이다.

**52** 인경왕후(仁敬王后) 1661~1680) : 숙종(肅宗)의 원비로, 광성부원군(光城府院君) 김만기(金萬基)의 딸이자 김진귀(金鎭龜)의 누이이다. 선비의 언니이고 이천보에겐 이모가 된다.

**53** 신축옥사가……입었다 : 신축옥사 때 김운택이 영변(寧邊)에 유배되는 등 김씨 일문도 그 피해를 입었기 때문에 이른 말이다.

돌리기를 좋아하니 아마도 3년을 넘기지 않을 것이로다."

라고 하였다. 을사년(乙巳年)에 이르러 세도(世道)가 바뀌었으니[54] 선비의 명달하신 식견이 대체로 이와 같았다.

선비께서는 부군의 양부모를 살아계실 때 모시지 못한 것을 지극한 아픔으로 여겨 제사에 정성과 예를 극진히 하였다. 선부군께서 두 고을에 수령으로 부임하게 되자 선비께서는 근심스레 말씀하시기를

"제수가 내 손을 거치지 않으면 내 마음에 제사를 지내지 못한 것 같다."

라고 하시면서 그릇을 씻고 찬 만드는 것을 모두 관아 주방에 맡기지 않고 한결같이 집에 계실 때처럼 직접 점검하셨다.

선부군께서 말질(末疾)로 10년을 앓으시자 전택을 팔아 약값을 조달하셨다. 집안이 더욱 가난해져서 조석 끼니도 잇지 못할 지경이 되었는데도 선비께서는 편안히 여기시고 근심으로 눈살 찌푸리는 것을 선부군께 보이지 않으셨다. 항상 불초자에게 훈계하여 말씀하시기를

"너의 아버님은 문을 닫고 조용히 사셨으니 이것이 너희 집안의 법도이다. 그런데 내가 너 사귀는 자들을 보니 모두 문사더구나. 무릇 문사들 중에는 경박한 자들이 많고 신중한 자들은 적으니 내 너를 위해 근심스럽다."

라고 하셨다. 또 말씀하시기를

**54** 을사년(乙巳年)에……바뀌었으니 : 을사환국(乙巳換局)이 일어난 것을 이른다. 영조가 즉위한 뒤에 앞서 신임옥사(辛壬獄事)를 일으킨 김일경(金一鏡)과 목호룡(睦虎龍) 등을 바로 처형하고 이어서 소론(少論)인 영의정 이광좌(李光佐), 우의정 조태억(趙泰億) 등을 내몰고 노론(老論)인 민진원(閔鎭遠)과 정호(鄭澔)를 정승으로 임명하여 노론 정권을 출범시켜 왕권을 강화한 사건이다.

"너의 아버님은 어릴 적부터 행실을 가다듬고 학문에 힘썼는데 하늘이 선인(善人)을 돕지 않아 불행히 이와 같이 병이 깊어지셨구나. 문호를 지킬 책임이 네 한 몸에 있다. 내 피로가 쌓여 야위고 병들었으니 너의 성취를 보지 못할까 걱정이다."

라고 하셨다.

아. 선비께서 돌아가신 지 7년 뒤 불초자가 벼슬길에 올라 조정에서서 높고 현달한 지위에 올랐는데 선비께서는 미처 보지 못하셨다. 불초자로 인해 추은(推恩)되어 선부군께는 의정부 영의정(議政府領議政)이, 선비께는 정경부인(貞敬夫人)이 증직되었다.

선비께서는 계축년(癸丑年)에 탄생하시어 주갑(周甲)되시는 해에 돌아가셨다. 처음에는 안산(安山) 마유리(馬遊里)에 장사지냈으나 선부군의 상에 미쳐서 같은 군(郡) 달산(達山)의 간좌(艮坐) 언덕으로 옮겨 합장하였다.

선비는 1남1녀를 낳으셨는데 아들은 곧 불초자이고 딸은 부사(府使) 심사주(沈師周)에게 시집갔다. 불초자는 딸 셋을 낳았고 아들은 없어서 족자(族子)인 문원(文源)을 들여 후사로 삼았다. 세 딸 가운데 장녀는 사인(士人) 조준(趙竣)에게 시집갔고 그 다음은 사평(司評) 오재순(吳載純)에게 시집갔으며 그 다음은 사인(士人) 서유방(徐有防)에게 시집갔다. 심사주(沈師周)는 딸 하나를 낳았는데 정언(正言) 오찬(吳瓚)에게 시집갔다. 계자(繼子)는 진사(進士) 재진(載鎭)이다.

불초자가 아들을 낳았으나 번번이 자라기도 전에 죽자 선비께서는 근심스레 말씀하시길

"너는 문자로 헛된 명성을 가졌다. 명성이라는 것은 조물주가 시기하는 법,[55] 네가 자손이 많지 않은 것이 여기에서 빌미가 되지 않았다고

어찌 알겠느냐?"

라고 하셨다. 아. 불초자는 일찍이 선비의 말씀에 복응(服膺)하지 않은 적이 없었는데 지금 또 분수에 맞지 않는 관직을 차지하고 있으니, 덕도 없이 녹을 누리는 것이라 아마도 그 죄 됨은 비단 얕은 재주로 얻은 명성이 그 실상을 넘어서는 것에 그치지 않을 것이다. 선비께서 만약 살아계셨다면 영화로 여기지 않고 근심으로 여김이 의당 어떠하셨겠는가? 죄는 불초자에게 있는데 하늘이 벌을 내리시어 선부군과 선비께서 쌓으신 덕과 남기신 은택으로도 그 후손들을 창성하게 못하였으니 불초자가 지하에 돌아가 절할 면목이 없다. 이에 감히 슬픔을 억누르고 아픔을 참으면서 선비의 평소 규범(閨範)을 삼가 기술하여 묘에 지석(誌石)을 묻는다. 그러나 그 표양한 것이 서포공(西浦公)이 대부인(大夫人)의 행장을 쓴 것만 못하여 선비의 유지(遺志)를 저버렸으니 이 또한 불초자의 죄이다. 아. 애통하도다. 선부군의 세계(世系)는 선부군의 묘갈에 적었으니 다시 기록하지 않는다.

**55** 명성이라는……법 : 진단(陳摶)이 문인(門人) 충방(种放)을 경계한 말에 "명성은 고금의 아름다운 그릇이지만 조물주가 깊이 미워한다.〔名者古今美器, 造物者深忌之.〕"라는 말이 있다.《山堂肆考 卷103 人品》

# 현감 원공[56] 묘지명

縣監元公墓誌銘

천보(天輔)는 본관이 원주(原州)인 원화백(元華伯)[57]과 친구가 되어 그의 숙부이신 함창공(咸昌公)을 배알할 수가 있었다. 당시 화백의 선대인(先大人)인 황주공(黃州公)[58]이 별세를 하시고 공과 화백이 같은 마을에서 살고 있었는데 날마다 그 맏형수인 이 숙인(李淑人)을 직접 문후하고 물러나서는 화백과 한집에서 지냈으니 대개 공이 이 숙인 섬기기를 어머니 섬기듯 하고 화백 보기를 자식 보듯 하였기 때문이다. 원씨는 대대로 효우(孝友)로 명성이 있었으니 공이 그 가법을 능히 지킨 것이 이와 같았다.

공의 휘는 명항(命恒)이고 자는 사상(士常)이다. 고조(高祖) 휘(諱) 유남(裕男)은 지중추부사(知中樞府事)를 지낸 원계군(原溪君)이고 증조(曾祖) 휘(諱) 두추(斗樞)는 광주 부윤(廣州府尹)를 역임했으며 조(祖) 휘(諱) 만리(萬里)는 평안도 관찰사(平安道觀察使)를, 고(考) 휘

**56** 현감 원공(縣監元公) : 원경하(元景夏)의 숙부인 원명항(元命恒)을 말한다. 함창 현감(咸昌縣監)을 지냈다.

**57** 원화백(元華伯) : 원경하(元景夏, 1698~1761)로 본관은 원주(原州), 자는 화백(華伯), 호는 창하(蒼霞)·비와(肥窩), 시호는 충문(忠文)이다. 영조의 뜻을 받들어 탕평책을 진언하였고, 예문관 제학·이조 참판·청풍 부사·부제학 등을 역임하였으며 판돈녕부사로 치사하여 봉조하가 되었다.

**58** 황주공(黃州公) : 원경하의 아버지 원명귀(元命龜)를 말한다. 1703년(숙종 29) 천거되어 벼슬에 나아가 황주 목사(黃州牧使)를 지냈다.

(諱) 몽익(夢翼)은 아산 현감(牙山縣監)을 지냈다. 비(妣) 은진 송씨(恩津宋氏)는 문정공(文正公) 준길(浚吉)의 손녀이자 공조 정랑(工曹正郎) 광식(光栻)의 따님이다.

공은 자질이 순후하고 마음이 어질었으며 사람들과 더불어 말을 할 때는 편안하여 격의가 없었다[59]. 어려서 아버지를 여의고 황주공(黃州公)을 섬기면서 정성과 사랑을 다하였고, 황주공이 돌아가시자 마치 아버지 잃은 것처럼 슬퍼하였다. 선공감역(繕工監役)에 제수되었다가 그 공로로 등급이 올라 장흥고 주부(長興庫主簿)가 되었고, 세 번 자리를 옮겨 평시서 영(平市署令)이 되었다.

금상 9년 계축년(癸丑年)에 함창 현감(咸昌縣監)에 제수되었는데 부임지로 갈 때 사람들이 서로 축하하며 말하기를

"어진 사람이라, 모두들 그 은혜를 입을 것이로다."

라고 하였다. 1달이 지나 여질(癘疾)에 걸려 위독해지자 황주공을 몹시 걱정하며 눈물을 줄줄 흘렸고, 얼마 되지 않아 작고하니 실로 이해 6월 5일이고 향년 47세였다. 8월 아무 날 원주(原州) 무등(茂登) 계곡에 장사지냈다.

전배(前配) 신씨(辛氏)는 아들 셋을 낳았는데 경록(景祿), 경복(景福)은 공보다 먼저 요절하였고 막내는 경진(景禛)이다. 후배(後配)는 이씨(李氏)이다.

화백(華伯)의 이름은 경하(景夏)인데 사람들과 구차히 영합하지 않아 세상에는 그를 좋아하지 않는 자들이 많았다. 공은 간혹 천보에게

59 격의가 없었다 : 원문의 '城府'는 다른 사람을 대함에 있어서 경계심을 품어 마치 성을 쌓은 듯이 자기의 속마음을 털어놓지 않는 것을 말한다.

말하기를

"내 조카가 성품이 너무도 강하니 오늘날 잘 처세하는 방법이 아니네. 자네가 깨우쳐 주게나."

라고 말하였다. 천보는 여기에서 공이 근후(謹厚)하신 어른이라는 것을 더욱 잘 알게 되었다. 화백이 천보에게 비명을 부탁해 왔다. 명은 다음과 같다.

| | |
|---|---|
| 올바른 행실 대대로 이어가는 것을 | 行誼克世 |
| 그 집안의 골육이 했네 | 其家骨肉 |
| 고향으로 돌아왔으니 | 復歸其鄉 |
| 저 봉긋한 무덤[60] | 彼睪如者 |
| 원공이 묻혀있는 곳이로다 | 惟曰元公之藏 |

**60** 봉긋한 무덤 : 원문의 '睪如'는 는 무덤을 가리키는 말이다. 《열자》〈천서(天瑞)〉에 공자가 무덤을 두고 "저 무덤을 바라보면 봉긋하고, 불룩하고, 언덕 같고, 막힌 것 같으니, 쉴 곳을 알 것이다.〔望其壙, 睪如也, 宰如也, 墳如也, 鬲如也, 則知所息矣.〕"라고 한데서 유래하였다.

# 직장 한군[61] 묘지명

直長韓君墓誌銘

내가 사우(士友)들 사이에서 종유하면서 군의 이름은 들었으나 모습은 보지 못했었다. 그러다가 신유년(辛酉年) 봄에 내가 관직[62]에 있을 때 희정당(熙政堂)에 입시하여 한 섭기주(攝記注)를 보았다. 일을 하는 것이 절도에 맞고 기사(記事)하는 것이 매우 민첩하면서도 재치가 있어 입시한 신하들이 모두 그를 주목하였는데 내가 물러나서 그 사람을 물어보니 곧 군이었다. 군은 새로 급제하여 처음 입시하였으나 이해 겨울에 마마를 앓다 죽었다.

군의 이름은 태증(泰增)이고 자는 노첨(魯瞻)이며 세계(世系)는 청주 한씨에서 나왔다. 세조조(世祖朝) 때 휘(諱) 확(確)[63]이라는 분이 있어 좌의정(左議政)을 지냈고 시호는 양절(襄節)이다. 4대를 내려와 청원위(淸原尉)를 지낸 휘 경록(景祿)에 이르러서는 중종(中宗)의 따

61 직장 한군(直長韓君) : 한태증(韓泰增)으로, 영조(英祖) 16년(1740) 경신(庚申) 증광시(增廣試) 갑과(甲科) 3위로 급제하여 사포서 직장(司圃署直長)에 임명되었다.

62 관직(館職) : 조선 시대에 홍문관의 부제학 이하의 관원과 성균관의 대사성 이하의 관원을 총괄하여 일컬었던 말이다.

63 휘(諱) 확(確) : 한확(韓確, 1403~1456)으로, 자는 자유(子柔), 호는 간이재(簡易齋), 시호는 양절(襄節)이다. 누나가 명나라 성조(成祖)의 비(妃)로 뽑혀 여비(麗妃)가 되자 1417년 진헌부사(進獻副使)로 명나라에 갔고, 세종이 즉위하자 고부청시승습사(告訃請諡承襲使), 사은사 등으로 명나라에 다녀왔다. 계유정난 때는 수양대군을 도와 정난공신(靖難功臣) 1등에 책록되었고, 사은사로 명나라에 가서 세조의 왕위찬탈을 양위(讓位)라고 설득시켰으나 귀국 도중 사하포(沙河浦)에서 객사했다.

님인 의혜공주(懿惠公主)와 혼인을 했고, 휘(諱) 의(漪)라는 분은 상의판관(尙衣判官)으로 승지(承旨)에 추증되었다. 휘(諱) 사덕(師德)이란 분은 사헌부 감찰(司憲府監察)을 지냈는데 광해조(光海朝)때에 폐모(廢母) 논의에 이의를 제기하였으니[64] 이분이 군의 5대조이다. 고조(高祖) 휘(諱) 립(岦)은 활인서 별제(活人署別提)로 사헌부 집의(司憲府執義)에 추증되었고, 증조(曾祖) 휘(諱) 석평(碩平)은 통덕랑(通德郎)을 지냈으며, 조(祖) 휘(諱) 표(杓)는 공조 정랑(工曹正郎)을 지냈다. 부친의 이름은 중정(重鼎)이고 모친은 공인(恭人) 한산 이씨(韓山李氏)로 토정(土亭) 지함(之菡)의 6대손이면서 병조 좌랑(兵曹佐郎) 정래(禎來)의 따님이다.

군은 숙종조(肅宗朝) 계미년(癸未年)에 태어났다. 어려서부터 영특하여 14,5세 때에 사서삼경을 외웠으나 아버지가 명경과 공부를 하고 있어서 부자가 함께 강시(講試)에 갈 수가 없었기로[65] 군은 결국 제술에 힘을 다하였다. 그러나 문장을 지을 때 과거(科擧)의 정식(程式)에 맞기를 구하지 않았고 전아하고 심오하기에 힘써 이 때문에 여러 번 실패를 하기도 하였으나 더욱 스스로 신념을 가졌다.

경신년(庚申年) 증광시(增廣試)에 갑과(甲科) 3등으로 뽑혀 관례대로 사포서 직장(司圃署直長)에 제수되니 세상에서는 영화로운 자리에

**64** 사덕(師德)이란……제기하였으니 : 한사덕은 대비를 폐할 때 정청(庭請)에 나아가 참례한 780명의 관원 중 한 명이었다.《燃藜室記述 제20권 廢主光海君故事本末》

**65** 아버지가……없었기로 : 명경과(明經科)는 문과의 일종으로, 경학(經學)에 밝은 인재를 뽑는 시험이다. 부자가 함께 과거에 응시하는 문제는 1718년(숙종44) 조성복(趙聖復)의 상소로 논의되어, 결국 금지되었는데 이를 말하는 듯하다.《大典會通 禮典 式年文科初試》《肅宗實錄 43年 10月 7日, 44年 1月 5日》

발탁될 것으로 기대하였으나 그리되기도 전에 세상을 떴다. 장단(長湍) 세곡(細谷) 묘향(卯向)의 언덕에 장사지내니 먼 조상인 고려(高麗) 재상(宰相) 사숙공(思肅公)[66]의 묘가 있는 옛 기슭이다.

군(君)의 초취(初娶)는 평산 신씨(平山申氏)로 첨지(僉知) 치원(致遠)의 딸이고, 재취(再娶)는 양천 허씨(陽川許氏)로 사인(士人) 준(濬)의 딸이다. 3남1녀를 낳았는데 모두 허씨의 소생으로 장남은 응현(應鉉), 그 다음은 경현(景鉉)이며 그 다음은 영현(永鉉)이고 딸은 어리다.

군의 집안은 대대로 국조의 현족(顯族)이었으나 중도에 쇠락하였다. 군의 삼종형(三從兄)은 현(現) 수찬(修撰)인 억증(億增) 대숙(大叔)[67]으로 세상의 이름난 학사가 되었다. 공 또한 조정에 올랐는데 대숙(大叔)은 염아(恬雅 욕심이 없이 늘 마음이 화평하고 단아함) 하고 군은 강개(慷慨)하여 사람들이 모두 한씨 집안에 인물이 있다고 하였다.

군은 부모님을 섬김에 지행(至行)이 있었고 일찍이 부모님의 뜻을 어기는 일이 없었다. 풍모가 점잖고 차분하여 평소에 책을 읽으면서

**66** 사숙공(思肅公) : 한악(韓渥, 1274~1342)으로, 우대언(右代言)·선부 전서(選部典書)를 지내고 이듬해 지밀직사사(知密直司事)가 되어 왕이 원나라에 갈 때 호종하였다. 당시 고려의 왕위를 노리고 있던 심양왕 왕고(瀋陽王 王暠)가 여러가지로 왕을 참소하였는데 뛰어난 지략으로 위기를 모면하게 함으로써 인정을 받고, 1등공신이 되어 상당부원군(上黨府院君)에 봉해졌다. 첨의평리(僉議評理)·찬성사·삼사사(三司事)·중찬(中贊)·우정승 등을 역임하였다. 시호는 사숙(思肅)이다.

**67** 억증(億增) 대숙(大叔) : 한억증(韓億增, 1698~?)으로 자는 대숙(大淑)이다. 사간원 정언으로, 노론 당론을 펴던 대사간 김치후(金致垕)를 옹호하는 언론을 펴다가 해도(海島)로 유배당한 바 있고, 지평·헌납·수찬 등 언관직에 있으면서 노론 당론을 행사하여 소론 이광의(李匡誼)와 민창수(閔昌洙)의 석방을 반대하다가 관작을 삭탈당하기도 하였다. 이후 승지·대사간을 지냈다.

고인의 뛰어난 절조와 위대한 행실을 접하게 되면 문득 흔연히 사모하면서 팔 걷어붙이고 그 사이로 나아가 보고자 하였다.

처음에 군이 과거에 급제하였을 때 어떤 사람이 군에게 말하기를

"그대는 신진(新進)이라. 먼저 교유 관계를 신중히 해야 하네."

라고 하였다. 그리고는 나를 거론하며 묻기를

"그대는 이 사람을 아는가?"

라고 하였다. 군은 말하기를

"내가 친한 분이요."

라고 하니 그 사람은 말하기를

"이 사람은 시의(時議)를 많이 거슬렀으니 그와 친하게 지내면 그대에게 누가 될까 염려되네."

라고 하였다. 군은 말하기를

"누가 되든 되지 않든 나는 모르오."

라고 하였다. 실상인즉 군과 나는 조정반열에서 한번 대면했을 뿐 친하지는 않았으니 그 말은 다만 격발된 마음에서 그렇게 나온 것이었다. 군의 아우 익증(益增)이 가장(家狀)을 가지고 와 나에게 명(銘)을 부탁하니 내가 군의 명을 지어주지 않는다면 이는 군을 저버리는 것이라. 그리하여 다음과 같이 명을 쓴다.

| | |
|---|---|
| 이미 주고 나서 | 旣有以與 |
| 어찌하여 빼앗았는가 | 胡爲而奪之 |
| 이미 심고 나서 | 旣有以植 |
| 어찌하여 꺾었는가 | 胡爲而折之 |
| 명이라는 것이 있어 | 有命者存 |
| 하늘에게도 따질 수 없는 것이리 | 天不可詰之 |

# 정부인 이씨[68] 묘지명

貞夫人李氏墓誌銘

천보(天輔)는 어릴 적에 돌아가신 아버님을 따라 늘 종조(從祖) 명암공(鳴巖公)[69]께 가서 인사를 드렸다. 공은 문장에 대한 명성이 한 세상을 기울일만하였으나 벼슬하는 것을 좋아하지 않아 문을 닫고 단정히 지내셨는데 자녀들이 빙 둘러 모시니 규문이 화락하였다. 공은 술 마시기를 좋아하여 술이 거나해지면 언제나 시를 지으셨고, 윤부인[70]은 날마다 맛있는 술을 마련해서 공이 필요로 할 때를 대비하였다. 종중고(從仲姑) 김 부인(金夫人)[71]이 그 때 아직 계례(笄禮)를 올리기 전이었는데, 용모가 밝고 맑아서 사람들을 비출 것 같았고 모부인을 따라서 살림을 도울 적엔 웃고 말하는 소리가 때로 주렴이나 휘장에서 들렸다. 공은 성품이 간엄(簡嚴)하여 자제들 가운데서 뜻에 맞는 사람이 없었는데 부인만큼은 깊이 사랑하여 일찍이 말하기를

**68** 정부인 이씨(貞夫人李氏) : 이천보의 조부인 이중조(李重朝)의 형 이해조(李海朝, 1660~1711)의 딸이니 이천보에게는 종고모(從姑母 아버지의 사촌누이)가 된다.

**69** 명암공(鳴巖公) : 이해조(李海朝, 1660~1711)로, 본관은 연안(延安). 자는 자동(子東), 호는 명암(鳴巖). 대제학 이일상(李一相)의 아들이다. 인현왕후(仁顯王后)가 폐위되자 벼슬을 단념하였다가 왕후가 복위된 뒤에 빙고별검(氷庫別檢)이 되었고, 이후 응교·부교리·집의·대제학·전라도 관찰사 등을 역임하였다.

**70** 윤부인 : 명암공의 아내이자 정부인 이씨의 어머니이다.

**71** 김 부인 : 종중고(從仲姑)가 김약로(金若魯)에게 시집갔기 때문에 김부인이라고 표현한 것으로 보인다.

"이 아이는 성품이 깨끗하고 기가 맑아서 남자로 태어나 문학에 종사하였다면 우리 가문의 명성을 이을 수 있었을 것이다."

라고 하셨다.

아. 지난날을 생각하니 마치 어제의 일만 같은데 중간에 겪은 인사를 생각하자니 눈물을 닦지 않을 수 없다. 계례를 올리지 못했던 부인 같은 분이 이미 시집 가 세상을 뜨고 지금 17년이 되었으니 말이다. 그 아들인 진사 치공(致恭)은 고아하고 신중하여 부인이 남겨준 법도가 있었는데 가장(家狀)을 가지고 천보에게 와서 명을 부탁하였다.

명암공(鳴巖公)은 수명과 지위가 그 덕에 차지 못하였으니 하늘이 선인(善人)에게 보답함이 필시 후손에게 있어야 했을 것인데 종숙(從叔) 세 분이 모두 재주는 있었으나 명을 누리지 못하고 곤궁하게 사다가 일찍 돌아가셨고, 심지어는 공이 깊이 사랑했던 부인과 같은 분도 수명을 얻지 못하였으니 천도는 진실로 의심할만하도다.[72]

부인은 숙묘(肅廟) 갑술년(甲戌年) 3월 12일에 태어나서 16세에 현(現) 평안도 관찰사(平安道觀察使) 김공(金公)[73]에게 시집갔다가 무신

**72** 하늘이……의심할만하도다 : 사마천(司馬遷)이 《사기》 〈백이열전(伯夷列傳)〉에서 백이 숙제(叔齊)와 안연(顔淵) 같은 선인은 비참하게 살다가 죽고, 도척(盜跖)과 같은 악인은 천하를 횡행하며 오래 살다가 죽었다고 전제하고는, "그렇다면 하늘이 선인에게 보답해 준 것이 어떻다고 하겠느냐.〔天之報施善人, 其如何哉?〕"라고 의혹을 제기한 말이 나온다.

**73** 평안도 관찰사(平安道觀察使) 김공(金公) : 김약로(金若魯, 1694~1753)로, 본관은 청풍(淸風)이다. 박세채·송시열의 문인으로 이조참판 겸 양관의 대제학을 지낸 김유(金楺)의 아들이다. 좌의정까지 지냈다. 판서를 지낸 그의 형 김취로(金取魯), 우의정을 지낸 아우 김상로(金尙魯), 영의정을 지낸 사촌 형 김재로(金在魯)와 함께 고위직에 있으면서 한때 세도가 매우 컸다.

년(戊申年) 9월 21일에 돌아가셨으니 향년 35세이다. 부인은 김씨에게 시집가서 정성과 공경을 다하여 시부모를 모시었고, 관찰공을 보필할 때는 정중히 하고 친압 하지 않았으며, 자기를 단속하고 남을 접함에 있어서 한결같이 예로 하셨다. 시아버지인 문경공(文敬公)이 일찍이 말씀하시기를

"내 며느리의 아름다운 자질과 행실은 옛날 현철한 부인에게도 부끄러울 것이 없다."

라고 하셨다.

관찰공이 과거에 급제하고 부인은 그 다음 해에 세상을 떴다. 부인을 여러 번 추증하여 정부인(貞夫人)의 작위까지 진봉하였으나 부인은 그 녹을 누리지 못하였으니 슬프도다. 부인이 돌아가시고 관찰공(觀察公)은 나이가 많지 않았는데도 다시 장가를 들지 않았으니 아마도 부인의 어짊을 잊지 못해서일 것이다.

우리 이씨는 본관이 연안(延安)이다. 명암공(鳴巖公) 휘(諱) 해조(海朝)는 관직이 전라도 관찰사(全羅道觀察使)에 이르렀다. 조(祖) 휘(諱) 일상(一相)은 예조 판서(禮曹判書)로 의정부 우의정(議政府右議政)에 추증된 문숙공(文肅公)이고, 증조(曾祖) 휘(諱) 명한(明漢)은 이조 판서(吏曹判書)를 지내신 문정공(文靖公)이며, 고조(高祖) 휘(諱) 정귀(廷龜)는 의정부 좌의정(議政府左議政)을 지내신 문충공(文忠公)이다. 비(妣)는 파평 윤씨(坡平尹氏)로 학생(學生) 훤(烜)의 따님이다. 관찰공(觀察公)의 이름은 약로(若魯)이니 청풍(淸風) 사람이다. 황고(皇考) 휘(諱) 유(楺)는 이조 판서(吏曹參判)로 의정부 좌찬성(議政府左贊成)에 추증되었으니 곧 문경공(文敬公)이고, 조(祖) 휘(諱) 징(澄)은 전라도 관찰사(全羅道觀察使)로 의정부 영의정(議政府

領議政)에 추증되었다. 부인은 3남2녀를 낳았으니 장남은 치공(致恭)이고 현감(縣監) 송요화(宋堯和)의 딸에게 장가들었다. 그 다음은 치검(致儉)인데 요절하였고 막내는 치각(致恪)으로 사인(士人) 정매(鄭梅)의 딸에게 장가들었다. 장녀는 요절하였고 그 다음 딸은 반남(潘南) 박형원(朴亨源)에게 시집갔다. 묘는 모군(某郡) 모산(某山) 모향(某向)의 언덕에 있다. 명은 다음과 같다.

| | |
|---|---|
| 아버지는 내 딸이 | 父曰吾女 |
| 남자로 태어나지 못한 것이 한이다 하셨고 | 恨不男子 |
| 시아버지는 내 며느리가 | 舅曰吾婦 |
| 행실과 바탕이 아름답다 하셨네 | 行懿質美 |
| 한 마디의 칭찬을 | 一言之褒 |
| 아버지와 시아버지께 받았으니 | 賢父尊舅 |
| 천수 누리지 못했다 말하지 말라 | 莫曰無年 |
| 영원히 썩지 않을 터이니 | 庶幾不朽 |

# 묘표 墓表

## 헌가[74] 묘표
獻可墓表

양주(楊州) 쌍수역(雙樹驛)의 서쪽에 산이 있는데 이름은 '자지(紫芝)'이니 고(故) 정관 선생(靜觀先生)[75]과 간암 선생(艮菴先生)[76]이 2대에 결쳐 도를 강론했던 곳이다. 그 산의 남쪽에 진사(進士) 이군(李君)의 묘가 있다.

**74** 헌가(獻可) : 이헌보(李獻輔, 1709~1731)의 자가 헌가이다. 18세인 영조 2년(1726)에 식년시 진사시에 합격하였으나 무리를 이룬 사람들끼리 붕당을 만들어 관직을 나눠 가지는 일에 염증을 느껴 더 이상 과거를 보지 않았다.

**75** 정관 선생(靜觀先生) : 이단상(李端相, 1628~1669)으로 본관은 연안(延安), 자는 유능(幼能), 호는 정관재(靜觀齋)·서호(西湖), 시호는 문정(文貞)이다. 인조(仁祖) 때 문과(文科)에 급제하여 옥당(玉堂)을 거쳐 호당(湖堂)에 들어갔고, 효종(孝宗)이 승하하자 벼슬을 버리고 은거하면서 경서 연구에 전념하였다.

**76** 간암 선생(艮菴先生) : 이희조(李喜朝, 1655~1724)로 간암은 호이고 자는 동보(同甫), 본관은 연안(延安), 또 다른 호는 지촌(芝村)이며, 시호는 문간(文簡)이다. 경신환국 후 유일(遺逸)로 천거되어 출사하고 벼슬이 대사헌에 이르렀다. 신임사화로 김창집(金昌集) 등 노론 사대신이 유배당할 때 영암(靈巖)으로 유배되었고, 철산(鐵山)으로 이배 도중 죽었다.

군의 이름은 헌보(獻輔), 자는 헌가(獻可), 본관은 연안(延安)이고 간암선생의 손주이며 정관선생의 증손이다. 군은 사람됨이 자상하고 온순하며 조용하고 고아하였다. 부모를 섬김에는 깊은 효성이 있었고, 사람들과 교유할 때는 온화하고 많이 관대했으나 지키는 신념만큼은 확고하여 빼앗을 수 없었다.

간암 선생(艮菴先生)께서 살아계실 때에 군의 나이 겨우 12,3세였는데 선생께서 일대의 유종(儒宗)이 되시자 사방의 학자들이 문하에 많이 출입하였다. 군은 날마다 그 곁에서 모시며 뒤따르고 응대하는 것을 어른처럼 하니 배우는 자들이 모두 그를 눈여겨보았다. 18세에 진사(進士)에 합격하니 사람들은 원대한 그릇이 되리라 기대하였으나 무신난(戊申亂)[77]이 일어나면서 결국 과거 보는 일을 그만두고 뜻을 같이하는 몇몇 사람들과 함께 시가를 배워, 감분하는 일이 있을 때마다 모두 시에 담았다. 또한 술 마시기를 좋아하여 술이 거나해지면 개연히 탄식하여 말하기를

"선비가 지금 세상에 태어나 나의 뜻에 맞게 살 수 있다면 그것으로 되지 하필 악착스럽게 과거에 한번 급제하기를 구하랴."

**77** 무신난(戊申亂) : 신임사화(辛壬士禍) 이후 실각 당했던 노론(老論)이 영조의 즉위와 동시에 다시 집권하고, 노론 사대신을 무고하였던 소론(小論)의 김일경(金一鏡)과 목호룡(睦虎龍)이 죽임을 당하자, 그 여당(餘黨)이 기회를 엿보던 차에 영조 3년(1727) 노론의 일부가 실각함을 보고 이듬해(1728) 3월 이인좌(李麟佐), 김영해(金寧海), 정희량(鄭希良) 등이 주동이 되어 밀풍군(密豊君) 탄(坦)을 추대하고 일으킨 반란을 말한다. 당시 임금인 영조가 형인 경종을 독살했다는 의혹이 전국에 퍼져 소론과 남인의 급진파가 제휴하여 일어났으며 실제 반란군을 지휘한 남인 지도자의 이름을 따서 '이인좌의 난' 또는 '정희량의 난'이라고도 한다.

라고 하였다. 얼마 뒤에 또 한탄하며

"이것으로 어찌 족히 내 일을 삼을 수 있겠는가."

라고 말하였다. 그리고는 장차 육경에 크게 힘을 쏟아 그 뜻을 궁구하여 행동으로 이루려 하였는데 미처 실천하지 못하고 세상을 떴으니 곧 신해년(辛亥年) 12월 22일이었고 나이 23세였다.

정관선생(靜觀先生) 휘(諱) 단상(端相)은 홍문관 부제학(弘文館副提學)을 지냈고, 간암 선생(艮菴先生) 휘(諱) 희조(喜朝)는 성균관 좨주(成均館祭酒)를 지내고 문간(文簡)이란 시호를 추증 받았다. 부친 양신(亮臣)[78]은 현(現) 홍문관 응교(弘文館應敎)이고 모친 평산 신씨(平山申氏)는 이조 참의(吏曹參議) 심(鐔)의 따님이다. 헌가는 연일 정씨(延日鄭氏)에게 장가들어 딸 둘을 낳았는데 어리다.

세상에 선비 된 사람들은 목숨을 걸고 출세의 문으로 나아가려 하는데 군만은 홀로 사람들이 좋아하는 것을 뒤로 하고, 능히 학문으로 돌아갈 수 있었다. 그러니 하늘이 만약 군에게 몇 년을 더 살게 해주었더라면 아마도 두 선생의 유업을 넓힐 수 있었을 터인데, 그 뜻을 이루지 못했으니, 아! 애석하도다. 내 응교공(應敎公)의 명에 따라 묘표를 지어 백대 뒤에 이 산을 지나가는 사람들로 하여금 군이 두 선생의 후손임을 알게 하고 그가 뜻은 있었으되 명이 짧았음을 슬퍼하게 하려 하노라.

**78** 부친 양신(亮臣) : 이양신(李亮臣, 1689~1739)으로, 자는 원량(元亮)이다. 정미환국으로 집권한 이광좌(李光佐) 등을 탄핵하다 곽산에 유배된 바 있다. 진주사(陳奏使)의 서장관으로 연경(燕京)에 다녀온 공로를 인정받아 통정대부가 되었으며, 예조 참의를 지낸 뒤 삼화 부사가 되어 재직하던 중에 죽었다.

## 백부[79] 묘표

伯父墓表

아. 이곳은 우리 백부(伯父)이신 십탄공(十灘公)의 묘이다. 유 상공(兪相公) 척기(拓基)가 언행 가운데 굵직한 것을 명(銘)으로 썼으니[80] 아마도 영원토록 민멸되지 않을 것이나, 소자 또한 평소에 집안에서 직접 보고 깊이 느낀 것이 있다.

공은 월사(月沙) 문충공(文忠公) 이후 4세 총사(冢嗣)[81]로 성품이 준엄하고 지절이 있었다. 일찍이 공보(公輔 재상)가 될 만하다는 촉망을 받았으나 끝내 과거에 낙방하여 주군의 수령으로 전전하였고, 만년에는 아경(亞卿)의 자리에 올랐으나 취임하지 않고[82] 집에서 한가히

**79** 백부(伯父) : 이우신(李雨臣, 1670~1744)으로 본관은 연안(延安), 자는 백열(伯說), 호는 십탄(十灘)이다. 사산 감역관(四山監役官)·정읍 현감(井邑縣監)·부평 부사(富平府使) 등을 지냈으나 이인좌의 난 이후에는 벼슬에 뜻을 버리고 가평(可平)으로 내려갔고, 다시 출사하여 한성부 우윤을 지내고 호조 참판에 제수되었으나 음관 출신이며 나이가 많아 중임을 감당할 수 없다고 사양하였다.

**80** 유 상공(兪相公)……썼으니 : 유척기가 〈호조 참판 이공 신도비명(戶曹參判李公神道碑銘)〉을 지었다. 《知守齋集 卷8》 유척기(兪拓基, 1691~1767)는, 본관은 기계(杞溪), 자는 전보(展甫), 호는 지수재(知守齋), 시호는 문익(文翼)이다. 김창집(金昌集)의 문인으로, 정언·수찬·이조 정랑·이조 참의·대사간·경상도 관찰사·호조 판서 등을 역임하였다.

**81** 총사(冢嗣) : 대를 이을 맏아들을 이른다. 총사(冢嗣)가 이정귀(李廷龜)—이명한(李明漢)—이일상(李一相)—이성조(李成朝)—이우신(李雨臣)으로 이어졌다.

**82** 아경(亞卿)의……않고 : 아경(亞卿)은 경(卿)의 다음 벼슬이라는 뜻으로 육조의 참판(參判), 한성부의 좌·우윤(左右尹) 등을 일컫는 말이다. 이우신이 호조 참판에

살면서 초연히 서적들 사이에서 자락하였다. 그러나 세교(世教)가 더욱 쇠퇴하여 사대부들 가운에 그 지조를 보전하는 사람이 드물고 명의(名義)가 날로 무너지는 것을 보고 공은 근심하고 분개하였다. 어떤 날은 밤중에 잠을 이루지 못하면서

"난의 조짐을 내 이미 보았도다."

라고 하고는 설(說)을 지어 집안에 전하였다. 식자들은 공을 논하여 음직으로 벼슬한 사람 가운데 원우완인(元祐完人)[83]이라 하였다.

일찍이 자질(子姪)들에게 경계하여 말씀하시기를

"너희들이 조정에 함께 서게 되면 반드시 이름과 행실을 갈고 닦아서 나라의 은혜를 저버리지 말고 집안의 법도를 실추시키지 말라."

라고 하였고, 또 경계하여 말씀하시기를

"말로(末路)에서 사람 사귀기를 좋아하면 서로 구렁텅이에 빠지는 것을 면할 수 있는 자가 적으니 너희들은 이것을 알아야 한다."

라고 하였다. 공이 작고한 지 지금 14년이 되었는데 세상에 온갖 변고가 나타나 그 말씀이 증명되지 않은 것이 없으니 소자는 여기에서 공의 식견과 사려의 깊고 원대함을 더욱 믿게 되었다.

제수되고도 나아가지 않았기 때문에 이른 말이다.

**83** 원우완인(元祐完人) : 당파로 인한 상호 모략과 중상 속에서 해를 입지 않고 보전할 수 있었던 사람을 말한다. 송나라 철종 원우 연간(1086~1093)에 왕안석(王安石)의 신법(新法)을 반대하고 사마광의 구법(舊法)을 추종하는 세력이 갖은 박해를 당하였는데, 구법당 유안세(劉安世)는 신념을 지키면서도 끝내 해를 입지 않았다. 은둔한 그에게 신법당 양사성(梁師成)이 편지를 보내어 관직에 나오기를 종용하자, 그는 원우완인이 되어 사마광을 지하에서 만나겠다고 말하며 거절하였다.《宋史 劉安世列傳》《宋名臣言行錄 後集 卷12》

아. 공의 언론과 풍도를 능히 세상에 드러내어 국가가 힘입게 하지 못하였고, 후손들에게 남긴 가르침을 소자 또한 받들어 가슴속에 새기지 못하였다. 녹녹하게도 수립한 것이 없으니 옛날을 생각하면 어느새 슬프고도 두려운 마음이 든다. 그러나 공은 수명과 복록을 누리신 데다가 두 아들이 남은 경사를 받아 지위가 재상의 반열에 있게 되었으니 하늘이 베푸신 보답을 공은 이렇게 받은 것인가 보다.

공의 계자(季子) 익보(益輔)가 영남 지방을 안절(按節) 할 때에[84] 돌을 깎아 묘표를 세우고 중자(仲子) 판서공(判書公) 정보(鼎輔)[85]가 천보(天輔)에게 음기(陰記 묘표의 뒤에 새긴 글)를 지어달라고 부탁하였다.

공의 휘는 우신(雨臣)이고 자는 백설(伯說)이며 십탄(十灘)은 그의 호이다. 우리 이씨는 본관이 연안(延安)이다. 세계(世系)와 사력(仕歷)은 묘비에 있으니 다시 쓰지 않는다.

**84** 익보(益輔)가……때에 : 이익보가 경상도관찰사를 지냈기 때문에 이른 말이다.

**85** 정보(鼎輔) : 이정보(李鼎輔, 1693~1766)로, 본관은 연안(延安), 자는 사수(士受), 호는 삼주(三洲)·보객정(報客亭)이다. 대사간·대사성·승지·이조 판서·대제학·예조 판서 등을 역임하였고 만년에 벼슬이 판중추부사에 이르렀다. 이천보에게는 사촌형이 된다.

# 수찬 김공[86] 묘표
修撰金公墓表

경묘(景廟)께서 병이 깊은데 후사가 없자 대신들은 동조(東朝 대비)의 명을 받들어 금상(今上)을 왕세제로 책봉하였다.[87] 그러자 흉당 가운데 일을 엿보고 반역을 하려는 자가 있어 음모가 더욱 급박해지더니 무옥(誣獄)을 일으켜 사대신(四大臣)을 죽였다. 당시 벼슬아치와 포의의 선비들 가운데 종묘사직을 보위하고 동궁을 보좌한 자들은 하나도 면치 못하게 되었는지라, 수찬(修撰) 김공(金公 김민택)과 숙씨(叔氏)인 참판공(參判公 김운택)도 그 화를 함께 입었다.[88]

금상이 보위를 이으시어 나라를 위해 죽은 제공들을 신원하시니 이

**86** 수찬 김공(修撰金公) : 김민택(金民澤, 1678~1722)으로, 본관은 광산(光山). 자는 치중(致中), 호는 죽헌(竹軒). 김익겸(金益兼)의 증손이자, 김만기(金萬基)의 손자이고, 김진귀(金鎭龜)의 아들이다. 경종 즉위 후 소론의 이진검(李眞儉)·이진유(李眞儒) 등이 호조참판인 형 김운택(金雲澤)을 논핵하자 형의 용서를 청하는 소를 올리고 벼슬을 사양하였고, 그 뒤 실록청낭관·지제교(知製敎)를 역임하였다.

**87** 동조의……책봉하였다 : 동조(東朝)는 한(漢)나라 미앙궁(未央宮) 동쪽에 있던 장락궁(長樂宮)의 별칭으로 태후의 궁이나 태후를 가리키는 말이다. 여기서는 당시 왕대비였던 숙종의 계비(繼妃) 인원왕후(仁元王后) 김씨를 가리킨다. 인원왕후가 1721년(경종1)에 언문으로 묘당에 전교를 내려 세제(世弟)를 책봉하게 하였다. 《景宗實錄 1年 8月 20日》

**88** 당시……입었다 : 왕위 계승 문제를 놓고 신축년(1721)과 임인년(1722) 두 해에 걸쳐 일어난 신임사화(辛壬士禍)를 이른다. 김운택(金雲澤)과 김민택(金民澤) 또한 신임옥사 때 목호룡(睦虎龍)의 고변 명단에 들어 국문을 당하다가 죽었다. 《英祖實錄 3年 2月 19日》

때 이후로 충(忠)과 역(逆)의 구분이 밝았다가 곧 어두워지고, 어두웠다가 또 밝아지는 것이 시대와 함께 바뀌게 되었다. 그리하여 제공들의 충성스러운 계책과 굳건한 열절, 삶을 버리고 의를 취한 행동[89]들이 갈수록 더욱 현창되어 세상에 전해지게 되니 지난날 흉론(凶論)을 주장한 자들이 감히 다른 말을 할 수 없게 되었다.

공의 휘(諱)는 민택(民澤)이고 자(字)는 치중(致仲)이며 호(號)는 죽헌(竹軒)이다. 김씨는 본관이 광주(光州)로, 신라 왕자(新羅王子) 흥광(興光)에서 시작되었다. 본조에 들어와 휘 국광(國光)[90]이란 분이 있었는데 좌의정(左議政) 광산부원군(光山府院君)이다. 그 4세를 지나 휘(諱) 계휘(繼輝)[91]가 있었는데 대사헌(大司憲)을 지냈다. 이 분이 휘 장생(長生)을 낳았는데 형조 참판(刑曹參判)을 지낸 사계 선생(沙溪先生)이고, 사계선생이 휘(諱) 반(槃)을 낳았는데 이조 참판(吏曹參

**89** 삶을……행동 : 《맹자(孟子)》 〈고자 상(告子上)〉에 "어물도 내가 원하는 바요 웅장도 내가 원하는 바이지만 이 두 가지를 겸하여 얻을 수 없으면 어물을 버리고 웅장을 취하겠다. 삶도 내가 원하는 바요 의도 내가 원하는 바이지만 이 두 가지를 겸하여 얻을 수 없으면 삶을 버리고 의를 취하겠다.〔魚我所欲也, 熊掌亦我所欲也, 二者不可得兼, 舍魚而取熊掌者也. 生亦我所欲也, 義亦我所欲也, 二者不可得兼, 舍生而取義者也.〕"는 말이 있다.

**90** 휘(諱) 국광(國光) : 김국광(金國光, 1415~1480)으로, 자는 관경(觀卿), 호는 서석(瑞石), 시호는 정정(丁靖)이다. 세조의 즉위를 도운 공으로 공신에 책록되었고, 이시애(李施愛)의 난 때 적절한 조치로 난을 평정하여 광산군에 봉해졌다. 예종이 즉위하자 신숙주 등과 함께 원상이 되어 국정을 맡았고, 그 뒤 우의정·좌의정을 지냈다.

**91** 휘(諱) 계휘(繼輝) : 김계휘(金繼輝, 1526~1582)로, 자는 중회(重晦), 호는 황강(黃崗)이다. 직제학·동부승지·대사헌·평안도 관찰사·예조 참판·경연관 등을 두루 역임하였고, 1581년에는 종계변무의 주청사로 중국에 다녀왔다.

判)을 지냈으니 이 분이 공의 고조(高祖)이다. 증조(曾祖) 휘(諱) 익겸(益兼)은 생원시에 장원을 차지하고 병자호란 때 강도(江都)에서 순절하여 여러 번 추증되어 영의정에 이르고 충정(忠正)의 시호를 받았다. 조(祖) 휘(諱) 만기(萬基)는 숙묘조(肅廟朝)에 국구(國舅)에 발탁되는 은혜를 입어 광성 부원군(光城府院君)에 봉해지고 보사공신(保社功臣)에 책봉되어 문충(文忠)의 시호를 받았다. 고(考) 휘(諱) 진구(鎭龜)는 호조 판서(戶曹判書)로 경헌(景獻)의 시호를 받았으며, 비(妣) 한산 이씨(韓山李氏)는 지평(持平) 광직(光稷)의 딸로, 아들 여덟[92]을 길렀는데 공은 그중에 넷째이다. 숙묘(肅廟) 무오년(戊午年)에 태어났고 임오년(壬午年)에 사마시(司馬試)에 합격한 후 벼슬하기 시작하여 호조 좌랑에 이르렀으며, 무술년(戊戌年)에는 감제(柑製)에 뽑혀 곧바로 전시(殿試)에 나아갔고,[93] 병조 좌랑(兵曹佐郎)에 제수되었다가 사헌부 지평(司憲府持平)으로 자리를 옮겼다.

이 때는 경묘(景廟)가 대리청정을 할 때라, 공은 새로 대각(臺閣)에 들어가 의리를 밝히고 시비를 정하는 것으로 첫 정사의 급선무를 삼았다. 심공(沈珙)이 아버지 겸 스승인 송 문정공(宋文正公 송시열)을 배반하고 윤증(尹拯)을 옹호한 것을 논박하였고[94] 또 인사 행정을 맡은 관

92 아들 여덟 : 춘택(春澤)·보택(普澤)·운택(雲澤)·민택(民澤)·조택(祖澤)·복택(福澤)·정택(廷澤)·연택(延澤)이다.

93 감제(柑製)……나아갔고 : 감제는 황감제(黃柑製)라고도 한다. 임금이 매년 제주(濟州)에서 진헌하는 황감(黃柑)을 성균관(成均館)과 사학(四學)의 유생에게 하사하고 보이던 시험으로, 합격하면 문과(文科) 전시(殿試)나 복시(覆試)에 응시할 자격을 주었다. 《大典通編 禮典 諸科 黃柑製》

94 심공(沈珙)이……논박하였고 : 대리청정하고 있던 세자에게 사헌부에서 올린 내

원이 기사당(己巳黨)의 심단(沈檀)[95]을 추천한 것을 논박하였으며,[96] 또 최규서(崔奎瑞)의 진퇴에 의가 없음을 논박하였다.[97]

이 때 윤선거(尹宣擧)의 문집 속에 효묘(孝廟)를 무함하여 핍박한 내용이 있었는데 대신(臺臣)이 그 문집의 판본과 서원을 훼철(毁撤)하기를 청하다가 논의를 중단하자 공이 논계(論啓)를 중단한 7명의 대신을 논척하니[98] 당시 논의가 떠들썩하였고 눈을 흘기는 자들도 많았다.

용 가운데 "선정신(先正臣) 송시열(宋時烈)을 수원(水原)에 귀장(歸葬)하자, 심수량(沈壽亮)은 가서 장례에 참여하고 소반(素飯)만 먹으며 복을 입고는 문인(門人)으로 자처하였는데, 그 아들 심공(沈珙)은 근년에 한 통의 소장(疏章)에서 윤선거(尹宣擧) 부자를 편들어 온갖 말로 어질다고 칭찬하면서 현혹시키는 계책을 썼으니, 삭거 사판(削去仕版)하라."는 내용이 있다. 《숙종실록 45년 4월 26일》

**95** 기사당(己巳黨)의 심단(沈檀) : 기사당은 기사환국(己巳換局)을 주도한 남인세력을 말한다. 기사환국으로 숙원(淑媛) 장씨(張氏)의 소생이 원자(元子)가 되고 장씨는 희빈(禧嬪)에 책봉되었으며, 남인이 정국을 장악하였으므로 이렇게 부른다. 심단(沈檀, 1645~1730)은 남인세력이 서인세력에 의하여 쫓겨나는 경신대출척으로 양덕에 유배되어 10년간 지내다가, 남인이 득세하는 기사환국으로 다시 풀려나 대사헌·한성 판윤·형조 판서·예조 판서·판중추부사·도총관 등을 지냈다.

**96** 정관(政官)이……논박하였으며 : 숙종 45년에 사헌부에서 심단을 서용한 이조와 병조의 해당 당상관을 종중 추고하기를 청한 내용 가운데서 확인할 수 있다. "사직(司直) 심단(沈檀)은 전후에 죄를 범한 것이 지극히 중대한데 서용하였으니, 이는 국가(國家)의 형정(刑政)이 잘못된 것"이라는 것이다. 《숙종실록 45년 4월 27일》

**97** 최규서(崔奎瑞)의……논박하였다 : 최규서(崔奎瑞)는 소론의 영수이다. 숙종 45년에 최규서가 치사를 청하자 세자가 허락을 하지 않았는데 지평(持平) 김민택(金民澤)이 최규서(崔奎瑞)를 파직하도록 논청(論請)하면서 "오늘날 사대부가 편하고 좋은 것만 교묘하게 차지하려고 진퇴하는 사이에서 농단하는데, 최규서가 으뜸."이라고 말하였다. 《숙종실록 45년 1월 28일, 5월1일》

**98** 공이……논척하니 : 1714년(숙종40) 1월에 윤증이 죽고 나서 윤선거의 문집인 《노서유고(魯西遺稿)》가 유포되기 시작하였는데, 노론 계통인 경기도 유생 신구(申

숙묘께서 승하하신 뒤 정언(正言)에 제수되자 소를 올려 산릉(山陵)에 표석을 세워 성덕(盛德)과 대업(大業)을 갖추어 기록해야 한다고 하였고,[99] 이어서 군신의 복은 모두 고례를 회복시켜야 한다고 청하였다. 《숙묘어제(肅廟御製)》를 간행하려고 할 때 문장이 뛰어난 신하를 선발하여 교정(校正)을 하게 하였는데 공도 거기에 참여하였다.

옥당록(玉堂錄)[100]에 이름이 올라 홍문관 수찬(弘文館修撰)에 제수되었을 때 이진검(李眞儉)[101]이 공의 백씨인 북헌공(北軒公)[102]을 거론

球)를 비롯하여 충청도와 전라도 유생 60여 인이 상소를 올려, 윤선거의 문집 중 일기와 편지에서 몇몇 부분을 발췌하여 효종(孝宗)을 무함한 내용이 있다고 주장하였다. 그러자 소론 계통의 예조 참판 오명준(吳命峻), 수찬 엄경수(嚴慶遂) 등이 신구 등을 반박하는 상소를 올리면서 윤선거의 문집을 둘러싼 양측의 상소가 거듭되다가, 숙종이 김창집(金昌集)의 차자(箚子)에 따라 윤선거의 문집을 훼판하고, 윤선거 부자의 관작을 삭탈하며, 윤선거의 사액서원(賜額書院)을 철거하라는 처분, 즉 '병신처분(丙申處分)'을 내렸다. 여기서 7대신이 누구를 말하는 것인지는 정확하지 않다. 이 처분에 대해 명을 거두어 달라는 상소를 올린 서종태, 조상우(趙相愚)등을 의미하는 것으로 보인다. 《숙종실록 42년 7월 25일, 7월 29일, 8월 24일, 9월 4일, 10월 6일》

**99** 숙묘께서……하였고 : 경종(景宗) 때에 김민택(金民澤), 이건명(李健命) 등이 상소하여 능침에 표석을 세울 것을 청하였다. 그 대략의 내용은 현종14년 영릉(寧陵 효종의 능)을 천장(遷葬)할 때에 영릉에 대한 표석은 우선 세웠으나, 다른 능침들에 대해서는 미처 세우지 못하였으므로 신릉(新陵)의 표석은 응당 영릉의 표석 양식에 따라 하고, 이후로 각 능에 대한 표석 또한 응당 차례로 세워야 한다는 것이었다. 《林下筆記 文獻指掌編 表石》《燃藜室記述 別集 祀典典故 山陵》

**100** 옥당록(玉堂錄) : 홍문록(弘文錄)과 같은 말이다. 홍문관의 벼슬아치를 뽑을 때 부제학(副提學) 이하 여러 사람들이 각각 뽑을 사람의 이름 아래에 권점(圈點)을 찍어 그 점수의 많고 적음에 따라 뽑은 다음, 그 사람들의 이름을 기록하여 놓은 책이다.

**101** 이진검(李眞儉) : 1671~1727. 본관은 전주(全州), 자는 중약(仲約), 호는 각리(角里)이다. 수찬・동부승지・평안도 관찰사・예조 판서 등을 역임하였다. 1721년(경

하며 모욕을 가하였다.[103] 이보다 앞서 진검(眞儉)의 형인 적신(賊臣) 진유(眞儒)가 공의 백씨와 중씨를 아울러 논죄한 바 있었으니[104] 진검이 남은 독기를 뻗친 것이다. 연달아 홍문관 관원 겸 남학 교수(南學教授)로 제수되었으나 힘써 사양하며 숙배하지 않았다.

신축년(辛丑年)에 대부인(大夫人)의 상을 만나고 얼마 되지 않아 사화가 일어났다. 공은 선천(宣川)의 적소(謫所)에서 붙잡혀 고문을 당하고 끝내 옥중에서 숨졌으니 실로 임인년(壬寅年) 5월 19일이고 향년 45세였다. 임종할 때 옷소매를 찢어서 편지를 써서 식구들과 영결을 하였는데 자신의 죽음을 슬퍼하지 않고 국사를 슬퍼하는 내용이었다.[105] 광주(廣州) 선영 곁에 묻혔다.

종1)에 동부승지로 노론 이이명(李頤命)을 탄핵하다 밀양에 유배되었으나 이듬해 풀려나왔고, 신임사화(辛壬士禍) 때는 소론으로 노론축출에 가담하였다가 소론 실각 후 강진(康津)에 정배되어 그곳에서 죽었다.

**102** 북헌공(北軒公) : 김춘택(金春澤, 1670~1717)으로, 본관은 광산, 자는 백우(伯雨), 호는 북헌, 시호는 충문(忠文)이다. 1689년 기사환국이 일어나 서인이 제거되자, 여러 번 유배·투옥되었다. 1701년 무고(巫蠱)의 옥사(獄事)로 부안에 유배되고, 1706년 세자(世子, 景宗)를 모해(謀害)한다는 무고로 죄가 가중되어 제주에 옮겨졌다.

**103** 이진검(李眞儉)이……가하였다 : 당시 동부승지로 있던 이진검이 조중우·윤지술 등을 탄핵하는 가운데 당록(堂錄)의 일을 논하면서 "자취는 돌진(突進)하는 멧돼지와 같고 일은 움켜쥐는 솔개와 비슷하여 권점(圈點)을 주관한 자도 김춘택(金春澤)의 아우요, 당록에 피선(被選)된 자도 또 김춘택의 아우이며 김익훈(金益勳)의 손자이니, 즉시 당록에서 삭제하도록 하십시오."라고 말한 바 있다. 《경종실록 즉위년 12월 28일》

**104** 이보다……있었으니 : 숙종 42년에 정언(正言) 이진유(李眞儒)가 김춘택과 김운택을 방자한 사람으로 몰아 비난한 것을 말한다. 《숙종실록 42년 5월 14일》

**105** 임종할……슬퍼하였다 : 김민택이 죽음에 임하여 옷소매를 찢어 절명서(絶命書)를 지어 아우에게 보내면서 말하기를, "나라가 장차 망할 것이다. 나야 죽은들 무슨

공이 작고하고 참판공(參判公 김운택) 또한 화를 만났고 흉당의 화심(禍心)은 그래도 그치지 않아 공의 동생들과 자질(子姪) 모두 15인이 함께 해도(海島)로 유배를 갔다. 을사년(乙巳年)에 이르러서야 비로소 임인무옥의 죄안을 뒤집어 공을 부제학(副提學)에 추증하고 자손들을 녹용하였다.[106] 그러나 정미년(丁未年)에 흉당이 또 용사(用事)를 하여 제공의 관작을 추탈(追奪)하였고,[107] 신유년(辛酉年)에 임금이 돌연 깨달으시어 옥안(獄案)을 태우고 그 봉작(封爵)과 증시(贈諡)를 회복시키셨다.[108]

배필 청송 심씨(靑松沈氏)는 군수(郡守) 한주(漢柱)의 따님이다. 아들 선재(善材)를 낳았는데 전임(前任) 신계 현령(新溪縣令)이다. 선재는 아들 응추(應秋)가 있었는데 장가들자마자 요절하였다.

슬퍼할 것이 있겠는가? 영변(寧邊)의 길이 멀어서 나의 혼백이 꿈에서나마 중씨를 만나고 싶지만 또한 갈 수가 없으니, 매우 슬프다.〔國將亡矣. 吾雖死, 庸何傷乎? 寧邊道遠, 吾魂魄雖欲夢見吾仲氏, 亦不可往, 悲哉悲哉!〕"라고 하였다고 한다.《경종수정실록 2년 12월 3일》

**106** 을사년(乙巳年)에……녹용하였다 : 1725년(영조1) 을사년에 노론사대신을 위시하여 임인옥사(壬寅獄事)에서 죽거나 처벌된 사람들의 죄를 모두 없애고 그 충절을 포상하였는데, 이를 을사처분(乙巳處分) 또는 을사환국(乙巳換局)이라고 한다.

**107** 정미년(丁未年)에……추탈하였고 : 정미환국(丁未換局)을 말한다. 신임옥사의 주동자 처벌을 강행하는 노론 세력을 견제하기 위해 민진원(閔鎭遠)·정호(鄭澔) 등을 파면하고 소론의 이광좌(李光佐)·조태억(趙泰億)을 조정에 불러들여 정권이 넘어간 사건이다.

**108** 신유년(辛酉年)에……회복시키셨다 : 신유년 1741년(영조 17) 영조는 신유대훈(辛酉大訓)을 반포, 임인 옥사의 옥안을 소각하도록 하고, 경종(景宗) 신축년(1721, 경종1)의 왕세제 건저(建邸)는 역모가 아니라 대비와 경종의 하교에 의한 정당한 조처였음을 밝혔다.《영조실록 17년 9월 27일, 10월 23일》

공은 넉넉한 모습에 미간이 넓었으며 풍도가 중후하고 심원하여 형제들 가운데 가장 경헌공(景獻公 아버지 김진귀)을 닮았다. 문장을 짓는 것은 풍부하고 유창하며 넓고 깊어서 북헌공(北軒公 김춘택)의 문장을 본보기로 삼았으니 지은 시문 몇 권이 집에 간직되어 있다.

아. 공의 집안은 문충공(文忠公 김만기) 이래로 오랫동안 흉당들이 원수처럼 미워하는 바가 되더니 3세를 지나 공에 이르렀다. 공은 처음 벼슬하자마자 명성을 얻어 동시대 제공들이 묘당의 재목으로 기대하였다. 그러나 저 밤낮으로 틈을 엿보아 국본(國本 왕세자)을 위태롭게 하기를 꾀하던 자들은 기어이 공을 죽인 뒤라야 그 계획을 이룰 수 있었으니, 공이 죽자 국세는 터럭 한 올에 매달린 것처럼 위태로웠다. 그런데도 저들이 서성대고 돌아보면서도 끝내 감히 움직이지 못하여 3백 년 종국으로 하여금 오늘이 있게 한 것은 실로 제공들이 한번 죽음으로 인한 힘이로되, 공의 공이 컸도다.

대저 충의(忠義)라고 하는 것은 나라의 원기(元氣)이다. 원기가 소진되지 않으면 나라는 망하지 않는 법. 공이 일신을 잊고 순국한 것으로 말하자면 다만 공의 집안 법도가 이와 같았기 때문만은 아니다. 공의 집안이 누차 세상의 화란을 겪을 적에 우리 숙묘(肅廟)께서 온전히 지켜주시고 붙들어주심이 마치 기다리는 것이 있는 것 같았으니[109] 이 어찌 우연이겠는가?

공은 천보에게 내종형(內從兄)이 된다. 천보는 약관의 나이에 소년

**109** 공의……같았으니 : 김춘택의 아버지인 김진귀(金鎭龜)가 숙종의 정비인 인경왕후의 오빠였던 덕분에 숙종 때 기사환국으로 종조부 김만중과 가문의 당파인 서인이 실각하였음에도 김춘택은 위기를 벗어날 수 있었다.

들과 편을 나누어 시를 지었는데 공은 연배를 잊고서 승부를 겨루며 웃고 놀았으니 지난날을 생각해보면 마치 어제의 일 같건만 벌써 많은 세월이 흘러가 버렸도다. 신계군(新溪君)[110]이 공의 묘표(墓表)를 천보에게 부탁하니 의리상 차마 거절할 수 없어 드디어 글을 쓰고 명을 붙인다. 명은 다음과 같다.

| | |
|---|---|
| 문충공에게 후손 있고 | 文忠有孫 |
| 숙묘에게 신하 있었으니 | 肅廟有臣 |
| 선조의 가르침 가슴에 새겨 | 服其先訓 |
| 나라를 위해 목숨 바쳤네 | 殉國以身 |
| 공은 죽어도 죽지 않았으니 | 公死不死 |
| 사직에 공을 세웠음이라 | 功在社稷 |
| 저 공을 죽인 자는 | 彼殺公者 |
| 귀신이요 물여우[111]라 | 爲鬼爲蜮 |
| 한 때 굽었으나 | 一時之枉 |
| 백세토록 펴지리니 | 百世之伸 |
| 후세에 군자들은 | 後有君子 |
| 필시 내 글을 믿으리로다 | 必信我文 |

**110** 신계군(新溪君) : 김민택의 사자(嗣子)인 김선재(金善材)이다.

**111** 물여우 : 물속에 사는 독충(毒蟲)으로, 사람 몰래 그림자를 보고서 독기를 쏘아 병들게 한다는데, 보통 음모를 꾸며 남을 해치는 자를 비유한다. 《시경》〈하인사(何人斯)〉에 "귀신이나 물여우는 볼 수가 없다고 하지만, 너는 뻔뻔스럽게 얼굴을 들고서, 끝없이 사람을 보는구나.〔爲鬼爲蜮, 則不可得. 有靦面目, 視人罔極.〕"라는 말이 나온다.

# 행장 行狀

## 참판 김공[112] 행장

參判金公行狀

공의 휘는 운택(雲澤)이고 자는 중행(仲行)이다. 김씨는 본관이 광주(光州)이니 신라 왕자(新羅王子)에서 시작되었다. 고려조에 이르러서는 8세에 걸쳐 평장사(平章事)의 지위에 있었고[113] 본조에 들어와서는 휘(諱) 국광(國光)이란 분이 있어 좌의정을 지내고 광산부원군(光山府院君)에 봉해졌다. 4세를 지나 휘(諱) 계휘(繼輝)에 와서는 박학하고 경세(經世)의 재주가 있어 지위가 대사헌(大司憲)에 이르렀다. 그가 휘(諱) 장생(長生)을 낳았는데 형조 참판(刑曹參判)으로 영의정에

**112** 참판 김공(參判金公) : 김운택(金雲澤, 1673~1722)으로, 본관은 광주(光州), 자는 중행(仲行), 호는 백운헌(白雲軒), 시호는 충정(忠貞)이다. 부제학・호조 참판・형조 참판 등을 역임하였다. 1721년(경종1) 신축옥사(辛丑獄事)에 연루되어 영변(寧邊)에 유배되었다가, 이듬해 목호룡(睦虎龍)의 고변으로 장살(杖殺)되었다.

**113** 고려조에……있었고 : 광산 김씨는 3세 길(佶)이 고려태조 왕건을 도와 개국공신이 되고, 4세 준(峻), 5세 책(策), 6세 정준(廷俊), 7세 양감(良鑑), 8세 약온(若溫)・의원(義元)등 무려 12평장사를 배출하였다. 이 중 4명은 추증된 경우이므로 실제로는 8명의 평장사가 나온 셈이다. 이에 사람들이 그들이 살던 곳을 평장동(平章洞)이라고 불렀다고 한다. 평장사는 고려시대 정2품 관직이다.

추증된 문원공(文元公)으로 사계 선생(沙溪先生)이라 불렸고 문묘에 종사(從祀)되었다. 그가 휘(諱) 반(槃)을 낳았는데 이조 참판(吏曹參判)를 지냈으니 이 분이 공의 고조(高祖)이다. 증조(曾祖) 휘(諱) 익겸(益兼)은 생원시에서 장원을 하였다. 건주의 오랑캐가 황제를 참칭하자 동지들과 항장(抗章 항거하는 상소)을 올려 그 사자를 주살할 것을 청하였고,[114] 오랑캐가 강도(江都)를 함락하자 남성(南城)의 초루에서 목숨을 바쳐[115] 여러 번 추증되어 영의정(領議政)에 이르고 충렬사(忠烈祠)에 배향되었으며 충정(忠正)의 시호를 받았다. 조부 휘(諱) 만기(萬基)는 문학(文學)과 정사(政事)로 효(孝)·현(顯) 양조(兩朝)를 보좌하였고 숙묘(肅廟)께서 보위를 잇자 국구(國舅)의 은명(恩命)을 받아 전례에 따라 광성부원군(光城府院君)에 봉해졌으며, 경신년(庚申年)에는 역도(逆徒)들을 토벌하는 것을 도와[116] 문충(文忠)의 시호

**114** 건주의……청하였고 : 원문의 '建虜'는 건주위(建州衛)의 오랑캐라는 말로, 후금(後金, 훗날 淸)을 비칭하는 말이다. 1636년 후금의 태종이 국호를 청으로 고쳤을 때 이를 축하하기 위하여 춘신사(春信使)로 파견된 나덕헌(羅德憲)·이확(李廓) 등이 청나라 사신 용골대(龍骨大)와 함께 귀국하였는데, 이때 김익겸이 성균관 유생들과 함께 청나라의 경축행사에 참가한 사신과 용골대의 주살(誅殺)을 주장하였다. 이 말을 들은 청나라의 사신이 급히 서둘러 돌아갔다는 유명한 일화가 있다.

**115** 남성(南城)의……바쳐 : 원문의 '立慬'은 절의를 위해 목숨을 버리는 것을 말한다. 병자호란이 일어나자 김익겸은 강화로 가서 섬을 사수하며 항전을 계속하였다. 그러나 전황이 불리해지고 고전을 하는 중에 강화유도대장(江華留都大將)인 김상용(金尙容)이 남문에 화약궤를 가져다 놓고 그 위에 걸터앉아 자분(自焚)하자 함께 자분하였다.

**116** 경신년(庚申年)에는……도와 : 김만기는 경신환국, 일명 경신대출척(庚申大黜陟) 때 훈련대장으로 공을 세워 보사공신(保社功臣) 1등이 되었다. 경신환국은 1680년(숙종6) 당시 집권 세력이던 남인 일파가 대거 실각하고 서인 정권이 들어선 사건이다.

를 받았다. 고(考) 휘(諱) 진귀(鎭龜)는 호조 판서(戶曹判書)를 지냈고 광은군(光恩君)을 습봉(襲封)[117]하였다. 성품이 침착 후덕하고 덕망이 있었으며 시호는 경헌(景獻)이다. 비(妣)는 정부인(貞夫人) 한산 이씨(韓山李氏)로 지평(持平) 광직(光稷)의 따님이다. 아들 여덟을 길렀는데 공이 그 중 셋째로 현종(顯宗) 계축년(癸丑年) 11월 2일에 태어났다.

어려서부터 민첩하고 단정하였고 문예(文藝)를 일찍 성취하여 지은 시문 가운데 장자(長者)들의 인정을 받은 것이 많았다. 그런데 기사년(己巳年)의 화[118]를 겪으면서 경헌공(景獻公 김진귀)의 형제들이 모두 해도(海島)로 유배를 가게 되었기로 갑술경화(甲戌更化)가 이루어지고 나서야[119] 비로소 과거를 볼 수 있게 되었다.

기묘년(己卯年)에 사마시에 합격하고 갑신년(甲申年)에 춘당대(春

**117** 습봉(襲封) : 국가에 어떤 공로가 있는 사람은 공신(功臣)이라 하여 군(君)을 봉하게 되었는데, 그 공신의 장손으로 벼슬이 종2품(從二品) 이상에 승관되면 그 조상의 군(君)을 습봉(襲封)하였다.

**118** 기사년(己巳年)의 화 : 1689년(숙종15) 희빈(禧嬪) 장씨(張氏) 소생의 아들을 세자로 삼으려는 숙종에 반대한 송시열(宋時烈) 등 서인(西人)이 이를 지지한 남인(南人)에 의하여 패배당하고, 정권이 서인에서 남인으로 바뀐 일을 가리킨다. 일명 기사환국(己巳換局)이라고도 한다.

**119** 경헌공(景獻公)의……나서야 : 김운택의 아버지인 김진귀(金鎭龜)는 기사환국(己巳換局)으로 남인(南人) 정권이 들어서자 가혹한 수법으로 남인을 숙청하였다는 탄핵을 받고 제주도에 위리안치(圍籬安置)되었고 그 동생인 김진규(金鎭圭) 또한 거제에 유배되었다가 갑술경화(甲戌更化)로 노론이 재집권하면서 풀려났다. 갑술경화는 1694년(숙종20) 폐비 민씨(閔氏)의 복위 운동을 반대하던 남인이 화를 입어 실권하고 소론과 노론이 재집권하게 된 사건으로 갑술환국(甲戌換局) 또는 갑술옥사(甲戌獄事)라고도 한다.

塘臺) 정시(庭試)에 급제하였다. 상이 시권(試券)을 열어보고 경헌공(景獻公)을 내려다보며 희색이 용안에 감도니 곁에 있던 사람이 공의 옷자락을 잡고 말하기를

"자제 가운데 필시 기쁜 일이 생기겠구려."

라고 하였다. 공이 나와서 집안사람들에게 말을 하니 감격으로 눈물이 흐를 뻔하였다.

그해 경헌공의 상을 당하고 형님 북헌공(北軒公)이 흉당에게 모함을 당하여 아득한 바다로 유배되었다.[120] 공은 복상(服喪) 기간이 끝났으나 벼슬길에 생각이 없어 승문원의 선발에 응하지 않았고, 시강원 설서(侍講院說書)에 제수되어서는 누차 사양하였으나 허락을 받지 못하였는지라 어쩔 수 없이 직임에 나아갔는데 서연(書筵)에 올라 경전을 끌어서 진언[121]을 하는 경우가 매우 많았다. 병조 좌랑(兵曹佐郎)으로 승진하였고 전라 도사(全羅都事)에 제수되어 나갔다. 돌아와서 사서(司書)에 제수된 뒤 곧바로 체직되었다가 다시 병조 좌랑 겸 지제교(兵曹佐郎兼知製敎)에 제수되었다.

사헌부 지평(司憲府持平)으로 자리를 옮겨서는 송하적(宋夏績)이 우암(尤菴) 송선생(宋先生)을 침욕(侵辱)한 것과 황위(黃霨)가 청성(淸城) 김공(金公 김석주)을 모함한 것을 논박하였다.[122] 이 때 기사당

**120** 북헌공(北軒公)이……유배되었다 : 북헌공은 김운택의 형 김춘택이다. 1706년 김춘택이 희빈장씨(禧嬪張氏)의 소생인 세자를 모해하였다는 혐의를 입어 심문을 받고, 제주로 정배된 사실을 가리킨다.

**121** 진언 : 원문의 '獻替'는 '헌가체부(獻可替否)'의 준말로, 임금이 마땅히 행해야 할 일은 과감히 건의하고, 행하면 안 될 일은 그만두도록 간하는 대신의 도리를 말한다.

**122** 사헌부 지평으로……논박하였다 : 지평(持平)으로 있던 김운택(金雲澤)의 상소

(己巳黨 남인)의 오시복(吳始復)이 절도에 유배되었다가 풀려 육지로 나오면서 거쳐 온 고을마다 강제 명령을 내려 돌아갈 때 필요한 행장을 보내라고 하였다. 수령 가운데 즉시 명령을 따르지 않는 자가 와서 알현하면 문득 머리채를 잡아 쫓아 버렸는데, 공이 그 방자하게 구는 정상을 논박하여 사헌부에서 계문을 올렸다.[123] 공의(公議)가 일어났는데도 오랫동안 윤허를 받지 못한 것들에 대해서 공은 힘써 간쟁을 하였는데, 유혁연(柳赫然), 이원정(李元禎)의 복관(復官)을 도로 빼앗자는 논의와 같은 경우는 일이 경신역옥(庚申逆獄)과 관련되어 있는지라 더욱 더 쟁론하기를 마지않았다.[124]

내용은 송하적(宋夏績)이 그 아비 때부터 선정신(先正臣) 송시열(宋時烈)의 문하에 출입하였음에도 불구하고 자신은 물론 자식까지 송시열을 침욕하였다는 것과 황위(黃霨)가 반소(泮疏)를 거짓으로 핑계하여 고(故) 상신(相臣) 김석주(金錫胄)를 무함하였으니 빨리 이 두 사람을 사판(仕版)에서 삭제하도록 명하여 구신(舊臣)을 후대(厚待)하는 도리를 다하라는 것이었다. 《숙종실록 39년 5월 11일》

**123** 오시복(吳始復)이……올렸다 : 사헌부 지평(持平)으로 있던 김운택(金雲澤)이 강진(康津)에 안치(安置)되었던 죄인 오시복(吳始復)이 귀양살이를 마치고 돌아오는 길에 해남(海南)·강진(康津) 두 고을의 사람을 시켜 거의 백 필이나 되는 마필(馬匹)과 백여 바리나 되는 행장을 옮기게 한 사실을 고발하였다. 수령들이 난감해 하자 오시복은 이들 수령을 면전에서 꾸짖고 욕지거리를 하며 사나운 종을 시켜 목덜미를 잡아 내쫓게 하는 등 욕을 보였으니 절도(絶島)로 옮겨 유배하라는 내용이었다. 《숙종실록 39년 3월 21일》

**124** 유혁연(柳赫然)……마지않았다 : 경신역옥(庚申逆獄)은 서인(西人) 일파가 남인(南人)을 조정에서 대거 축출한 사건인 경신대출척(庚申大黜陟)을 말한다. 유혁연(柳赫然)·이원정(李元禎) 또한 당시 희생된 인물들인데 숙종 38년 8월 3일 사헌부에서 이원정·유혁연의 복관을 환수할 것을 논계하였다. "매우 중요한 일이라 경솔하게 의논할 수 없는 것인데, 갑자기 관대한 은전(恩典)을 내려 그들의 관작(官爵)을 복구하였으니, 옥체(獄體)를 중히 여기는 도리에 어긋나고 한없는 폐단에 관계가 있다"는

지난번에 윤휴(尹鑴), 허목(許穆)의 당이 방례(邦禮)을 가탁하여 고묘(告廟)를 청하고 인하여 왕후를 동요하려는 일[125]이 있었다. 조정호(趙挺豪)가 기회를 타서 소를 올려 존호를 적은 현책(顯冊)에 그 내용을 첨입하기를 청하니[126] 엄핵(嚴覈)의 명이 내려 곧바로 죄인을 정배하라 하였다. 그러자 공은 그 처결의 불가함을 논하였다.[127] 또

내용이었다.

**125** 지난번에……일 : 1677년(숙종3) 봄에 윤휴(尹鑴), 허목(許穆) 등 남인(南人)이 김만기를 위시한 송시열과 김수항 등 서인(西人) 일파를 몰아내기 위해 쓴 계책이다. 1659년(효종10) 효종 승하 시에 자의대비(慈懿大妃)의 복제(服制)를 놓고 벌어진 기해예송(己亥禮訟)에서는 송시열 등의 서인은 효종을 서자(庶子)로 간주한 서인의 주장이 채택 되었는데, 1674년(현종15) 효종의 비 인선왕후(仁宣王后)의 승하 시에 벌어진 갑인예송(甲寅禮訟)에서는 효종을 적자(嫡子)로 간주한 남인의 주장이 채택되었다. 그러자 효종(孝宗)에 대한 자의대비(慈懿大妃)의 복제(服制)를 기년복(朞年服)으로 정한 서인에 대해 국가의 전례(典禮)를 그르쳤다고 종묘에 고해 올리자고 건의한 것을 말하는데, 그 의도는 종묘에 고한 조치를 빌미삼아 그 주장에 참여했던 서인을 제거하려는 것이었다.《肅宗實錄 2年 3月 7日》 원문의 '長秋'는 한(漢)의 궁명(宮名)으로, 흔히 왕후를 지칭하는 용어로 사용되는데 여기서는 김만기의 딸로 숙종비(肅宗妃)가 된 인경왕후(仁敬王后) 김씨(金氏)를 말한다. 이 일이 나자 노론 측에서는 "종묘에 고하기를 청하는 것은 그 의도가 선생을 모해하려는 데 있을 뿐만 아니라, 장차 의례(議禮)한 제신(諸臣)을 아울러 죽임으로써 국구(國舅)에게 미치게 하는 동시에 위로 곤궁(坤宮 숙종비 인경왕후(仁敬王后) 김씨(金氏))에게 미치게 하려는 것이다."라는 말을 하였다.《송자대전 부록 제7권 연보(年譜) 6》

**126** 조정호(趙挺豪)가……청하니 : 숙종의 즉위 40년을 경축하는 의미에서 존호(尊號)를 올리자는 의견이 제기되자 받아야 한다는 의견과 겸덕을 지켜 받지 말라는 의견이 맞섰다. 이 때 충청도의 유생 조정호(趙挺豪) 등은 찬성하는 입장에서 상소하면서, "옥책 속에다가 반드시, '선지(先志)를 따라 방례(邦禮)를 바로 잡았다.'는 말을 첨입(添入)하여 고쳐 짓도록 하십시오."라고 하였다.《숙종실록 39년 3월 16일》 현책(顯冊)은 왕대비 봉책이나 존호 등을 행할 때 그것을 기록한 책을 말한다.

김재해(金載海)가 박 문순공(朴文純公)의 문도로서 스승을 배반한 것과 시류를 좇아 비의(非義)로써 송정(訟庭)을 드나든 일을 논하였고,[128] 또 이명세(李命世)의 탐비(貪鄙)를 논박하였다.[129] 공은 언관의 자리에 새로 들어와 탁류(濁流)를 밀어내고 청류(淸流)를 드날리는 것[130]을 자신의 소임으로 삼으니, 시배(時輩)[131]들 가운데는 눈을 흘기

**127** 공은……논하였다 : 숙종 39년 계사(1713) 4월 21일(무진) 숙종은 조정호의 일에 대하여 "이 무리들이 일찍이 이 일로써 고묘(告廟)를 청하기에 이르렀으니, 용의(用意)가 아주 흉참(凶慘)하다"고 하여 극변(極邊)으로 멀리 귀양 보낼 것을 명하였다. 그러자 일각에서는 사주한 사람이 있을 것이니 끝까지 밝혀야 한다는 주장을 폈는데, 사헌부(司憲府) 지평(持平)으로 있던 김운택(金雲澤) 역시 정배(定配)하라는 명령을 환수(還收)하고, 전례에 따라 판부(判付)하여 형벌을 가하여 사실을 밝혀낼 것을 청하였다. 즉 정배의 명을 거두어 달라는 김운택의 주장은 용서하라는 의미가 아니라 더 철저한 조사를 통해 사실을 밝히라는 뜻이었다.

**128** 김재해(金載海)가……논하였고 : 숙종 39년 5월 김운택은 "김재해(金載海)가 사로잡혀간 여인의 시양(侍養)이 되었으니, 이미 스스로 실신(失身)을 한 것이고 또 스스로 인연을 끊은 남편의 집에 추탁(推托)하고자 하여 송사를 일으키기까지 하였으니, 의리에 대처함이 더욱 몹시 근거가 없는 것이며 문생(門生)의 소변(疏辨)에 참여하지 않았으니 스승을 배반한 것이다"는 내용으로 처벌을 요구하였다. 《숙종실록 39년 5월 2일, 5월 9일》

**129** 이명세(李命世)의……논박하였다 : 숙종 39년 5월 2일에 사헌부에서 "홍천 현감(洪川縣監) 이명세(李命世)는 한 가지도 착한 실상은 없이 오로지 탐욕스럽고 비루한 일만 일삼아서 읍비(邑婢)에게 깊이 고혹(蠱惑)되어 말하는 것마다 모두 들어주며, 정사는 대부분 백성을 학대하여 백성들이 고통을 견디지 못하니, 청컨대 파직시키라."는 계사를 올렸다.

**130** 탁류를……것 : 원문의 '激濁揚淸'은 청류(淸流)를 끌어올리고 탁류(濁流)를 밀어 내보낸다는 뜻으로, 악을 제거하고 선을 장려한다는 의미이다. 당나라 태종 때 인물 왕규(王珪)가 방현령(房玄齡)·이정(李靖)·온언박(溫彦博)·위징(魏徵) 등과 국정을 주도하고 있었는데, 어느날 태종이 이들과 함께 주연을 즐기다가 왕규에게 "경은

는 사람이 많아 어떤 이는 명세(命世)를 구원하고 어떤 이는 재해(載海)를 신구(伸救)하며,[132] 어떤 이는 황위(黃霨)를 옹호하면서 심지어는 공을 벌하라 청하기까지 하였다.[133]

금위영 낭청(禁衛營郎廳)에 차임되었다가 얼마 뒤 양성 현감(陽城縣監)에 제수되어 마음을 다하여 백성들을 어루만지다 9개월 만에 체직되어 돌아왔다. 수어청 종사관(守禦廳從事官)에 차임되었다가 경차관(敬差官)[134]으로 호서지방의 토지를 점검하고 돌아와 병조 정랑(兵曹正

인물의 그릇을 분별하는 능력이 뛰어나고 담론도 탁월하니, 방현령 등의 인물됨이 어떠한지 모두 품평할 수 있을 것이오. 또 자신이 그들에 비해 어느 점이 어진지 헤아릴 수 있소?"라고 물으니 왕규가 여러 면에서 다른 사람들보다 못하다고 하면서 "세상의 혼탁함을 제거하고 청렴함을 드날리며, 사악한 것을 증오하고 선량한 것을 좋아하는 점에서는 제가 위에 든 대신들보다 약간 뛰어납니다.〔至如激濁揚淸, 嫉惡好善, 臣於數子, 亦有一日之長〕."라고 말한 고사가 있다.《舊唐書 王珪列傳》

**131** 시배(時輩) : 당시 권력을 잡고 있는 무리라는 뜻으로, 여기서는 소론(少論) 세력을 가리킨다.

**132** 어떤 이는……신구(伸救)하며 : 당시 집의(執義) 유태명(柳泰明)과 집의 심택현(沈宅賢)이 이명세와 김재해에 대한 김운택의 견해에 반대하여 인피하고 사직소를 내었다.《숙종실록 39년 5월 9일, 5월 13일》

**133** 어떤 이는……하였다 : 숙종 9년에 태학생 황위 등 30여 명이 상소하여 김석주가 김익훈과 김환(金煥)을 두둔한 일을 탄핵하고 박세채를 두둔하자, 숙종이 노하여 황위를 정거(停擧)하라고 명하고, 다음 날에 다시 소두(疏頭)인 황위를 극변으로 유배 보내고 나머지 유생들은 정거하라고 명한 사건이 있었다. 30년 지난 시점에서 김운택이 이 일을 다시 거론하며 황위를 사판에서 삭제하도록 청하자, 숙종은 "30년이 지난 뒤에 와서 추론(追論)하는 것은 너무 심한 일"이라고 하면서 들어주지 않았는데 이에 사간(司諫) 김유(金楺) 등이 이를 거론한 김운택을 책벌하라고 주장한 일을 말한다.《숙종실록 9년 7월 27일, 숙종 39년 5월 11일》

**134** 경차관(敬差官) : 임금의 명으로 임시 임무를 띠고 지방에 나가는 벼슬아치. 주

郞)에 제수되었다.

이세최(李世㝡)와 적신(賊臣) 진유(眞儒)가 북헌공(北軒公)을 귀양 보내야 한다고 청하니 말이 매우 패악스러운지라 공이 북을 쳐서 변명하였다.[135] 그러자 안시상(安時相)이 대장(臺章)에 저항했다는 이유로 파직을 청하다가 곧 중지하였다.[136] 시강원 문학(侍講院文學)에 제수되었다.

명을 받들고 관서지방을 염찰(廉察)하였는데 자거(刺擧)[137]하고 출척(黜陟)하는 것을 그 실상에 맞게 하였고, 고을의 폐단이나 백성의 고통에 관한 것, 전제(田制)·군정(軍政)은 변통하는 것이 많았으며,

로 전곡(田穀)의 손실을 조사하고 민정을 살피는 일을 맡았다.

**135** 이세최(李世㝡)와……변명하였다 : 숙종 42년 5월 14일에 동월 14일, 정언 이진유(李眞儒)와 대사간 이세최(李世最)가 인피하면서 김춘택의 원배(遠配)를 청하였다. "김춘택(金春澤)이 귀양가면 조정이 조금 편안하고, 돌아오면 사단(事端)이 번번이 일어"나는데 "사유(赦宥)받아 돌아오게 되면 더욱 방자해질 것"이라는 이유였다. 그러자 동생 김운택(金雲澤)이 격고(擊鼓)하고, 김보택(金普澤)이 상소하였다. 격고(擊鼓)는 거둥 때에 원통한 일을 임금에게 상소하기 위하여 북을 쳐서 하문(下問)을 기다리는 것을 말한다.

**136** 안시상(安時相)이……중지하였다 : 동생 김민택이 쓴 〈중씨통정대부……전주부윤부군행장(仲氏通政大夫……全州府尹府君行狀)〉에 대계(臺啓)가 한창 진행되는데 거만하게 송변(訟辨)을 한다는 이유로 장령 안시상이 김운택의 파직을 청하는 내용이 나와 있다. 그러나 당시 임금은 따르지 않고 다만 체직시키기만 하였다. 대장(臺章)은 대계(臺啓)로 사헌부와 사간원에서 논죄에 관하여 임금에게 올리는 글을 이른다.《竹軒集 卷4》

**137** 자거(刺擧) : 간악한 자를 탄핵하여 배척하고, 공로가 있는 이를 들어 올리는 것을 말한다.《위서(魏書)》 91권 〈장연전(張淵傳)〉의 주(注)에 "자거(刺擧)는 간악한 자를 탄핵하여 배척하고, 공로가 있는 이를 들어 올림이다.〔刺擧者, 刺姦惡, 擧有功.〕" 라고 하였다.

절의와 효성을 권장하고 분하고 억울한 일을 풀어주는 일에 이르기까지 서계(書啓)를 작성한 것이 모두 30여 조가 되었다. 손수 정서(精書)하여 수미가 구슬 꿴 듯 일맥상통하였는지라 상이 액례(掖隷)[138]를 시켜 친히 쓴 것인지를 묻기까지 하였다. 사서(司書)로 자리를 옮겼다가 체직되었으며 다시 제수되었으나 곧 사직하였다.

병신처분(丙申處分)[139] 이후 사문(斯文)의 시비(是非)가 크게 정해졌으나 이세덕(李世德)의 무리가 우암(尤菴)을 무욕(誣辱)하면서 충정공(忠正公 김익겸)이 순절할 때의 일을 끌어들이니[140] 공이 상소하여 통렬히 논변하였다.[141]

관서 감진어사(關西監賑御史)[142]로 차임되었다. 이 때 함경도 지방

**138** 액례(掖隷) : 액정서(掖庭署)에 딸린 이원(吏員) 또는 하례(下隷)를 말한다.

**139** 병신 처분(丙申處分) : 윤선거(尹宣擧)·윤증(尹拯) 부자와 송시열(宋時烈) 사이에 벌어진 오랜 시비에 대하여 1716년(숙종42)에 숙종이 윤선거 문집의 목판을 헐어 버리라고 명함으로써 시비에 대한 종지부를 찍고 노론을 지지한 일을 말한다. 《肅宗實錄 42年 8月 24日》

**140** 이세덕(李世德)의……끌어들이니 : 1717년(숙종43)에 이세덕이 스승인 윤증 부자를 신원하기 위해 장문의 상소를 올렸다. 그 내용은 대체로 윤증 부자를 변호하고 송시열을 비난하는 것이었는데, 그 안에 절의(節義)로 죽은 권순장(權順長)과 김익겸(金益兼)을 두고 "남문에 배속되어 있었기 때문에 선원(仙源 김상용(金尙容))과 함께 분사(焚死)할 수 있었던 것이지 그렇지 않았다면 또한 반드시 죽어야만 하는 의리는 없었다."고 폄하한 내용이 있었다. 《숙종실록 43년 9월 3일, 10월 5일》

**141** 충정공(忠正公)이……논변하였다 : 동생 김민택이 쓴 〈중씨통정대부……전주부윤부군행장(仲氏通政大夫……全州府尹府君行狀〉에 "이세덕이 김익겸을 끌어들여 언급한 일은 우암을 무욕한 것일 뿐 아니라 충정공을 무욕한 것"이라며 김운택이 소를 올려 사실을 따진 내용이 실려 있다. 《竹軒集 卷4》

**142** 감진 어사(監賑御史) : 조선 시대에 왕명으로 특별히 파견한 사신의 하나로, 감

에 큰 기근이 들어 공이 청대(請對)하여 구휼 대책 10여 개를 조목조목 아뢰니 모두 특별한 윤허를 입어, 결국 곡식 수만 곡(斛)을 마련할 수 있었다. 모든 설시(設施 진제(賑濟)에 관한 일을 계획하고 시행하는 것)의 편의에 대한 장청(狀請)이 수만 명의 배고픈 백성들을 살린 것이라[143] 서토(西土)의 사민(士民)들이 송덕비를 세우며 말하기를 "지난번 김 어사가 아니었다면 우리들은 이미 다 죽었을 것이다." 라고 하며 심지어 눈물을 흘리는 자도 있었다.

이조록(吏曹錄)[144]에 천거되어 홍문관 부교리(弘文館副校理)에 제수되었다. 공의 뛰어난 문장과 지망(地望 지벌과 명망)으로도 세상의 배척을 받아 급제한 뒤 14년 만에야 비로소 홍문관 관원에 선발될 수 있었으니 공론은 다들 능력에 맞지 않게 낮은 자리에 굽혀있다고 하였다. 수찬(修撰)을 지내다가 외직으로 나가 북평사(北評事)가 되었다.

진사(監賑史)라고도 한다. 흉년으로 기근이 든 지방의 실태를 조사하고 굶주리는 백성들을 구제하기 위해 파견하였다.

**143** 모든……것이라 : 청북(淸北) 감진 어사(監賑御史) 김운택(金雲澤)이 청대(請對)하여 "청북의 재황(災荒)은 매우 참혹한데 진곡(賑穀)의 마련이 매우 적어 접제(接濟)할 곡식이 부족하니, 남한(南漢)·해서(海西)·안흥(安興)·양진(楊津) 등 여러 곳의 미곡을 각각 5천 석씩 보내달라."는 것 등을 주청하였다. 이후에 또 "경기와 호서 지방에 있는 군량미·환곡미와 사군목(射軍木)의 강도목(江都木) 을 이전시켜 진제할 밑천을 보충하게 해달라"는 내용과 "청북(淸北) 여러 고을 가운데 보리의 조곡(糶穀)을 거두어들이기 어려운 곳은 3분의 2를 감하여 가을철까지 기다렸다가 대납(大納)하게 해달라", "평안도(平安道) 산군(山郡)에 누리의 피해가 있으니 포제(酺祭)를 행하도록 해달라" 등의 장계를 연달아 올렸다. 《숙종실록 44년 1월 4일, 6월 3일, 7월 17일》

**144** 이조록(吏曹錄) : 홍문관 관원을 선발할 때 그 중 제일 뛰어난 사람을 뽑아 이조 낭관이 자신의 후임자로 추천하는 일로, 이조 홍문록(吏曹弘文錄)이라고도 한다. 《五洲衍文長箋散稿 人事篇 治道類 朋黨》

대신이 김운택이 몇 해째 봉명(奉命)하느라 어버이와 헤어져 있다는 내용으로 연주(筵奏)하니[145] 체직되어 교리 겸 한학교수(校理兼漢學教授)·이조 좌랑 겸 문학(吏曹佐郎兼文學)·교서관 교리(校書館校理)·서학교수(西學教授)에 제수되었다가 체직되어 다시 교리(校理)가 되었다. 여러 번 체직되고 여러 번 제수되었으나 모두 경악(經幄)을 떠나지 않았고, 옥당(玉堂)으로 하여금 《열성지장(列聖誌狀)》[146]을 교정(校正)하게 할 때도 전적으로 공에게 일을 맡겼다. 이조 정랑(吏曹正郎)으로 자리를 옮겼다가 도청(都廳)으로 민회빈(愍懷嬪) 봉묘(封墓)를 감독하였으며 그 공로로 인해 사복시 정(司僕寺正)으로 승진하였다가 부응교(副應教)로 자리를 옮겨 필선(弼善)을 겸하였다.

상께서 여러 해 동안 병환을 앓고 계셨는데 왕자 연령군(延齡君)의 상에 납시려고 하자 공이 청대(請對)하여 명을 거두실 것을 청하였다. 그러자 상이 묻기를

"그대는 김 아무개가 아닌가?"

라고 하였다. 눈병 때문에 음성만으로 판별하신 것이다. 승여(乘輿

**145** 대신이……연주(筵奏)하니 : 여기서 대신은 이건명(李健命)이고 연주(筵奏)는 당시 대리청정하고 있던 세자의 면전에서 아뢴 일을 가리킨다. 이건명이 "북평사(北評事) 김운택(金雲澤)의 조모(祖母)인 서원 부부인(西原府夫人)은 나이 80세가 넘었는데, 김운택의 두 형(兄)은 벌써 죽고 장손(長孫)이 바야흐로 시봉(侍奉)하고 있습니다. 그런데 지금 장차 멀리 떠나게 되었으니 정리(情理)가 불쌍히 여길 만합니다." 라고 아뢰었다. 《숙종실록 44년 9월 5일》 서원부부인은 인경 왕후(仁敬王后)의 어머니이다.

**146** 열성지장(列聖誌狀) : 목조(穆祖) 이하 역대 왕과 왕비들에 대한 행장(行狀)·비명(碑銘)·지문(誌文) 등을 모은 책이다. 1681년(숙종7)에 교서관(校書館)에서 간행하였고 숙종 42년에 책문(冊文)·악장(樂章)등을 추가해 개간하였다. 《숙종실록 42년 10월 20일》

임금이 타는 수레)에 이미 멍에를 채웠으나 공과 양사(兩司)의 관원들이 한 목소리로 힘껏 쟁론하니 상이 마지못해 따랐다.[147]

동부승지(同副承旨)에 발탁되었다. 균전사(均田使)[148]로 호좌(湖左)의 밭을 측량하였는데 조사한 것이 매우 공평하여 토호들이 감히 농간을 부리지 못하니 백성들과 나라가 함께 혜택을 입었다. 형(刑)·호(戶) 이조(二曹)의 참의에 연달아 제수되었고, 묘당(廟堂 의정부)에 품의(稟議)하는 일로 조정으로 돌아왔다.[149]

숙묘가 승하하시자 공이 상례를 잘 안다고 하여 습렴(襲斂) 집사(執事)[150]로 차임되어 산릉까지 임금을 모시고 가 하관 의식에 입참(入參)하였다.

찬집청 당상(纂輯廳堂上)에 차임되었다. 대사간(大司諫)으로 자리를 옮겨 입대(入對)하여 사안에 따라 논열하면서 선대왕(先大王)의

**147** 상께서……따랐다 : 숙종 45년 10월 2일 숙종은 병이 깊은 상태에서도 죽은 연령군(延齡君)의 집에 친림(親臨)하겠다고 고집하면서 어가를 준비하게 하였다. 그러나 결국 간곡히 말리는 신하들과 중전의 의견에 따라 행차를 멈췄다. 연령군(延齡君)은 숙종(肅宗)과 명빈(禖嬪) 사이에 태어난 아들로 영조(英祖)의 이복동생이다.

**148** 균전사(均田使) : 각 도의 전답을 정확히 조사하기 위하여 파견된 어사(御史)로, 전답을 측량하여 품등(品等)을 결정하고, 민정을 살펴 부정의 유무를 조사하는 등의 권한을 가졌다. 김운택은 숙종 45년 10월 10일 충청 좌도 균전사(忠淸左道均田使)에 제수되었다.

**149** 형·호 이조의……돌아왔다 : 숙종 46년(1720) 1월 2일 기사에 충청도 균전사(忠淸道均田使) 김운택(金雲澤)이 품정(稟定)할 일로 인해 환조(還朝)하여 입대(入對)를 원하니, 세자(世子)가 소견(召見)하였다는 내용이 실려 있다. 도성으로 들어오기 전에 형조 호조참의에 제수된 것으로 보인다.

**150** 집사(執事) : 《숙종실록》 46년 6월 8일, 6월 9일, 6월 12일 기사에 김운택이 상례 전반에 대해 집사로서 일을 보았다는 내용이 실려 있다.

성덕(盛德)과 대업(大業)을 계술(繼述)할 것을 간곡하게 진계(陳戒)하였다. 양전(量田)의 일을 다 마치지 않은 일로 인하여 다시 호서(湖西) 지방에 갔다가 돌아와 대사성(大司成)에 제수되었다.

이공(李公) 이명(頤命)[151]이 대행왕(大行王)의 지문(誌文)을 찬진(撰進)하였는데 신사대처분(辛巳大處分)을 누락시키자 태학생(太學生) 윤지술(尹志述)이 제생(諸生)을 창도하여 장차 상소를 올려 이공을 논척하고 이어 그 내용을 첨입시킬 것을 청하려 하였다. 소를 작성하지 않고 소회를 올렸는데 엄한 견책을 입으니 제생들이 권당(捲堂)[152]하고 함께 벌을 받을 것을 청하였다. 그러자 공과 동지사(同知事) 이공(李公) 의현(宜顯)이 들어가기를 권하고, 서계(書啓)의 말미에서 사기(士氣)는 의당 배양해야 하고 꺾어서는 안 된다는 것을 갖추어 논하면서 너그러이 살펴주실 것을 청하였다.[153] 곧 우부승지(右副承旨)

**151** 이공(李公) 이명(頤命) : 이이명(李頤命, 1658-1722)으로, 본관은 전주, 자는 양숙(養叔), 호는 소재(疏齋), 시호는 문충(文忠)이다. 기사환국(己巳換局)으로 귀양 갔다가 남인(南人)의 실각으로 다시 기용되고, 세제(世弟)의 대리청정(代理聽政)을 주청, 소론(少論)의 반대로 철회되자 탄핵을 받고 남해(南海)에 유배되었다가 신임사화(辛壬士禍) 때 사사(賜死)되었다.

**152** 권당(捲堂) : 성균관(成均館)의 유생들이 불평스러운 일이 있을 때 시위(示威)하는 뜻으로 성균관을 비우고 나가 버리는 일을 말한다.

**153** 이공(李公)……청하였다 : 이공(李公)은 이의현(李宜顯, 1669~1745)으로 본관은 용인(龍仁), 자는 덕재(德哉), 호는 도곡(陶谷), 시호는 문간(文簡)이다. 대사성·이조 판서·예조 판서·대제학·판중추부사 등을 거쳐 영의정에 오른 인물이다. 신사년은 1701년(숙종27)으로, 이 해 폐출된 희빈(禧嬪) 장씨(張氏)가 취선당(就善堂)에 거처하면서 다시 복위된 인현왕후(仁顯王后)를 저주하기 위해 취선당 서쪽에 신당을 차려놓고 무당을 불러 온갖 저주를 퍼부은 사건이 있었다. 이로 인해 희빈 장씨와 그 오라비인 장희재(張希載)가 사사되고 관련자들도 모두 처벌되었는데 이를 '신사처

로 옮겼다가 부제학(副提學)에 전임(轉任)되었다.

당록(堂錄)[154]을 만들라는 조정의 명이 누차 있자 공과 여러 신료들이 당록을 완성하였는데, 시배(時輩)[155]들이 기필코 훼방을 놓으려 하였다. 진유(眞儒)[156]의 아우 진검(眞儉)이 그 형의 남은 독기를 부리고자하여 북헌공(北軒公)을 들어 모욕을 하며 말하기를 "당록을 주관한 사람이 이미 아무개의 아우이고 당록에 이름이 올라간 사람은 또 아무개의 아우이다."[157]라고 하였으니 공의 아우 교리공(校理公 김민택)이 당록에 참여하였기 때문이다. 공은 소장을 올려 변론하였다.

분'이라고 한다. 그런데 1720년(경종 즉위년)에 이이명(李頤命)이 숙종의 지문(誌文)을 지으면서 이때 내린 처분을 누락시키고 기재하지 않았다. 그러자 성균관 장의 윤지술(尹志述)이 재생(齋生)들을 이끌어 권당(捲堂)을 행하고 소회(所懷)를 적어 올려 이에 대해 논척하였다. 당초에는 여러 유생(儒生)들을 인솔하고 항소(抗疏)하여 간하려 하였는데, 결국 올리지 못하였고, 소회(所懷)를 올린 것이다. 이 일로 윤지술이 부안(扶安)에 유배되자 동참한 반유들이 재실(齋室)을 비우고 나가버렸다. 이에 이의현은 반유들에게는 명을 받들어 다시 들어올 것을 권하고 경종에게는 "만약 윤지술을 용서하지 않는다면 반유들이 결코 다시 들어올 리가 없습니다."라고 하여 윤지술을 풀어 달라 청하였다. 《경종실록 즉위년 9월 7일》《陶谷集 卷32 紀年錄》

**154** 당록(堂錄) : 의정부에서 교리(校理)·수찬(修撰)을 선임하기 위한 2차 기록이다. 의정부와 이조의 판서·참판·참의 등이 모여 홍문록(弘文錄)에 오른 명단에서 적합한 사람의 이름 위에 다시 권점(圈點)을 적어 그 찬반을 보이며 그 결과를 임금에게 올리면 득점의 순위대로 교리·수찬에 임명된다.

**155** 시배(時輩) : 때를 만나 기염을 토하는 사람들이란 뜻으로, 여기서는 정권을 잡은 소론을 가리켜 말한 것이다.

**156** 진유(眞儒) : 이진유(李眞儒, 1669~1730)이다. 소론 강경파로 박필몽 김일경(金一慶), 이명의(李明誼) 등과 함께 연명으로 상소하여, 왕세제(王世弟)의 대리청정(代理聽政)을 주장한 노론 사대신의 죄를 성토하여 신임옥사를 유발한 인물이다.

**157** 진검(眞儉)이……아우이다 : 389쪽 주103 참조.

대행왕(大行王 숙종)의 금보(金寶 존호를 새긴 도장)와 익릉(翼陵 숙종비 인경왕후(仁敬王后)의 능)의 비전(碑篆)을 써 올려 가선대부(嘉善大夫)로 품계가 올라 형조 참판 겸 승문원 제조(刑曹參判兼承文院提調)에 배수되었다가 행 좌승지(行左承旨)로 전임되었다. 대사성 겸 비국당상(大司成兼備局堂上)으로 자리를 옮겼다가 호조 참판(戶曹參判)으로 옮겼고 행 부제학(行副提學)으로 전임되었으나 사임하여 체차되었다. 돌아와 호참 겸 동지춘추관사(戶參兼同知春秋館事)·동의금(同義禁)에 제수되고 외직으로 나가 개성 유수(開城留守)에 제수되었다. 대부인(大夫人)을 모시고 임소로 갔으나 얼마 되지 않아 상을 만났고, 대부인을 겨우 반장(返葬)하자 재앙이 일어났다.

이 당시 경묘(景廟)가 질환이 있으시면서 후사가 없자 흉당이 믿는 구석이 있어 기회를 엿보기를 날로 극심하게 하니 인심이 흉흉해졌다. 정언(正言) 이정소(李廷熽)가 소를 올려 세자 책봉의 대책(大策)을 빨리 수립하기를 청하니 대신들이 대비의 명을 받들어서 금상을 왕세제로 책립하였다.[158] 그러자 저들의 음모가 날로 급해지더니 안팎으로 결탁하여 일경(一鏡) 등 칠적(七賊)이 상소하여 양기(梁冀)·염현(閻顯)의 고사를 끌어다 대비를 무욕(誣辱)하고 사대신(四大臣)의 죄를 얽었다. 이날 밤중에 날조된 교지가 내려와 사대신을 절도(絶島)로 유배하라 하고,[159] 이어서 16인에 대한 계사(啓辭)가 나왔는데, 공이

**158** 정언(正言)……책립하였다 : 정언 이정소(李廷熽)가 연잉군(延礽君)을 세제로 책봉하기를 주청하는 상소를 올렸고 그날 밤 김창집(金昌集)·이건명(李健命)· 조태채(趙泰采)· 민진원(閔鎭遠) 등 13인의 신하들이 입궐해 연잉군을 세제로 책봉하기를 강력하게 청하여 경종의 허락을 받았다.《경종실록 1년 8월 20》

**159** 일경(一鏡) 등……하고 : 7적은 김일경(金一鏡)·박필몽(朴弼夢)·이명의(李

맨 앞에 있었다.[160] 그리하여 공은 영변(寧邊)으로 귀양을 가고 교리공(校理公 김민택)은 선천(宣川)으로 귀양을 갔으며 다섯째 동생인 관찰공(觀察公 전라도 관찰사를 지낸 김조택)은 창성(昌城)으로 귀양을 갔으니 친구와 친당(親黨)들 가운데 누구도 면한 자가 없었다.

호룡(虎龍)이 급변을 고하여 무옥(誣獄)을 크게 일으키니[161] 벼슬아

明誼)·이진유(李眞儒)·윤성시(尹聖時)·정해(鄭楷)·서종하(徐宗廈) 등 소론 7인을 말한다. 이들은 연명으로 1721년(경종1) 12월 6일에 상소를 올렸는데 이 상소에서 이들은 왕세제의 대리청정을 제기한 조성복(趙聖復)과 이를 강행하려 한 노론 사대신을 양기(梁冀), 염현(閻顯), 왕망(王莽), 조조(曹操)에게 견주었다. 이들은 모두 한(漢)나라 왕실을 무시하고 정권을 휘두르거나 찬역(簒逆)한 인물들이다. 양기는 한나라 순제(順帝)의 후비인 양 황후(梁皇后)의 오라비로 한나라 질제(質帝)를 독살하고 세도를 부렸고, 염현은 순제 때 태후 염씨(閻氏)의 동생으로 난을 일으켰으며, 왕망은 애제(哀帝)를 폐위하고 평제(平帝)를 독살한 뒤 신(新)나라를 세웠고, 조조는 동탁(董卓)의 난을 틈타 헌제(獻帝)를 폐위하고 뒤에 스스로 위왕(魏王)이 되었다가 아들 조비(曹丕)에게 물려주어 한나라를 찬탈하게 하였다. 이들을 끌어들인 것은 은연중에 대비가 역모에 참여했다고 주장한 것이었다. 이관명(李觀命)이 쓴 〈조태채의 묘지명〉에 "상소가 들어간 밤에 누차 날조한 교지를 내려 사류를 모두 몰아내고, 흉당을 끌어들여 조정을 채웠다.〔疏入之夜, 屢下矯旨, 盡逐士類, 引入兇黨, 布滿朝廷.〕"라는 내용이 보인다.《景宗實錄 1年 12月 6日》《屛山集 卷14 右議政趙公墓誌銘》 다음날 지평 박필몽·헌납 이명의가 대사간 양성규(梁聖揆) 등과 합사(合辭)하여, 세 대신은 절도에 위리안치하고, 조태채는 극변에 멀리 귀양 보내기를 청하였다.《경종실록 1년 12월 7일》

**160** 16인에……있었다 : 16인은 김운택(金雲澤)·김민택(金民澤)·김조택(金祖澤)·이기지(李器之)·이천기(李天紀)·조흡(趙洽)·이덕중(李德重)·이영조(李榮祚)·이정식(李正植)·윤휴경(尹休耕)·형의빈(邢義賓)·조송(趙松)·김성절(金盛節)·이수절(李秀節)·전인좌(錢仁佐)·안귀서(安龜瑞)를 말한다. 이들은 처음에는 모두 유배되었다가 국문을 받던 중 대부분 사망하였다.《경종실록 1년 12월 25일》《承政院日記 景宗 2年 1月 19日, 2月 4日, 10月 27日》

**161** 호룡(虎龍)이……일으키니 : 1722년(경종2), 소론계의 목호룡이 숙종의 임종 무

치와 선비들 가운데 왕실을 보위하고 대신을 도운 자들은 모조리 도륙을 당하였고, 사세가 급박해져서 위태로움이 동궁에 닥치면서 교리공(校理公)이 먼저 붙잡혀 화를 당하고 또 중씨(仲氏) 척재공(惕齋公 김보택)이 관직을 추탈(追奪)당하였다. 이어서 옥사를 담당한 자가 사형수를 꼬드겨 무고로 공을 끌어들이니 공이 체포되었다.[162] 그러나 심문을 받으면서 명백하게 답변을 하니 따져 물을 것이 없는지라 결국 공의 문객(門客) 네 사람을 고문하여 협박하여 증거로 삼으려 하였으나 네 사람이 끝내 한 마디도 공에게 누가 될 만한 말을 하지 않았다.[163]

독대(獨對)한 일에 이르러서는 이공(李公) 이명(頤命)이 독대한 것은 정유년(丁酉年)의 일이었고[164] 무함하여 공초한 말 가운데 이른바

렵 노론 사대신이 당시 세자이던 경종을 음해하기 위해 삼수(三手)의 계책을 써서 역모했다는 내용으로 고변(告變)한 일을 말한다. 이 고변으로 인하여 노론 사대신을 비롯한 노론계 인사가 대거 처벌되거나 축출되는 신임옥사가 일어났고 목호룡은 역모를 고변한 공으로 단독으로 녹훈되었다. 삼수(三手)란 경종(景宗)을 위해하려는 세 가지 방법으로, 칼을 사용하는 대급수(大急手), 독약을 사용하는 소급수(小急手), 위조된 교서 등을 이용하는 평지수(平地手)를 가리킨다. 《경종실록 2년 6월 30일》

**162** 사형수를……체포되었다 : 사형수란 김성절(金盛節)을 말한다. 김성절이 김운택(金雲澤)도 경종에게 독약을 쓴 일에 가담하였다고 하여 김운택이 체포되었다. 《경종실록 2년 8월 26일》

**163** 심문을……않았다 : 문객 4인이란 김씨 집안과 잘 알고 지내던 전인좌(錢仁佐)·이숭조·형의빈(邢義賓)·이덕준(李德竣)을 말한다. 이들은 혹형을 당하여 죽어 가면서도 끝까지 김운택의 죄를 입증할 말을 하지 않았다. 《영조실록 1년 2월 21일》

**164** 독대(獨對)한……일이었고 : 정유년인 1717년 숙종이 좌의정 이이명(李頤命)을 불러 독대한 것을 말하는데, 사관이 동석하지 않았기 때문에 그 자세한 내용은 알 수 없다. 다만 그 직후 세자의 대리청정을 명하였고 노론이 이를 적극 찬성하였는데, 당시 소론 측에서는 이를 세자를 폐하기 위한 수순으로 보았다. 《숙종실록 43년 7월 19일》

공이 '예견하여 전달했다'는 것은 다음해 무술년(戊戌年)의 일이었는데도 그대로 문목(問目)에 넣었다.[165] 공은 정색하며 위관(委官) 석항(錫恒)을 힐책하며 말하기를

"이러한 일을 묻는 것은 단지 선조(先朝)를 침해하고 무함하는 정도에 그치는 것이 아니니 천하(天下) 사람들과 후세(後世) 사람들이 성상을 어떻게 여기겠는가?"

라고 하였다. 석항은 자못 위축되어 차자를 올려 말하기를

"신은 김 아무개를 비호하는 것이 아닙니다. 사안이 선조(先朝)에 관계되어 있으니 신하가 감히 물을 수 있는 것이 아닙니다."[166]

라고 하였다. 그리고는 성을 나가서 재차 소를 올려 힘껏 구하려 하였으나 광좌의 무리가 거듭 형벌을 청하였는지라 끝내 옥중에서 운명을

**165** 무함하여……넣었다 : 이 내용은 김조택의 상소에 나와 있다. 네 사람 가운데 세 사람이 죽고 마지막으로 이덕준만 남았는데, 그 역시 거의 다 죽게 되어, 계제(階梯)가 다 끊어져 입증해서 죄를 성립시킬 길이 없어지게 되자 소론 세력은 대계(臺啓)를 올려 엄중히 형문(刑問)할 것을 지레 청하면서 이미 허사가 된 조흡의 초사를 다시 문목(問目)에 첨가하였다. 조흡의 초사란 조흡이 독약을 써서 경종을 모해하려고 한 사람들을 고발한 것을 말한다. 지평(持平) 이중술(李重述)의 전계(前啓) 가운데 조흡(趙洽)의 공초가 인용되어 있는데 "김운택이 서관(西關)의 어사(御史)가 되었을 때 그의 아비 조이중(趙爾重)과 이야기하기를, '국가(國家)에 오래지 않아서 장차 큰일이 있을 것입니다.'고 한 지 얼마 있다가 이이명(李頤命)이 독대(獨對)한 거사가 과연 나왔다"는 것이다. 이를 근거로 조이중은 "문목(問目)을 내어 엄중하게 형문해서 정상을 알아내시라"고 청하였다. 《경종실록 2년 4월 20일, 8월 26일, 10월 22일, 11월 1일》《승정원일기 영조 1년 2월 21일》

**166** 위관(委官)……아닙니다 : 국문을 담당한 최석항(崔錫恒)과 김운택의 이와 같은 대화 내용은《경종 수정실록》2년 11월 1일, 2월 3일 김운택의 졸기 등에서 볼 수 있다.

하였으니 실로 임인년(壬寅年) 12월 3일이었고 향년 50세였다. 광주(廣州) 선영의 서쪽 언덕에 장사지냈다가 정좌(丁坐) 언덕으로 이장하였다.

공이 돌아가신 뒤에도 흉당은 으르렁대기를 그치지 않아 또 북헌공(北軒公)의 동생들, 아들 조카까지 아울러 해도로 유배 보낼 것을 청하니 어른과 아이 모두 15명이었는지라, 길에서 본 자들은 슬퍼하지 않음이 없었다.[167]

갑진년(甲辰年)에 금상이 보위를 이어 문충공(文忠公)의 제손(諸孫)들을 모두 방면하고 김일경과 목호룡 이적(二賊)을 주벌하였다. 관찰공(觀察公 김조택)이 적소로부터 돌아와 소장을 올려 원통함을 호소하되, 집안 내력을 거슬러 올라가 논하면서 문충공(文忠公 김만기) 이래로 흉당들에게 미움을 쌓아서이지 하루아침 하룻저녁의 일이 아니라고 하였다.[168] 상은 슬퍼하며 비답을 내려 위로하고, 우선 4대신을

**167** 북헌공(北軒公)의……없었다 : 《경종수정실록》 3년 1월 10일 기사에 김춘택의 아우 아들, 조카 15명을 해도에 유배시킨 내용이 있다. 2, 3세의 아이는 정배(定配)하지 말라는 수교(受敎)가 있었는데도 이진유(李眞儒)의 청에 따라 절도(絶島)에 유배시켰기 때문에 어미와 자식이 서로 헤어지느라고 울부짖는 울음소리에 화기(和氣)가 손상될 지경이었다고 한다.

**168** 관찰공(觀察公)이……하였다 : 김조택이 상소하여 당화를 입은 집안 사정과 네 형의 신설을 청하면서 " 대개 이 무리들이 성모(聖母)께 두 마음을 두고 성고(聖考)께 죄를 얻은 것은 일조 일석(一朝一夕)의 일이 아닙니다.〔蓋此輩, 貳於聖母, 得罪於聖考, 非一朝一夕之故也.〕"라고 하였다. 이 말은 《주역(周易)》 〈곤괘(坤卦) 문언(文言)〉에 "신하가 군주를 시해하고 자식이 아비를 시해하는 것은 하루아침과 하룻저녁 사이에 생긴 변고가 아니요, 그 유래한 것이 점점 진행된 것이니, 이는 분변해야 할 것을 일찍 분변하지 않았기 때문이다.〔臣弑其君, 子弑其父, 非一朝一夕之故, 其所由來者, 漸矣, 由辯之不早辯也.〕"라는 말에서 가져온 것이다. 《영조실록 1년 2월 21일》

복관시켰다. 그리고 제신들을 모두 복관하고 공에게는 이조 판서를 추증하고 사제(賜祭)하였으며 자제들을 녹용(錄用)하라고 명하였다.

정미년(丁未年)에 흉당들이 다시 권력을 잡아 4대신의 관작과 시호를 도로 빼앗았다. 공과 이공(李公) 만성(晩成), 홍공(洪公) 계적(啓廸)은 다만 추증된 관직만 삭탈하였는데 광좌(光佐)가 실제로 그 의논을 주관하였다. 지난번에 공을 죽인 자는 누구였던가? 남을 해치기 좋아하는 마음을 가진 석항(錫恒)도 나섰다 물러섰다 하면서[169] 옥사를 담당하려 들지 않았는데 광좌만이 뜻대로 하려 작심하고 지금 온갖 수단을 부려 강하게 구별을 보이니 과연 그 행적을 숨길 수 있겠는가?[170]

무신란(戊申亂)[171]을 겪고 종사(宗社)가 오늘처럼 유지될 수 있었던 것은 하늘의 힘이라, 윤상(倫常)과 의리(義理)가 일세에 크게 정해질

**169** 남을……하면서 : 최석항은 당시 국옥을 책임지고 있었으면서도 김운택에 관해서는 엄형을 신중히 고려할 것을 청한 바 있다. 《경종실록 2년 11월 1일》

**170** 광좌만이……있겠는가 : 정미환국(丁未換局)을 통해 소론(少論)이 다시 정권을 잡아서 1725년의 처분을 백지화하고 노론(老論) 사대신(四大臣)의 관작과 시호를 다시 삭탈한 것을 말한다. 영조 3년 정미(1727) 역(逆)과 역 아닌 것을 분간하여 한계를 결정해야 한다고 한다는 임금의 명에 의해 이광좌, 조태억 등이 희생된 사람들을 하나하나 다시 검토하여 처분하였다. 《영조실록 3년 2월 3일, 9월 18일, 10월 6일》《승정원일기 영조 3년 10월 6일》

**171** 무신란(戊申亂) : 1728년(영조 4) 소론과 남인이 연합하여 일으킨 난으로, 이인좌(李麟佐)의 난이라고도 한다. 신임사화(辛壬士禍)로 득세한 소론이 영조의 즉위로 노론에게 밀려나게 되면서, 영조가 신임사화 때 김창집(金昌集) 등 노론 사대신을 무고(誣告)한 소론파 김일경(金一鏡) 등을 처형하자, 이에 소론의 과격파와 갑술옥사(甲戌獄事) 이후 정계에서 밀려난 남인이 연합하여 이인좌·정희량(鄭希亮) 등을 중심으로 일으킨 난이다.

수 있었다. 그런데 성상께서 두 마음을 품은 자들을 안정시키려 힘쓰시니[172] 충역(忠逆)의 구분이 밝아진 것 같으면서도 밝아지지 않았다.

경신년(庚申年)에 여섯째 동생 봉사공(奉事公 김복택)이 20년전 구안(舊案)으로 또 형화(刑禍)를 당하였다. 신유년(辛酉年)에 상이 불현듯 깨달아 무안(誣案)을 모두 태워 버리고 제공들의 관증(官贈)을 회복시키셨으나[173] 천토(天討)는 아직도 시원스럽게 행해지지 못하였고 임금께서 받으신 무함[174]도 여전히 다 설욕되지 못하였는지라 식자들이

**172** 성상께서……힘쓰시니 : '反側'은 두 마음을 품고 있어 불안해한다는 뜻이다. 후한(後漢)을 일으킨 광무제(光武帝) 유수(劉秀)가 왕랑(王郞)을 토벌하였는데, 당시 광무제의 부하 중에는 왕랑과 서신을 왕래하여 밀통한 자가 상당수 있었다. 광무제가 한단(邯鄲)을 함락하여 왕랑을 죽이고 궁중의 문서를 수습할 적에 왕랑과 사통하거나 자신을 비방한 내용의 편지 수천 장을 장군들이 보는 앞에서 불태워 버리며 "잠 못 이루는 자들을 편안케 한다.〔反側子自安.〕"라고 하였다. 두 마음을 품은 자들을 포용하여 안심시키려 한다는 의미이다.《後漢書 卷1上 光武帝紀上》 영조가 노론과 소론 세력을 번갈아 등용하면서 환국 정책을 편 상황을 말하는 것으로 보인다.

**173** 경신년(庚申年)에……회복시키셨으나 : 신축년 저사(儲嗣)를 세우자는 의논이 정해졌을 때 대신 김창집(金昌集) 등이 송(宋)나라 승상(丞相) 한기(韓琦)가 영종(英宗)을 책립(策立)하기로 정할 때 주맹양(朱孟陽)을 보내어 종정(宗正)에게 알현했던 고사를 인용하여 사람을 시켜 사저(私邸)에 통고하려 하면서 외척인 김복택을 시켜 알현하게 했었다. 그때 그는 경묘(景廟)가 병이 있어 사손(嗣孫)을 기대할 수 없다는 데에 언급되자, '지금 국세가 외롭고 위태로워 복침(復寢)을 기다리기는 어렵습니다.' 라고 했는데, 경신년 김원재(金遠材)의 옥사(獄事)가 일어나자 조현명(趙顯命) 등이 이 기회에 이들을 밀어내기 위해 '복침(復寢 부모의 삼년상을 마친 뒤에 안방으로 들어가 부부간에 다시 동침하는 것)'을 흉언(凶言)으로 간주, 문제 삼았다. 그러나 나중에 그것이 《예기(禮記)》에서 나온 말임을 알고 후회하다가 죽은 지 6년 만에 신원(伸寃)하게 하였다.《영조실록 16년 11월 5일》

**174** 임금께서……무함 : 영조의 정통성에 대한 무함을 말한다.

근심하였다.

을해역옥(乙亥逆獄)[175]에 이르러 신축년과 임인년의 흉악한 계책[176]이 더욱 크게 드러나니 마치 태양이 하늘 한복판에 뜨자 온갖 요괴가 그 형체를 숨길 수 없는 것과 같았다. 한쪽 편에 서서 그들의 주장을 계승하여 몰래 옹호하거나 깊이 도운 자들은[177] 놀란 꿈에서 깨듯 재앙을 피하듯 떠들썩하게 교대로 소장을 올려 반격하다가 이미 명대로 죽은 괴수와 함께 같은 법률로 처벌되었다.[178] 이에 사람들은 모두 성상께서 신령하고도 뛰어난 계책으로 세상을 어루만지고 만물을 어거하며 전도된 것을 다스리면서 저 하루를 기다리신 것은 세상을 경영하는 방책에서 나와 그렇게 된 것만은 아님을 알게 되었다. 또 《천의소감(闡義昭鑑)》[179]을 간행하여 반포하여 팔방에 효유(曉諭)하였다. 공이 돌

**175** 을해역옥(乙亥逆獄) : 일명 나주괘서(羅州掛書)의 변(變)이라고도 한다. 경종 2년 김일경(金一鏡)의 옥사에 연좌되어 나주로 귀양 가 있던 소론의 윤지(尹志)가 노론을 제거할 목적으로 나주 목사 이하징(李夏徵) 등과 모의하여 나주 객사에 나라를 비방하는 글을 붙였다가 발각되어 처형되고 이 사건과 관련된 소론이 대거 화를 당한 모역(謀逆) 사건이다.

**176** 신축년과……계책 : 영조의 세제 책봉과 대리청정 문제를 둘러싸고 신축년(1721, 경종1)과 임인년(1722, 경종2)에 걸쳐 노론과 소론 사이에 일어난 신임사화를 가리킨다. 소론이 정권을 잡으면서 노론 사대신이 사사(賜死)되고 대다수의 노론이 축출되었다.

**177** 한쪽……자들은 : 여기서는 소론 세력을 의미한다.

**178** 명대로……처벌되었다 : 원문의 '死牖'는 병이 들면 정침(正寢)의 북쪽 벽 아래에 눕혔다가 죽으면 시신을 남쪽 벽 창문 아래쪽에 둔다고 하여 천수를 누린다는 뜻이 되었다. '노사유하(老死牖下)'라고도 한다.《儀禮 士喪禮 鄭玄注》1755년(영조31) 을해역옥(나주괘서) 사건으로 이미 죽은 조태구·김일경 등에게 역률(逆律)을 추시(追施)한 일을 가리킨다.

아가신 뒤 30여 년이 지났으나 사후의 굴신(屈伸)이 국운과 관련됨이 이와 같았으니 옛날에 이른바 "하늘의 뜻이 정해지면 사람을 이긴다"[180]는 것이 아니겠는가?[181]

공은 용의가 단아하였고 조행이 올곧았으며 평소 몸가짐이 처자와 같아 문관(門館 손님이 있는 거처)엔 쓸쓸히 잡빈(雜賓)이 없었다. 조정에서 말하고 논란할 때는 명분과 의리를 부식하고 제방을 엄히 하는 것으로 주를 삼았고, 아뢸 일이 있으면 일찍이 화복을 겁내지 않았다. 천성이 효성스럽고 우애하여 대부인(大夫人)을 섬길 때는 부드러운 말과 온화한 얼굴빛을 하였고, 날마다 형제들과 더불어 빙 둘러 모시면서 화락하게 지냈다. 거상을 할 때는 예를 다하였고 종족들을 대할 때는 친소 구분 없이 은의(恩義)를 곡진히 하였다. 관직에서 직무를 수행할 때에는 마른일 젖은 일을 가리지 않았고, 어떤 사무이든 반드시 속속들이 밝혀내고 미세한 데까지 다 살펴 그 직분을 다한 뒤에야 그만두었다.

배필 청송 심씨(青松沈氏)는 이조 참의(吏曹參議)에 추증된 분의 따님인데 어질면서 부덕이 있었다. 아들 넷을 두었는데 준재(俊材)・위재(偉材)・양재(養材)・명재(命材)이고 딸 둘은 임중하(任重夏)・

**179** 천의소감(闡義昭鑑) : 1721년(경종1) 신임사화에서 1755년(영조31) 탕평책에 이르기까지 경종・영조 대에 일어난 토역(討逆)의 사실을 모아 전말을 기록한 책이다.

**180** 하늘의……이긴다 : 《사기》 권66 〈오자서열전(伍子胥列傳)〉에 "사람이 많으면 하늘을 이기는 경우도 있지만, 하늘의 뜻이 정해지면 역시 사람을 능히 이기는 법이다. 〔人衆者勝天, 天定亦能破人.〕"라는 말이 나온다.

**181** 공이……아니겠는가 : 일이 저절로 이루어진 것이 아니라 김공이 생전에 힘쓰고 고생한 일이 하늘의 도움을 받아 30년 후에 드러났다는 의미이다.

윤휴상(尹休相)에게 시집갔다. 준재(俊材)는 전임 의령 현감(宜寧縣監)이고, 사인(士人) 민진만(閔鎭萬)의 딸에게 장가를 들었다가 뒤에 사인(士人) 임수원(任遂元)의 딸에게 다시 장가 들었다. 1남3녀를 낳았는데 아들은 두환(斗煥)이고 딸은 이필영(李必永)·박우순(朴禹淳)·임시협(任時協)에게 시집갔다. 측실이 딸 하나를 낳았는데 안후(安垕)에게 시집갔다. 위재(偉材)는 익위사 부솔(翊衛司副率)에 천거되었으나 나아가지 않았고, 참봉(參奉) 윤휴경(尹休耕)의 딸에게 장가들어 3남2녀를 낳았는데 아들은 두협(斗協)·두열(斗烈)·두묵(斗默)이고 딸은 이영진(李永鎭)·이정중(李定中)에게 시집갔다. 두열(斗烈)은 척재공(惕齋公)의 후사가 되었고 두묵(斗默)은 그 아우 부솔공(副率公)의 후사가 되었다. 양재(養材)는 공의 명으로 종제(從弟) 삼호공(三湖公)의 후사가 되었으니 전임(前任) 용인 현령(龍仁縣令)이다. 사인(士人) 이광언(李匡彦)의 딸에게 장가들어 2남2녀를 낳으니 아들은 두정(斗晶)·두창(斗昌)이고 딸은 이관성(李觀城)·이보연(李普淵)에게 시집갔다. 명재(命材)는 진사(進士) 홍철인(洪哲人)의 딸에게 장가들어 2남2녀를 낳았으니 아들은 두영(斗榮)이고 나머지는 어리다. 임중하(任重夏)의 두 딸은 박사흠(朴思欽), 이세복(李世福)에게 시집갔고, 윤휴상(尹休相)의 계자(繼子)는 일(鎰)이다. 두환(斗煥)은 이덕상(李德祥)의 딸에게 장가들었다. 두협(斗協)은 임해원(任海元)의 딸에게 장가들어 1남2녀를 낳았고 이취석(李就錫)의 딸에게 다시 장가들었다. 두열(斗烈)은 유침(柳琛)의 딸에게 장가들었고 뒤에 이현중(李顯中)이 딸에게 다시 장가들었다. 두묵(斗默)은 황무(黃楙)의 딸에게 장가들었고 두정(斗晶)은 진사(進士) 홍겸해(洪謙海)의 딸에게 장가들었으며 두영(斗榮)은 윤휴문(尹休文)의 딸에게 장가 들었다. 이필영(李必永)은 1남3녀를 낳았고 박우순(朴禹淳) 1남2녀를 낳았으며 이영진(李永鎭)은 딸 둘을 낳았고 안후(安垕)는 1남2녀를 낳았다.

천보(天輔)는 어려서 외가에서 양육되었으니 공은 곧 내종형(內從兄)이다. 또 의령군(宜寧君)[182]과 나이가 같아 함께 끌어주며 성장하였고, 공의 형제들 사이에서 지내는 적이 많았다. 대개 북헌공(北軒公)은 걸출하면서 뜻이 컸고 척재공(惕齋公)은 간엄하고 진중하였으며 교리공(校理公)은 차분하고 점잖아서 세상의 시기와 질투를 가장 많이 받았다. 공은 겸허하고 공손하며 삼가고 조심하여 세상의 재앙을 멀리할 것 같았다. 그러나 오직 나라와 휴척을 같이 하는 집안에 태어나 평소의 말과 의논이 문충공(文忠公)의 서업(緖業)을 잘 지키는 것이었고 충의(忠義)가 있는 것만을 알았지 일신과 집안은 알지 못했으니 공만 홀로 어찌 면할 수 있었겠는가?

신축년(辛丑年) 겨울에 공과 아우들이 대부인(大夫人)의 궤연(几筵)[183]을 받들고 경황없이 강교(江郊)로 나가 견책을 기다리고 있을 때 천보가 가서 이별을 하였다. 공은 슬프게 눈물을 떨구며 말하기를 "나라가 장차 망하려 하는데 내 어찌 한번 죽는 것을 아까워하랴?"라고 하였으니 아. 공은 올바른 죽음을 얻었다고 이를 만하도다.

천보는 액운을 두루 겪고서 어느새 늙어 백발이 되었다. 지난해에 《천의소감(闡義昭鑑)》을 편찬하라는 명이 있어 참여하면서 들은 것이

**182** 의령군(宜寧君) : 의령 현감을 지닌 김운택의 맏아들 준재(俊材)를 일컫는다.

**183** 궤연(几筵) : 삼년상(三年喪) 동안에 신주를 모셔 두는 곳을 말한다. 어머니의 상을 당한 직후였기 때문에 이른 말이다.

있었는데 공의 형제 일에 이르러서는 나도 모르게 슬프고 분한 마음에 간담이 찢어졌다. 그리하여 의리의 근원이 시휘(時諱 시대의 금기)를 범한 것과 같은 것은 빼 놓고 감히 적지 않아 백세 후의 공변된 논의를 기다리기로 하였으니 공이 만약 지각이 있다면 필시 개연히 크게 탄식하는 바가 있을 것이다. 의령군(宜寧君)이 공의 사행(事行)을 기록하여 천보에게 행장을 부탁하였기로 의리상 사양할 수 없어 드디어 글을 써서 세상의 군자들에게 질정하려 한다.

# 반교문 頒教文

## 원손이 탄생함에 내린 반교문[184]

元孫誕生頒教文

큰 명(命)[185]이 아름답게 펼쳐져 바야흐로 상제의 돌보심을 바랐더니, 동궁[186]에서 상서가 나타나 이에 원손의 탄생을 보게 되었도다. 그리하여 온 세상에 크게 알리어 왕명[187]를 선포하노라.

**184** 원손이……반교문 : 원손은 장조(莊祖)의 제1자(第一子)인 의소 세손(懿昭世孫)을 말한다. 영조의 둘째 아들인 사도세자와 세자빈인 혜경궁 홍씨 사이에서 1750년(영조 26)에 태어났고 영조 26년 8월 29일에 반교하였다. 그러나 1752년(영조 28) 3세의 어린 나이로 요절하였다. 정조의 친형이기도 하다.

**185** 큰 명(命) : 원문은 '駿命'이다. 《시경》 〈문왕(文王)〉에 "은나라가 백성에게 인심을 잃지 않았을 때에는, 그 덕이 능히 상제에게 짝하였도다. 마땅히 은나라를 거울삼아 볼 것이니, 대명을 잘 보존함이 쉽지 않은 것이로다.〔殷之未喪師, 克配上帝. 宜監于殷, 駿命不易.〕"라는 구절이 있다.

**186** 동궁 : 원문의 '鶴禁'은 왕세자의 거처 및 왕세자를 가리키는 말이다. 중국 주(周)나라 영왕(靈王)의 태자 진(晉)이 숭산(嵩山)에서 도를 배웠는데, 죽은 지 30년이 지난 후에 하얀 학을 타고 날아와서 후씨산(候氏山)에 머물다가 며칠 후에 떠났다. 그래서 후에 태자의 수레를 '학가(鶴駕)', 태자가 머무는 동궁(東宮)을 '학금(鶴禁)'이라고 하게 되었다.

**187** 왕명 : 원문의 '渙號'는 《주역》 〈환괘(渙卦) 구오(九五)〉에 나오는 환한대호(渙

덕 없는 보잘것없는 몸이 외람되이 큰 기업을 맡았노라. 어려움 두루 겪으며 서업을 혹 실추시킬까 늘 두려웠는데 선왕들께서 오르내리시며[188] 묵묵히 도와주시니 본손(本孫)과 지손(支孫)이 다시 번창하길 바랄 수 있게 되었도다.

세자를 노경에 비로소 얻어 위태로운 시기에 책봉을 거행하였으나,[189] 슬기로운 자질 어린 나이에 일찍 이루어져 대리청정 초기부터 훌륭한 명성을 드날렸도다. 후손들에게 남겨줄 장구한 계책을 근심하던 차에 다시 손자를 안을 길조를 점치게 되니 영고(寧考)의 탄생일과도 부합하는지라[190] 천심을 알 수 있고, 대비의 기대하는 마음 위로하는지라 나의 기쁨 실로 배가 되도다.

세자[191]가 선왕의 자취를 이어 빛을 더하니 탕손(湯孫)[192]이 있고,

汗大號)의 준말이다. 땀이 한 번 나오면 다시 들어갈 수 없는 것처럼, 다시 번복할 수 없는 제왕의 호령을 뜻한다.

**188** 선왕들께서 오르내리시며 : 원문의 '陟降'은 선조의 영혼이 하늘과 땅으로 오르내린다는 뜻이다. 《시경(詩經)》 〈민여소자(閔予小子)〉에 "우리 할아버지 생각을 하니, 영혼이 뜨락을 왔다 갔다 하시는 듯하다.〔念茲皇祖, 陟降庭止.〕"라고 하였다.

**189** 세자를……거행하였으나 : 원문의 '顯冊'은 봉책이나 존호 등 왕실의 예식을 거행할 때, 그 주된 내용을 기록한 책을 가리킨다. 여기서 세자는 장헌세자이다. 맏아들이며 이복형인 효장세자(孝章世子)가 일찍 죽었고 영조의 나이 40세가 넘었으므로 태어난 지 1년 만인 1736년 왕세자(王世子)로 책봉되었다.

**190** 영고(寧考)의……부합하는지라 : 영고(寧考)는 본래 주 성왕(周成王)이 주공(周公)을 시켜 동정(東征)할 때 그 동정 사실을 천하에 알리면서 선왕인 무왕(武王)을 영왕(寧王)·영고(寧考)라고 일컬은 데에서 온 말인데, 후세에는 전왕을 일컫는 말로 쓰였다. 여기서는 숙종을 가리킨다. 숙종의 탄신일이 현종 2년 8월 15일이고, 원손은 영조 26년 8월 27일에 태어났다. 탄신일이 같은 달에 있어 이렇게 말한 것으로 보인다.

**191** 세자 : 원문의 '前星'은 태자를 상징하는 별이다. 《한서(漢書)》 권27 〈오행지 하

만년에 손주 기르는 기쁨[193]을 주니 가상한 문자(文子)[194]로다. 우렁찬 울음소리 한밤중에 들림에 왕실이 면면히 만년토록 이어지길 기약하게 되었도다.

생각하면 세자[195]가 갓 태어나던 때가 완연히 어제 같은데 다행히 열조에서 드물었던 경사를 오늘날 보게 되었도다. 전에는 이 한 몸 외로워 종통이 위태로워질까[196] 두려움 있더니, 지금은 백성들 우러러[197] 국세가 안정된 반석에 놓이게 되었도다.

(五行志下)〉에 "심성의 큰 별은 천왕을 상징하고 그 앞에 있는 별은 태자이고 그 뒤에 있는 별은 서자이다.〔心大星天王也, 其前星太子, 後星庶子也.〕" 하였다.

**192** 탕손(湯孫) : 은(殷)나라 탕왕(湯王)의 자손으로, 훌륭한 선왕(先王)의 자손을 뜻한다. 《시경》〈나(那)〉에 "탕손이 연주하여 조고(祖考)께 이른다.〔湯孫奏假.〕"라고 하였다.

**193** 손주……기쁨 : 원문의 '含飴'은 입에 엿을 물고 녹여서 손주에게 먹이는 것으로, 손주를 기르는 즐거움을 뜻한다. 《후한서(後漢書)》 권10상 〈황후기(皇后紀) 명덕마황후(明德馬皇后)〉에 "내가 엿을 물고서 손주 재롱이나 보고 다시는 정사(政事)에 관여치 않을 것이다." 한 데서 유래하였다.

**194** 문자(文子) : 제왕의 자손을 가리키는 말이다. 《서경》〈입정(立政)〉에 "지금부터 이후로 문자와 문손은 여러 옥사와 여러 신중히 할 형벌을 그르치지 마시고, 오직 정(正)을 다스리소서.〔繼自今, 文子文孫, 其勿誤于庶獄庶愼, 惟正是乂之.〕"라는 말에서 유래하였다.

**195** 세자 : 원문은 '元良'이다. 《예기》〈문왕세자(文王世子)〉에 "한 사람 원량이 있으면 만국이 이로써 안정되니, 세자를 말한다.〔一有元良, 萬國以貞, 世子之謂也.〕"라는 말에서 유래하였다.

**196** 종통이 위태로워질까 : 원문의 '綴旒'는 면류관에 구슬을 꿰어 드리운 술을 말하는데, 이리저리 흔들리는 모양으로 인하여 국가의 형세가 위태로운 것을 비유한다. 《구당서(舊唐書)》 권8 〈현종기 상(玄宗紀上)〉의 "대업이 위태로운 두려움이 있어 보위 땅에 떨어지는 걱정이 깊어졌다.〔大業有綴旒之懼, 寶位深墜地之憂.〕"라 하였다.

이미 조정에서 하례를 받았고 또 온 천하에 경사를 반포하니, 뇌우의 은택[198] 두루 적셔져 더러운 것을 모두 씻어주고, 천지의 화육(化育) 함께 유행하여 만물을 크게 소생시키리라.

아. 큰 복을 성대하게 맞이함에 어찌 삼가고 두려워하는 마음 느슨히 하랴. 하늘의 명이 새로우니 보답의 마음 더욱 간절하도다. 그러므로 이에 교시하노니 의당 잘 알리라 생각한다.

**197** 백성들 우러러 : 원문은 '顒若'이다. 《주역》〈관괘(觀卦)〉에 "손만 씻고 제수를 올리지 않았을 때처럼 하면 백성들이 정성을 다하여 우러러 존경하리라.〔盥而不薦, 有孚顒若.〕" 라는 구절이 있다.

**198** 뇌우(雷雨)의 은택 : 뇌우는 임금의 은혜를 뜻하는 말이다. 《주역》〈해괘(解卦) 상(象)〉에 이르기를 "뇌우가 일어남이 해이니, 군자가 이를 보고서 허물이 있는 자를 사면하고 죄가 있는 자를 용서한다.〔雷雨作 解, 君子以, 赦過宥罪.〕"라고 하였다. 이에 나라의 경사가 있는 때는 사면령을 내렸다.

## 대비전에 존호를 가상하며 내린 반교문[199]

大妃殿加上尊號頒敎文

대비전에 서기(瑞氣)가 어려 바야흐로 복을 비는 정성[200] 간절하였는데, 요책(瑤冊)[201]이 아름다움을 드날려 이에 어버이를 현양하는 예를 거행하니, 옛 전례(典禮)를 더욱 넓게 상고하여 사방에 고하노라.

아! 과인이 어릴 적부터 문모(文母)[202]의 의범을 섬기었노라. 덕은 영고(寧考)[203]를 짝하여 부드러운 덕화, 조용하고 깊은 가운데 일찍이 드러났고, 지위는 장추(長秋)[204]에 높아 지극한 은총, 감싸고 보호해 주시는 가운데 가장 많이 받으셨도다. 위태로울 때에 계책을 세워 삼종(三宗)의 통서[205]를 계승하게 하셨고, 어려울 때에 훈계를 받들어 위기

**199** 대비전……반교문 : 대비는 인원왕후이다. 영조 27년 2월 27일 대왕대비전(大王大妃殿)에 '정덕(貞德)'이라는 존호(尊號)를 가상(加上)하면서 내린 반교문이다.

**200** 복을……정성 : 원문의 '祝釐'는 신(神)에게 제사 드리며 복(福)을 기원하는 것을 말한다.

**201** 요책(瑤冊) : 옥책(玉冊)과 같은 말로, 제왕 또는 후비의 존호를 올릴 때에 그의 덕행(德行)이나 업적(業績) 등 송덕문을 기록한 책을 가리킨다.

**202** 문모(文母) : 임금의 어머니나 할머니를 높여 부르는 말로 여기서는 인원왕후(仁元王后)를 가리킨다. 《시경》 〈옹(雝)〉에 무왕(武王)이 문왕(文王)을 제사 지내면서 "이미 황고(皇考)를 높이고 또 문모를 높이게 하셨도다.〔旣右烈考, 亦右文母.〕"라고 한 데서 온 말이다.

**203** 영고(寧考) : 421쪽 주190 참조.

**204** 장추(長秋) : 한(漢)나라 때 황태후가 거처했던 장추궁(長秋宮)으로, 후대에 왕후의 궁(宮)을 가리키는 말로 쓰였다.

가운데 국세를 보존하게 하셨도다.

늘 만년의 복 더욱 누리시길 빌었는데 과연 큰 복이 조용히 이르렀도다. 노인성[206] 빛을 더하니 옥체 강녕하심이 기쁘고, 하늘이 특별히 덮어주시니 오래토록 재위하심이 다행스럽도다. 육순[207]에 시선(視饍)[208]의 기쁨 받드니 내 수염과 귀밑머리 무성하고, 양대가 함이(含飴)[209]의 즐거움 제공하니, 대비께서 손자와 증손을 어루만지시는도다.

성수(聖壽)가 거의 70에 가깝고 국모로 임어하신 지 반백년이 되었도다. 원추리 싹[210] 새로 나오니 봄빛이 바로 삼양(三陽)[211]에 비추고,

205 삼종(三宗)의 통서 : 효종 · 현종 · 숙종, 즉 소현세자의 계통이 아닌 효종의 계통으로 이어지는 영조 이전의 왕통을 말한다.

206 노인성 : 원문은 '壽曜'이다. 장수한 노인의 상징으로, 이 별이 비치는 지방에 사는 사람은 장수한다는 전설이 있다.

207 육순 : 당시 영조의 나이가 56세였으므로 대략 말한 것이다.

208 시선(視饍) : 문침시선(問寢視膳)의 준말로, 세자가 왕과 왕비에게 문안을 드리는 일이다. 《예기(禮記)》 〈문왕세자(文王世子)〉에 "식사를 올릴 때에는 반드시 차고 더운 것을 살폈고, 식사를 물리면 그 드신 것을 물었다.〔食上, 必在視寒暖之節, 食下, 問所膳.〕"라고 하였다.

209 함이(含飴) : 입에 엿을 물고 녹여서 손주에게 먹이는 것으로, 손주를 기르는 즐거움을 뜻한다. 《후한서(後漢書)》 권10상 〈황후기(皇后紀) 명덕마황후(明德馬皇后)〉에 "내가 엿을 물고서 손주 재롱이나 보고 다시는 정사(政事)에 관여치 않을 것이다." 한 데서 유래하였다.

210 원추리 싹 : '萱草'는 원추리로, 일명 망우초라고 한다. 《시경》 〈백혜(伯兮)〉에 "어떡하면 원추리를 얻어서, 북쪽 뒤꼍에 심어 볼까. 떠난 사람 생각에, 내 마음만 병드누나.〔焉得萱草, 言樹之背? 願言思伯, 使我心痗.〕"라는 구절에서 나와 흔히 어머니를 뜻하는 말로 쓰인다.

211 삼양(三陽) : 《주역(周易)》에 의하면 11월 복괘(復卦)에 일양(一陽)이 처음 생기고, 12월 임괘(臨卦)에 이양(二陽)이 생기고, 1월 태괘(泰卦)에 삼양(三陽)이 생기

적유(翟褕)[212]가 빛나게 임하시니 천성(天星)이 5기(紀)[213]를 돌았도다. 이장(彝章)[214]을 돌아보며 고사를 상고하건대 숭봉의 의식을 어찌 지금보다 늦추랴. 겸손해 하시는 마음 돌리기 어려웠으나 양지(養志)[215]의 뜻 모르시는 바 아니라, 존귀함을 빛내고픈 바람 매우 간절하니 보덕(報德)의 정성을 마지못해 따르셨도다.[216] 화갑(花甲)에는 큰 이름 오히려 밝게 드러내지 못하였으나,[217] 보첩(寶牒)에 위대한 공렬

므로 삼양은 곧 정월, 또는 입춘(立春) 절기의 뜻으로 쓰인다.

**212** 적유(翟褕) : 붉은 비단에 꿩의 깃으로 장식한 왕비의 옷을 말한다.

**213** 5기(紀) : 일기(一紀)는 십년(十年) 또는 십이년(十二年) 등 몇 가지 뜻으로 쓰이는데 여기서는 10년의 의미로 쓰인 듯하다. 인원왕후가 왕비로 책봉된 것이 1702년이고 존호를 올리고 반교한 이 때가 1751년이므로 49년의 시간을 의미하는 것으로 보이기 때문이다.

**214** 이장(彝章) : 상례(常禮), 즉 보통의 예법 혹은 사람으로서 떳떳이 지켜야 할 예법을 말하는데, 여기서는 존호를 가상하는 예를 가리킨다.

**215** 양지(養志) : 어버이의 뜻을 헤아려 잘 받드는 것이다. 증자(曾子)가 부친 증석(曾晳)을 봉양할 때에 반드시 술과 고기를 올렸고, 상을 물릴 때에는 반드시 남은 것을 누구에게 주고 싶은지 여쭈었다. 그리고 증석이 "남은 음식이 있느냐?"라고 물으면 반드시 있다고 대답하였는데, 맹자가 이러한 증자의 행동을 가리켜 "부모의 뜻을 잘 받들었다.〔養志〕"라고 칭찬하였다.《孟子 離婁上》

**216** 겸손해……따르셨도다 : 대비가 존호를 사양한 사실을 가리킨다. 존호를 의논하는 과정에서 대비는 계속 거절을 하다 뜻을 봉양하고자 하는 마음을 받아들여 특별히 허락하였다.《영조실록 27년 1월 29일》

**217** 화갑(花甲)에도……못하였으나 : 영조가 인원왕후의 회갑에 존호를 올리지 못한 사실을 가리킨다. 영조 23년 1월 17일, 대신들이 대왕대비전에 진호(進號)하는 일을 가지고 이번 성모(聖母)의 회갑은 진실로 드물게 있는 큰 경사이고 선조에서 시행한 선례가 있으니 하루 빨리 거행해야 한다고 하였다. 그러나 당시 대비는 완강하게 거부하는 입장이었고, 결국 영조는 대비의 회갑때 백관을 거느리고 대왕대비에게 전문(箋文)

은 조금이나마 펴서 현양하게 되었도다. 아득히 종천(終天)의 슬픔[218] 생각하며 늘 견장(見墻)의 아픔[219] 품고 있었는데, 융숭함을 바칠 곳 있으니 애일(愛日)의 마음[220]을 펴지리로다. 성대한 의식을 거행함에 어찌 한 사람만 기쁘리오. 쌓은 경사[221] 모여듦에 백성들과 기쁨을 함께 하리로다.

아! 국운이 바야흐로 태평하고 형통하게 열리고 만물은 각기 무성하게 나고 자라리로다. 삼전(三殿)[222]의 화기가 충만하니 큰 복을 인도하여 맞이할 것이요, 팔역(八域)의 만물이 화락하니 큰 은택 널리 퍼지리

을 올려 진하하고 사면령을 내리는 방법으로 진호(進號)를 대신하였다. 《영조실록 23년 10월 9일》

**218** 종천(終天)의 슬픔 : 종천(終天)은 몸을 마칠 때까지 계속되는 슬픔이라는 뜻으로 보통 부모의 상을 가리킬 때 쓰는 표현이다. 여기서는 아버지인 숙종의 죽음을 가리키는 것으로 보인다.

**219** 견장(見墻)의 아픔 : 견장(見墻)은 지극히 사모하여 그리워하는 심정을 뜻하는 표현이다. 요(堯) 임금이 세상을 떠난 뒤에 순(舜) 임금이 앙모(仰慕)한 나머지, 밥을 먹을 때는 요 임금의 환영(幻影)이 국그릇 속에 비치고〔見羹〕, 앉아 있을 때는 담벼락에 나타났다〔見墻〕는 고사가 있다. 《後漢書 卷63 李固列傳》

**220** 애일(愛日)의 마음 : 애일(愛日)은 세월이 가는 것을 애석하게 여긴다는 뜻으로, 효자(孝子)가 부모(父母)를 장구히 모시고자 하는 마음을 이르는 말이다. 양웅(楊雄)의 《법언(法言)》에 "부모를 섬기되 스스로 부족한 줄 아는 이는 순 임금이다. 오래할 수 없는 것이란 어버이를 섬기는 것을 이르니, 효자는 부모를 모실 시일이 적음을 안타까워한다.〔事父母, 自知不足者, 其舜乎. 不可得而久者, 事親之謂也, 孝子愛日.〕"라고 하였다.

**221** 쌓은 경사 : 원문의 '적경(積慶)'은 선을 행하여 복을 쌓는다는 뜻으로, 《주역》 〈곤괘(坤卦) 문언(文言)〉에 "선을 쌓은 집안에는 반드시 남은 경사가 있다.〔積善之家, 必有餘慶.〕"라고 한 데서 온 말이다.

**222** 삼전(三殿) : 왕대비전(王大妃殿)・대전(大殿)・중궁전(中宮殿)을 가리킨다.

라. 그러므로 이에 교시하니 마땅히 잘 알아야 할 것이다.

## 왕세손을 책봉하며 내린 반교문[223]

王世孫冊封頒教文

국본(國本 세자)이 만세의 기틀을 공고히 하여 바야흐로 태평성대를 열었고, 총손(冢孫)이 이극(貳極)[224]의 버금가는 지위에 있어 이에 성대한 의식을 거행하니, 이는 온 나라에서 함께 기뻐하는 것이라 마음을 펼쳐 밝게 고하노라.

생각건대 보잘것없는 몸이 외람되이 대통을 이었으되 원손은 나면서부터 뛰어난 자질이 있었도다. 일각(日角)[225]에 상서로운 기운이 서리더니 덕스러운 품성은 중성(重星)[226]의 밝음을 이었고, 천심(天心)이 조짐을 보이시니 탄생한 궁에는 한밤중에 빛이 뻗치었도다.[227] 머리를

**223** 왕세손을……반교문 : 영조 27년 5월 13일 원손(元孫) 이정(李琔)을 책봉하여 왕세손(王世孫)으로 삼고 의소세손(懿昭世孫)이라 하였다.

**224** 이극(貳極) : 세자를 가리키는 말로, '이극(離極)'이라고도 한다. 《주역》의 이괘(離卦)에서 유래하였다. 이괘(離卦)는 3획 괘의 이괘를 겹쳐 놓은 것이기 때문에 양(陽)이 중복된 뜻이 되므로, 세자를 의미하는 말로 쓰인다.

**225** 일각(日角) : 이마 중앙의 뼈가 둥그렇게 생겨 해의 모양과 같은 것인데, 옛날 관상가들이 그러한 상을 대귀(大貴)의 상으로 보았다. 《후한서》 권1 〈광무제기(光武帝紀)〉에 "신장이 7척이고 눈썹과 수염이 아름다우며 입이 크고 코가 높으며 이마의 뼈가 해처럼 둥글게 새겼다.〔日角〕"라는 표현이 있다.

**226** 중성(重星) : 한 명제(漢明帝)가 태자로 있을 적에 악인(樂人)이 일중광(日重光)·월중륜(月重輪)·성중휘(星重輝)·해중윤(海重潤)이라는 4장(章)의 가시(歌詩)를 지어 태자를 찬양한 데서 온 말로, 세자를 뜻한다.

**227** 탄생한……뻗치었도다 : 영조가 손수 지은 지문을 포함하여 책문 등 의소세손에 대해 기록한 글에는 의소세손이 창경궁의 경춘전(景春殿)에서 탄생할 때 붉은 빛이

쓰다듬으며 조종의 보살피심 생각하니 백 년 동안 두 번 경사가 있었고, 무릎을 붙잡고 원량(元良)[228]의 문침(問寢)[229]을 따르니 한 궁전에 세 임금이 있는 것이라. 어찌 나라의 복이 무궁할 뿐이랴? 신과 사람의 소망에 부합하는 것이라.

용모와 거동은 품에 있을 때부터 의젓하여 이미 온문(溫文)[230]하다는 명성 드러났고, 정신과 식견은 말도 배우기 전에 먼저 트여 마치 글 읽는 소리를 좋아하는 듯하였다. 종통이 더욱 중하니 면면한 국운이 영원히 창성함을 볼 것이요, 성대한 의식 빨리 거행하니 어찌 더 자라나기를[231] 기다리리오. 이에 자성(慈聖)의 휘지(徽旨)를 받들고 또 선조(先朝)의 옛 전장을 상고하여 이미 이달 13일에 책봉하여 왕세손으

하늘까지 뻗쳤다는 것을 적고 있다.《영조실록 28년 4월 12일, 5월 12일》

**228** 원량(元良) : 세자를 가리키는 말이다.《예기(禮記)》〈문왕세자(文王世子)〉에 "한 사람의 원량이 있으면 만국이 바르게 된다는 것은 세자를 이른 것이다.〔一有元良, 萬國以貞, 世子之謂也.〕"라는 말이 나온다.

**229** 문침(問寢) : 문침시선(問寢視膳)의 준말로, 세자가 왕과 왕비에게 문안을 드리는 일이다. 주 문왕(周文王)이 세자로 있을 적에 아침과 점심과 저녁 등 하루에 세 차례씩 아버지 왕계(王季)에게 문안을 올리고 수라를 살핀 데서 유래하였다.《禮記 文王世子》

**230** 온문(溫文) : 온화하고 예의가 있는 모습이라는 뜻이다.《예기》〈문왕세자(文王世子)〉에 "악(樂)은 안을 닦는 것이고, 예(禮)는 밖을 닦는 것이다. 예는 밖에서 안으로 미치고 악은 안에서 밖으로 미쳐, 예와 악이 마음속에서 서로 섞여 그 모습이 밖으로 드러나게 된다. 그러므로 그 이루어짐에 즐거워하여 공손하고 경건하면서도 온화하고 문아(文雅)한 모습이 나타나게 된다.〔樂所以修內也, 禮所以修外也. 禮樂交錯於中, 發形於外. 是故其成也懌, 恭敬而溫文.〕"라고 하였다.

**231** 더 자라나기를 : 원문의 '衣尺'은 아기가 점차 자라서 입는 옷의 길이가 한 자가 된 것을 말한다.

로 삼았도다.

이름을 바로 하는 것은 백성들의 마음을 매어두는 방법이요, 자리를 정하는 것은 나라의 형세를 굳건히 하는 방법이라. 품복(品服)이 이미 빛나니 오장(五章) 면복[232] 몸에 걸맞는 것 가상하고, 훈명(訓命)이 매우 밝으니 앙모하는 온 나라 백성들 용동하리로다.

이제 대인의 책무를 기대하노니 어린 나이라고 말하지 말라. 너를 위해 새로 궁료를 뽑아 두는 것은 어린 아이를 깨우치는 도리를 다하게 하고자 함이요, 내가 옛집에서 쓰던 의물(儀物)을 주는 것은 대개 복을 주는 마음에서 나온 것이다.

옛날 위태로웠던 때를 생각하면 참으로 당초 생각지 못한 바였는데, 하늘의 보우하심에 힘입어 이러한 기쁨을 얻어 보게 되었도다. 용루(龍樓)[233]에서 한가로이 지내며 내 창안백발 어루만지나니, 자손을 위한 좋은 계책을 남겨주시어[234] 이러한 훌륭한 아들과 손자가 있게 됨이로다.

종묘에 이미 제사를 올렸고 드디어 온 나라에 윤음을 반포하였도다.

**232** 오장(五章) 면복 : 장복(章服)은 해 · 달 · 별 등의 도안을 수놓아 신분을 나타내는 예복(禮服)이다. 매 도안마다 1장(章)을 삼는데, 천자는 12장이고 신하는 품계에 따라 9 · 7 · 5 · 3장으로 점점 내려간다. 우리나라에서 세손은 5장 면복을 입혔고 의소세손 또한 신미(辛未) 5월 13일에 세손으로 봉하면서 오장복(五章服)을 입었다.

**233** 용루(龍樓) : 동룡루(銅龍樓)로 한대(漢代)에 태자가 거처하던 곳의 문을 말하는데, 여기서는 임금이 있는 궁궐을 의미하는 것으로 보인다.

**234** 자손을……남겨주시어 : 원문의 '燕翼'은 조상이 자손을 위해 세운 계책이나 교훈을 말한다. 《시경(詩經)》 〈문왕유성(文王有聲)〉에서 주(周)나라 무왕(武王)에 대해 "후손에게 계책을 남겨 두어 공경하는 아들을 편안케 하셨다.〔詒厥孫謀, 以燕翼子.〕" 한 데서 온 말이다.

건곤의 조화 지극히 넓어 만물과 함께 형통할 것이며, 뇌우의 은택이 널리 미쳐 멀고 가까운 곳 두루 적시리로다. 아! 한(漢)나라 왕실과 같은 반석의 견고함으로[235] 창성한 때에 크게 응하고, 주(周)나라 왕실과 같은 자손의 번성함으로[236] 큰 복을 맞이할지어다. 그러므로 이에 교시하니 마땅히 잘 알아야 할 것이다.

**235** 한나라……견고함으로 : 한 고제(漢高帝)는 자손들을 봉하면서 서로를 견제할 수 있도록 그 영토를 들쭉날쭉 서로 엇물리게 배정하여 견고하게 하였는데 그를 일러 반석지종(磐石之宗)이라고 하였다. 《史記 文帝記》

**236** 주나라……번성함으로 : 《시경(詩經)》〈문왕(文王)〉에 이르기를 "문왕의 뒤를 이은 자손들이 본손과 지손이 백대를 전할 것이며, 모든 주나라의 선비들도 대대로 드러나리로다.〔文王孫子, 本支百世, 凡周之士, 不顯亦世.〕" 하였다.

## 왕세손의 환후가 회복된 후 내린 반교문[237]

王世孫患候平復頒教文

문손(文孫)[238]에게 질환이 있어 바야흐로 근심하는 마음 간절하였는데, 하늘이 복을 내리시어 약을 쓰지 않아도 낫는 기쁨을 금세 보게 되었도다.[239] 이에 환한(渙汗)의 호령[240]을 내려 가상해하고 기뻐하는 마음을 보이노라.

생각건대 부족한 이 몸이 보위를 이어받아 다행히 훌륭한 자손의 탄생을 보게 되었도다. 총명한 자질 뛰어났으니[241] 어찌 만년에 무릎위에 앉혀 놓는 즐거움만 있었을 뿐이랴. 종통이 더욱 면면히 이어지게

**237** 왕세손의……반교문 : 1751년(영조27) 4월 28일 중외(中外)의 대소신료들에게 내린 반교문이다.

**238** 문손(文孫) : 《서경》 〈입정(立政)〉의 '문자문손(文子文孫)'에서 온 말로, 본래는 주(周)나라 문왕(文王)의 자손이란 뜻인데, 여기서는 왕세손을 가리킨다.

**239** 약을……되었도다 : 《주역》 〈무망괘(无妄卦)〉에 "무망의 병은 약을 쓰지 않고도 나아 기쁨이 있다.〔无妄之疾, 勿藥有喜.〕"라는 말이 있다. 잘못이 없는데도 생긴 병은 약을 쓰지 않아도 낫는다는 말로, 병이 쾌차함을 뜻한다.

**240** 환한(渙汗)의 호령 : 《주역》 〈환괘(渙卦) 구오(九五)〉에 나오는 '환한대호(渙汗大號)'에서 나온 말로, 땀이 한 번 나면 다시 들어갈 수 없는 것처럼, 다시 번복할 수 없는 제왕의 호령을 뜻한다. 여기에서는 반교문을 가리킨다.

**241** 총명한……뛰어났으니 : 원문은 '岐質克茂'이다. 《시경》 〈생민(生民)〉에 "실로 엉금엉금 기어서 크게 성숙하시더니 스스로 먹게 될 때에 이르러서 콩을 심으셨다.〔誕實匍匐, 克岐克嶷, 以就口食, 蓺之荏菽.〕"라고 하였는데 집전(集傳)에 "기억(岐嶷)은 크게 무성한 모양이다〔岐嶷, 峻茂之狀.〕"라고 하였다. 주로 유년기의 총명함을 형용하는 말로 쓰인다.

된 것은 온 나라 백성들의 간절한 바람 몹시 깊어서라.

보양(保養)의 방도를 어찌하여 잠시인들 소홀히 하였는가. 하물며 이 어린 나이[242]는 더욱 철따라 몸을 조심해야 하는 때이거늘. 연침(燕寢)[243]에서 막 머리를 쓰다듬기 시작할 무렵에 태종(胎腫)이 귓가에 생겼도다. 부위가 조금 경미하여 처음에는 몸 속 열기 탓이라 여겼는데 시일이 점차 지나면서 결국 흘러나온 담(痰)이 화농 될까 염려하게 되었도다. 어린 나이라 약 쓸 때가 아니니 의원은 기술을 쓰기 어렵다 하였고, 약한 피부라 침 맞는 날에는 내 실로 마음이 놀랐도다.

열조들께서 임하시어 어제의 병이 낫는 것을 보게 되었으니 얼마나 다행인가? 옛 종기 다 제거된 것이 마치 얼음이 절로 녹은 것 같고, 새 피부 점점 돋아난 것이 달이 비로소 꽉 찬 것 같도다. 날로 성취함을 바라게 되었으니 만세의 창성함이 비롯될 것이요, 하늘이 길상을 내리시니 신령들이 서로 보우하심을 힘입을 것이로다.

태묘에서 경사를 고하는 의식을 거행하였고, 또 대비의 근심도 위로하였도다. 책례(冊禮)가 장차 이루어질 것이니 새로운 국운 맞아 더욱 태평해질 것이요, 문후하는 반열 이미 철수하였으니 노심초사하는 맘

242 어린 나이 : 원문의 '孩笑'는 2, 3세 정도 되는 나이를 말한다. 《맹자(孟子)》 〈진심 상(盡心上)〉에 "해제의 어린아이도 자기 부모를 사랑할 줄 모르는 이는 없다.〔孩提之童, 無不知愛其親也.〕"라고 하였는데, 이에 대해 주희는 "해제는 두세 살 정도 되는 웃을 줄 알고 손을 잡아 주고 안아 줄만한 아이이다.〔孩提, 二三歲之間, 知孩笑可提抱者也.〕"라고 하였다.

243 연침(燕寢) : 임금의 처소를 가리킨다. 《주례(周禮)》에, "임금의 거처에는 육침(六寢)이 있으니, 노침(路寢)은 정복(正服)으로 정치하는 곳이고, 소침(小寢)이 다섯 군데로 편복(便服)으로 사사로이 쉬는 곳이다." 하였다.

금세 안정되었도다.

이에 천지의 깊은 인덕을 미루어 뇌우의 큰 은택[244]을 베푸노라. 아! 한(漢)나라 궁정에 송축을 올리니 기뻐하는 소리는 사중(四重)의 가요[245]로 흘러넘치고, 기자(箕子)의 구주(九疇)로 계책을 펴니, 크나큰 복을 내려주시는 오복(五福)으로 받으리로다.[246] 그러므로 이에 교시하노니 의당 모두 잘 알지어다.

**244** 뇌우의 큰 은택 : 423쪽 주198 참조.

**245** 사중(四重)의 가요 : 세자가 지닌 네 가지 덕을 칭송하는 내용의 노래인데, 본디 한(漢)나라 명제(明帝)가 태자로 있을 때 악인(樂人)이 〈일중광(日重光)〉·〈월중륜(月重輪)〉·〈성중휘(星重輝)〉·〈해중윤(海重潤)〉등 4장의 가시(歌詩)를 지어, 제왕이 지닌 덕을 태자도 지니고 있음을 칭송한 데서 유래하였다.《天中記 卷12 太子》 여기서는 세손의 덕을 의미한다.

**246** 기자(箕子)의……받으리로다 : 기자(箕子)의 구주(九疇)는 기자가 주(周)나라 무왕(武王)에게 설명한 정치의 아홉 가지 법칙으로, 그 중에 오복(五福)이 있다. 첫째가 수(壽), 둘째가 부(富), 셋째가 강녕(康寧), 넷째가 유호덕(攸好德), 다섯째가 고종명(考終命)이다.《書經 洪範》

## 성상의 환후가 회복 된 후 내린 반교문[247]

上候平復頒敎文

여러 날 몸이 편치 못하여[248] 까닭 모를 재앙[249]을 만났더니, 하늘이 복을 내리시어 완쾌되는 경사를 보게 되었도다. 이에 사방이 다 기뻐하는 날을 맞아 어찌 열 줄 윤음[250]을 반포하지 않으랴?

생각하면 부족한 몸이 외람되이 왕업을 계승하였도다. 치화(治化)가 아직 건극(建極)[251]에 다다르지 못하였으니 여망에 부응하지 못함을 어찌할꼬?[252] 힘을 나라 잘 다스리는데 다 쓰지 못했는데 어느덧 이순

**247** 성상의……반교문 : 1751년(영조 27) 윤5월 15일 중외(中外)의 대소신료들에게 내린 반교문이다.

**248** 몸이……못하여 : 원문은 '違豫'이다. 왕이 병에 걸린 것을 휘(諱)하여 이르는 말이다.

**249** 까닭……재앙 : 원문의 '无妄之災'는 특별히 잘못한 것도 없는데 발생하여 해를 입는 재변(災變)을 말한다. 《주역(周易)》〈무망괘(無妄卦) 육삼효(六三爻)〉의 "애매하게 당하는 재앙이니, 누군가가 매어 둔 소를 길 가는 사람이 훔쳐 갔건마는 마을 사람들이 누명을 쓰게 된다.〔無妄之災, 或繫之牛, 行人之得, 邑人之災.〕"라는 말에서 나온 것이다.

**250** 열 줄 윤음 : '十行'은 임금의 조서(詔書)를 뜻한다. 후한의 광무제(光武帝)가 제후나 지방관들에게 손수 조서를 내릴 적에, 글씨를 조밀하게 써서 열 줄을 넘지 않았다는 일찰십항(一札十行)의 고사에서 유래한 것이다. 《後漢書 卷76 循吏列傳 序》

**251** 건극(建極) : 군주가 인륜(人倫)의 모범을 보여 백성들의 표준이 되는 것을 말한다. 《서경(書經)》〈홍범(洪範)〉에서 천하를 다스리는 아홉 가지의 큰 요체인 홍범구주(洪範九疇)를 말하면서 그 다섯 번째로 "표준을 세우되 황극으로써 한다.〔建用皇極.〕"를 들었다.

(耳順)의 나이가 되었도다. 세자가 대리청정 하나 스스로 한가로이 지내지 않았고, 온갖 정무에 마음을 두었으니 어찌 감히 왕업[253]을 잊었으랴? 이에 걱정과 피로로 병이 쌓여 결국 기혈[254]이 손상되는데 이르렀도다. 전보다 험한 일을 많이 겪었으니 아마도 병의 뿌리가 된 듯하고, 한밤중까지 접견이 이어지니 육기(六氣)[255]의 조화를 많이 어그러트렸음이로다. 이런 증세 여러 번 겪은 것 염두에 두고 오히려 경계를 늦추지 않았거늘, 하물며 몸의 원기[256]가 점차 다하여 실로 깊은 근심 있었음에랴?

직숙(直宿)이 이날 갑자기 바뀌고 문후하는 반열이 거의 열흘 동안 지속되었도다.[257] 궐내에서 〈자성편(自省編)〉[258]의 뜻을 강구함은 진실

252 여망에……어찌할꼬 : 원문의 '徯志'는 백성들이 임금에게 어떠한 정책을 간절히 원할 때 임금이 그 정책을 시행하면, 기다렸다는 듯이 일제히 호응하는 것을 말한다. 《서경》 〈익직(益稷)〉에 "무슨 일이든 행하기만 하면 크게 호응하면서 임금의 뜻을 따를 것이다.〔惟動丕應徯志.〕"라는 말에서 유래하였다.

253 왕업 : 원문은 '艱大'이다. 《서경》 〈대고(大誥)〉에, "내가 하는 일은 하늘이 시키신 것이다. 하늘이 내 몸에 크고 어려운 일을 물려주고 던져 주셨다.〔予造天役, 遺大投艱于朕身.〕"고 한 주 성왕(周成王)의 말이 나온다.

254 기혈 : 원문의 '榮衛'는 한의학에서 쓰는 용어로, 영(榮)은 혈(血)이 순환하는 것을 말하고, 위(衛)는 기(氣)가 순환하는 것을 말한다.

255 육기(六氣) : 하늘과 땅 사이의 여섯 가지 기운. 곧 음(陰)·양(陽)·풍(風)·우(雨)·회(晦)·명(明)을 말한다. 《左傳 昭公 元年》

256 몸의 원기 : 원문의 '眞元'은 몸의 바탕이 되는 기운으로 단전 아래에 모여 있다고 한다.

257 직숙(直宿)이……지속되었도다 : 《영조실록》 영조 27년 5월 25일 기사에 "임금의 몸이 편찮아서 약원(藥院)에서 직숙(直宿)을 바꾸고, 승문원(承文院)과 조정(朝廷)에서 아침저녁으로 문안하였다."는 내용이 있다.

로 마음을 맑게 하여 답답함을 푸는 방책을 내고자 함이었고, 침상에서 나라를 경영하는 모책을 물음은 실로 백성을 화합케 하여 천명을 기원하는 방도를 찾기 위한 것이었도다.

열성(列聖)께서 음덕을 내리시어 전날 병이 금세 낫게 되었으니 얼마나 다행인가? 신기(神氣)가 갑자기 소생하니 가뭄 걱정하던 때 단비 소리를 들은 것이요, 천화(天和 몸의 원기)가 완쾌되니 백성의 근심을 풀어줄 훈풍을 맞이한 것이로다.[259] 장락궁(長樂宮 대비) 기뻐하시니 병으로 근심하셨던 마음을 다행히 위로하게 되었고, 동궁도 즐거운 안색 보이니 의대를 풀지 못했던 수고를 다시금 덜게 되었도다.

조금 나을 때 바야흐로 경계를 해야 하는데, 양역(良役)의 뜻에 더욱 간절히 진념하였도다.[260] 신료들의 의견이 신법(新法)에 정해지지 않

**258** 자성편(自省編) : 《어제자성편(御製自省篇)》을 가리킨다. 1746년(영조22)에 영조가 독서와 생활을 통해 느끼고 생각한 바를 모아 2권 2책으로 엮은 책이다. 유학의 수기치인(修己治人)의 정신을 따라 마음을 닦는 것을 주제로 한 내편(內篇), 사물을 다스리는 것을 주제로 한 외편(外篇)으로 이루어져 있다.

**259** 백성의……것이로다 : 해온(解慍)의 바람은 백성의 걱정을 풀어 주는 여름철의 훈훈한 바람이라는 뜻으로, 순(舜) 임금의 〈남풍가(南風歌)〉 중에 "훈훈한 남쪽 바람이여, 우리 백성의 걱정을 풀어 주기를.〔南風之薰兮, 可以解吾民之慍兮.〕"이라는 말에서 나온 것이다. 《禮記 樂記》

**260** 양역(良役)의……진념하였도다 : 양역(良役)은 신분이 양민인 장정이 국가에 대하여 의무적으로 부담하는 병역·부역·세납 등을 두루 이르는 말이다. 여기서는 1년 전(영조 26) 시행하려 했던 균역법을 의미한다. 1750년(영조26) 종래 인정(人丁) 단위로 2필씩 징수하던 군포(軍布)가 여러 폐단을 일으키고, 농민 경제를 크게 위협하는 지경에 이르자 2필의 군포를 1필로 감하기로 하는 한편, 균역청을 설치하여 감포(減布)에 따른 부족 재원을 보충하는 대책을 마련하게 하고, 이를 뒷받침하기 위해 어전세(漁箭稅)·염세(鹽稅)·선세(船稅) 등을 균역청에서 관장하여 보충한다는 등의 균역법을

으니 의원이 여러 처방을 내는 것과 같고, 실질적인 은혜, 지친 백성들에게 줄 방도를 강구하지 못하니 병의 뿌리가 고질이 될까 도리어 걱정이라. 수라간 진귀한 음식도 맛이 없으니 마치 슬픔 속에 있는 듯하고, 수역(壽域)[261]의 금단(金丹) 이루지 못하니 무슨 재주로 구제하리오?

기쁨을 드러내는 상례(常禮)를 애써 따라 함께 경축하는 윤음을 반포하니 인은(仁恩)을 미루어 넓혀 온 세상에 두루 적시고, 더러운 것을 말끔히 씻어내어 만물과 함께 새로워질지어다. 아! 본성을 배양하고 마음을 가다듬으리니 어찌 섭생의 절도를 소홀히 하랴? 정성을 다하여 치세를 도모하여 나라 고칠 계책을 찾도록 할지어다. 그러므로 이에 교시하노니 의당 모두 잘 알지어다.

제정, 1751년 9월에 공포하였다.

**261** 수역(壽域) : 인수지역(仁壽之域)의 준말로, 원래 《논어》 〈옹야(雍也)〉의 "인자는 장수한다.〔仁者壽〕"는 대목에서 온 말이다.

## 대비전과 대전 중궁전에 존호를 가상하고 내린 반교문[262]

大妃殿大殿中宮殿加上尊號頒教文

뜻을 굽혀 자성(慈聖)의 의지(懿旨)를 받들어 부끄럽게도 존호(尊號)를 받았고, 어버이를 드날리고자 보책(寶冊)[263]의 의절을 더하여 다행히 성대한 의전을 거행하였도다. 이에 환한(渙汗)의 호령[264]을 반포하여 사방에 크게 고하노라.

보잘것없는 내 부족한 몸이 외람되게도 큰 서업을 이어받았도다. 신경(神京)[265]을 아득히 바라보며 인묘(仁廟)께서 요배(遙拜)하던 정성[266]을 사모하고, 일모도원(日暮道遠)의 상심을 담아[267] 효종께서 내

**262** 대비전과……반교문 : 김재로(金在魯) 등이 영조가 숙종이 세운 대보단의 계단을 아홉 계단으로 증축하고 아울러 삼황(三皇 명나라 태조 신종 의종)을 제향한 공이 크다고 하여 존호를 가상하기를 청하였다. 영조는 거듭 사양하였으나 전례를 들어 주청하는 신하들의 요구를 받아들여 존호(尊號)를 장의 홍륜 광인 돈희(章義弘倫光仁敦禧)라고 가상(加上)하고 대왕 대비전(大王大妃殿)의 존호는 수창(壽昌)이라고 가상하고 중궁전(中宮殿)의 존호는 장신(莊愼)이라고 가상하였다. 《영조실록 28년 2월 16일, 2월 29일》 대보단은 임진왜란 때 원군(援軍)을 보내 도와준 명나라 신종(神宗)의 은혜에 보답하기 위하여 1704년(숙종30)에 창덕궁 후원 서북쪽에 설치한 제단이다. 1749년(영조25)에 신종 이외에 태조(太祖)와 의종(毅宗)을 함께 모셨다.

**263** 보책(寶冊) : 옥책(玉冊)과 금보(金寶)를 아울러 일컫는 말이다. 옥책은 제왕이나 후비 등 왕실에 존호를 올릴 때 그 덕행이나 업적 등 송덕문을 기록한 책이고, 금보는 추상하는 존호를 새긴 도장이다.

**264** 환한(渙汗)의 호령 : 433쪽 주240 참조.

**265** 신경(神京) : 수도의 미칭인데 여기서는 명나라의 도성을 말한다.

**266** 인묘께서……정성 : 요배는 임금 있는 곳을 향하여 배례하는 것을 말하는데 임금

리신 지통(至痛)의 말씀을 우러렀도다.

생각건대 두 황제를 추향(追享)한 일은 성고(聖考)께서 대보단(大報壇)을 세우신 정성을 따른 것이로다. 태조(太祖)께서는 외진 나라를 은혜로 덮으시어 처음으로 봉군(封君)하며 국호를 하사하셨고,[268] 의종(毅宗)께서는 내지(內地)과 같이 여기시어 위기에 처했을 때 군사를 보내라는 명을 내리셨도다.[269] 칠묘(七廟)는 이미 폐허가 되었으나[270]

이 원단(元旦)·동지·성절(聖節)·천추절(千秋節)에 왕세자 이하를 거느리고 중국의 황제가 있는 쪽을 향하여 절하던 망궐례(望闕禮)를 의미한다. 인조는 매월 초하루와 보름의 망궐례(望闕禮) 때 서쪽을 바라보며 통곡하였다고 알려져 있다. 우암(尤菴) 송시열(宋時烈)의 상소에도 "삼전도(三田渡)에서 청나라와 강화를 이루고 서울로 돌아올 적에……이때부터 매번 성절을 만나면 상께서 사적(私的)으로 후원(後苑)에서 은밀히 정성과 예를 펴서 북쪽을 바라보고 비통해하면서 비 오듯이 눈물을 흘렸습니다."라는 기록이 보인다. 《宋子大全 卷19 論大義仍陳尹拯事疏》

**267** 일모도원(日暮道遠)의……담아 : 효종(孝宗)이 평소의 뜻을 견지하는 것이 너무 예리하고 때로 극심한 분노를 드러냈으므로 이경여(李敬輿)가 차자를 올려 그 점에 대한 우려를 아뢰었는데, 그에 대한 비답에 나오는 말이다. 효종은 "참으로 지극한 고통이 마음속에 있으니 날은 저물고 길이 멀다는 생각이 들기 때문이다.〔誠以至痛在心, 有日暮道遠之意故也.〕"라고 하며, 북벌을 계획하면서 와신상담하는 괴로운 자신의 심정을 드러냈다. 《宋子大全 卷157 白江李公神道碑銘》이 말은 본래《사기(史記)》 권66 〈오자서열전(伍子胥列傳)〉에 등장하는 말이다.

**268** 태조께서는……하사하셨고 : 건국 후 국호(國號)를 조선(朝鮮)과 화령(和寧) 중 택해줄 것을 요청한 데 대해 명 태조가 조선으로 정해준 일을 말한다. 《태조실록 1년 11월 29일》

**269** 의종(毅宗)께서는……내리셨도다 : 남한산성이 포위되었을 때 명(明) 의종(毅宗)이 원군을 파견한 사실을 가리킨다. 남공철이 지은 〈판중추부사……황공신도비명(判中樞府事……黃公神道碑銘)〉에 의하면 의종은 총병관 진홍범(陳弘範)에게 조서를 내려 산동 여러 진의 수군을 통솔하여 가서 구원하라고 하였으나 남한산성이 함락되는 바람에 성공하지 못하였다. 《金陵集 卷15》

차마 망극한 지덕(至德)을 잊으랴? 삼단(三壇)[271]에 아울러 제사를 올리니 경황없이 이장(彝章 상전(常典))이 대략 갖추어졌도다.

다만 신하들이 표양하라는 마음을 보이는지라 열조 때부터 거행해 왔던 성대한 전례를 따르고자 하노라. 《춘추(春秋)》[272]의 남긴 뜻이니 어찌 스스로 존양(尊攘)[273]의 공에 비기랴? 자손에게 물려줄 큰 계책[274]이니 계술(繼述)[275]의 책무를 다하지 못할까 두렵도다.

충효의 훈계를 늘 받드는 것은 직분의 당연함에 지나지 않는 것이요,

**270** 칠묘(七廟)는……되었으나 : 칠묘(七廟)는 천자(天子)의 종묘(宗廟)를 가리키는 말로, 시조(始祖)의 사당에 삼소(三昭)와 삼목(三穆)을 합쳐서 7묘가 된다. 명나라가 멸망하였기 때문에 이른 말이다.

**271** 삼단(三壇) : 대보단(大報壇)을 가리킨다. 임진왜란 때 원군(援軍)을 보내 도와준 명나라 신종(神宗)의 은혜에 보답하기 위하여 1704년(숙종30)에 창덕궁 후원 서북쪽에 설치한 제단이다. 1749년(영조25)에 신종 이외에 태조(太祖)와 의종(毅宗)을 함께 모셨기 때문에 삼단이라 했다.

**272** 춘추(春秋) : 원문의 '麟經'은 《춘추(春秋)》의 별칭(別稱)이다. 《춘추》가 애공(哀公) 14년 "서쪽 들판으로 사냥을 나가서 기린을 붙잡았다.〔西狩獲麟.〕"라는 경문(經文)으로 끝나기 때문에 이렇게 불리었다.

**273** 존양(尊攘) : '존중화 양이적(尊中華攘夷狄)'의 준말로, 중화(中華)를 높이고 이적(夷狄)을 물리치는 춘추대의(春秋大義)의 핵심이다.

**274** 자손에게……계책 : 원문의 '燕翼'은 조상이 자손을 위해 세운 계책이나 교훈을 통해 편안하게 됨을 말한다. 《시경》〈문왕유성(文王有聲)〉에 주(周)나라 문왕(文王)에 대해 "후손에게 계책을 남겨 두어 공경하는 아들을 편안케 하셨다.〔詒厥孫謀, 以燕翼子.〕"라고 하였다.

**275** 계술(繼述) : 계지술사(繼志述事)로, 선왕(先王)이나 선조가 품은 뜻과 하던 일을 계승한다는 뜻이다. 《중용장구(中庸章句)》 19장에 "효도란 부모의 뜻을 잘 계승하고 부모의 일을 잘 전술하는 것이다.〔夫孝, 善繼人之志, 善述人之事者也.〕"라고 한 데서 나왔다.

조종(祖宗)의 훌륭하심에 필적하는 일은 사업에 드러내지 못하였으니 어이할 것인가? 백료들의 호소 비록 간절하였지만 사양하고픈 한 마음을 돌리기 어려웠도다. 인(仁)은 성인이 아니고서는 자처하지 못하는 것이라 내 부끄러움을 더욱 깊게 하고, 복(福)은 상제께서 내리시는 것이라 감히 내가 사사로이 삼으랴?[276]

대비[277]께서 특별히 윤음을 내리심에 미쳐 소자가 억지로 평소의 지조를 바꾸었노라. 겸손을 고집한 것이 지나친 사양에서 나온 것이 아님을 신명에게 질정할 수 있을 것이요, 어버이를 섬기는 데는 뜻을 어기지 않는 것보다 큰 것이 없는지라 결국 지극하신 뜻을 받아들이기로 하였노라. 아득히 선열을 생각함에 출척(怵惕)의 마음[278] 어찌 감당할 수 있으랴? 어머님의 의표 높이 받들어 다만 현양(顯揚)의 소원을 펼 뿐이라. 하물며 지금은 백년의 천운이 매우 비색하고 열성께서 전해주

**276** 인(仁)은……삼으랴 : 주상이 광인(光仁) 돈희(敦禧)의 존호를 받았기 때문에 이른 말이다.

**277** 대비 : 원문은 '文母'로 임금의 어머니나 할머니를 높여 부르는 말이다. 여기서는 인원왕후(仁元王后)를 가리킨다. 《시경》〈옹(雝)〉에 무왕(武王)이 문왕(文王)을 제사 지내면서 "이미 황고(皇考)를 높이고 또 문모를 높이게 하셨도다.〔旣右烈考, 亦右文母.〕"라고 한 데서 온 말이다.

**278** 출척(怵惕)의 마음 : 출척은 섬뜩하게 두려운 마음이 든다는 뜻으로, 돌아가신 어버이에 대한 사무치는 그리움을 비유한 말이다. 《예기》〈제의(祭義)〉의 "가을에 서리와 이슬이 내리면 군자가 그것을 밟아 보고 반드시 슬픈 마음이 생기나니, 이는 날이 추워져서 그런 것이 아니다. 또 봄에 비와 이슬이 내려 땅이 축축해지면 군자가 그것을 밟아 보고 반드시 섬뜩하게 두려운 마음이 생기면서 마치 죽은 부모를 곧 만날 것 같은 생각이 들게 된다.〔霜露旣降, 君子履之, 必有悽愴之心, 非其寒之謂也. 春雨露旣濡, 君子履之, 必有怵惕之心, 如將見之.〕"라는 말에서 유래한 것이다.

신 심법[279]을 밝히는 일이 매우 시급한 때임에랴?

황통(皇統)이 멸망하니 만 구비 강물이 맑은 한수(漢水)로 부질없이 흐르고,[280] 인심(人心)이 분격하니 일양(一陽)이 단단한 음기 속에서 돌아오기만을 기다리노라. 하찮은 몸을 어루만지노라면 비록 얼굴에 땀이 흐르지만 풍성(風聲 풍속과 교화)을 생각하면 어찌 귀 기울이지 않을 수 있으랴?

인정과 예문이 비로소 갖추어지니 이미 종묘에 경건히 고하였고, 서울과 지방이 함께 기뻐하니 이어서 온 나라에 대유(大諭)를 내리노라. 이에 백성을 똑같이 사랑하는 마음을 미루어 큰 은혜 널리 미치게 하라. 아! 이루어진 큰 왕업을 조심스럽게 지켜야 할 바로 그때이니,[281] 무일(無逸)의 경계[282]를 어찌 느슨히 하랴? 백성들의 바라고 향하는

**279** 심법(心法) : 진심으로 전수해 주는 법통(法統)으로 성학(聖學)의 요결(要訣)을 이른다. 요 임금은 순 임금에게 천자의 자리를 선양하며 "진실로 그 중도를 잡으라.〔允執厥中.〕" 하였고, 순 임금은 다시 우 임금에게 "인심은 위태롭고 도심은 은미하니, 오직 정밀하고 전일하여야 진실로 그 중도를 잡으리라.〔人心惟危, 道心惟微, 惟精惟一, 允執厥中.〕"라고 하였는데 주희(朱熹)가 이를 유가(儒家)의 도통(道統)인 '십육 자 심전(十六字心傳)'이라 강조한 이래 개인의 도덕 수양과 치국(治國)의 원리로 중시되었다. 《論語 堯曰》《書經 大禹謨》

**280** 만 구비……흐르고 : '萬折'은 만절필동(萬折必東)의 준말로 여러 방면으로 꼬불꼬불 흐르는 중국의 강들이 결국에는 동쪽으로 흘러 바다로 들어간다고 하는 뜻이다. 천하의 모든 제후국들이 중국 황제에 대해 충성을 바치는 말로 흔히 쓰인다. 《순자(荀子)》〈유좌(宥坐)〉에 "물이 만 번 꺾여도 반드시 동으로 흐르는 것은 굳은 의지가 있는 것 같다.〔其萬折也必東, 似志.〕" 라는 말에서 나왔다.

**281** 조심스럽게……그때이니 : 원문의 '盈成'은 지영수성(持盈守成)의 준말로, 이루어놓은 것을 지킬 때에 물이 가득 찬 그릇을 드는 것처럼 조심해서 잘 지켰다는 뜻이다.

**282** 무일(無逸)의 경계 : 무일은 《서경(書經)》 주서(周書)의 편명이다. 주(周) 나라

마음 더욱 간절하니 유신(維新)[283]의 정치에 힘쓰리로다. 그러므로 이에 교시하노니 의당 모두 잘 알지어다.

성왕(成王)이 처음 즉위한 초기에, 주공(周公)이 성왕을 경계하기 위하여 지은 것으로, 제왕이 정사에 부지런하면 장수를 누리고 나라가 태평해지지만, 안일에 빠지면 나라가 혼란해지고 군주도 요절하고 만다는 내용으로 이루어져 있다.

**283** 유신(維新) : 세워진 지 오래된 나라가 제도 등을 일신하여 새로워진다는 의미로 《시경(詩經)》 〈문왕(文王)〉에 "주나라가 비록 오래되긴 하였지만, 하늘의 명이 다시 새롭게 되었도다.〔周雖舊邦, 其命維新.〕"라는 말에서 나왔다.

# 교명문 教命文

## 왕세손을 책봉하며 내린 교명문
王世孫冊封教命文

국본(國本)[284]을 중시하는 것은 만년(萬年)의 운을 열기 위함이요, 세적(世嫡)[285]을 세우는 것은 일통(一統)의 아름다움을 받들기 위함이라. 백성들의 뜻이 달려있는지라 이에 큰 책임을 내리노라.

너 모(某)는 이극(貳極 왕세자)의 원자이고 삼종(三宗)[286]의 손자라. 기국은 천표(天表 제왕의 의용(儀容))의 상서로움이 모였으니 참으로 신인(神人)의 여망에 부합하고, 강론은 시민(時敏)[287]의 칭송이 자자하니

**284** 국본(國本) : 다음 대에 나라의 임자가 될 사람, 곧 세자(世子) 또는 원자(元子)를 가리키는 말이다.

**285** 세적(世嫡) : 대를 이을 맏자식을 가리키는 말이다.

**286** 삼종(三宗) : 영조 이전의 효종(孝宗) · 현종(顯宗) · 숙종(肅宗) 세 임금인데, 소현세자의 계통이 아닌 효종의 계통으로 이어지는 영조 이전의 왕통을 말한다.

**287** 시민(時敏) : 《서경(書經)》 〈열명 하(說命下)〉에 "배울 때는 뜻을 겸손하게 해야 한다. 힘써서 항상 민첩하게 하면 그 수양이 이루어지리니, 이를 마음 깊이 새겨두면 도가 그 몸에 쌓일 것이다.〔惟學, 遜志. 務時敏, 厥修乃來, 允懷于茲, 道積于厥躬.〕"라고 하였는데, 채침(蔡沈)은 집전(集傳)에서 '시민'을 '어느 때고 민첩하지 않음이 없는 것〔無時而不敏.〕'이라고 하였다.

사부(師傅)의 가르침을 받을 필요가 없도다. 머리를 쓰다듬으니 노년에 위로가 되고, 왕위를 잇게 되니 큰 복이 면면히 이어지리.

유충한 자질 자라날 날을 기다리며 얼마나 간절히 손꼽았던가? 《소학(小學)》을 비로소 배울 때가 되자 정명(定名)[288]의 의에 대해 진념하였도다. 이에 책봉을 명하여 너를 왕세손으로 삼으니 능히 어린 마음을 버리고 삼가 총장(寵章)[289]을 받으라. 효제(孝悌)는 힘써야 할 행실의 근원이요 성경(誠敬)은 몸을 닦는 근본이라. 완호(玩好)[290]하는 것을 물리치고 이목이 외물에 부림을 받지 말도록 할 것이며, 경사를 부지런히 공부하고 주변에 늘 바른 사람을 가까이 하라. 연익(燕翼)의 계책[291]을 남겨주고 귀주(龜疇)의 복[292]을 비노라.

아! 삼백 년 기업이 지극히 중대하니 나는 항상 깊은 못에 임하듯 얇은 얼음을 밟듯 두려워하고,[293] 수천 언 훈계가 담긴 책들이 여기 있으니 너는 의당 유업을 계승하는 데 힘쓸지어다.[294] 그러므로 이에

**288** 정명(定名) : '책례정명(冊禮定名)', 즉 세자를 책봉할 때 세자의 이름을 정하는 것을 말한다. 책례를 거행하는 날에 앞서 미리 길일을 잡아 먼저 이름을 정하는데 여기서는 왕세손의 이름을 정하는 것을 말한다. 《銀臺條例 禮攷 冊禮 定名》

**289** 총장(寵章) : 높은 벼슬과 작위를 표시한 장복(章服)을 말한다.

**290** 완호(玩好) : 진기한 보배 같은 것을 완상(玩賞)하고 애호(愛好)하는 것을 이른다.

**291** 연익(燕翼)의 계책 : 431쪽 주234 참조.

**292** 귀주(龜疇)의 복 : '龜疇'는 홍범구주(洪範九疇)를 말한다. 홍범구주의 오복(五福) 가운데 장수(長壽)가 들어 있다.

**293** 깊은……두려워하고 : 《시경(詩經)》〈소민(小旻)〉에 "전전긍긍(戰戰兢兢)하여 깊은 못에 임한 듯이 하고 엷은 얼음을 밟듯이 한다.〔戰戰兢兢, 如臨深淵如履薄氷.〕"라고 하였다.

**294** 유업을……힘쓸지어다 : 원문의 '堂構'는 '긍당긍구(肯堂肯構)'의 준말로, 가업을

교시하니 의당 잘 알리라 생각한다.

이어받아 발전시키는 것을 의미하는 말이다. 《서경》 〈대고(大誥)〉의 "아버지가 집을 지으려 하여 이미 설계까지 끝냈다 하더라도, 그 자손이 집터도 닦으려 하지 않는다면 어떻게 집이 완성되기를 기대할 수 있겠는가.〔若考作室, 旣底法, 厥子乃不肯堂, 矧肯構?〕라는 구절에서 유래하였다.

# 책문 冊文

## 효순빈[295] 애책문

孝純嬪哀冊文

유세차(維歲次) 신미(辛未) 11월 갑자삭(甲子朔) 14일 정축(丁丑)에 효순 현빈(孝純賢嬪) 조씨(趙氏)가 창덕궁(昌德宮)의 건극당(建極堂)에서 졸하였다. 다음해 임신년(壬申年) 정월(正月) 계해삭(癸亥朔) 22일 갑신(甲申)에 파주(坡州)의 효장 세자(孝章世子)의 묘(墓)에 합장하려 하니 예(禮)에 따른 것이다. 소위(素衛 흰 베로 만든 상여의 부속물)가 길을 나서고 현당(玄堂 빈전(殯殿))의 장막을 걷어내니 궁중의 물시계는 새벽을 알리며 처연히 오열하고, 운삽(雲翣)[296]과 명정(銘旌)은 바람을 안고 펄럭인다. 우리 주상 전하께서는 아름다운 덕행을 지녔던

**295** 효순빈(孝純嬪) : 1715~1751. 본관은 풍양 조씨(豊壤趙氏), 좌의정 조문명(趙文命)의 딸이다. 1727년(영조 3) 세자빈에 간택되어 효장세자(孝章世子)와 가례(嘉禮)를 올리고, 현빈(賢嬪)에 봉하여졌다. 소생은 없었으나 죽은 뒤 효순(孝純)이라는 시호를 받았고, 장헌세자(莊獻世子)의 장남(뒤의 정조)을 입양받아 승통세자빈(承統世子嬪)의 호를 받았다가, 정조의 즉위로 왕비로 추존되었다.

**296** 운삽(雲翣) : 발인 때 영구(靈柩) 앞뒤에 세우는 구름 무늬를 그린 부채 모양의 물건이다.

효순빈이 일찍 운명하였음을 슬퍼하고, 그 아름다운 모습을 영원히 볼 수 없음을 애달파 하시면서 이에 옛 전례를 상고하여 그 아름다운 자취를 드날리라 하셨다. 그 애사(哀詞)는 다음과 같다.

| | |
|---|---|
| 동관의 꿈 들어맞으니[297] | 夢叶彤管 |
| 맑은 기운이 명문가에 모였네 | 鍾淑華閥 |
| 고명하신 아버지 임금의 지우를 받아 | 名父受知 |
| 왕실과 인척을 맺었도다 | 戚連王室 |
| 요화시 읊어질 때[298] | 夭桃播詠 |
| 세자에게 시집가시니 | 嬪于貳極 |
| 단아하고 정결한 지조요 | 端潔其操 |
| 곧고 한결같은 덕성이라 | 貞一其德 |
| 닭 울기를 기다렸다 문안드릴 제 | 候雞問寢 |
| 패옥소리 쟁쟁하게 울렸네 | 環珮鏘鳴 |
| 어릴 적부터 위의를 어기지 않아 | 幼不愆儀 |

**297** 동관의……들어맞으니 : 원문의 '彤管'은 옛날 여사(女史)가 궁중에서 정령(政令)과 후비(后妃)의 일을 기록할 때 쓰던 붉은 대통의 붓으로 흔히 훌륭한 여인의 행실을 기록한 문장을 의미한다. 영조가 지은 〈효순현빈 지문(孝純賢嬪誌文)〉에 "그 선비(先妣)인 이부인(李夫人)의 꿈에 어떤 사람이 동필(彤筆)을 건네주는 것을 받고나서 동부(東部)의 숭교방(崇敎坊)에서 빈(嬪)을 낳았다."라는 표현이 있다. 《영조실록 28년 1월 22일》

**298** 요화시 읊어질 때 : 복숭아는 아리땁고 현숙한 여인을 비유하는데 여기서는 효순빈을 가리킨다. 《시경》 〈도요(桃夭)〉에 "야들야들 복사꽃, 열매가 주렁주렁. 이분 시집감이여, 집안을 의당 화목하게 하리로다.〔桃之夭夭, 有蕡其實. 之子于歸, 宜其家室.〕"라고 하였다.

능히 공경하며 정성을 다하니　克敬而誠
사전[299]에 기쁨 흘러넘치고　四殿溢歡
육궁[300]에 경하소리 울려 퍼졌네　六宮騰賀
큰 복록과 온갖 상서　祝以遐福
모두 맞을 것을 축원하였건만　百祥咸迓
하늘이 돌보지 않으시어　不弔于天
어린 나이에 재앙을 내리셨도다[301]　冲年降割
최복을 입고 계례를 올리니[302]　服衰而笄
낮에 곡하면서[303] 피눈물을 흘렸고　晝哭淚血

**299** 사전(四殿) : 대전(大殿)·대비전(大妃殿)·중전(中殿)·동궁전(東宮殿)을 이른다.

**300** 육궁(六宮) : 고대 황후의 침궁(寢宮)을 이르는데, 한 곳의 정침(正寢)과 다섯 곳의 연침(燕寢)을 합하여 육궁이라고 하였다. 《예기(禮記)》 〈혼의(昏義)〉에 "옛날 천자는 황후 이하로 육궁(六宮)을 두고, 3인의 부인(夫人), 9인의 빈(嬪), 27인의 세부(世婦), 81인의 어처(御妻)를 두어 천하의 내부를 다스리도록 하여, 여성(女性)의 화순(和順)함을 미루어 밝히었기 때문에 외부가 화목하여 나라가 안정되었다."라고 하였다. 일반적으로 비빈들이 거처하는 궁전을 일컫는다.

**301** 어린……내리셨도다 : 《서경(書經)》 〈대고(大誥)〉에 "하늘이 우리 나라에 재앙을 내리면서 조금도 늦추지 않으셨다.〔天降割于我家, 不少延.〕"라는 말이 나온다. 여기서는 부군인 효장세자의 죽음을 가리킨다.

**302** 최복을……올리니 : 영조가 쓴 〈효순 현빈(孝純賢嬪) 지문〉에 다음과 같은 내용이 있다. "빈이 가례(嘉禮)를 행한 다음해 중동(仲冬) 16일에 효장(孝章)이 요절하였다. 상여가 나가던 날 자리에 몸져누워 곡읍하면서 한 모금의 물도 마시지 않았으므로 내가 온갖 방법으로 타일렀더니, 빈이 눈물을 머금고 대답하기를, '이미 후사가 없으니 산들 무엇하겠습니까?' 하였다.……그 가운데 더더욱 애통한 것은 최복(衰服)을 입고 있는 동안에 계례(笄禮)를 올린 것이었다." 《영조실록 28년 1월 22일》

**303** 낮에 곡하면서 : 원문의 '晝哭'은 남편을 여읜 것을 말한다. 춘추 시대에 경강(敬

| | |
|---|---|
| 함께 돌아가자고 마음으로 맹세하며 | 矢心同歸 |
| 속히 이루어지기를 소원 하였네 | 惟願其速 |
| 그러나 성상의 마음 풀어드리고자 | 要寬聖意 |
| 감정 누르며 기쁜 안색을 지었고[304] | 抑情愉色 |
| 세 번 문안드리는 예를 올리며 | 三朝之禮 |
| 병이 있어도 피로하다 말하지 않았도다 | 病不言疲 |
| 음식 수발할 때는 잘 드시고 못 드신 것으로 | 視膳善寡 |
| 배부르고 배고픔을 가늠하였고 | 以飽以飢 |
| 몸소 성상의 침석을 살피며 | 躬省御席 |
| 따뜻한지 시원한지를 물으셨도다[305] | 請其溫凊 |
| 반걸음 사이 잠깐 동안이라도 | 造次跬步 |
| 우러러 명을 받드니 | 仰以爲命 |

姜)이 남편 목백(穆伯)의 상을 당해서는 낮에만 곡을 하고, 아들 문백(文伯)의 상을 당해서는 주야로 곡을 하였는데, 공자(孔子)가 이를 두고 예(禮)를 안다고 평했던 고사가 있다. 《禮記 檀弓下》

**304** 감정……지었고 : 《예기》 〈제의(祭義)〉에 "부모를 깊이 사랑하는 효자는 반드시 부드러운 기(氣)를 지니고, 부드러운 기를 지닌 사람은 반드시 즐거운 안색을 하고, 즐거운 안색을 한 사람은 반드시 온순한 용모를 갖춘다.〔孝子之有深愛者, 必有和氣, 有和氣者, 必有愉色, 有愉色者, 必有婉容.〕"라고 하였다. 영조가 지은 〈효순현빈 지문〉에 의하면 효순빈은 남편을 잃은 슬픔을 이기지 못하면서도 임금과 대비의 권면이 있자 억지로 감정을 추스르려 하였고 거상하면서도 하루도 예를 빠트리지 않았다.

**305** 침석을……물으셨도다 : 원문의 '溫凊'은 부모님의 거처를 겨울에는 따뜻하게 해 드리고, 여름에는 시원하게 해 드리는 것을 말한다. 《예기》 〈곡례 상(曲禮上)〉에 "부모님의 거처를 겨울에는 따뜻하게 해 드리고, 여름에는 시원하게 해 드린다.〔冬溫而夏凊〕"라고 하였다.

| | |
|---|---|
| 성상께서 차탄하시며 | 宸情興歎 |
| 나의 효부로다 하셨네 | 曰予孝婦 |
| 이에 마음을 알아주는 며느리로 허여하시고 | 乃許知心 |
| 의지하며 아들 잃은 아픔을 잊으시니 | 賴而忘疚 |
| 진실로 순일한 의범은 | 允矣純範 |
| 백행의 근원이었도다 | 百行之源 |
| 귀하게 될수록 더욱 겸손하여 | 履貴愈謙 |
| 사가에 경계심을 두었고 | 戒存私門 |
| 성대하고 가득 찬 것을 두려워하는 마음 | 盛滿之懼 |
| 자주 미간에 드러내셨도다. | 屢形於眉 |
| 바깥 길을 두절하고 | 杜絶外徑 |
| 궁중을 엄숙히 하니 | 有肅重闈 |
| 온화하면서 장중하여 | 旣溫且莊 |
| 뭇 아름다움 두루 갖추었도다 | 衆美皆具 |
| 길이 슬하에서 모시며 | 長侍膝下 |
| 만년을 누리시길 바랐는데 | 庶娛晩暮 |
| 어찌하여 타고난 운명 그다지도 기구하더니 | 何賦命之太巇 |
| 수명마저 끝내 인색하게 되었는가 | 並與年而終嗇 |
| 아침에 즐겁다가 저녁에 떠나니 | 朝怡怡而夕違 |
| 홀연 텅 빈 하늘로 돌아가셨도다[306] | 倏眞遊之寥廓 |
| 아 슬프도다 | 嗚呼哀哉 |

**306** 홀연……돌아가셨도다 : 원문의 '眞遊'는 참된 세계로 돌아가는 것을 뜻하는 말로, 여기에서는 효순현빈의 죽음을 가리킨다.

| | |
|---|---|
| 군탄[307]을 돌이켜 생각하노라니 | 追念涒灘 |
| 아직도 남은 슬픔이 있는데 | 汔有餘哀 |
| 빙설이 가득 쌓인 겨울에 | 氷雪峥嶸 |
| 기일이 다시 돌아왔도다 | 諱辰重廻 |
| 외로운 묘지에 향도 전하지 못하였는데 | 香未傳於孤原 |
| 깊은 유궁(幽宮)으로 혼이 홀연 따라가니 | 魂奄復於深宮 |
| 근심스레 그림자 안고 시절에 느꺼워 하시다 | 惸抱影而感時 |
| 드디어 하루 걸러 서로 따르게 되셨도다[308] | 遂隔日而相從 |
| 아 슬프도다 | 嗚呼哀哉 |
| 봄은 옛 집에 돌아오고 | 春廻兮故堂 |
| 달은 텅빈 행랑을 비추는데 | 月照兮虛廂 |
| 어렴풋하고 완연한 모습 | 依依宛宛 |
| 배회하시는 듯하여라 | 若有徊徨 |
| 남은 정을 마지막 말씀에 부쳐 | 寄餘情於末音 |
| 오히려 수라에 정성을 다하고는[309] | 尙惓顧於玉食 |

**307** 군탄(涒灘) : 고갑자(古甲子)로 12지(支) 중 신(申)에 해당한다. 《이아(爾雅)》에 "태세가 신(申)에 있음을 군탄(涒灘)이라 한다.〔大歲在申日涒灘〕." 하였다. 여기서는 영조의 세자(世子)인 효장 세자(孝章世子)가 죽은 무신년(戊申年 1728)을 가리킨다.

**308** 하루……되셨도다 : 영조가 쓴 지문에 의하면 효순빈은 신미년 11월 14일 효장의 기일(忌日)을 하루 사이에 두고 세상을 떴다. 《영조실록 28년 1월 22일》

**309** 수라에……다하고는 : '玉食'은 진귀한 음식으로, 임금이 먹는 음식을 가리킨다. 《서경》〈홍범(洪範)〉에 "오직 임금만이 복을 짓고, 오직 임금만이 위엄을 짓고, 오직 임금만이 옥식할 수 있으니, 신하는 복을 짓고 위엄을 짓고 옥식함이 있어서는 안 된다.〔惟辟作福, 惟辟作威, 惟辟玉食, 臣無有作福作威玉食.〕"라고 하였다. 영조는 직접 쓴 〈효순현빈 묘지〉에서 '병이 위독한 날 밤에도 초혼(初昏) 이전에 영조에게 수라를

| | |
|---|---|
| 우뚝한 대궐을 등지고 | 背雲闕之岧嶢 |
| 아득한 하늘길로 가시었도다 | 指天路之夐邈 |
| 아 슬프다 | 嗚呼哀哉 |
| 저 능원[310]을 바라보니 | 瞻彼佳城 |
| 같은 능선이 길하다는 점괘라 | 筮吉同岡 |
| 석물은 옛 것 그대로인데 | 象設仍舊 |
| 송백만이 슬픔을 보태는구나 | 松栢增傷 |
| 숙원이 여기에 있었음을 헤아려 보니 | 諒宿願之在斯 |
| 이제야 머물 곳을 얻게 되신 것이라 | 今乃獲其攸止 |
| 이별은 짧고 만남은 장구하리니 | 惟別短而會長 |
| 어찌 신명의 이치에 어긋남이 있으랴 | 詎有違於神理 |
| 아 슬프도다 | 嗚呼哀哉 |
| 어질면서 복을 받지 못한 것은 | 仁而無祿 |
| 예로부터 슬픈 바이나 | 終古所悲 |
| 다만 아름다운 이름 있어 | 秖有令名 |
| 영원토록 실추되지 않으리 | 永言不隳 |

권하였는데 보루(報漏) 이후 권해 올리는 소리는 다시 듣지 못하고 졸서하려 한다는 소리만 들린' 사실과 또 시아버지인 영조에게 올리려고 '직접 스스로 밤을 삶았는데 영원히 졸서(卒逝)하던 날에도 삶아 놓은 것이 오히려 소반에 남아 있던' 사실을 통탄스레 적고 있다.

**310** 능원 : 원문의 '佳城'은 무덤을 뜻한다. 한(漢)나라 등공(滕公)이 말을 타고 가다가 동도문(東都門) 밖에 이르자 말이 울면서 앞으로 나가지 않은 채 발로 오랫동안 땅을 구르기에, 사졸(士卒)을 시켜 땅을 파 보니 깊이 석 자쯤 들어간 곳에 석곽(石槨)이 있고, 거기에, "가성(佳城)이 울울(鬱鬱)하니, 삼천 년 만에야 해를 보도다.〔佳城鬱鬱, 三千年後見白日.〕"라는 글이 새겨져 있었다 한다.《西京雜記 卷4》

| | |
|---|---|
| 저 높은 운한의 문장으로 행장을 쓰시어[311] | 倬雲漢之狀德 |
| 영영 떠난 효성의 마음을 위로하셨으니 | 慰孝思於長逝 |
| 어제를 바탕으로 슬픔을 기술하여 | 徵聖筆而述哀 |
| 그 아름다움 백세토록 전해지길 기약하노라 | 期垂耀於百世 |
| 아 슬프다 | 嗚呼哀哉 |

**311** 운한의……쓰시어 : 운한(雲漢)은 제왕의 문장을 뜻한다. 《시경》〈역복(棫樸)〉의 "큰 저 은하수여, 하늘에 문장이 되도다.〔倬彼雲漢, 爲章于天.〕"라고 한 데서 온 말이다. 또 '狀德'은 죽은 사람의 공적이나 덕행을 기록한 글로 가장(家狀), 행장(行狀) 등을 말하는데 여기서는 영조가 효순현빈에 대해 직접 쓴 묘지를 가리킨다.

# 대전에 존호를 가상하며 올린 옥책문[312]

大殿加上尊號玉冊文

보명(寶命)이 새로우니[313] 태운(泰運)[314]을 맞아 치세를 도모하고, 대의(大義)가 더욱 드러나니 휘호(徽號)를 올려 아름다움을 드날립니다. 이는 국가의 아름다운 전장(典章)을 따르는 것이요 신하들의 사사로운 마음에서 나온 것이 아닙니다.

삼가 생각건대 지행 순덕 영모 의열(至行純德英謨毅烈) 주상전하께서는 정일(精一)의 심법(心法)[315]을 전해 받으시고 《춘추(春秋)》를 가학으로 익히셨습니다. 도타운 행실은 민증(閔曾)[316]을 능히 본받으시

312 대전에……옥책문 : 영조 28년 5월 26일, '장의 홍륜 광인 돈희(章義弘倫光仁敦禧)'라는 존호를 가상하며 올린 옥책문이다.

313 보명(寶命)이 새로우니 : 보명(寶命)은 천명(天命)이다. 《서경》 〈금등(金縢)〉에 "아, 하늘이 내린 보배로운 명을 실추하지 마셔야 우리 선왕들도 또한 길이 의지하여 돌아갈 곳이 있으실 것입니다.〔嗚呼! 無墜天之降寶命, 我先王亦永有依歸.〕" 라는 구절이 있다.

314 태운(泰運) : 천지 상하가 막히지 않고 두루 통하는 대운(大運)을 말한다. 《주역》 〈태괘(泰卦) 상(象)〉에 "하늘과 땅이 사귀어 조화로운 것이 태이다.〔天地交泰.〕"라고 하였다.

315 정일(精一)의 심법(心法) : 순 임금이 우 임금에게 선위할 때, "인심은 오직 위태롭고, 도심은 오직 은미하니, 오직 정하고 전일하여야 진실로 그 중을 잡을 것이다.〔人心惟危, 道心惟微, 惟精惟一, 允執厥中.〕"라고 한 데서 온 말로 곧 중을 지키는 심법의 요체를 말한다. 《書經 大禹謨》

316 민증(閔曾) : 공자의 제자 중 효행이 뛰어난 증삼(曾參)과 민자건(閔子騫)을 말한다.

었으니 백성들이 계도하시는 교화로 귀의하였고, 큰 계책은 한당(漢唐)을 말하기 부끄러워하셨으니 세상이 융성한 치세를 이루게 되었습니다. 지난날 유양(揄揚)[317]은 공덕을 다 그려내지 못하였는데, 노령의 분발은 아직도 하실 사업이 무궁합니다.

아! 영고(寧考)께서는 신경(神京)[318]을 통렬히 생각하시면서 황단(皇壇)을 대궐에 처음 세우셨습니다.[319] 재조(再造)의 은혜에 보답하였으니[320] 열성이 존주(尊周)하던 정성을 본받은 것이요, 만방에 의리를 표하였으니 후왕들에게 좋은 계책 남기는 법을 만드신 것입니다. 이에 우리 임금께서 계술(繼述)[321]을 잘하신 덕으로 두 황제를 추향(追享)하는 의례를 거행하게 되었습니다. 개국한 초기에 나라의 이름 내려주시니 일찍이 태조의 지극한 은혜를 입었고, 위급한 때에 왕의 군대를 명하시니 의종의 깊은 인애 어찌 감히 잊으오리까. 만 번 꺾여도 바다

**317** 지난날 유양(揄揚) : 유양(揄揚)은 임금의 공덕을 들추어 칭송하는 것으로 구체적으로는 존호를 가상하는 것을 의미한다. 영조가 앞서 받은 '지행 순덕 영모 의열(至行純德英謨毅烈)'이라는 여덟 자의 존호를 말한다.

**318** 신경(神京) : 수도의 미칭인데 여기서는 명나라의 황도(皇都)를 말한다.

**319** 영고(寧考)께서는……세우셨습니다 : 영고(寧考)는 본래 주 성왕(周成王)이 주공(周公)을 시켜 동정(東征)할 때 그 동정 사실을 천하에 알리면서 선왕인 무왕(武王)을 영왕(寧王)·영고(寧考)라고 일컬은 데에서 온 말인데, 후세에는 전왕을 일컫는 말로 쓰였다. 여기서는 숙종을 가리킨다. 황단(皇壇)은 대보단(大報壇)을 말한다. 임진왜란 때 원조해 준 명 신종(明神宗)의 은혜를 추모하기 위해 쌓은 제단으로, 숙종이 창덕궁(昌德宮) 후원의 서쪽 요금문(曜金門) 밖 옛날 별대영(別隊營)의 터에 지었다.

**320** 재조(再造)의……보답하였으니 : 재조지은(再造之恩)은 멸망에 다다른 나라를 도와 다시 일으켜준 은혜라는 뜻인데, 임진왜란 때 명나라 신종(神宗) 황제가 원병을 파병해 준 것을 감사하는 의미로 오랫동안 쓰였다.

**321** 계술(繼述) : 442쪽 주275 참조.

로 들어가는[322]의 뜻은 실로 선왕께 받은 가르침이오나, 세 분의 제사를 함께 봉행하는 것은 당시엔 겨를이 없었습니다. 천운이 회복되지 못하여 세상이 기나긴 밤 속으로 들어갔으나, 성상께서 광세(曠世)의 감회[323] 일어 전례를 백 년 뒤에 갖추어 거행하게 되었습니다. 진실로 전대의 아름다움을 더욱 빛내는 것인 줄 알겠으니 이것을 두고 "오늘이 있기를 기다렸다" 할 것입니다. 풍뢰가 갑자기 번득이니 어렴풋이 옥로(玉輅)가 강림한 듯하고,[324] 제기들이 빽빽이 놓였으니 엄연한 청묘(淸廟)[325]의 합향(合饗)입니다.

참으로 의리의 올바름을 얻어 영원히 억대의 성교(聲敎)를 세우시고, 효제의 윤리를 다하는 것에 바탕을 두어 삼강의 첫 번째를 크게 천명하셨습니다.[326] 그리하여 예부터 듣지 못했던 성대한 의전을 모두 우러르고 하늘이 거듭 명을 내리어 묵묵히 보우하심을 다시 보게 되었

**322** 만 번……들어가는 : 444쪽 주280 참조.

**323** 광세(曠世)의 감회 : 동시대에 태어나지 못해 서로 만나지 못한 것에 대한 감회이다.

**324** 옥로(玉輅)가……듯하고 : 옥로(玉輅)는 옥으로 만든 임금이 타는 수레이다. 《숙종실록》에 황단(皇壇)에 나아가 제사를 지내려 할 때 "황연(怳然)히 옥로(玉輅)가 동으로 순수(巡狩)하여 경광(耿光)을 보게 되는 듯하였으니, 나의 감회가 과연 어떠하겠는가?"라고 한 대목이 있다. 명나라 세 황제가 강림한 것을 상상한 것으로 보인다. 《숙종실록 31년 3월 9일》

**325** 청묘(淸廟) : 청명(淸明)한 덕이 있는 이를 제사 지내는 사당이란 뜻으로, 주문왕(周文王)의 사당을 가리킨다. 세 명의 명 황제를 합향하였기 때문에 이른 말이다.

**326** 참으로……천명하셨습니다 : 새로 가상하는 존호 중 '장의(章義)'와 '홍륜(弘倫)'에 대한 설명이다. 삼강(三剛)의 첫 번째는 유교의 도덕에 있어서 기본이 되는 세 가지 강령 중 임금과 신하의 첫 번째 도리를 의미한다. 《禮記正義 卷39 樂記》《明心寶鑑 立敎》

습니다. 어질다는 명성 본디 드러났지만 큰 공렬 이루어 빛을 더하셨고, 만년의 복 바야흐로 풍성해지셨으나 큰 복을 받아 더욱 융성해지셨습니다.[327] 현호(顯號)가 가숭(加崇)의 뜻에 실로 부합하니, 성대한 의식에 어찌 아름다움을 송찬하는 일을 늦추리이까?

겸양의 덕 고집하시며 윤허를 미루시어 몇 번이나 번거롭게 신하들이 같은 청을 올리게 하시더니 자전(慈殿)의 전교 받들고 마지못해 따르시어 사조(四朝)[328]의 옛 전례를 크게 이으셨습니다. 그리하여 삼가 장의 홍륜 광인 돈희(章義弘倫光仁敦禧)라는 존호를 가상합니다. 삼가 바라건대 여망에 부응하시어 원대한 계획에 더욱 힘쓰소서. 신령한 복록 면면히 창성하여 하늘과 짝하여 끝이 없을 것이요, 성스러운 밝은 정치 후세에 드리워져 실추됨이 없으리이다.

**327** 어질다는……융성해지셨습니다 : 새로 가상하는 존호 중 '광인(光仁)'과 '돈희(敦禧)'에 대한 설명이다.

**328** 사조(四朝) : 효종(孝宗) · 현종(顯宗) · 숙종(肅宗) · 경종(景宗) 조(朝)를 가리킨다.

# 화경숙빈에게 시호를 올린 죽책문[329]

和敬淑嬪上謚竹冊文

정을 억누르고 겸양의 뜻을 따라 오래도록 빛나는 칭호를 올리지 못하였는데, 덕을 상고하여 추시(追謚)의 예를 뒤늦게 올려 이에 아름다운 이름을 드날리니, 정성과 예는 모두 갖추어졌건만 슬픔과 기쁨이 서로 교차합니다.

삼가 생각건대, 사친(私親)이신 숙빈(淑嬪)께서는 단정한 자태 그윽하고 한아하였으며, 타고난 성품 어질고 순하셨습니다. 아름다운 명성이 퍼져 상하가 모두 그 온화함과 선함에 감복하였습니다. 조심하고 조심하면서 잠시라도 경계하고 두려워하는 마음 늦추지 않으셨습니다. 성상께 사랑을 가장 많이 받으시면서도 경계를 을묘년(乙卯年)과 병진년(丙辰年)의 근심과 노고[330]에 두었고, 중전께 정성으로 믿음을

**329** 화경숙빈에게……죽책문 : 화경 숙빈(和敬淑嬪, 1670~1718)은 영조의 생모인 숙빈 최씨이다. 영조 29년에 화경숙빈에게 시호를 올리고 봉원(封園)한 일을 태묘(太廟)에 고하고 대제학 조관빈에게 죽책문을 지어 바치라고 명하였다. 그러자 조관빈이 상서하여 곤란하다는 의견을 피력하였다. 국조의 대소 책문은 승통(承統)한 비빈(妃嬪)이 아니면 전례가 없었는데 이를 헤아리지 않고 짓는다면 국가를 저버리는 것이 된다는 것이었다. 이 일로 조관빈은 즉시 친국을 받고 유배되었고 좌의정 이천보에게 죽책문을 짓게 하였다. 《영조실록 29년 7월 28일》《江漢集 大匡輔國崇祿大夫……李公墓誌銘》

**330** 을묘년(乙卯年)과……노고 : 숙종 원년인 을묘년과 2년인 병진년에, 2차 예송(禮訟)의 패배로 서인이 실각하고 남인이 집권하게 된 일을 말한다. 오례(誤禮)의 죄를 물어 송시열(宋時烈)을 덕원(德源)으로 귀양 보내고 송준길(宋浚吉)의 관작을 삭탈하

다하시며 충정이 기사년(己巳年)과 갑술년(甲戌年)의 기쁨과 슬픔[331]에서 드러났습니다.

생각건대 보잘것없는 몸이 대통을 이었으니 이는 선조께서 쌓으신 선행이 경사의 기틀을 여셨기 때문입니다. 만세토록 무궁한 경사가 면면히 이어진 것은 남은 음덕이 미친 바이고, 30년 동안 소강(少康)[332]의 왕업을 이루게 된 것은 유훈에 힘입은 것입니다. 깊은 못을 굽어보듯 얇은 얼음을 밟듯 전전긍긍하라는 규계를 생각하노라니 임금 자리 편치 않고, 낳아 기르시느라 수고하셨다는〈육아(蓼莪)〉시를 울며 읊조리노라니[333] 늘 내 마음이 아픕니다.

추후의 보답은 존호를 올리는 것보다 큰 것이 없는데도 아름다운 규범은 오히려 겸손한 마음으로 나타났습니다. 선조의 작호가 매우 아름다우니 감히 마음속에 섭섭함이 있다 하겠습니까마는, 노경에 감

는 등 서인을 궁지로 몰았던 사건이다.

**331** 기사년(己巳年)과……슬픔 : 기사환국과 갑술환국을 말한다. 기사환국은 1689년(숙종15) 소의(昭儀) 장씨(張氏) 소생의 아들을 세자로 삼으려는 숙종에 반대한 송시열 등 서인이 이를 지지한 남인에 의해 패배당하고 정권이 서인에서 남인으로 바뀐 일을 말하며, 갑술환국은 숙종 20년(1694) 갑술년에 기사환국(己巳換局)으로 폐출되었던 왕비 민씨(閔氏)의 복위(復位)와 함께 남인이 실각하고 서인이 정권을 장악한 사건을 말한다.

**332** 소강(少康) : 조금 안정된 세상이라는 말이다. 요순(堯舜) 시대를 가장 태평한 시대라는 뜻에서 대동(大同)의 시대라고 하고, 우(禹)·탕(湯)·문왕(文王)·무왕(武王)·성왕(成王)·주공(周公)의 시대를 대동 시대보다는 못해도 조금 다스려진 세상이라 하여 소강 시대라고 한다는 말이 《예기》〈예운(禮運)〉에 나온다.

**333** 낳아……읊조리노라니 : 《시경》〈육아〉에 "슬프고 슬프다 부모님이여, 나를 낳아 기르시느라 몹시 수고하셨도다.〔哀哀父母, 生我劬勞.〕"라는 말이 있다. 《詩經 蓼莪》

회가 한층 더 깊어지니 어찌 끝없는 사모의 마음을 위로하리이까. 이에 시호를 내리는 예로 보본(報本)의 의절을 닦으려 합니다.

고명을 내리신 해가 60돌이 되니[334] 아득히 지난날이 생각나고, 덕을 드러내는 전례를 거행하게 되니 마치 오늘을 기다린 듯합니다. 돌아보면 두 글자가 인정과 예문에 참으로 잘 맞으나 일념(一念)은 슬피 사모하는 마음을 조금 의탁하는 데 있을 뿐입니다.

삼가 바라옵건대 부디 영묘한 조감(照鑑)으로 보잘것없는 정성을 굽어 살펴 주소서. 은인(銀印)[335]과 금니(金泥)[336]가 영원히 아름다운 빛을 밝히리니, 대나무 떨기 되고 소나무 무성해지듯 큰 복을 본손(本孫)과 지손(支孫)에게 내려 주소서.

**334** 고명을……되니 : 화경숙빈이 숙종 19년(1693년) 처음 내명부 종4품 숙원(淑媛)으로 처음 책봉되고 그로부터 60년후인 1753년 화경이라는 시호를 받았기 때문에 이른 말이다.

**335** 은인(銀印) : 죽책문을 올릴 때 은인전문서사관(銀印篆文書寫官)이 쓴 은인(銀印)의 전문(篆文)을 함께 써서 올렸다. 《國朝寶鑑 卷68 영조조 12》

**336** 금니(金泥) : 아교를 섞은 금분(金粉)으로, 옥책이나 죽책처럼 왕사(王事)에 관한 귀중한 글을 봉하는 데 사용하였다.

## 경혜인빈에게 시호를 올린 죽책문[337]

敬惠仁嬪上諡竹冊文

큰 복을 만대에 끼쳐 주셨으니 아득히 의범(懿範)을 그리워하며, 백 년 동안 거행하지 못한 전례를 닦아 이에 현책(顯冊)[338]을 올리오니 감히 아름다움을 밝혔다 하오리까. 다만 정성을 펼치고자 하는 마음에서 나왔을 따름입니다.

삼가 생각건대 인빈(仁嬪)께서는 행실이 단정하고 성품이 온화하셨습니다. 어린 나이에 명가(名家)의 선발을 받으니 장추(長秋)의 기이한 꿈과 맞았고,[339] 명철한 의범은 육궁(六宮)[340]에 칭송 자자하였으니

**337** 경혜인빈(敬惠仁嬪)에게……죽책문 : 경혜인빈(敬惠仁嬪)은 선조의 두 번째 후궁이자 추존왕 원종의 어머니, 인조의 할머니다. 영조는 31년 6월 격상한 영조의 사친 숙빈 최씨(영조의 생모)와 격을 맞추어 인빈에게 경혜(敬惠)라는 두 글자 시호를 증시하고, 호칭도 원으로 격상하여 순강원(順康園)으로 올렸으며, 사당 역시 방에서 궁으로 격상하여 궁호를 저경궁(儲慶宮)으로 올렸다. 원래 죽책문을 판중추부사 유척기(兪拓基)에게 짓도록 하였는데 유척기가 "신은 변려문(騈儷文)을 익히지 못하였고, 또 관각(館閣)을 지내지 않아서 명을 받들 수 없습니다."라는 핑계로 사양하자 영조는 이천보에게 맡겨 이 글을 짓게 하였다. 《國朝寶鑑 제64권 영조조 8 31년》《영조실록 31년 6월 5일, 6월 22일》

**338** 현책(顯冊) : 왕대비 봉책이나 존호 추상 등 왕실의 예식을 거행할 때, 그 주된 내용을 기록한 책을 가리킨다.

**339** 어린……맞았고 : 장추(長秋)는 한(漢)나라 때 황태후가 거처했던 장추궁(長秋宮)으로, 후대에 왕후의 궁(宮)을 가리키는 말로 쓰였다. 문정대비를 지칭하는 것으로 보인다. 장유(張維)가 쓴 〈인빈 김씨 신도비명(仁嬪金氏神道碑銘)〉에는 다음과 같은 내용이 있다. "명묘(明廟)가 늦도록 후사(後嗣)를 얻지 못하자 문정대비(文定大妃)가

규목(樛木)[341]의 부드러운 덕화를 도우셨습니다. 복록이 있는 자리에 계시었으나 두려운 듯 조심하였으니 아름답고 길한 복을 더욱 오게 하였고, 어렵고 위태로운 일 겪으셨으나 끝내 형통하였으니 이는 화순(和順)한 덕이 쌓여 드러난 것입니다.

생각건대 경사를 길러[342] 나라를 매우 넉넉하게 하셨고, 그리하여 하늘이 복을 내리시어 본손(本孫)과 지손(支孫)이 번창하게 되었습니다. 성자(聖子 원종)께서는 보살핌을 받아 비로소 연익(燕翼)[343]의 공렬을 드리우셨고, 신손(神孫 인조)께서는 보위에 올라 과연 용비(龍飛)[344]

무척 걱정하였는데, 어느 날 밤 꿈속에서 이인(異人)이 고하기를 '상주(尙州) 이모(李某)의 딸을 받아들이면 길할 것이다.' 하였다. 잠을 깨고 나서 사람을 시켜 물색해 보았으나 찾지 못하였는데, 우연히 만난 어떤 승려가 가르쳐 준 집을 찾아가 마침내 얻어서 후궁(後宮)으로 데려왔으니, 그가 바로 이숙의(李淑儀)이다. 그런데 숙의 역시 끝내 아들을 낳지 못하자, 인빈이 숙의를 통해 궁중으로 들어오게 되었고, 그 뒤로 계속 후손이 번창해져 오묘(五廟)의 통서(統緖)가 마침내 자리 잡히게 되었으니, 문정대비가 당시에 얻은 꿈이야말로 하늘이 계시해 준 것이 아니었던가 여겨진다."《계곡선생집 제13권》

**340** 육궁(六宮) : 451쪽 주300 참조.

**341** 규목(樛木) : 후비(后妃)의 훌륭한 덕을 읊은《시경》〈주남(周南)〉의 편명이다. 그 시에 "아래로 늘어진 남산의 나뭇가지, 칡덩굴이 의지하고 얽혀 있구나.〔南有樛木, 葛藟纍之.〕"라고 하였는데, 여기에서 나뭇가지는 문왕(文王)의 후비를 가리키고, 칡덩굴은 후궁들을 가리킨다. 후비가 투기(妬忌)를 하지 않고 미천한 후궁들에게 두루 은혜를 베풀자, 후궁들이 그 덕에 감복하여 이렇게 노래했다고 한다.

**342** 경사를 길러 : '육경(毓慶)'은 경사를 기른다는 뜻으로 선행이 쌓여 훌륭한 자손이 태어남을 이르는바, 흔히 왕자의 탄생을 이른다.

**343** 연익(燕翼) : 431쪽 주234 참조.

**344** 용비(龍飛) :《주역》〈건괘(乾卦)〉에, "나는 용이 하늘에 있으니, 큰 사람을 만나는 것이 이롭다〔龍飛在天, 利見大人.〕" 하였다. 그래서 임금의 등극(登極)을 용비(龍

의 상서에 부합하였습니다. 나라의 터전이 장구한 것은 실로 계도하고 보우해 주신 유택(遺澤) 덕분이니, 연대가 아득히 멀어졌다 하여 어찌 어질고 아름다운 여휘(餘徽 전인이 남긴 풍화(風化))를 잊으오리까.

돌아보면 전례(典禮)는 진실로 융숭하게 올렸으나 표장(表章)은 아직 덕을 밝히는데 미치지 못하였습니다. 향화(香火)를 사저에서 대신 받들지만, 사친을 그리는 마음 어찌 이루다 할 수 있겠습니까? 의문(儀文)을 열조에서 거행할 겨를이 없었으니 마땅히 추보(追報)의 도리가 있어야 합니다. 작년에 장릉(章陵 원종)의 옛집을 수리한 것이 어찌 우연이겠습니까? 지난봄 풍양(豐壤)[345]의 옛 묘소에 배알하고는 더욱 느낀 바가 있었습니다.

궁원(宮園)에 이름을 건 것은 어버이를 드러냄에 전례를 따른 것이요, 사묘(祠廟)에 빛을 더한 것은 제향 장소를 옮김에 혼령을 위로한 것입니다.[346] 이를 일러 오늘이 있기를 기다린듯하다는 것이니 이제야 마음에 서운함이 없을 것 같습니다.

그리하여 시호를 '경혜(敬惠)'라 올립니다. 삼가 바라옵건대 작은 정성을 굽어 살피시어 밝게 임해주소서. 사적을 동관(彤管)[347]으로 기록하여 아름다운 덕을 역사책에 드리우니 왕실에 자손이 끊이지 않도록 해 주시고[348] 종묘사직에 음덕을 내려주소서.

飛)라 한다.

**345** 풍양(豐壤) : 양주(楊州) 속현으로 현 남양주시. 인빈의 묘소가 있는 곳이다.

**346** 궁원(宮園)에……것입니다 : 인빈에게 저경궁이라는 궁호(宮號)와 순강원(順康園)이라는 원호(園號)를 올리고 사판(祠版)을 원묘(元廟)의 옛 저택에 봉안하도록 한 것을 가리킨다. 《國朝寶鑑 제64권 영조조 8 31년》

**347** 동관(彤管) : 450쪽 주297 참조.

**348** 왕실에……주시고 : 원문의 '瑤圖'는 제왕의 세계(世系) 또는 족보를 말하고 '流慶'은 경사가 이어진다는 의미이니 제왕의 세계가 면면히 이어짐을 뜻한다.

# 전 箋

## 대비전에 진호하며 친히 올린 전문[349]

大妃殿進號親箋

팔도가 자식처럼 여겨주시는 사랑에 젖어 많은 복을 크게 받아, 나이 쉰 된 자식[350]이 어머님의 교화를 천명하여 이에 성대한 의전을 올리나니, 인정과 예문에 어그러짐 없고 신과 사람이 함께 기뻐합니다.

삼가 생각건대 대비께서는 여요(女堯)[351]처럼 칭송이 자자하하셨고, 성사(聖姒)[352]와 훌륭함을 나란히 하셨습니다. 몰래 도우신 공이 기업(基業)을 굳건히 하여 조종(祖宗)께서 주창(主鬯)의 중임을 맡을 후사

**349** 대비전에……전문 : 영조 23년 2월 19일, 대비(인원왕후)의 회갑을 맞이하여 '강성(康聖)'이라는 존호를 가상하며 올린 전문으로 보인다.

**350** 나이……자식 : 당시 영조의 나이 53을 약칭한 것으로 보인다.

**351** 여요(女堯) : 송(宋)나라 영종(英宗)의 비이자 철종(哲宗)의 모후(母后)인 선인태후(宣仁太后)를 말한다. 철종이 어려서 선인태후가 섭정할 때 왕안석(王安石)을 물리치고 사마광(司馬光)을 등용하여 원우(元祐)의 치(治)를 이루었으므로, 여자 중의 요순(堯舜)이라고 세상 사람들의 칭송을 받았다. 《宋史 卷242 后妃列傳》

**352** 성사(聖姒) : 주(周)나라 문왕(文王)의 비(妃), 무왕(武王)의 어머니인 태사(太姒)를 가리킨다. 문왕이 나라를 다스리고, 태사가 집안을 다스리니, 덕정(德政)이 유포되어 풍화(風化)가 크게 일어났다고 한다.

를 세우셨고,[353] 쌓은 선이 경사를 길러[354] 자손들이 함이(含飴)의 즐거움을 받들었습니다. 존엄하게 임하시어 이제 큰 복록을 누리셔야 하는데 전책(典冊)에 올려 융숭하게 보답하는 일을 어찌 늦출 수 있겠나이까?

처음에는 겸손을 고집하는 덕으로 인해 진실로 따라주시길 바랄 수 없었으나, 끝내 아랫사람의 정성을 헤아리시는 인자함으로 다행히 우러러 호소하는 것을 곡진히 살펴 주셨습니다.

이에 날을 아끼는[355] 지극한 간절함으로 감히 하늘 같은 덕을 그린[356] 아름다운 칭호를 올리오니, 삼가 바라옵건대 여망에 힘써 답하시고 보책(寶冊)[357]을 영광스레 받으소서.

60년 동안 없던 일인지라,[358] 약소하게나마 유양(揄揚)의 정성을 바

**353** 몰래……세우셨고 : 원문의 '主鬯'은 종묘의 제사를 주관하는 것으로, 세자의 이칭으로 쓰인다.《周易 震卦 孔穎達疏》인원왕후가 영조를 왕세제로 책봉하는데 기여한 일을 의미하는 것으로 보인다.

**354** 경사를 길러 : 원문의 '毓慶'은 가문에 경사를 가져올 자손이 태어난 것을 가리키는 말이다.

**355** 날을 아끼는 : 원문은 '愛日'이다. 양웅(楊雄)의《법언(法言)》에 "부모를 섬기되 스스로 부족한 줄 아는 이는 순 임금이다. 오래 할 수 없는 것이란 어버이를 섬기는 것을 이르니, 효자는 부모를 모실 시일이 적음을 안타까워한다.〔事父母, 自知不足者, 其舜乎. 不可得而久者, 事親之謂也, 孝子愛日.〕"라고 하였다.

**356** 하늘……그린 : 원문의 '摹天'은 '화일모천(畫日摹天)'의 줄임말이다. 해를 그리고 하늘을 모사한다는 뜻으로 흔히 제왕의 덕행을 표출하여 만사나 지문(誌文)을 제술하는 일을 비유하는데 여기서는 대비의 덕성을 묘사한 것을 말한다.

**357** 보책(寶冊) : 옥책(玉冊)과 금보(金寶)를 아울러 일컫는 말이다. 옥책은 제왕이나 후비 등 왕실에 존호를 올릴 때 그 덕행이나 업적 등 송덕문을 기록한 책이고, 금보는 추상하는 존호를 새긴 도장이다.

치옵고, 수(壽)는 구오복(九五福)의 앞에 있는지라[359] 다시금 길이 장수하시기를 축원하옵니다.

**358** 60년……일인지라 : 1686년(숙종12) 5월 25일 자의 대비(慈懿大妃)의 회갑을 맞이하여 '강인(康仁)'이라는 존호를 올린 바 있다. 이후 회갑을 맞은 대비에게 존호를 올리는 일이 61년 만에 이루어졌기 때문에 이렇게 말한 것이다.

**359** 구오복(九五福)의……있는지라 : 구오복(九五福)은 기자(箕子)가 연술한 홍범구주(洪範九疇)의 오복(五福)을 가리킨다. 오복 중에 수(壽)가 가장 앞에 있기 때문에 이른 말이다.

## 대비전에 존호를 가상하며 왕세자가 대전에 올린 전문[360]

大妃殿加上尊號 王世子上大殿箋

수역(壽域)[361]에서 치세를 펼치시니 성효(聖孝)로 교화를 천명하심을 송찬하고, 보책(寶冊)에 존호를 올리니 의범(懿範)이 빛을 더하게 됨을 앙축하나이다. 기쁨이 궁중에 넘치니 이러한 일은 역사에 드문 일입니다.

삼가 생각건대 크게 이어받으시고 크게 현창하시었으며[362] 성품을 극진히 하고 인륜을 극진히 하셨습니다.[363] 대비께서는 세 조정[364]에서 유순한 모습으로 태사(太姒)와 태임(太姙)[365]의 아름다운 가르침을 따

**360** 대비전에……전문 : 영조 27년 신미(1751)2월 27일(을미) 대왕대비가 국모로 임어(臨御)한 지 50년이 되는 것을 기념하여 '정덕(貞德)'이라는 존호를 올렸는데 이 때 지어진 전문이다. 당시 세자는 대리청정 중이었다.

**361** 수역(壽域) : 439쪽 주261 참조.

**362** 크게……현창하시었으며 : 《서경》 〈군아(君牙)〉에 "크게 드러났도다, 문왕의 계책이여. 크게 계승했도다, 무왕의 공렬이여.〔丕顯哉, 文王謨, 丕承哉, 武王烈.〕"라고 하였다. 조상의 큰 업적을 훌륭하게 계승하였다는 뜻이다.

**363** 성품을……하셨습니다 : 원문은 '盡性盡倫'이다. 《중용장구》 제22장에 "오직 천하에서 가장 완전하게 참된 사람만이 하늘에서 품부받은 그의 성품을 완전히 발휘할 수가 있다.〔唯天下至誠, 爲能盡其性.〕"라는 말이 나오고 또 《맹자》 〈이루 상(離婁上)〉에 "규구는 방원의 지극함이요 성인은 인륜의 지극함이다.〔規矩, 方員之至也, 聖人, 人倫之至也.〕" 하였으며, 《순자(荀子)》 〈해폐(解蔽)〉에 "성인이란 인륜을 극진히 한 사람이다.〔聖也者, 盡倫者也.〕"라고 하였다.

**364** 세 조정 : 숙종·경종·영조의 조정을 가리킨다.

**365** 태사(太姒)와 태임(太姙) : 태임은 주(周)나라 문왕(文王)의 어머니이고 태사는

르셨고, 주상전하께서는 일국을 들어 봉양하여 민자건(閔子騫)과 증삼(曾參)[366]의 지행을 돈돈히 하셨습니다. 국모로 임어하신 지 오기(五紀)가 되었는지라,[367] 이에 두 글자의 존호를 가상하는 예를 거행합니다.

삼가 생각건대 신이 외람되이 세자의 자리에 있어 성대한 의식을 보게 되었습니다. 장락(長樂)[368]에서 모시고 즐거워하며 언제나 날을 아끼는 정성[369] 간절히 하고, 조정에서 함께 기뻐하며 약소하게나마 축수의 정성[370]을 바치나이다.

문왕의 부인이자 무왕(武王)의 어머니로 현비(賢妃)의 대명사이다.

**366** 민자건(閔子騫)과 증삼(曾參) : 공자(孔子)의 제자로, 모두 효(孝)로 이름이 있었다.

**367** 국모로……되었는지라 : 일기(一紀)는 십년(十年) 또는 십이년(十二年) 등 몇 가지 뜻이 있어 문맥에 따라 일정하지 않다. 여기서는 10년으로 보아야 할 듯하다. 인원왕후는 1702년에 궁궐에 들어왔으므로 당시 49년이 되었기 때문이다. 서평군(西平君) 이요(李橈) 등이 상서하여 "대왕 대비께서 8역(八域)에 국모로 임어하신 지 이제 5기(紀)가 되셨으니 실로 건국 이래 드물게 보는 경사요, 대조(大朝)의 보령(寶齡)이 연장(延長)되어 이미 육순(六旬)에 가까우시며, 황단(皇壇)을 개축하여 3제(三帝)를 합사(合祀)하셨으니 성덕에 더욱 광영이 있는 일이므로, 동조(東朝)와 대조에 존호를 올림이 마땅합니다."라고 하여 존호를 올리는 의식을 거행하게 되었다. 《영조실록 26년 1월 11일, 4월 13일, 27년 2월 27일》

**368** 장락(長樂) : 384쪽 주87 참조.

**369** 날을……정성 : 한(漢)나라 양웅(揚雄)의 《법언(法言)》 〈효지(孝至)〉에 "이 세상에서 오래 가질 수 없는 것은 어버이를 모실 수 있는 시간이다. 따라서 효자는 어버이를 봉양할 수 있는 동안 하루하루를 아낀다.〔不可得而久者, 事親之謂也, 孝子愛日.〕"라는 말이 있다.

**370** 축수의 정성 : 원문의 '呼嵩'은 만세를 부른다는 말이다. 한 무제(漢武帝)가 숭산(嵩山)에 올랐더니, 신하들이 말하기를 "산이 만세를 부르는 소리가 세 번 들린다."라고

하였다. 뒷날 나라에 큰 의식이 있을 때 황제나 임금을 축수(祝壽)하기 위해 만수무강을 비는 뜻에서 신하나 백성들이 만세 또는 천세(千歲)를 외치던 일을 가리키게 되었다. 《漢書 卷6 武帝紀》

## 왕세손을 책봉할 때 왕세자가 대전에 올린 전문

王世孫冊封時 王世子上大殿箋

나라에 상서가 넘쳐 세상에 드문 큰 운을 맞이하였고, 총손(冢孫)에게 명칭이 정해져 이에 선조(先朝) 때부터 전해온 전례를 준행하니 기쁨은 신민들에게 흘러넘치고 온 나라에 하례의 소리 비등합니다.

삼가 생각건대 전하께서는 효성으로 성모(聖母)를 받드시어 경사가 후손에게 뻗었습니다. 장수의 축복을 받으시니[371] 색동옷 손주를 어르며 무릎에 앉히게 되셨고, 자손에게 계책을 남기시니 보명(寶命)을 어루만지며 마음을 펴실 수 있게 되었습니다. 이에 예건(豫建)[372]의 계획에 따라 성대한 책봉의 의전을 거행하려 합니다. 아직 어린 나이라 비록 이름을 바로 하는 예[373]가 이르기는 하지만, 중통(重統)은 억조창생의 민심이 달려있는지라 실로 국본(國本)을 공고히 하는데 심려가 깊습니다.

삼가 생각건대 신이 외람되이 세자의 지위에 있어 성대한 의식을

**371** 장수의……받으시니 : 원문의 '龜疇'는 홍범구주(洪範九疇)를 말한다. 홍범구주의 오복(五福) 가운데 장수(長壽)가 들어 있다.

**372** 예건(預建) : 세자를 미리 세우는 것이다. 《한서》 권4 〈문제기(文帝紀)〉에 "세자를 미리 세우는 것은 종묘사직을 무겁게 하고 천하를 잊지 않기 위한 것이다.〔豫建世子, 重宗廟社稷不忘天下也.〕" 하였다.

**373** 이름을……예 : '책례정명(冊禮定名)', 즉 세자 또는 세손을 책봉할 때 이름을 정하는 것을 말한다. 《銀臺條例 禮攷 冊禮 定名》 여기서는 왕세손의 이름을 정하는 것을 말한다.

보게 되었습니다. 삼전(三殿)[374]을 받들어 모시면서 감히 자식의 직분에 결함이 없다 하오리까. 만세토록 복록이 이어져 나라의 근본이 더욱 창성해지기를 바라나이다.

**374** 삼전(三殿) : 왕대비전(王大妃殿)·대전(大殿)·중궁전(中宮殿)을 아울러 이르는 말이다.

## 대비전에 존호를 올린 전문
大妃殿進尊號箋

삼가 아름다운 도[375]를 따르며 지극한 교화로 자식을 도와주심을 앙모하옵고, 거듭 현호(顯號)를 올려 어버이를 높이는 성대한 의례를 거행하오니 기쁨이 궁궐에 흘러넘치고 경사를 온 천하가 같이합니다.

삼가 생각건대 대비께서는 덕이 주나라의 문모(文母)[376]와 같으시고 송나라의 선인황후(宣仁皇后)[377]에게 나아가셨습니다. 보우하시어 만년의 기틀을 공고히 하니 숨은 공이 일찍이 드러났고, 화락하게 모시며 일국(一國)으로 봉양하니 만년의 복이 더욱 창성해졌습니다.

덕이 부족한 몸으로 억지로 성대한 의례를 거행하는데[378] 대비께 크게 보답하는 의례를 어찌 늦출 수 있겠나이까? 한밤중에 내리신 수찰에 감읍하면서 겸양을 지키려던 초심을 지키지 못했는데[379] 지난날의

**375** 아름다운 도 : 원문은 '徽猷'이다. 《시경》 〈각궁(角弓)〉에 "군자에게 아름다운 도가 있으면 소인들이 와서 붙으리라.〔君子有徽猷, 小人與屬.〕"라는 시구가 있다.

**376** 주나라의 문모(文母) : 문모는 문덕이 높은 어머니라는 뜻으로, 원래 문왕(文王)의 어머니인 태사(太姒)를 말하는데, 여기서는 숙종의 계비인 인원왕후(仁元王后)를 가리킨다.

**377** 선인태후(宣仁太后) : 송나라 영종(英宗)의 후비(后妃)인 선인태후 고씨(高氏)이다. 아들 신종(神宗)이 죽자 철종(哲宗)을 세우고 수렴청정을 하면서 많은 인재를 등용하여 원우(元祐)의 성세(盛世)를 이룩하여 여중요순(女中堯舜)으로 일컬어졌다. 《宋史 卷242 英宗宣仁聖烈高皇后》

**378** 덕이……거행하는데 : 왕 본인의 존호를 올리게 된 것을 말한다.

**379** 한밤중에……못했는데 : 1721년(경종1) 8월에 연잉군을 왕세제로 삼을 때 대비

전례를 상고하니 다행히 유양(揄揚)의 지극한 소원을 펼 수 있게 되었습니다.

이에 몇 자의 존호를 가상하여 끝없는 정성을 표합니다. 삼가 바라옵건대 작은 정성을 굽어 살피시어 성대한 예전을 크게 받으소서. 이름과 실상이 부합하니 영원히 간책(簡冊)의 광휘를 기약할 것이요[380], 장수가 덕의 징표가 되니 강릉(岡陵)의 송축[381] 더욱 간절하옵니다.

인 인원왕후가 수찰을 내리고 영조가 이를 받아들였던 사실을 말하는 것으로 보인다. 정언 이정소(李廷熽)를 비롯하여 노론의 신하들은 후사를 두지 못한 경종에게 저사(儲嗣)를 세우기를 강력히 요청하였고, 경종이 대비에게 수찰(手札) 및 언문 교지를 받아서 연잉군(延礽君)을 왕세제(王世弟)로 책봉하였다. 《경종실록 1년 8월 20일》

**380** 이름과……것이요 : 이 대목의 원문은 "則名與實叶, 永期簡冊之輝光."이다. '則' 자는 의미도 불분명하고 변려문 양식에도 벗어나 있어 연자(衍字)로 간주한다.

**381** 강릉(岡陵)의 송축 : 만수무강을 기원하는 말이다. 《시경》〈녹명(鹿鳴)〉에 "하늘이 그대를 보호하여 정했으니 흥성하지 않음이 없으리라. 산과 같고 언덕과 같으며 산마루와 같고 구릉과 같도다.〔天保定爾, 以莫不興. 如山如阜, 如岡如陵.〕"라고 하였다.

# 진암집 발 晉菴集跋

## 진암집 발문 이정보[382]

晉菴集跋 李鼎輔

밝은 시대에는 반드시 문장을 잘하는 선비가 있어서 국가의 성대함을 울리는 법이다.[383] 진암(晉菴) 상공(相公)은 어려서부터 명성이 있어서 교유하던 오월곡(吳月谷)·남뇌연(南雷淵)·황강한(黃江漢) 등 제공들과 동시대에 연달아 나와 함께 문장으로 세상에 알려졌다.[384] 진암공(晉菴公)이 작고하고 문집이 비로소 나오자 뇌연과 강한이 모

**382** 이정보(李鼎輔) : 68쪽 주80 참조.

**383** 밝은……법이다 : 한유(韓愈)가 〈송맹동야서(送孟東野書)〉에서 맹교(孟郊)·이고(李翶)·장적(張籍)의 문장에 대해 말하기를 "알지 못하겠다. 하늘이 장차 그들의 소리를 화락하게 하여 국가의 성대함을 울리게 할 것인가, 아니면 장차 그들의 몸을 곤궁하고 굶주리게 하며 그들의 마음속을 그립고 시름겹게 하여 스스로 그들 자신의 불행을 울게 할 것인가.〔抑不知天將和其聲, 而使鳴國家之盛邪? 抑將窮餓其身, 思愁其心腸, 而使自鳴其不幸邪?〕" 라고 말하였다.

**384** 오월곡(吳月谷)……알려졌다 : 오월곡(吳月谷)·남뇌연(南雷淵)·황강한(黃江漢)은 오원(吳瑗)·남유용(南有容)·황경원(黃景源)을 가리킨다. 이천보와 더불어 '영조조 4가'로 불리며 당대 문풍을 이끌었다. 오원의 별업인 종암(鐘巖)에 수시로 모여 시회를 열었고 함께 승경을 찾아 유람하는 등 평생 절친한 관계로 지냈다.

두 서문을 써 주었는지라, 나는 더 말할 것이 없었다. 그러나 동당(同堂)[385]에서 잡아주고 끌어주며 어려서부터 함께 성장을 하였으니 공을 아는 자로는 나만한 이가 없을 것이다.

대개 그의 문장은 글을 많이 읽어서 얻은 것이 아니었다. 어렸을 적부터 말로 표현해낸 것이 놀랍게 절묘하여 범상에서 뛰어났다. 시는 맑고 굳세었고 문 또한 그와 같았으니 하늘이 주신 재주가 그러한 것이었다.

공이 한번은 나와 제공들을 논하면서 말하기를 "월곡(月谷)은 화려하면서 막힘이 없고, 뇌연(雷淵)은 깊고도 넓으며, 강한(江漢)은 법도에 맞으면서 고아하니 비록 선묘(宣廟)의 성대한 시대[386]에 가져다 놓더라도 일대의 홍장(鴻匠 도덕과 문장이 출중한 사람) 거공(鉅公)들과 서로 겨루며 서로 양보하지 않을 것입니다."라고 하였다. 내가 공은 세 사람 가운데 어디에 있느냐고 물으니 문득 웃으며 대답해주지 않았다.

공의 문장은 진실로 구구한 성률로 다 말할 수 있는 바가 아니다. 그러나 후대에 이 문집을 보는 자들이 그 조예의 깊이를 알고자 한다면 아마도 종암(鐘岩)에서 수창(唱酬)한 여러 시편[387]에서 볼 수 있을 것

**385** 동당(同堂) : 할아버지가 같은 형제뻘의 친족을 가리킨다. 곧 종형제(從兄弟), 동당형제(同堂兄弟), 또는 당형제(堂兄弟)라고도 한다.

**386** 선묘(宣廟)의……시대 : 선조(宣祖) 때 이황·이이·조식·유성룡·정철·이항복 등 훌륭한 인재가 두루 등용되어 문화와 학문을 발전시키고 태평성대를 이루었다는 의미로 흔히 목릉성세(穆陵盛世)라고 한다.

**387** 종암에서……시편 : 《진암집》에 황경원·남유용·이천보·오원 등 사가(四家)가 함께 모여 지은 장편의 연구시(聯句詩) 〈덕재 백옥 대경과 두보의 운을 써서 지은 연구시〔同德哉伯玉大卿 用杜老韻聯句〕〉를 비롯하여〈종암시회 자리에서 김백춘 원행

이다. 제공들과 더불어 산수 속에서 잔치하며 질탕하게 놀 제, 기이한 소재를 뽑아 진경을 묘사하면서 풍류가 넘쳐났는데, 여기에서 공의 작품이 가장 득의하였다. 상상해보면 보루를 마주하고 적과 싸우면서 마치 우레를 채찍질하고 바람을 꾸짖는 듯하였을 것이니 설루(雪樓)에 모인 제자(諸子)들이 우린(于鱗)에게 양보하지 않을 수 있었을지 알 수가 없다.[388]

아. 공은 비단 문장으로만 추대를 받은 사람이 아니었다. 포용적인 자질과 통달한 식견은 진실로 일세의 큰 그릇이었건만 지위를 얻고도 험난한 길에서 곤액을 당하여 그 온축한 것을 다 펼치지 못하였다. 그리하여 얼마 남지 않은 시편으로 공을 영구히 전할 자료로 삼으려 하니 이것이 어찌 공만의 불행이겠는가? 슬프도다. 공은 사단(詞壇)의 맹주가 되어 우리 선대의 아름다움을 계승했어야 마땅했는데[389] 갑자기 벼슬길에 오르는 바람에 선비들의 기대에 부응하지 못하였다.

지금 나는 백발의 나이에 외람되이 분수에 맞지 않는 자리를 차지하

에게 주다〔鐘巖會席 贈金伯春元行〕〉·〈종암문회에서 덕재 백옥과 함께 짓다〔鐘巖文會與德哉伯玉共賦〕〉 등 많은 작품이 남아 있다.

**388** 설루(雪樓)에……없다 : 설루는 백설루(白雪樓)로 명(明)의 이반룡(李攀龍)이 관직에서 물러난 후 은거하여 친구들을 만나고 책을 읽던 누각 이름이고 우린(于鱗)은 이반룡의 자이다. 이반룡은 명나라 가정(嘉靖)과 융경(隆慶) 연간에 활약한 일곱 재자(才子)인 이른바 '후칠자(後七子)'의 영수(領袖)로 사진(謝榛)·왕세정(王世貞) 등과 함께 복고운동을 창도하였다. 설루는 오원의 별업 종암에 있던 동정(東亭)을 빗댄 듯하고, 그렇다면 이반룡은 그 별업의 주인인 오원을 가리키는 말이 되어야 하는데 여기서는 이천보를 가리키는 것으로 추정된다.

**389** 사단의……마땅했는데 : 이정구·이명한·이일상 등 이천보의 선조가 대대로 대제학을 지내는 등 문한(文翰)으로 이름을 날렸기 때문에 이른 말이다.

고 있으니 어찌 대착(代斲)[390]의 부끄러움이 없겠는가? 그러나 지난 시절을 돌아보니 눈물이 복받치는 것을 주체할 수 없는지라 제공들의 글 뒤에 대략 몇 자를 적는다. 당종(堂從)[391] 판중추부사 겸 대제학(判中樞府事兼大提學) 정보(鼎輔)가 발문을 쓰다.

**390** 대착(代斲) : 다른 사람을 대신해서 감당하기 어려운 일을 해나가다가 일을 그르치는 것을 말한다. 《노자(老子)》 74장에 "거장 대신 칼을 휘두를 경우 손을 다치지 않는 때가 거의 없다.〔夫代大匠斲, 希有不傷其手矣.〕"라는 말이 있다.

**391** 당종(堂從) : 6촌 또는 4촌 이내의 가까운 친척을 가리키는 말인데, 이정보가 이천보에게 사촌이 되기 때문에 이른 말이다.

# 진암집 발문 김양택[392]

## 晉菴集跋 金陽澤

세상에 문장을 잘 짓는 자들은 대부분 운명에 궁액을 당하여 공업을 베풀 곳이 없었으니 어찌 문장이 사람으로 하여금 궁액을 당하게 하는 것이겠는가? 대개 하늘이 사람에게 줄 때에 문장을 잘하게 하면 반드시 일의 공적에서는 인색하게 하여 겸하여 가질 수 없게 하여서이다. 그런 까닭에 옛날의 철인(哲人) 홍유(鴻儒)들은 입언(立言)[393]하여 그 이름을 드날리면서도, 끝내는 모두 일생을 근심스럽고 고통스럽게 보내면서 혁혁한 공업을 드러내지 못했던 것이니 이는 문장이 사람을 곤궁하게 한 것이 아니라 하늘이 문장에 대해서 실로 궁액을 내린 것이다.

아. 나는 진암(晉菴) 이 상국(李相國)의 문집에 대해 내심 느끼는 것이 있다. 공은 문장으로 일찍부터 이름을 드날려 그 명망이 일세를

**392** 김양택(金陽澤) : 1712~1777. 본관은 광산(光山). 자는 사서(士舒), 호는 건암(健庵), 시호는 문간(文簡)이다. 김장생(金長生)의 5세손으로, 할아버지는 숙종의 장인 김만기(金萬基)이고, 아버지는 예조판서 김진규(金鎭圭)이다. 헌납(獻納)·부제학(副提學)을 거쳐 원손사부(元孫師傅)·대사성·우빈객(右賓客)·대제학을 역임하다 우의정과 영의정에 올랐다. 이천보에게는 내제(內弟)가 된다.

**393** 입언(立言) : 후세에 교훈이 될 만한 말을 하거나 저술 또는 불후의 학설을 남기는 것을 말한다. 《춘추좌씨전》 양공(襄公) 24년 조에 "가장 뛰어난 것은 덕을 세움이고, 그 다음은 공을 세움이며, 그 다음은 후세에 전할 만한 말을 남겨서, 비록 오래되어도 폐해지지 않으면 이를 일컬어 영원히 썩지 않는다고 한다.〔大上有立德, 其次有立功, 其次有立言, 雖久不廢, 此之謂不朽.〕"라고 하였다.

기울일 정도여서 원근에서 종유하는 선비들이 등용문을 보듯 하였다.[394] 성품이 탁월하고 기절(奇節)을 좋아하였으며 언의(言議)가 강직하고 시원하여, 문사로 표현하면 그 소리가 금속에서 나오는 것처럼 비장하였으니 대체로 연(燕)・조(趙)의 불평(不平)한 소리였다.[395]

모습은 야위고 골격이 앙상하여 마치 가을 학이 언덕에 있으면서 고기를 먹지 않는 것 같았으니, 관상쟁이가 공에게 '문장 잘하는 것 때문에 연루되어 궁액을 면치 못할 것'이라고 하였다. 출사하여서는 태평한 시대를 만나 10여 년간 관직에 있으면서 지위가 상상(上相 영의정)에 이르렀는데, 임금 앞에서 허심탄회하게 논의를 하여[396] 공의 명성은 여기에서 더욱 드러났다. 그러나 그 자신은 오히려 한사(寒士)로 여기며 작록에 연연하지 않았고 오직 세도(世道)의 소장(消長)하는

**394** 등용문을 보듯 하였다 : 명망(名望)이 있는 사람에게 가서 인증을 받고 싶어 하는 마음을 말한다. 후한(後漢) 영제(靈帝) 때 조정이 문란하고 기강이 무너졌으나, 유독 이응(李膺)만이 지조를 지켜 고결한 명망이 있었으므로 당시 사람들이 그의 인증을 받는 것을 등용문(登龍門)이라고 하였다는 고사가 있다.《後漢書 卷67 黨錮列傳 李膺》

**395** 그 소리가……소리였다 : 연(燕) 조(趙)의 소리는 호협(豪俠)한 기상에서 나오는 비장한 느낌의 시구를 이른다. 고대 연나라와 조나라 지역에는 기개가 꺾이지 않고 강개하며 격앙하는 인물들이 많이 배출되었으므로 '연조풍(燕趙風)'이라는 말이 나오게 되었는데, 형가(荊軻)가 연 태자(燕太子) 단(丹)의 원수를 갚기 위해 진왕(秦王)을 죽이려고 떠날 때 부른 〈역수가(易水歌)〉가 대표적이다. 금석 소리는 당시 고점리(高漸離)가 연주한 축(筑)을 연상시킨다.《史記 卷86 刺客列傳 荊軻列傳》

**396** 임금……하여 : 원문의 '吁咈'은 도유우불(都兪吁咈)의 준말로, 임금과 신하가 허심탄회하게 대화하며 나라의 정사를 논의하는 것을 말한다.《서경》〈요전(堯典)〉과 〈익직(益稷)〉 등에, 군신(君臣)이 토론하면서 상대방의 의견에 찬성할 때에는 도(都)・유(兪)라고 하고, 반대할 때에는 우(吁)・불(咈)이라고 감탄사를 발한 데에서 유래하였다.

기미에 마음을 쓰면서 장차 큰일을 하려 하였다.

허나, 시대와 화합을 하지 못하여 걸핏하면 걸림돌이 생겼는지라 뜻을 품고도 능히 펼치지 못하였고, 그 사이에 또 배척을 당하고 험난한 일을 만났는지라 근심과 두려움으로 속을 태우면서 돌아갈 곳 없는 사람마냥 시름겨워했다. 언제나 종국(宗國)에 관한 언급을 하게 될 때마다 한숨을 쉬며 눈물을 흘렸고, 시대를 근심하고 습속을 탓하는 뜻이 문자 사이에 흘러 넘쳤다. 공은 이에 그 곤액을 이기지 못하였으니, 하늘이 이미 그에게 이름과 지위를 빌려주었으면서 또 그로 하여금 온갖 고초를 다 겪게 하고, 수심으로 그 마음을 어지럽게 하다가 끝내 궁액에 이르게 한 것은 왜인가?

대저 문장은 도를 싣는 그릇이다.[397] 군자는 그것을 사용하여 의리(義利)를 재단하고 시비(是非)를 밝히며, 일에 적용할 때 세상과 구차히 영합하려 하지 않기에 군자이면서 궁하지 않는 자는 없다. 그러나 궁하게 살다 끝내 궁하게 되는 것은 일개 선비의 궁이요, 현달했다가 궁하게 되는 것은 재상의 궁이다. 선비는 항상 궁하므로 진실로 슬퍼할 것이 없으나 재상이었다가 종국에 궁해지면 국가가 의지할 바 없게 되고 세상이 그 은택을 입지 못하게 되는 것이라, 옛 사람들이 깊이 한탄하던 바였다. 그런데 지금 그런 모습을 공에게서 보게 되니 슬프도다.

**397** 문장은……그릇이다 : 송나라 주돈이(周敦頤)의 《통서(通書)》 제28 〈문사(文辭)〉에 "문이라는 것은 도를 싣기 위한 것이다. 수레를 꾸몄는데도 사람이 타지 않는다면, 그것은 괜히 꾸민 것이다. 더군다나 텅 빈 수레라면 더 말할 것이 있겠는가.〔文所以載道也. 輪轅飾而人弗庸徒飾也, 況虛車乎?〕"라는 말이 나온다.

이상한 것은 작년에 공의 집에 불이 나서 모조리 잿더미가 되었는데 유독 초고(草稿) 약간 편만이 불길을 면할 수 있었다는 것이다. 공이 스스로 희롱하여 말하기를 "글이 여기에 살아남았으니 필시 하늘이 나를 위해 주신 게 이게 다인가 보다."라고 하였다. 공의 문장은 하늘에서 얻은 것이 있으니 이는 그것이 장차 후세에 드리워져 못다 펼친 뜻을 펼치게 되는 것으로 증험할 수 있을 터, 어찌 그 궁한 것을 근심할 필요가 있으랴?

공은 항상 나를 아끼고 중히 여겨 형제와 다름없이 여겼고 공을 깊이 아는 자로는 나만 한 이가 없다. 시문(詩文)의 품평은 남유용와 황경원 등 제공들이 이미 다 했으므로[398] 나는 유독 이 '궁(窮)'자만 골라서 이와 같이 그 숨은 뜻을 밝힌다.

임오년(壬午年) 동짓날 내제(內弟)인 광산(光山) 김양택(金陽澤)이 삼가 발문을 쓰다.

**398** 시문(詩文)의……다했으므로 : 《진암집》의 서문을 남유용과 황경원이 썼기 때문에 이른 말이다.

지은이 **이천보(李天輔)**

1698(숙종 24)~1761(영조 37). 조선 후기의 문신으로, 본관은 연안(延安). 자는 의숙(宜叔), 호는 진암(晉庵)이다. 할아버지는 이성조(李成朝), 아버지는 옥천군수 이주신(李舟臣)이다. 경기도 광주군 언주면(지금의 강남구 압구정동)에 거주하였다. 1739년(영조 15) 알성문과에 을과로 급제하여 이듬해 정자가 되고 교리(校理)·헌납(獻納)·장령(掌令) 등 언관직을 역임하였다. 1748년 부제학이 된 후 이조판서·병조판서 등을 거쳐 1752년 우의정에 승진하였다. 이때 동궁이 대리한 이후부터 영조가 소장을 일체를 보지 않아 상하의 언로가 막혔다고 지적했고, 이광좌(李光佐)를 탄핵하자 이에 동조했다가 파직되었다. 곧 복직되어 판중추부사를 거쳐 1753년 좌의정·영의정이 되었다. 1755년 세제의 대리청정 추진과 신임사화의 진위를 둘러싼 노론·소론 간의 시비에서 노론과 영조의 승리를 상징하는 대훈의 역사적 기록을 맡는 천의리편감찬수청 도제조(闡義理編鑑纂修廳都提調)가 되었다. 1761년에 영의정이 되었으나 곧 사망하였다. 영조 재임 기간 동안 탕평책(蕩平策)을 추진하는데 앞장섰으며, 시문으로 명성을 얻었다. 시호는 문간(文簡)이다. 저서로는 《진암집(晉庵集)》이 있다.

옮긴이

**이은영(李恩英)**

1965년 충북 음성에서 태어났다. 이화여대 국어국문학과를 졸업하고 동대학원에서 〈조선 초기 제문 연구〉로 박사학위를 받았다. 민족문화추진회 국역연수원 연수부와 일반연구부 과정을 졸업하였다. 현재 이화여대 한국문화연구원 연구교수로 있다. 저서에 《제문, 양식적 슬픔의 미학》·《예와 정의 조화와 변주》, 공역서에 홍길주 문집 《현수갑고》·《표롱을첨》·《항해병함》과 《역주 점필재집》, 《강한집》, 《월곡집》 등이 있다.

**이주해(李珠海)**

연세대학교 중어중문학과를 졸업하고 타이완국립대학에서 석사 및 박사학위를 받았다. 현재 이화여자대학교 한국문화원 연구교수로 재직 중이다. 저서로 〈펑쯔카이 만화고시사(豊子凱漫畵古詩詞)〉(공저), 〈집단감성의 계보〉(공저)가 있고, 역서로 〈육구연집〉, 〈파사집〉, 〈한유문집〉, 〈우초신지〉 등이 있다.

**홍학희(洪學姬)**

1965년 서울에서 태어났다. 이화여대 국어국문학과를 졸업하고 동대학원에서 〈율곡

이이의 시문학 연구〉로 박사학위를 받았다. 현재 이화여대 한국문화연구원 연구교수로 재직하고 있다. 〈한국 도학시 연구의 몇 가지 문제〉, 〈18～19세기 성해응 집안 여성들의 삶〉 등을 저술하였으며 《부사산 비파호를 날듯이 건너(成大中의 日本錄)》, 《19세기·20세기 초 여성생활사 자료집 1》, 《강한집》, 《월곡집》 등을 번역하였다.

**권역별거점연구소협동번역사업 연구진**

연구책임자 **김동준**(이화여자대학교 국어국문학과 교수)
공동연구원 **조혜란**(이화여자대학교 국어국문학과 교수)
교열 **김동주**(전통문화연구회 국역위원)
책임연구원 **이은영**(이화여자대학교 한국문화연구원 연구교수)
**이주해**(이화여자대학교 한국문화연구원 연구교수)
**홍학희**(이화여자대학교 한국문화연구원 연구교수)

# 진암집 3

이천보 지음 | 이은영 · 이주해 · 홍학희 옮김
2021년 12월 31일 초판 1쇄 발행
편집 · 발행 학자원
등록 2011.4.6 제2011-14호
주소 (134-814) 서울시 강동구 천호대로 1121
전화 02-6403-1000 | 팩스 02-6338-1001 | 이메일 hakjaone@daum.net


값 40,000원
ISBN 979-11-6247-253-8 94810
979-11-6247-205-7 (세트)